秦始皇嬴政,中国历史上第一位"皇帝",统一的封建帝国的首创者。

史说历代焦点人物·秦始皇

清人袁江绘《阿房宫图》长卷,艺术地再现了阿房宫"覆压三百余里,……五步一楼,十步一阁;廊腰缦回,檐牙高啄"的宏伟气势。

 史说历代焦点人物·秦始皇

秦始皇四出巡游,每到一处都勒石纪念,泰山、琅琊、芝罘、会稽刻石至今犹存。琅琊台刻石,仿佛在述说嬴政的事迹;"始皇帝"字样,则分明透出"千古一帝"的威棱。

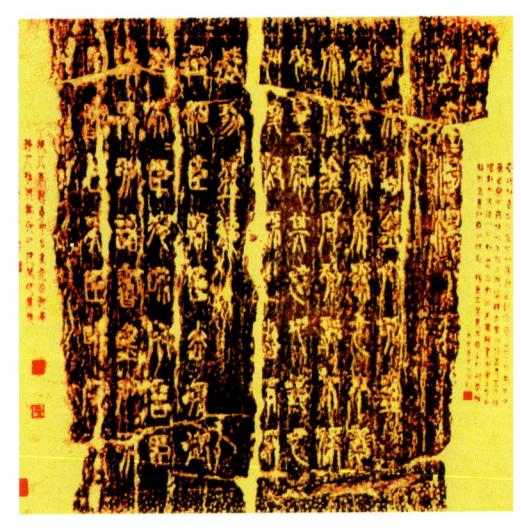

秦始皇算得上勤政之君,在文书还是以竹木简的那个时代,他每天要阅读"百二十斤"像睡虎地秦简这样的简书。

荆轲刺秦王是历史上有名的事件,这幅武梁祠画像反映了这一事件,手法简率朴拙,但却活灵活现,当时情态如在目前。

史说历代焦点人物·秦始皇

始皇帝生前威势凛凛,身后仍旧气势非凡,宏伟的始皇陵、雄壮的兵马俑,个个都是万古奇迹。看着这齐整的兵马阵列,霎时间让人耳边回荡起一阵阵战伐之声。

史说历代焦点人物

史说秦始皇

秦始皇与战国七雄和大秦王朝

乔继堂 —— 编著

上海科学技术文献出版社
Shanghai Scientific and Technological Literature Press

图书在版编目（CIP）数据

史说秦始皇 / 乔继堂编著 . —上海：上海科学技术文献出版社，2025. —ISBN 978-7-5439-9327-3

Ⅰ. K827=33

中国国家版本馆 CIP 数据核字第 2025Z0C758 号

责任编辑：张雪儿
封面设计：留白文化

史说秦始皇
SHISHUO QINSHIHUANG

乔继堂　编著
出版发行：上海科学技术文献出版社
地　　址：上海市淮海中路 1329 号 4 楼
邮政编码：200031
经　　销：全国新华书店
印　　刷：商务印书馆上海印刷有限公司
开　　本：850mm×1168mm　1/32
印　　张：15.5
插　　页：4
字　　数：374 000
版　　次：2025 年 3 月第 1 版　2025 年 3 月第 1 次印刷
书　　号：ISBN 978-7-5439-9327-3
定　　价：68.00 元
http://www.sstlp.com

目 录

千古一帝秦始皇

秦始皇嬴政 …………………………………………… 3
《史记·秦始皇本纪》 ………………………………… 57
嬴秦政论选录 ………………………………………… 83
古今名家评说 ………………………………………… 107

秦始皇的列祖列宗

秦穆公嬴任好 ………………………………………… 129
秦孝公嬴渠梁 ………………………………………… 138
秦惠文王嬴驷 ………………………………………… 141
秦武王嬴荡 …………………………………………… 149
秦昭襄王嬴稷 ………………………………………… 156
秦孝文王嬴柱 ………………………………………… 168

秦始皇的父子兄弟

秦庄襄王嬴异人 ……………………………………… 173
长安君成蟜 …………………………………………… 175
秦二世胡亥 …………………………………………… 181
公子扶苏 ……………………………………………… 190
公子将闾 ……………………………………………… 196
公子高 ………………………………………………… 196
华阳公主 ……………………………………………… 197
秦王子婴 ……………………………………………… 198

影响秦始皇的女人

夏太后·· 203
华阳夫人·· 203
子楚夫人·· 205
巴寡妇清·· 209

功过是非几丞相

秦孝公辅相商鞅··· 215
秦惠文王国相张仪·· 229
秦武王右丞相樗里子··· 237
秦武王左丞相甘茂·· 240
秦昭襄王丞相魏冉·· 244
秦昭襄王丞相范雎·· 250
秦昭襄王丞相蔡泽·· 265
秦庄襄王丞相吕不韦··· 270
秦始皇丞相甘罗··· 275
秦始皇丞相王绾··· 279
秦始皇左丞相李斯·· 281
秦始皇、秦二世右丞相冯去疾·· 301
秦二世中丞相赵高·· 303

吞并六国众战将

将军孟明视··· 311
将军司马错··· 314
大良造白起··· 317
将军蒙骜·· 330
大将王翦·· 331
次将桓齮·· 334

将军王贲	334
内史腾	336
内史蒙恬	339
少府章邯	343

客卿、近幸和方士

客卿韩非	351
客卿茅焦	358
上卿姚贾	361
国尉尉缭	364
长信侯嫪毐	366
咸阳令阎乐	370
艺人优旃	372
燕地方士卢生	374
韩地方士侯生	378
齐地方士徐市	379

被秦灭亡的六国君王

韩王韩安	387
魏王魏假	393
楚王熊负刍	404
燕王姬喜	419
赵代王赵嘉	429
齐王田建	439

奋身刺秦的侠士

燕国太子丹	453
燕国刺客荆轲	459
燕国刺客高渐离	464

韩国刺客张良……………………………………… 465

揭竿而起的反秦首领

大楚王陈胜……………………………………… 471
代理王吴广……………………………………… 478
西楚霸王项羽…………………………………… 480
汉王刘邦………………………………………… 484

千古一帝秦始皇

秦始皇开前所未有之一统大业,总三皇五帝而自谓"皇帝",创两千余年封建君主之嘉名,谓之"千古第一",不算失之悬远;建郡县、定法制,车同轨、书同文,说是"百代皆沿秦制度",细绎确乎不谬。而六国之灭、二世而亡,苛政暴行、焚书坑儒,千古之下,议论仍旧纷纭、评价莫衷一是。做过些大事情的人,譬如秦皇汉武,总是如此引人注目,又褒贬歧出……

秦始皇嬴政

嬴政（前259—前210），秦王朝开国皇帝。姓嬴，名政，战国时秦国庄襄王之子，母赵姬。尊号"皇帝"，史称"始皇帝"。公元前246—前210年在位。公元前221年，他建立我国历史上第一个统一的中央集权王朝——秦，为中华民族的发展做出了贡献。但他实行专制，严刑峻法，赋役繁重，加以连年用兵，广大民众痛苦不堪。他去世后不久，就爆发了大规模的农民起义。

一、父为质子　侥幸得位

嬴政出生的战国时代，齐、楚、燕、韩、赵、魏、秦七雄各据一方，连年争战，居于中原西部（今陕西）的秦国，就是七雄中充满生机的后起力量。

嬴政出生前，正值曾祖父秦昭襄王在位。秦昭襄王采取范雎"远交近攻"的兼并方针，大力进攻与秦国毗连的韩、魏两国，而与赵国达成联盟。按惯例，秦、赵成盟之后，嬴政的父亲异人，被送到赵国做人质。

异人是秦昭襄王的孙子，太子安国君的儿子。安国君名柱，妻妾很多，有子二十余人，异人排行居中。异人的母亲名夏姬，不受安国君宠爱，异人本身又非长子，因而作为质子被送往赵国都城邯郸（今属河北），成为流落异国的寒酸公子。

这时，有位名叫吕不韦的大商人，来到了赵都邯郸。吕不韦常年从事投机生意，贱买贵卖，家累千金，是当时的著名富商。在邯郸，吕不韦见到了困窘落魄的异人，认为异人"奇货可居"。他往来各国都市，对各国政局都很熟悉，对秦国宫闱的内幕更是了如指掌。他知道，异人不得志，而秦昭襄王最宠爱的华阳夫人又膝下无子，便想以他们为突破口，通过华阳夫人扶持异人得到王位，而自己以"定国立君"之功大捞一把政治财。

于是，吕不韦前去拜访异人，对他游说道："您虽是秦国公子，但眼下却十分穷困窘迫，又客居在此，拿不出什么来献给亲长、结交宾客，也就没有希望在未来获得高贵的地位和无上的权力。我吕不韦虽然不算富有，但愿意拿出千金，来为您西去秦国游说，侍奉安国君和华阳夫人，让他们立您为太子。"吕不韦将五百金交与异人，让他改善处境、广交宾客，同时另外拿出五百金选购珍奇玩物，自己随身携带，西入秦国。

吕不韦来到秦国，没有直接求见安国君和华阳夫人，而是拜访了华阳夫人的姐姐。吕不韦巧舌如簧，滔滔不绝地对她说起了异人的贤惠和聪明，说异人交结诸侯宾客，朋友遍天下，是个胸怀远大抱负的人。他身居异国，日夜思念安国君和华阳夫人，往往到深夜还在流泪，不能成眠。最后，吕不韦拜托华阳夫人的姐姐，把异人的礼物和问候转呈华阳夫人。华阳夫人听了姐姐的转述，又见到异人给自己送来的厚礼，不禁心花怒放，对异人开始有了好感。

接着，吕不韦又策动华阳夫人的姐姐去游说华阳夫人，而这一套说辞，其实是吕不韦所教。华阳夫人的姐姐见到妹妹，说："我听说，用美貌侍奉男人的女人，一旦年老色衰，男人对她的爱也就懈怠了。现在妹妹侍奉太子，虽深得其爱，却没有儿子，应该趁此时早定主张，在诸公子中选择一位贤孝者，作为自己的儿子，正式立他为继承人。这样，丈夫在世时则享有双重尊重，丈夫死后儿子为王，也永远不会失势。这就是所谓'一言而万世之利'。不趁自己风华正茂时树立根本，等到年老色衰，即使想做，还做得到么？当今诸子中，异人最为贤孝，他自知排行居中，按次序当不上继承人，他的母亲又不为安国君所爱，他自愿依附妹妹，妹妹若能在这个关键时刻，把他扶持为继承人，就可终生在秦国得宠了。"

华阳夫人正为无子苦恼，姐姐这番肺腑之言，解开了自己心中的症结。从此，华阳夫人多次向安国君请求立异人为继承人。安国君答应了华阳夫人的请求，并与华阳夫人刻符为信，约定立异人为合法继承人。

接着，安国君和华阳夫人给异人送去大批钱财，并请吕不韦作为师长扶助异人。异人自己也振作精神，多行贤孝，努力上进。从此，异人名声日盛，誉满诸侯。

异人取得王位继承权后，与返回邯郸的吕不韦一起，广泛结交天下豪杰，专等秦国王位轮到自己来坐。

二、离奇身世　即位为王

异人原本无财无势，在赵国做质子的日子里，自然没有什么美女可以亲近。吕不韦有一位能歌善舞、姿容美丽的小妾，是赵国邯郸人，人称"赵姬"，甚得他的宠爱。一天，吕不韦请异人到住处饮酒，异人见到赵姬后非常喜欢，一时情动，就起身来向吕不韦祝酒，请求把此女赐给自己。吕不韦很生气，但转念一想，自己在他身上已经花掉千金家产，眼下一个女子，还有什么舍不得呢？于是转怒为喜，慨然应允。

当时，赵姬已经怀有身孕，但却看不出来。到了异人那里，赵姬隐瞒了怀孕之事，尽心尽力服侍异人。而吕不韦也没有向异人说明怀孕之事，他希望自己不仅能扶一位公子登上王位，而且想让自己的亲生之子登上宝座，做成这笔赚头更大的生意。被蒙在鼓里的异人，为赵姬的美艳柔情所迷，对其甚是宠爱。

秦昭襄王四十八年（前259），赵姬生下一子，就是嬴政。

因他生于赵都邯郸，故以赵氏为姓；又因正月出生，故取名为"正"，一作"政"。后来赵政归秦，他才从秦姓，改为嬴政。赵姬生子以后，异人立其为夫人。

这时，秦、赵两国失和，兵戈相向，赵国被迫割地求和。情急之下，赵国打算杀死异人，聊解对秦国的痛恨。异人得到消息，与吕不韦商讨对策，向防守官吏行贿六百金，逃出邯郸城，返回了秦国。

异人逃跑后，赵国人便想杀害仍留在赵国的赵姬和嬴政，幸亏赵姬的母家颇有权势，这才得以保全性命。不过，为了躲避赵王的追杀，赵姬和嬴政不得不时刻警惕、小心谨慎。他们母子随时都有被人告发的危险，因此遇事就只能忍让迁就，受人欺凌，小小的嬴政为此吃了不少苦头。所以，嬴政后来成为秦王后，第一个攻伐的目标便是赵国。在秦王政十九年（前228），王翦平定赵国时，嬴政来到邯郸，找到了当初那些欺凌他们母子和那些与赵姬娘家有仇的人，把他们全部活埋了。

在赵国隐居期间终日提心吊胆的紧张生活里，嬴政慢慢长大了，他敏感、多疑、善思、沉郁，内心深处却有着一种极度缺乏安全感的狂躁。赵姬出身豪民之家，其父兄多为狡黠勇悍、急功近利之人，成长期的嬴政受到母亲这种家风的深刻影响，长大后也颇有任侠浪漫、喜好尝试冒险的豪侠性格。母亲家里的奢华程度丝毫不亚于国君，但嬴政却不能平心静气地充分享受这样的富贵生活，这使他在日后对物欲的追求总是不满足。赵姬坚强果断的性格对嬴政的影响也极为深刻，使嬴政很小就养成了喜欢主事、刚愎武断的性格。坎坷的遭遇，也使他刻薄寡恩、残暴无情。而这种身藏豪门巨宅却有如囚禁的生活，一直持续了六年。

异人回到秦国后，华阳夫人因为自己是楚国人，便给他改名叫"子楚"。把他当成亲生儿子看待。秦昭襄王五十六年（前

251），昭襄王去世，太子安国君继位，是为秦孝文王。子楚被立为太子，赵姬和嬴政被赵国送归秦国。这一年，嬴政八岁。

秦孝文王在位时间甚短，他先服丧一年，然后正式即位，即位三天就去世了。接着子楚继承王位，是为秦庄襄王。

庄襄王在位时间也很短，三年后就去世了。这样，秦庄襄王三年（前247），十三岁的少年嬴政登上了秦国的王位。由于嬴政年少，政权由母亲赵太后和相国吕不韦执掌。

三、出兵山东　连年争战

到嬴政继承王位时，在战国七雄中，秦国最具备完成统一全国的有利条件。

秦国自秦孝公时商鞅进行变法以来，一直奉行法家政策，重视耕战，领土不断扩大，国家日益富强，经孝公、惠文王、武王、昭王、孝文王、庄襄王六代努力，到嬴政继承秦国王位之时，秦地已从今陕西地区扩展到甘肃、宁夏、四川、山西、河南、湖北、贵州等地，几乎相当于六国领土面积的总和。在这块广大的领土内，富饶的关中平原和号称"天府之国"的成都平原，以及河东、南郡等地，都是重要的农业生产区；陇西、北地等郡，是畜牧资源丰盛之地；蜀郡、南阳产铁，河东、蜀郡产盐。广大的版图，使秦国财力雄厚，兵源充足。在地理形势上，秦地居高临下，本土关中有所谓"四塞之固"，进可以取，退可以守，不断向东蚕食崤山以东的领土，完全处于有利的主动地位。总之，秦国到秦王嬴政继承王位时，无论经济力量、军事力量还是地理形势上，都具备了统一山东六国的条件。

秦王政元年（前246），韩国为了搞垮秦国，使秦国暂时停止向东方发动进攻，派遣水利专家郑国做间谍，进入秦国，游说吕不韦开凿灌溉渠道，从仲山开始，穿过泾水，沿北山一直向东注入洛水。在工程进展的过程中，吕不韦发觉了郑国的阴谋，准备杀死他。郑国辩解说："我是为了给韩国延长几年寿命才来开渠的，然而水渠开凿成功，将给秦国带来万世的福利。"吕不韦认为他的话很有道理，就让他继续主持这项水利工程。郑国渠开凿成功后，注入淤浊之水冲灌盐碱地多达四万多顷，亩产都在一钟（合今 1250 升）以上，关中地区从此更加富饶。

秦王政三年（前 244），秦国大将蒙骜率军进攻韩国，攻取了十二座城邑。

秦王政四年（前 243），蒙骜又率军向东方推进，攻打魏国，夺取了畅城和有诡城，三个月后才撤回军队。

秦王政五年（前 242），秦国大将蒙骜率军再次进攻魏国，夺取了酸枣城（在今河南延津西南）、燕城（在今河南延津东北）、虚城（在今河南延津东）、长平（在山西高平西北）、雍丘（今河南杞县）、山阳（今山东金乡）等二十座城邑，开始设置东郡（郡治濮阳，今河南濮阳西南）。

秦王政六年（前 241），楚国、赵国、魏国、韩国、卫国，再次结成合纵联盟对抗秦国，推举楚考烈王芈完担任联盟长，由春申君黄歇负责主持。五国联军向秦国发动反攻，夺回了寿陵。当联军进抵函谷关时，秦国出动大军迎击，五国联军不战而纷纷逃走。随后这一年，秦军又攻占了魏国的朝歌（今河南淇县），并占领了卫国的都城濮阳（今河南濮阳西南），卫元君带领部属迁移到野王（今河南沁阳），依靠山势守卫魏国的河内地区。

秦王政七年（前 240），秦军再度攻击魏国，夺取了汲城（在今河南汲县西）。

秦王政九年（前 238），秦国又出兵攻击魏国，夺取了垣城（在今河南长垣东北）、蒲城（在今陕西渭南东北）。秦国的大将杨端和率军出击魏国，夺取了衍氏城（在今河南郑州北）。

就是这样，秦国在秦王嬴政年龄还小的那些年里，一口口地蚕食着六国。

四、诛嫪罢吕　纳谏迎母

嬴政继承秦国王位以后，吕不韦的权势进一步扩大。他官居相国，并取得作为国君长者的"仲父"尊号，不但食封大邑十万户，而且家僮万人，财力雄厚，成为秦国首屈一指的大富翁和政治暴发户。

赵太后在秦庄襄王死后，难耐寂寞，与吕不韦旧情复发，二人时常私通。秦王嬴政日见长大，吕不韦恐怕隐私暴露，祸端临头，想与太后断绝关系，又怕其怨恨，就为自己找了替身嫪毐假充宦官，进入太后宫中，侍奉太后。嫪毐深得太后宠爱，所掌政务悉由其决断。

不久，赵太后怀孕，为了避免被人发觉，就诈称神灵指示应当隐居避人，于是移居雍城（今陕西凤翔南）故宫。在那里，赵太后先后生下两子，在宫中秘密抚养。嫪毐势力日益强大，他拥有宾客一千余人，家僮数千人，朝中官员争相交结，不少重要官员都成了他的党羽。嫪毐成为仅次于吕不韦的又一股政治势力。

虽然吕不韦以嫪毐代替了自己，但他与赵太后的私情还是被许多人知道了，而且焦点直指嬴政是否子楚之子，并由此导致了秦王朝的王室冲突。

秦王政八年（前239），秦王嬴政的弟弟长安君成蟜率领军队攻打赵国时，在陈留造反了。他发出檄文通告天下，说嬴政不是先王所生，而是赵太后与吕不韦所生。他要推翻嬴政，夺回本就属于自己的王位。一时间，秦国的宗室、贵族都对嬴政的血统产生了怀疑，议论纷纷，甚至责难嬴政。嬴政一时慌乱异常，但他很快平静下来，派出重兵镇压了成蟜的叛乱，迫其兵败自杀。

平定成蟜的叛乱后，嬴政对于吕不韦开始疏远，有意重用嫪毐。嫪毐依靠赵太后的权势，被封为长信侯，先得到山阳（今太行山东南地区）作为封地，后来又把河西（今陕西东南部）和太原（今山西中部）二郡更名为毐国。嫪毐还与太后密谋，待秦王嬴政一死，就扶植私生子继承王位。在赵太后的支持下，嫪毐在后宫为所欲为，毫无忌惮，眼里根本没有国家和君主。

面对吕党和后党两个集团的嚣张气焰，秦王嬴政未动声色。秦王政九年（前238）四月，他按预定计划到秦故都雍城的蕲年宫举行冠礼。贵臣向秦王嬴政告发了嫪毐与太后的隐私和阴谋。嫪毐得到消息后，遂乘秦王嬴政至雍城加冠之机，假借秦王嬴政玉玺和太后玺捏造属文，发动暴乱，企图进攻蕲年宫，杀死秦王嬴政。嬴政早有戒备，立刻命令相国昌平君等人率军镇压，活捉嫪毐。九月，车裂嫪毐，诛灭其三族；党羽骨干卫尉竭、内史肆、佐弋竭、中大夫令齐等二十余人皆枭首示众；受牵连的四千余家全部夺爵流放蜀地。秦王嬴政还杀死了赵太后与嫪毐所生的两个私生子，同时把赵太后隔离于雍城宫中监视起来。

嫪毐一案也牵连到了相国吕不韦。秦王嬴政早已深感吕氏集团对秦国君权的威胁，就打算乘嫪毐案件诛杀吕不韦，一并清除吕氏集团。但吕不韦辅佐先王继位的卓著功勋众所周知，在秦国也有深厚的根基，操之过急，难免败事，因而嬴政暂时没有追究吕不韦。

秦王政十年（前237），秦王嬴政已经牢握国柄，站稳脚跟，于是免去吕不韦的相国职位，将他赶出秦都咸阳，迁居封邑洛阳。但吕不韦在洛阳居住期间，山东六国君主仍然频繁地派人到洛阳向他请安，吕氏影响犹在。

为防止吕不韦与山东六国的势力变乱，秦王政十二年（前235），秦王嬴政果断地决定除掉吕不韦，根除祸患。于是他派人给吕不韦送去一封书信,信中说:"你对秦国有何功劳,却封土洛阳,食邑十万?你与秦王有何血亲,却号称仲父?快带家属滚到西蜀去住!"("君何功于秦?秦封君河南,食十万户。君何亲于秦?号称仲父。其与家属徙处蜀!"《史记·吕不韦列传》)

吕不韦受到这番凌辱,自度免不了一死,于是服毒自尽。吕不韦死后,秦王嬴政还严惩了他的家人和宾客。对于他的家臣参加哭吊的,如果是晋国人,就赶出国境;如果是秦国人,则分别官职高低给予外迁、剥夺爵位的惩罚。而且提醒官员以吕、嫪为戒,否则都将予以严厉惩处。

本来,秦王嬴政把母亲赵太后软禁起来后,曾下令:"如果敢有人为太后之事来劝谏的,乱刀砍死,尸体在宫门外示众。"但是,自从此令下达以后,就不断有不怕死的大臣冒死进谏,结果秦王嬴政一连杀了二十七个人。尸体陈列在咸阳宫门外,他认为再也不会有人来劝谏了。

可是,在秦王嬴政决意统一山东六国时,竟然有一位齐地人茅焦,前来劝谏。嬴政见到茅焦后,冷笑着说:"你没看到宫门外的二十七具尸体吗,你也想来送死?"茅焦说:"臣听说天上有二十八星宿,现在您已经杀死了二十七个,我是来凑够二十八个的。"嬴政听后火冒三丈,怒斥道:"你竟敢违背寡人的命令,小心寡人让你也横尸宫门之外!"茅焦不慌不忙地回答说:"臣听说长寿的人不忌讳死亡,享国之人不忌讳亡国;忌讳死亡的人活不久,忌讳亡国的人不能保全。臣不知道关于生死存亡之事,大王是否愿意一听?"

秦王嬴政稍微平息了一下怒气,说:"你说吧!"茅焦大胆说道:"大王有狂乱乖戾的举动,大王您知道吗?""什么?"嬴政第一次听到别人这样对自己说话,感到惊奇,他问道:"都有哪些?寡人愿意听你一说。"于是茅焦趁势说道:"大王车裂假父(指嫪毒),有嫉妒之心;摔死两弟(赵太后与嫪毐私生子),有不慈之名;迁母于雍城宫,有不孝之行;杀戮谏士,有桀、纣之举。天下人听说这些事情,就会瓦解四散,没有人再倾向秦国了。我怕如此下去不得民心,秦国会有亡国的危险。我是替大王担心,希望大王早日醒悟。我说完了,大王请用刑吧!"说罢解开衣服,伏在殿下,等待受刑。

听完这番话,秦王嬴政竟然没有生气。这就是嬴政的特点,只要言语切中时弊、击中要害,只要对秦国有利、对他的统治有利,他都会非常高兴,而且乐意接受。他有残暴、冷酷的一面,也有近人情、通人性的一面。茅焦的这番话使他突然醒悟,转怒为喜。他亲自下殿,一边扶起茅焦,一边说:"赦你无罪!请先生穿上衣服,寡人愿向您请教。"随后,嬴政拜茅焦为自己的仲父,封爵为上卿。

在茅焦的进一步劝谏下,秦王嬴政亲自率众将赵太后从雍城接回咸阳。此举在国内起到了稳定人心、安定政局的作用,对统一大有裨益。

五、谋划统一 任贤散纵

秦王嬴政在平定嫪毐叛乱和处理太后与吕不韦事件后,开始推进统一六国的宏图伟业。为此,他发扬先王雄风,礼贤下士,搜罗人才,重新组织文武骨干,并制定出新的战略方针。

秦国原本是个西方小国,正是靠广纳别国贤才,才逐渐强大起来的。秦王嬴政深知人才对秦国统一事业的重要,因此广泛招纳、任用贤才。

本来,在发生郑国的事件后,秦国的宗室大臣都议论说:"山东各国在秦国做官的人,都是通过替他们的君主游说,来离间我国君臣关系的,请大王把他们一概驱逐出境。"秦王嬴政认为他们所说不无道理，于是下达逐客令，大肆搜捕驱逐外籍之人。

客卿出身的丞相李斯，也在被驱逐的行列，在被驱赶离开秦国的途中，他给秦王嬴政上《谏逐客书》，书中总结了秦穆公、秦孝公、秦惠文王、秦昭襄王招纳贤才使秦国强盛的霸业，歌颂了由馀、百里奚、蹇叔、丕豹、公孙支、商鞅、张仪、范雎等外籍贤才的贡献，并指出驱逐宾客，让他们去为诸侯建功立业，等于借兵器给敌寇、送粮食给强盗。接到李斯的上书，秦王嬴政深为所动，立即下令将其召回，恢复官爵，并宣布撤销逐客令。

之后，秦王嬴政采纳李斯的建议，秘密派遣善辩的能人，携带金银珠玉，前往东方游说各国国君。对于各国的名流权臣，凡是可以收买的，不惜重金收买；不肯接受收买的，就派刺客去暗杀。挑拨各国君臣之间的关系，从内部瓦解其防卫力量，然后派遣良将率领重兵发动猛攻。

秦王嬴政还听从尉缭的建议，用重金拆散六国的联合。尉缭本来是魏国大梁人，在秦王废"逐客令"后到秦国做了客卿。他向秦王进言说：当前，以秦国力量之强，是山东诸侯各国所不能比拟的，但若各诸侯国联合起来，合纵抗秦，结果就很难预料了。因此，他主张秦国用重金买通各国掌权的大臣，离间六国之间的关系，拆散他们的联盟。嬴政采纳了尉缭的意见，并把他升为国尉（秦国的最高军事长官），掌握全国的军队。

在离间六国联盟的基础上，秦王嬴政还制定了"远交近攻"的战略方针，先后对六国实施各个击破的政策。具体方法是：先拉拢收买与秦国相距较远的楚、燕、齐三国，从而使与秦国相邻的韩、赵、魏三国腹背受敌，处于孤立无援之地。在攻占韩、赵、魏三国之后，随着战线的东移，再一一吞并楚、燕、齐国。

六、远交近攻　屈韩灭赵

秦王嬴政组织骨干力量、明确战略方针之后，便加大了进攻山东（山指崤山，在今陕西潼关东）六国的步伐。

当时，山东六国中赵国兵力最强，虽经长平之战元气大伤，但仍是秦国统一山东的劲敌，因此秦王嬴政决定首先攻打赵国。

秦王政十一年（前236），秦用计挑起燕、赵大战，然后以救燕为名，派大将王翦等率兵分两路进攻赵国。当赵将庞煖从燕国回师援救时，漳水流域和河间地区已经完全失守，赵国力量大为削弱。

秦王政十三年（前234），秦又派桓齮向赵进攻，斩首十万，并杀死赵将扈辄。次年，赵国调回由李牧率领的防守匈奴的北部边防军。这是赵国的一支劲旅，李牧又善于用兵，赵国调回这支王牌军，意在与秦军决一死战。秦军的数次进攻虽都被李牧打败，但赵军损失也相当严重。

李牧在与秦军的作战中接连取胜，在赵国的国内和山东五国之间，重新唤起了合纵抗秦的呼声。不过，李牧的胜利是以赵军付出惨痛伤亡为代价的，而对于秦国来说，只是延缓了统一的进程，却并未改变秦与其他几国的力量对比。这使赵幽缪王深切感到，如果不合纵抗秦，最后还是免不了被秦国各个击破。于是，在赵军胜利的推动下，出现了楚、齐、燕、赵"四国合纵"的局面。

消息传到咸阳，秦王嬴政立即召集李斯等在咸阳宫紧急开会，商议对策。据史料记载，当时参加会议的宾客有六十人之多。秦王嬴政问大家，四国为一，准备进攻秦国，而现在国家财力困难，百姓的负担已经到了尽头，怎么办呢？当在座者面面相觑的时候，有一位叫姚贾的人自荐道："小臣愿意出使四国，定能打破他们的合谋，使他们停止出兵。"

秦王嬴政见姚贾主动请缨，很是很感动，立即赐给他一百辆车、一千斤金，并赐予王者穿的衣服、戴的冠冕和佩剑。姚贾果然不负王命，不但拆散了四国的合纵，而且说服他们与秦国建立了良好的外交关系。姚贾的凯旋，拂去了嬴政心头的阴霾，为秦国的统一创造了宽松的外交环境，使秦国得以腾出手来集中精力实施灭韩战略。

七、韩使说政　燕客刺秦

在秦灭六国、六国抗争的斗争中，战场上的军事斗争是一个方面，此外的外交和间谍活动也在纷然展开。这样的出使和谋刺活动，比起军事行动来虽然显得单薄，但有时却很有效用。此外，六国中单个国家哪个也不是强秦的对手，派出使节和刺客也是无奈之举。

韩非原本是以韩使身份来到秦国的。秦王政十四年（前233），韩国甘心做秦国的附庸，派遣韩非（韩国公子）访问秦国。韩非趁着出使的机会，上书秦王嬴政说："当今秦国的土地方圆数千里，精兵号称上百万，号令严明，赏罚公正，天下独一无二。我冒着死亡的危险请求进见大王，献上攻破合纵联盟的计谋。大王如果采纳了我的计谋，不能一举攻破山东各国的联盟，不能使赵国投降、韩国灭亡，楚国和魏国屈服，齐国和燕国归顺，不能使秦国霸主的威名远扬，四方的邻国前来朝拜，就请大王诛杀我示众，以此来警戒那些不能尽忠大王的人。"秦王嬴政爱韩非之才，把他留在了咸阳。

后来楚、齐、燕、赵四国合纵破裂，引起了滞留咸阳的韩非的严重关切。他虽然痛切地感到韩国的政治黑暗，然而，作为韩国的使者，他代表着国家的利益，肩负着韩王的使命，他的父母妻小都在韩国。他觉得，即使不能改变秦王嬴政兼并韩国的决策，也要想方设法拖延其进攻的时间。于是，指责姚贾在过去三年间慷国家之慨，私交于楚、齐、燕、赵。四国与秦国之交未必巩固，而姚贾却从这些国家得了不少好处。韩非甚至不惜揭露姚贾的身份和并不光彩的历史，说："姚贾是魏国监门卒的后代，在大梁城内他有行盗的劣迹，在赵国做臣子时遭到驱逐。像这样的世代监门卒的梁之大盗、赵之逐臣，大王还与他共谋社稷大计，这不是用鞭子抽打群臣么？"

秦国的官吏素来以廉洁自律著称，现在韩非竟然告发姚贾有营私舞弊行为，这当然不能不引起秦王嬴政的关注。于是他召见姚贾，经过谈话，非但没有追究姚贾之罪，反而被他说服，更加坚定了灭韩的决心。

韩非见此，不得不再次上书。韩非在这封上书中，首先分析了韩国与秦国的关系，他说："韩国三十多年来一直忠实地追随秦国，当其他五国进攻秦国的时候，韩国充当着屏障的角色；当秦国对其他五国作战的时候，韩国又是秦国的急先锋，无异于秦国的奴仆。而韩国因为追随秦国而结怨于诸侯，功劳归于强秦。况且，韩国年年按时缴纳'贡职'，实际上已经与秦国的郡县没有什么差别。可是，我今天却听说秦国的贵臣建议举兵讨伐韩国。其实赵国早就在聚集兵力，培植从徒，图谋联系天下的军事力量。它明白如果不能削弱秦国，那么诸侯的宗庙必灭于秦，因此，它试图进攻秦国已经不是一天两天了。可是，大王现在却置赵患于不顾而先除内臣。这样，诸侯都会以为赵国的弱秦政策是正确的，都会追随在赵国之后而与秦国为敌。"

韩非在上书中，尽情渲染亲者痛、仇者快的气氛，试图打动秦王嬴政。他说韩国主辱臣苦，国内上下许久以来就怀着浓郁的忧患意识，为了生存而加强军备、坚固城池。所以伐韩未必就能达到灭亡韩国的目的。"如果仅仅夺取了一座城邑就退兵,那么诸侯们必然因此轻看秦国的军事力量,从而增强他们合纵抗秦的信心。如果韩国叛离秦国,则魏国必然主动地与韩国策应,与此同时,赵国还会依仗齐国的援助。这样,韩、魏、赵、齐巩固合纵的统一战线,以与强秦对抗,这是赵国的福祉,秦国的祸患啊!到了那个时候,秦国进不能取赵,退不能灭韩,这大概也不是大王亡韩的本意吧?"

韩非的上书并未能阻挡秦军的步伐,而他矛头直指那些建议伐韩的贵臣,却为自己惹来了杀身之祸。后来,韩非被李斯等构陷,被秦王嬴政杀了。韩国的这次外交努力,以失败而告终。

在山东六国中,韩国是生存在赵国与秦国夹缝中的一个小国,往往遭遇秦国巨大的压力而不得不扮演秦国的附庸。但是,当形势发生变化时,它又因为不甘为人驱使而加入到抗秦的联盟中来。早在秦王政十四年(前233),韩王韩安就屈服于秦国的压力,向其交出土地、献上玉玺,请求作为秦国的附庸。这次赵军胜利后合纵,它又参与其中,与秦敌对。因此,在秦王嬴政看来,眼前不趁四国纵散的机会拔除这个障碍,就不足以震慑其他诸国。

秦王政十六年(前231),秦国故意挑衅,强索韩地。韩王韩安企图苟安,被迫献出南阳(今河南太行山南、黄河以北地区)。同年九月,秦王嬴政任命内史腾为南阳守,率军前往受地,实际上却以该地为前进基地,做进攻韩国的准备。秦王政十七年(前230),内史腾率领秦军突然南下,渡过黄河,进攻韩国,一举攻克韩都郑(今河南新郑),俘获韩王韩安,继而占领韩国全境,灭亡韩国。秦国在韩地设置颍川郡,建郡治于阳翟(今河南禹州)。

正当秦军灭韩时,赵国遇到严重旱灾,国内缺粮,人心浮动,民间也流传着"赵哭秦笑"的流言。秦国在稳定占领区形势,将韩地改建为颍川郡后,立即调头用兵于赵,在秦王政十八年(前229),派军乘赵国饥荒之机从两个方向对其发动进攻:王翦、杨端和率兵,分由南北夹击邯郸。赵幽缪王派李牧和司马尚率军抵抗。李牧仍采用筑垒固守,避免仓促决战的方针。秦军屡攻不胜,形成相持。

王翦利用赵幽缪王庸碌无知、其宠臣郭开贪财好利和嫉贤妒能的弱点,使用反间计,一方面停止进攻,保持对峙,派使者去赵营见李牧谈和;一方面派间谍携重金潜入赵都,贿赂郭开,散布流言,诬告李牧私自与秦军讲和,相约在破赵后分地代郡。赵幽缪王听信谗言,遂命赵葱和颜聚代替李牧、司马尚为将。李牧拒不受命,被赵幽缪王杀害。李牧治军有方,爱护部属,在边防与官兵共同生活、战斗多年,颇得人心,因此他被杀后,赵军人心涣散。

秦王政十九年(前228)三月,王翦军乘势猛攻,一举击败赵军,杀赵葱,占东阳(太行山以东),颜聚惊惧而逃。十月,王翦军攻破邯郸,俘虏赵幽缪王,秦国在赵地设邯郸郡。

赵幽缪王被俘后,赵公子赵嘉带领宗族数百人逃往代(今河北蔚县西北),自立为王。但此时赵国已名存实亡。

代地赵军与燕军联合,驻上谷易水(今河北怀来西北),企图阻止秦军继续北进。

秦军在追逐赵国公子赵嘉时,到达燕国的西南边境,兵临易水,震动燕国。燕国的太子丹,曾做质子入秦,刚从咸阳逃出回到燕国,对秦国恨之入骨。他认为,用燕军去抵抗秦军,简直是以卵击石,不堪设想;合纵诸侯,也为时已晚,因为韩国已经灭亡,赵国也基本不存在了,其余各国都朝不保夕,难于联兵。唯一的办法,就是派敢死壮士刺杀秦王,以延缓秦国的进兵,然后再合纵诸侯自保。于是，他不惜任何代价，到处访求刺客，导演了一幕"荆轲刺秦王"的惊险悲剧。

秦王政十九年，壮士荆轲在易水（在今河北易县，大清河上源支流）慷慨悲歌，别过太子丹及好友高渐离后，和有勇士之称的秦舞阳一道，带着降燕秦将樊於期的人头和裹藏匕首的燕国督亢（今河北涿县东，为燕国富饶地带）地图，以向秦国献地使者的身份，来到秦都咸阳。

秦王嬴政召见荆轲的那一天，荆轲捧着装有樊於期头颅的匣子，秦舞阳捧着装地图的匣子，两人一前一后地走进了咸阳宫。等两人到了大殿的台阶前，秦舞阳已经吓得面容失色，浑身颤抖。秦国的群臣都觉得奇怪。荆轲回头笑着看了一下秦舞阳，上前谢罪道："这是个乡下人，从来没有见过天子，所以才会吓得发抖，请大王别介意。"

荆轲将地图呈给秦王嬴政，嬴政展开地图，展到最后，便露出了匕首。荆轲趁机用左手抓住秦王嬴政的袖子，右手抄起匕首，向秦王嬴政刺去。嬴政大惊，见匕首刺来，挺身站起，向后躲去，挣断了半截袖子。嬴政慌忙伸手去拔佩剑，谁知剑身太长，卡在剑鞘里抽不出来，只好绕着大殿的柱子奔逃，荆轲紧追不舍。

群臣被吓呆了，全都慌了手脚。秦国的法律规定，群臣上殿，都不得携带任何武器，而手持兵器的侍卫们又都守卫在殿下，没有秦王的旨意不许上殿来。此刻情况危急，来不及召唤殿下的卫士，群臣仓皇间也没有合手的东西能够击打荆轲，只好徒手和他搏斗。

正在此时，侍从医生夏无且将他的药囊掷向荆轲，把荆轲挡了一下。而秦王嬴政正绕着柱子奔逃，一时慌张，不知道怎样才好。群臣见状，叫道："大王把剑推到背上拔！"秦王恍然大悟，把剑推到背上，一下子拔剑出鞘，砍向荆轲，将荆轲的左腿砍断。荆轲断了腿，无法再接近秦王嬴政，便举起手中的匕首，掷向秦王。匕首击中了柱子，没有掷中秦王。秦王再一次用剑砍向荆轲，片刻之间将荆轲砍伤了八处。秦王的侍卫们一拥而上，杀死了荆轲。

行刺事件使秦王嬴政大怒，他大举征伐燕国，燕王姬喜被迫杀了太子丹，将他的头颅奉献给秦军求和。秦王嬴政虽然没有同意，但鉴于燕、赵残余势力已成囊中之物，为集中兵力对付魏、楚，所以暂停进攻燕国。

八、连年出兵　翦灭四国

秦王政二十二年（前225），秦将王贲率军攻魏，掘引黄河、鸿沟，水灌魏都大梁（今河南开封）。三个月后，大梁城破，魏王魏假被俘，魏国灭亡。秦在魏的东部设立砀郡（治今安徽砀山），又在魏旧地建置泗水郡（治今江苏沛县）。

魏王魏假投降后，魏国还有最后一块象征性的土地，这就是魏安陵君的封地。秦王嬴政曾经提出以五百里地与安陵君交换封地。安陵君面对强秦，并不畏惧，说："大王以大易小，这于我来说，实在是一件幸事。但安陵是我从先王那里承继下来的，宁愿终身厮守，也不敢与人交换。"秦王嬴政听后十分不高兴。安陵君于是派了唐雎到咸阳来见秦王。

在咸阳宫中，秦王嬴政对唐雎说："寡人想以五百里地换得安陵，安陵君不答应，是何道理？况且秦灭韩亡魏，安陵君之所以能够以五十里地存在，是因为他是一个有德行的长者，寡人不介意罢了。现在他竟然拒绝与寡人交换，是不是轻视寡人呢？"唐雎从容地回答说："不是大王说的那样。安陵君所坚守的是从先王那里继承下来的土地，就是大王用千里之地来换，他也不敢答应，岂止五百里地呢？"

秦王嬴政试图威胁唐雎，说："不知道你听说过没有？天子发怒的时候，立刻就会伏尸百万，流血千里。"（"天子之怒，伏尸百万，流血千里。"《战国策·魏策四》）唐雎针锋相对，说："大王可曾听说平民发怒的事情吗？"秦王嬴政说："平民发怒，也不过是除掉帽子，打着赤脚，用头在地上乱撞罢了。"唐雎道："大王所说的只是庸夫之怒，而非勇士之怒。"唐雎接着绘声绘色地描述了勇士之怒的大义凛然和撼天动地："当年专诸刺杀吴王，彗星的光芒掩盖了月亮；聂政刺杀韩傀的时候，有白光穿过太阳；要离刺杀庆忌的时候，苍蝇突然扑飞到殿上。此三人都是布衣之士，他们胸怀的怒气还没喷发出来，上天就降下征兆。现在加上我，就是四个人了。如果勇士真的发怒，就有两个人会立即丧命，流血就在五步之内，全国的人都要穿白戴孝，今天就可能出现这样的情景。"（"夫专诸之刺王僚也，彗星袭月；聂政之刺韩傀也，白虹贯日；要离之刺庆忌也，仓鹰击于殿上。此三子者，皆布衣之士也，怀怒未发，休祲降于天，与臣而将四矣。若士必怒，伏尸二人，流血五步，天下缟素，今日是也。"同上）

唐雎说完，拔剑而立，一副不怕死的样子。秦王嬴政怎么能忘记几年前荆轲行刺的往事呢？如果说，当年荆轲之死是因为太子丹的缘故，那么，眼前的唐雎却完全是为了一个德行高尚的人献身，这令秦王嬴政肃然起敬，于是急忙上前道歉说："寡人今天终于明白，韩国与魏国已经灭亡，而安陵只有五十里地却得以保存，这只是因为有了先生你呀！"

楚国西与秦国毗邻，虽屡遭秦国侵犯，国势日衰，但至战国末年，尚占有江淮广阔地区，是秦国统一事业的一大障碍。秦国攻取赵都邯郸后，即移师向南，对楚作战。

秦王政二十三年（前224），秦王嬴政想一举灭楚，他问年轻将军李信需用多少军队，李信回答："不超过二十万人。"又问老将王翦，王翦回答："非六十万人不可。"秦王说："王将军老了，那么怯懦。李将军果然气势壮勇，所言极是。"

于是，秦王嬴政派李信和蒙武率军二十万，南下灭楚。王翦见秦王不采纳自己的意见，便告病归老，回到老家频阳（今陕西富平）闲居。结果，李信所部秦军被楚将项燕打得大败，阵亡七个都尉，狼狈撤回。

秦王嬴政接到报告，大为恼火，立即骑马驰奔频阳，当面向王翦道歉："当初不用将军之言，李信果然使秦军蒙羞。现在楚兵正在西进，将军虽然有病，就忍心扔下寡人不管吗？"王翦说："老臣体弱多病，精神混乱，大王还是选择能干的将领吧。"秦王嬴政说："事情已经过去，都是寡人的错误，将军不要再说了。"王翦说："大王一定要用臣伐楚，还是非六十万人不可。"秦王嬴政说："寡人这次来，就是听取将军意见的。"于是将六十万军队如数交予王翦率领，并亲自为他送行。

秦王政二十三年（前224），王翦率领大军攻取了陈地（今河南淮阳），向南进至平舆。楚国听说王翦率重兵来攻，便动员全国的兵力进行抵抗。王翦军固守营垒，以逸待敌，任凭楚军多次挑战，一直不肯与楚军交战。楚军找不到交战的机会，就向东调动。王翦率军紧随在后，出动精锐，发动猛烈攻势，把楚军打得大败，一直追击到蕲南（今安徽宿县南），攻杀了楚军主将项燕。楚军于是溃败，王翦军乘胜攻占了周围的城镇。

秦王政二十四年（前223），王翦、蒙武率大军向楚国发起全面进攻，俘虏了楚王熊负刍，在楚地设置了楚郡。楚国宣告灭亡。

王翦大军又平定了楚国的江南地区，降服了百越各部的君主，设置了会稽郡（郡治在吴县，即今江苏苏州）。

秦王政二十五年（前222），秦国又大举出兵，派王贲统率，进攻辽东，俘虏了燕王姬喜。燕国宣告灭亡。

王翦之子王贲率军在攻灭燕、赵残余势力后，破代，俘获代王赵嘉。赵国彻底灭亡。

齐国地处东方滨海地区，齐王田建即位之初，齐国的君王后（齐襄王后）贤惠而富有才能，谨慎地事奉秦国，与其他诸侯国交往也讲求信义。由于秦国日夜攻打韩、赵、魏、楚、燕五国，五国各自忙于自救，无暇东顾，所以齐王田建在位四十多年没有遭受战乱。

君王后去世之后，后胜出任齐国的丞相，他大量收受秦国的贿赂。而齐国派出到秦国去的使节和宾客，秦国又多赠予金钱。这些人都从事反间活动，一再劝说齐王亲附秦国，不必加强军备，也用不着援助其他五国抗秦。五国相继被灭后，齐王田建准备西去咸阳朝见秦王，首都临淄的雍门司马问他："齐国所以立王，是为了国家？还是为了你个人？"齐王田建回答说："立王当然是为了国家。"雍门司马接着说："既然是为了国家才立王，那么大王为何要离开国家西去秦国？"齐王田建这才醒悟过来，返回了都城。

秦王政二十六年（前221），王贲率领大军从燕地南下进攻齐国，前锋突击闯进齐国都城临淄，城中的军民没有人敢抵抗。秦王嬴政派人诱骗齐王田建，许诺封给他五百里土地。齐王田建满足于这些条件，立即投降了。之后，秦国把他流放到共地（今河南辉县），监禁在松柏树林之间，最终齐王田建被活活饿死。

从秦王政十七年（前230）灭韩开始，到秦王政二十六年（前221）为止，历经十年时间，秦国终于翦灭六国，统一全国。

九、一统天下　自称"始皇"

武力统一完成之后，国内长期割据所形成的地域差异依然存在，秦王嬴政以巩固统一为核心，以秦国制度为蓝本，在政治、经济、文化等各个领域实行全面改革，创立了空前庞大和统一的封建帝国。

秦王政二十六年（前221），战争刚一结束，嬴政就首先宣布了吞并山东六国的正义性和合理性，理由是韩、赵、魏、楚背叛盟约，燕、齐敌视秦国，所以要全部消灭。他命令丞相、御史说："从前韩王交出土地、献上印玺，请求做守卫边境的臣子，不久又背弃誓约，与赵国、魏国联合反叛秦国，所以派兵去讨伐他们，俘虏了韩国的国王。寡人认为这很好，因为这样或许就可以停止战争了。

"赵王派他的相国李牧来订立盟约，所以寡人归还了他们抵押在这里的质子。不久他们就违背了盟约，在太原反抗秦国，所以派兵去讨伐他们，俘获了赵国的国王。赵公子赵嘉竟然自立为代王，所以就派兵去灭了赵国。魏王起初已约定归服于秦国，不久却与韩国、赵国合谋袭击秦国，秦国将士前去讨伐，终于打败了他们。楚王献出青阳以西的地盘，不久也背弃誓约，袭击秦国的南郡，所以寡人派兵去讨伐，俘获了楚国的国王，终于平定了楚地。燕王昏乱糊涂，他的太子丹竟然暗中派荆轲来做刺客，秦国将士前去讨伐，灭掉了他的国家。齐王采用后胜的计策，断绝了与秦国的使臣来往，想要作乱，秦国将士前去讨伐，俘虏了齐国国王，平定了齐地。

"寡人凭着这个渺小之身，兴兵诛讨暴乱，靠的是祖宗的神灵，六国国王都因为他们的罪过受到了应有的惩罚，这样一来，天下便安定了。"

同时，秦王嬴政还展开宣传，在舆论上使秦王朝的统治名正言顺。但是，这种自说自话毕竟说服力有限，于是秦王朝的君臣为自己的说法寻找理论依据，找到了"五德终始"说。

战国末年，阴阳五行学家邹衍创立了"五德终始"说，即运用金、木、水、火、土来解释社会历史的变化更替。他认为：每一个朝代各占一"德"，五德相生相克，反复循环。虞舜为土德，夏朝为木德，商朝为金德，周朝是火德，虞、夏、商、周各占一德，都是历史上的正统朝代。嬴政推论五德终始说，以为周得火德，水克火，秦代周，所以秦朝应得水德。据传说，秦文公在打猎时曾获得一条黑龙，这是上天把水德转托给秦人的证据。秦灭周，就是水克火，这是上天的安排，因此，秦王嬴政建立的秦王朝完全是合乎天意的。因此他宣布："当今正是水德的开始。"于是颁布新的"正朔"，以十月初一为一年的开始，表示新朝代的诞生，并把黄河（古称为"河"）改名为"德水"。

按五行学说，水为黑色，主北方，水德具有黑暗阴冷、严酷无情的特性，于是秦朝以黑色为上，衣服旗帜皆为黑色，百姓也改称为"黔首"，记数以六为纲，冠为六寸，舆为六尺，六尺为步，六马驾车，"刚毅""刻削""急法""不赦"，无处不体现水德之性。明确秦朝得占水德，也就明确了秦朝的合理性。后来，秦王嬴政又到泰山举行封禅典礼，告祭天神地祇，以此来证明他的帝位是天神授予的，从而把秦朝在中国历史上的正统地位进一步确立起来。

君王权位的问题，对于秦王嬴政来说是个重大问题，而这又要通过一系列的律法、制度来体现。秦王嬴政对这些问题当然十分在意，桩桩件件都亲自参与。

首先是定尊号。秦王嬴政认为自己德迈三皇、功过五帝，继续称"王"已经不足以称其功，于是命令臣下议尊号。丞相王绾、御史大夫冯劫、廷尉李斯等人认为："古有天皇，有地皇，有泰皇，泰皇最贵。"因而尊称嬴政为"泰皇"。嬴政不满，于是把"泰"字去掉取"皇"，采用上古时"帝"的位号，称"皇帝"。他又下令取消谥法，自称"始皇帝"，后世依次为"二世、三世，至于万世，传之无穷"。他认为："远古时有号无谥，中古时有号，死后又依据生前之举取谥，如此一来，就成了儿子评议父亲、臣下评议君主，实在不应该。"他觉得让子孙臣下为自己追上谥号，有损于作为天子的尊严，不符合自己至高无上的地位，于是为避免死后受到别人妄议，所以禁止了这项制度。可惜的是，秦朝只到二世就灭亡了，这是秦始皇始料不及的。

秦始皇还规定皇帝自称"朕"，命称为"制"，令称为"诏"，大印称"玺"，行施权力的凭证是玉玺。玉玺分为两种，一种叫"传国玺"，玺方四寸，上部勾交五龙，由和氏璧精细琢磨而成，文曰"旻天之命皇帝寿昌"，是李斯亲笔书写；另一种叫"乘御六玺"，共有六方，分别为"皇帝行玺""皇帝之玺""皇帝信玺""天子行玺""天子之玺""天子信玺"，都是用上等玉料制成。只有皇帝的印才称为玺，只有玺才能使用玉料，玉玺与朕、制、诏一样，都是皇帝的专擅之物，不许臣民使用。

皇帝名号和权位确定后，皇帝的至亲也随之各建尊号，父亲曰"太上皇"，秦始皇定号的当年就追尊庄襄王为太上皇，母亲曰"皇太后"，正妻曰"皇后"。这就更烘托了皇帝的最高地位。

秦始皇还命令博士官参照六国礼仪，制定了一套尊君抑臣的朝仪，皇帝高高在上，群臣听传令官之令，趋步入殿拜见皇帝；群臣上书奏事，一律要采用"臣某昧死言"的格式。

总之，帝国的一切，都要体现皇帝的无上权威和最高意志。政事无论大小，秦始皇都要亲自裁决。为了充分行使自己的最高权力，他每天都在夜以继日地操劳，白天断狱，夜批公文，并给自己规定，不批完一石公文，决不休息。秦代公文使用竹简木牍，一石为一百二十斤，约合今六十市斤。

十、设立郡县　集权中央

秦始皇平定六国，终于建立了中国历史上第一个强大的统一国家。然而，原来六国的制度、货币、文字、度量衡等各不相同，若想保持国家的长久统一，就必须先将这些方面统一起来。秦始皇召集群臣，首先商议国家体制。周王朝一直实行分封制，有人自然倾向于此。丞相王绾等进言说："诸侯刚刚被打败，燕国、齐国、楚国地处偏远，不给它们设王，就无法镇抚那里。请封立各位皇子为王。"

秦始皇把这个建议下交给群臣商议，群臣都认为这样做有利。廷尉李斯却有不同意见，他说："周文王、周武王分封子弟和同姓亲属很多，可是他们的后代逐渐疏远了，互相攻击，就像仇人一样，诸侯之间彼此征战，周天子也无法阻止。现在天下靠您的神灵之威获得统一，都划分成为郡县，对于皇子、功臣，用公家的赋税重重赏赐，这样就很容易控制了。要让天下人没有邪异之心，这才是使天下安宁的好办法啊。设置诸侯没有益处。"

秦始皇说："以前天下人苦于连年战争无止无休，就是因为有许多诸侯王。现在天下刚刚安定，如果再设立诸侯国，等于是又挑起战争，想要求得安宁太平，岂不困难吗？还是廷尉说得对。"于是，秦始皇开始了一系列的改革。

秦始皇以战国时期秦国官制为基础，建成了一套适应统一国家需要的新的政府机构，即三公九卿制及郡县制。三公指左右丞相、太尉和御史大夫。丞相是中央行政机构的最高长官，协助皇帝处理全国政务，国家大事一般由丞相总领百官进行集议和上奏。太尉是中央行政机构的军事长官，协助皇帝掌管军事，但平时没兵权，只有接到皇帝命令和符节时才能调动或指挥军队。御史大夫是副丞相，相当于皇帝的秘书长，皇帝诏命常由御史大夫转交丞相颁布；御史大夫协助丞相治事，并有监察文武百官的职权。三公之下设有九卿，即奉常、郎中令、卫尉、太仆、廷尉、典客、宗正、治粟内史和少府，负责掌管各方面的具体政务。奉常是礼教官，掌管宗庙礼仪。郎中令负责皇帝命令的传达和安全警卫。卫尉是皇宫卫队长，掌管皇宫守卫。太仆是皇帝的仆从长官，掌管皇帝的车马。廷尉是最高司法官，掌管刑法和审理重大案件。典客是外交官，掌管外交和国内部族事务。宗正是维护皇室利益的官职，掌管皇室宗族事务。治粟内史是最高财政官，掌管全国租税收入和财政开支。少府是皇帝的私人财务官，掌管山海湖泊税收、宫廷手工业和皇室私财。

地方以郡、县为基本行政单位，下分乡、亭、里、什伍。秦王朝统一之初分三十六郡，即：

内史郡	三川郡	河东郡	南阳郡	南　郡	九江郡
鄣　郡	会稽郡	颍川郡	砀　郡	泗水郡	薛　郡
东　郡	琅邪郡	齐　郡	上谷郡	渔阳郡	右北平郡
辽西郡	辽东郡	代　郡	钜鹿郡	邯郸郡	上党郡
太原郡	云中郡	九原郡	雁门郡	上　郡	陇西郡
北地郡	汉中郡	巴　郡	蜀　郡	黔中郡	长沙郡

后来收服南越及巴蜀等地后，又新设了四郡，共四十郡。郡设郡守，作为一郡最高行政长官，直接受朝廷管辖。郡守之下有郡尉辅佐郡守，并兼管郡中军务；又有监御史，负责监察。

郡内分为若干县，万户以上设县令，不满万户设县长，主管全县政务，受郡守管辖。县令、长下有县尉管县中军务，有县丞助理令、长并兼管司法。县内分为若干乡，乡有啬夫主管乡务，三老主管教化，游徼主管治安。交通要道往往设亭，负责邮传和追捕盗贼。里是民间居住区,有里正。居民的基层组织是什和伍。十家为什,有什长;五家为伍,有伍长。什伍互相监督,有罪连坐。下令全国特许聚饮,以表示欢庆。

秦始皇设置的这套行政制度,起到了层层控制、权力向上集中的作用,从朝廷到地方,从郡县到乡里,构成了一张庞大的统治网,使分散的地方权力逐层向上集中,最后集中到朝廷,再通过朝廷集中于皇帝手中,这套行政制度,对国家统一、中央集权和君主专制都起到了重大作用。

十一、全面改革　强国富民

秦王朝刚刚建立,各方面的发展都还不够完善。国家要统一,经济要繁荣,民族要团结,除了有一套帝制机构之外,还必须建立各种统一的制度。长达几百年的封建割据使全国混乱不堪,要在全国各地建立起一套完整的经济、法律、文化等制度,就显得非常重要了。

为此,秦始皇首先颁行统一法律。商鞅变法时,采用魏国李悝所著的《法经》作为秦国法律的蓝本。商鞅在此基础上,改"法"为"律",并增加"什伍连坐"和参夷等内容。后来秦律内容逐渐扩大,到秦始皇时,律文已经相当广泛细致,仅云梦睡虎地出土的秦代律简就有《田律》《仓律》等十八种。秦始皇统一六国后,把秦律颁布全国执行,结束了战国时代各国法律条文不一致的状况。具体来说,秦朝的刑法有下列这些:

死刑　弃市、腰斩、车裂、砣、体解、戮尸、枭首、剖腹、囊扑、绞、凿颠、抽胁、镬亨、大辟、阬、赐死、生戮、定杀、具五刑

族刑　族、三族、七族、九族、灭里

肉刑	髌、刖、劓、黥、宫、笞、斩左趾、榜掠、曤、髡钳、断舌
徒刑	城旦、城旦舂、完城旦、鬼薪、白粲、隶臣、隶臣妾、司寇、候
其他	耐、髡、收、系、迁、赀、逐、削籍、连坐、囚

在这些刑法中，另有可以赎罪的，就是用钱赎罪。可赎的罪有耐、迁、白粲、鬼薪、黥等。而对言论、思想罪又有专门的法律，而且处刑很重。秦律具有苛刻严明的特征，对于"治吏"尤为重视，大量律条是针对官吏制定的，官吏犯过，刑罚必加，绝无宽恕余地，所以秦代吏治清明，官吏不敢贪污受贿，也不敢玩忽职守，办理公务效率极高。

其次，颁行统一度量衡。战国时各国度量衡非常混乱，大小、长短、轻重、单位都不相同。以量来说，秦国以升、斗、斛为单位，魏国以半斗、斗、长钟为单位，齐国以铆、釜、钟为单位。于是，秦始皇把商鞅变法时所立的秦国度量衡标准推行全国，并专门颁发统一度量衡的诏书，铭刻在官方度量衡器上，发到全国，作为标准器具。规定度为寸、尺、丈、引；量为斛、斗、升、合、仑；衡为铢、两、斤、钧、石。同时，还执行度量衡定期检查制度，每年二月对全国度量衡器进行鉴定，以保证器具的准确和统一。

再次，统一货币制。为了统一货币制，秦朝下令废除秦以外通行的六国刀、币、钱及郢爰等，以秦制统一货币：以黄金为上币，以镒为单位，重二十两；铜币为下币，重半两。规定珠、玉、龟、贝、银、锡等物只做器饰珍藏，不能充作货币。金、铜货币成为通行全国的法定铸币。新的货币制的制定，给当时秦朝的商品交换提供了很大的方便。

语言文字是一个国家发展的交流工具。战国时，文字的形体非常紊乱，各国文字不统一，不但字体不同，同一个字所采用的声符、形符也都有很大差异。秦统一六国后，"文字异形"给政令的推行和文化的交流造成严重阻碍，于是秦始皇责令丞相李斯负责对文字进行整理，除去和秦国文字出入较大的，制定出新字体作为官方文字。李斯等人整理出一套笔画简便、写法一致的文字，作为标准文字，在全国颁行，称为"小篆"。秦始皇又令李斯编写《仓颉篇》，中车府令赵高编《爰历篇》，太史令胡母敬编《博学篇》，作为识字课本推行全国。这是一次重大的文字改革，对中华文化的发展起到了重大作用。

秦始皇认为车轨大小、交通要道的宽窄也需要统一。他下令全国统一车轨，大车的两轮之间皆宽六尺，所有不符合这些规定的车辆一律禁止使用，史称"车同轨"。为了控制广阔的国土，特别是六国旧境，并便于政令军情的传送和商旅车货的往来，秦始皇又下令在全国各地修筑驰道。筑道工程以秦的都城——咸阳为中心向各地辐射，东至燕、齐（今京津地区及山东），南达吴、楚（今江苏与两湖地区），北抵九原（今内蒙古包头西北），西至陇西（今甘肃临洮），形成较为完整的交通网络。驰道宽五十步，路基均为铁锤夯实，较为坚固；道中央宽三丈，为车马专用道路，每隔三丈植松树一株，作为标志。驰道两旁辅以小径，为百姓行走之途。

继这项工程之后，在始皇三十五年（前212），秦始皇又命令大将蒙恬主持拓筑从九原至云阳（今陕西淳化西北）的直道，其间凿山填谷一千八百余里，解决了许多工程技术难题。

上述两项工程均极为浩大，历时数年，花费大量的人力财力。但驰道、直道修成之后，极大地方便了整个国家的陆路交通，有利于生产力的发展，而且这些工程作为秦始皇"车同轨"

的大一统政策的主要措施,更是迅速促进了全国政治、经济、文化诸方面的联系,有效地维护了秦朝的统治。

为了壮大国家实力,发展农业和商业,秦始皇还推行了一系列农业、商业上的改革。始皇二十七年(前220),秦始皇诏令普赐天下民爵(秦汉时有民爵,与官爵相对,共八等)一等,使老百姓依时顺行,令各种物产适宜生长,一切制度具有常法,其生活、劳动合乎大义,鼓励老百姓孜孜不倦地从事于农桑之事。

始皇三十一年(前216),秦始皇下令"使黔首自实田",让占有土地的农民向政府机关呈报自己占有土地的确切亩数,统一造册登记。这实际上等于在法律上承认了土地私有化,从而使在封建制度下自发产生的生产关系,在国家法律保护下取得了合法地位,而且随着秦王朝政权的巩固,逐步把农业纳入法制化的轨道。从云梦出土的秦简中可以看出,秦代的农业法律很完整,如《田律》《厩苑律》《仓律》《徭律》《司空律》等,就是对农业全面管理的经济法规。所有这些政策,都对解放和发展生产力起到了积极的作用。

虽然秦始皇在理论上仍然坚持自秦孝公以来"重农抑商"的理念,然而,全国的统一已经使在客观上承认商品交换的合法性成为一种历史的必然要求。秦始皇刚统一天下,丞相冯劫就提出建议说,要繁荣市场,就必须重视商业,提高商人的社会地位。希望能挑选一些影响较大的商人到咸阳来,给予一些名誉地位,这样百姓看了,才会积极发展商业和手工业,从而繁荣市场、稳定物价,改善百姓的生活。秦始皇采纳了冯劫的合理建议,立刻下诏各地郡县衙门,把经商多年的商人和各行各业的能工巧匠全都请到咸阳来,提高他们的地位,鼓励他们经商,通过繁荣市场来增加国家税收,并且建立"舆司市",负责办理外贸手续和检查假冒伪劣商品。在以上措施的促进下,秦都咸阳的商品流通发展很快,一批"富比君侯"的大商人脱颖而出。

有位来自乌氏地区的商人叫倮,靠贩卖牲口发家,社会地位很低。但他很有经营头脑,后来改行做绸绢生意,把从内地买到的绸绢用牲口驮到西戎聚集区来卖。那时,西戎尚无纺织业,人们只穿皮毛制成的衣服,从来也没有见过艳丽、柔软的绸绢衣料,以为稀奇,便报告给了戎王。戎王特意把他请进宫里,问桑问蚕、问纺问织,见到绸绢后,爱不释手。乌氏倮挑选出最好的绸绢送给戎王,戎王大为高兴,把他当成自己的好朋友一样招待。

临走时,戎王对乌氏倮说:"我们没有金银给你,但又不能白要你的东西。这样吧,我就送一些马给你。"乌氏倮看到那群马不下千匹,心想:"自己就是把这次带来的所有绸绢卖完,也不值几匹马钱呀!"于是就把带来的绸绢全都送给了戎王,并拉住戎王的手说:"既然大王愿意与我做朋友,我就把带来的所有绸绢都送给您了。等以后有机会的话,我再带些绸绢来,怎么样?"戎王连声说"好,好……"

就这样,乌氏倮又从内地到西戎往返数次,换回良马无数,实在无法饲养了,就索性买下一座山,专门用来放养马匹。一下子,他就成了闻名天下的大富豪。秦始皇了解到乌氏倮这段经商的传奇经历后,喜出望外,立即下令,给乌氏倮封官加爵,入朝见驾。

就在秦都咸阳敲锣打鼓、万人空巷,老百姓看罢乌氏倮赶着五千匹膘肥体壮的纯种骏马在街道上夸富的几天后,秦始皇又在咸阳宫里接见了一位从蜀地来的、被后来史学家称作"寡妇清"的女实业家。

寡妇清三十多岁,雍容华贵,因为顺应了当时社会极力发展农业、手工业的市场需求,专门从事矿产开采业而家财无数,"富比君侯"。秦始皇得知后,隆重地召她进宫,并让她坐在自己的右侧，这是被宣见者在朝宫上所能享受到的最高待遇。秦始皇问："你到秦都咸阳走了多少天？"寡妇清道："我奉诏命，过关换马，日夜兼程，二十七天就到了。"秦始皇又问："你还会骑马？"寡妇清回答："不会骑马，从蜀地出发，两个月也到不了秦都呀。"

秦始皇深为寡妇清巾帼不让须眉的事迹所感动，下令巴蜀羽官在她家乡筑了一座"怀清台"，以彰显寡妇清为繁荣农业、手工业所做出的杰出贡献。后来，就连太史公马迁在他的《史记·货殖列传》里，都禁不住感叹道："礼抗万乘，名显天下，岂非以富邪？"

考古工作者在秦咸阳遗址的发掘表明，在当年的秦都咸阳，由于秦始皇的提倡和尊重，手工业和商业的确出现了一个空前繁荣的局面。

十二、南通百越　北筑长城

秦朝初年，浙江、福建、江西、湖南南部及两广地区，居住着一个古老的族群。当时，他们还处于氏族社会时期，各个部落和部落联盟大小不一，居住分散，时人称为"百越"。

秦始皇统一中国后，派大将屠睢率军五十万，对百越地区采取了重大的军事行动。秦军很快征服了闽越，但在进攻南越和西越时，遭到了顽强抵抗，加之岭南地区交通不便，军需供应困难，战争相持不下。为了支援战争，秦始皇一面在中原征发兵马，一面命令官员指挥士兵、百姓在今广西兴安县北开挖灵渠，把湘江和桂江支流——漓江之间的交通贯通起来。灵渠建成后，大大方便了军需供应和兵员运输。经过八年征战，秦王朝终于平定了百越，统一了岭南地区，并设置了南海郡（治今广东广州）、桂林郡（治今广西桂平西南）和象郡（治今广西崇左）。

战争期间和战争之后，秦始皇先后发配罪犯和迁徙平民五十万，南赴戍守五岭地区，与百越人杂居。他们带去了中原先进的生产工具和生产经验，客观上促进了这一地区的经济、文化发展。从此，百越民众就永远成为祖国大家庭中的一员，百越地区也从此成为中国领土不可分割的一部分。

秦始皇凭借其强大的军事实力横扫六国，雄霸天下。六国虽然被消灭了，但还有大量六国的旧贵族、官吏、士人，隐名埋姓，潜藏在各地。统一之后，秦始皇连续三次遇刺，刺客多为六国贵族。

始皇二十九年（前218），秦始皇巡游东方。韩国贵族后裔张良为了给被秦灭亡的韩国报仇，散尽千金家产，求得力士，专门制造了一百二十斤重的铁椎，埋伏在博浪沙（在今河南中牟北），狙击秦始皇，由于误中副车，刺杀失败。秦始皇吓得惊魂落魄，下令追捕，刺客已经逃走。秦始皇大怒，通令全国搜捕刺客，迫使张良改名换姓，亡匿下邳（今江苏邳县南）。

始皇三十一年（前216），秦始皇身着便服，与四名武士在咸阳行走，深夜行至兰池时，遭遇一股民间刺客，情况相当危机，武士奋力击杀，秦始皇才得以脱险。事后，在关中进行了二十天的大搜捕。

接着，壮士荆轲的故友、击筑乐师高渐离更名换姓，进入宫中。有人认出他，对秦始皇说："这是高渐离。"秦始皇爱惜高渐离高超的击筑技艺，没有治他的罪，在刺瞎他的双眼后，仍留他在宫中击筑。时间一长，秦始皇放松了警惕，高渐离得以接近。一天，高渐离在演奏之前把铅装在筑中，靠近秦始皇时，突然举筑向其打去，由于双目失明，没有打中。秦始皇诛杀了高渐离。这次遇刺以后，秦始皇终生再也不敢接近山东诸侯的故人。

秦始皇认为，这些人之所以能进行刺杀活动，是因为他们还掌握着大量的兵器；另外，秦国在与六国的交战过程中，有许多兵器流散民间。这是一种不可低估的危险因素，因为这些兵器很可能会被六国旧贵族利用，进行反秦的军事活动，对秦政权构成严重威胁。于是，秦始皇下令，全国各地任何人不得以任何方式私藏兵器，违者严惩；各郡、县官吏必须采取强制手段，收缴流散在民间和旧贵族手中的兵器。

此时，民间有传言，说在临洮出现了十二个穿着胡人衣服的高大金人，这些金人个个有五丈高，来无影、去无踪，谁也逮不住他们。听到这个传言，秦始皇高兴极了，认为这是吉兆，于是将收缴的兵器集中在咸阳加以销毁，改铸成十二个大金人，各重二十四万斤。在打造十二个金人时，秦始皇想起了他喜欢的部将阮翁仲。阮翁仲是海南人，身材高大，骁勇善战，曾为秦国立下汗马功劳，被秦始皇封在临洮做地方官。秦始皇想，阮翁仲虽然死了，可临洮出现了十二个金人，这肯定是忠臣灵魂不死，便下令按阮翁仲的模样铸成十二个金人。

秦始皇这种兵器不藏于民间的做法，为以后历代封建帝王所效仿。

与此同时，为了防止原有六国的军事设施如城郭、险塞等，被各国贵族用来作为反秦的据点或屏障，秦始皇命令各地，"堕坏城郭，决通川防，夷去险阻"，消除各种军事上的隐患，同时也方便了交通和水利的建设。

中国是一个多民族的国家。战国时期，北方居住着匈奴人。当时，匈奴已经进入奴隶制社会，他们占有今内蒙古、宁夏一带的广大草原，常常袭掠与其接壤的秦、赵、燕三国北部边地。

秦王朝统一以后，匈奴人仍然南下侵扰，抢掠粮食和财物，还捕捉百姓作为他们的奴隶。秦始皇曾派燕地的方士卢生出海寻求仙药，卢生没有找到仙药，害怕治罪，就伪造了谶纬图书。从海中出使回来,卢生向秦始皇呈奏谶语,说是"亡秦者胡也"。当时,匈奴人被称为"胡人"。秦始皇对谶语毫不怀疑,立即派大将蒙恬率兵三十万,镇守北疆。

经过几次英勇战斗,蒙恬率大军击败并驱逐了匈奴人,终于攻取了河南地(今内蒙古马加河以南及鄂尔多斯地区)、高阙(今内蒙古狼山中部到兰山口)、阳山(今内蒙古马加河以北的狼山、阴山)、北假(今内蒙古马加河以南夹山带河地区)等地,还在这里设置了四十四个县,分别筑有县城。

始皇三十六年(前211),秦始皇从中原地区迁徙三万多户人家到这里落户。

接着,秦始皇便开始大规模修筑长城,把战国时秦、赵、燕三国修建的长城连接起来,再增修一部分。修筑后的长城西起陇西临洮(今甘肃岷县)、东至辽东(今辽宁辽阳),长达一万余里,这就是举世闻名的万里长城。

为了彻底消灭匈奴,秦始皇又派蒙恬率大军渡过黄河,继续北进,占据了黄河以北的阳山(即阳山山脉西段,今内蒙古狼山),再向北逶迤延伸,消灭匈奴残余势力。

十三、出巡树碑　炫耀威风

秦始皇统一全国后,接连不断地出巡。这一方面是为了解下情、炫耀威风,一方面是寻访仙山、希求长生。

早在统一之前,随着兼并战争的胜利步伐,秦始皇就先后到过洛阳、邯郸,以及楚国的首都郢(在今湖北江陵东北)、陈(今河南淮阳)等地。统一的第二年,出于防御匈奴的需要,他巡视西北边郡陇西(治今甘肃临洮南的狄道)和北地(治今甘肃庆阳西南的义渠)二郡,越过鸡头山(位于今六盘山中段),由回中(今甘肃华亭南)返回咸阳。

于是，秦始皇下令在渭水南面建造长信宫。不久，又把长信宫改名"极庙"，以象征处于天极的北极星。从极庙开通道路直达骊山，又修建了甘泉前殿，修造两旁筑墙的甬道，从咸阳一直连接到骊山。

从统一的第三年起，秦始皇开始了全国性的大巡游。共巡游四次，跋涉名山大川，足迹几乎踏遍了全国各地。

始皇二十八年（前219），秦始皇到山东去巡视郡县，登上邹县峄山（在今山东邹城境内），在山上立了石碑。又与鲁地儒生商议，想刻石以颂扬秦国的德业，并在泰山祭天、在梁父山祭地，以及遥祭名山大川。他召集鲁地儒家学者七十人，到泰山下议论"封禅"之事，有的学者坚持："古代的封禅大典，要用蒲草包扎车轮，害怕轧伤了山上的土石草木，扫除地面举行祭礼，一律使用草席。"学者们各执己见，议论纷纷。秦始皇认为他们提议的种种规矩都难以施行，从此开始贬斥儒家学者。

接着，秦始皇下令修筑车道，从泰山的南坡一直通达山顶。秦始皇登上泰山，树立石碑，筑起土坛，举行祭天盛典。下山时，突然风雨大作，秦始皇歇息在一棵松树下，并赐封那棵树为"五大夫"。之后，秦始皇在梁父山举行祭地典礼，在石碑上镌刻碑文。碑文是：

> 皇帝登基即位，创立昌明法度，臣下端正谨慎。就在二十六年（前221），天下归于一统，四方无不归顺。亲自巡视远方，登临这座泰山，东方一览极尽。随臣思念伟绩，推溯事业本源，敬赞功德无限。治世之道实施，诸种产业得宜，一切法则大振。大义清明美善，传于后代子孙，永世承继不变。皇帝圣明通达，既已平定天下，毫不懈怠国政。每日早起晚睡，建设长远利益，专心教化兴盛。训民皆以常

道，远近通达平治，圣意人人尊奉。贵贱清楚分明，男女依礼有别，供职个个虔敬。光明通照内外，处处清净安泰，后世永续德政。教化所及无穷，定要遵从遗诏，重大告诫永世遵奉。

随后，秦始皇沿着渤海岸往东走，途经黄县、腄县，攀上成山（在今山东荣成境内）的顶峰，树立石碑歌颂秦朝功德，然后离去。

接着，秦始皇南下巡游，登上琅邪山（在今山东胶南海滨），兴致勃勃地在那里停留了三个月，并将三万户百姓迁到琅邪山下，而且免除他们十二年的赋税徭役；又征发劳役修筑琅邪台，刻石立碑，歌颂大秦的功德，表明自己一统天下、深得民心而感到满意的心情。碑文说：

> 二十八年（前219），皇帝刚刚登基。端正一切法度，平治万物纲纪。彰明人事大道，提倡子孝父慈。皇帝圣明爱民，宣明所有道理。亲临东土安抚，慰劳视察兵士。大事业已完毕，巡行滨海之地。皇帝功绩伟大，操劳根本大事。实行重农抑商，促使百姓富裕。普天之下同心，顺从皇帝意志。统一器物度量，统一书写文字。日月照耀之处，车船所到之地，无不遵奉王命，人人得志满意。顺应四时行事，自有大秦皇帝。整顿恶劣习俗，跋山涉水千里。怜惜黎民百姓，日夜不肯歇息。除疑惑定法律，无人不守法纪。地方长官分职，各级官署治理，举措必求得当，无不公平整齐。皇帝如此圣明，亲自视察四方。无论尊卑贵贱，不越等级规章。奸邪一律不容，务求忠贞贤良。事情不分大小，竭力不倦争强。无论远处近处，只求严肃端庄。正直敦厚忠诚，事

业才能久长。皇帝大恩大德，四方均得安抚。诛除祸乱灾害，为国谋利造福。劳役不误农时，百业繁荣富足。黎民安居乐业，不再用兵动武。六亲终得相保，盗寇从此灭绝。欢欣接受教化，法规铭记心头。天地四方之内，尽是皇帝之土。西边越过沙漠，南边到达北户。东边到达东海，北边越过大夏。人迹所到之处，无不称臣归服。功高盖过五帝，恩泽遍及马牛。无人不受其德，家家安宁和睦。

秦王兼有天下，建立皇帝的名号，亲临东土安抚百姓，到达琅邪。爵为列侯的武成侯王离、通武侯王贲，爵为伦侯的建成侯赵亥、昌武侯成、武信侯冯毋择，丞相隗林、丞相王绾、卿李斯、卿王戊、五大夫赵婴、五大夫杨谬，随从始皇来到海滨，群臣一起议论皇帝的功德说："古代的帝王，国土方圆不超过千里，诸侯各守受封之土，朝见与否各异。互相攻伐侵犯，暴乱残杀不止，还要刻金镂石，立碑夸耀自己。上古的五帝三王，异时则教化不同，法令制度不明，借助鬼神之威，欺凌压迫远方的民众，其实不称其名，所以不能久长。他们还未死，诸侯就已背叛，法令名存实亡。当今皇帝统一天下，全国设立郡县，天下安定太平。祖先宗庙得以昭明，施行德政，履行道义，皇帝尊号大成。群臣共颂皇帝，功德刻于金石，作为永远的典范。

始皇二十九年（前218），秦始皇到东方去巡游，登上芝罘山（在今山东福山东北的芝罘半岛上），刻石立碑，颂扬自己的功德。碑文是：

二十九年（前218），正值仲春时节，和煦的阳光升起。皇帝东方巡游，登上芝罘山，观赏大海汪洋。诸臣赞赏景物，追颂皇帝伟业。圣君始建治道，确定制度法规，国家纲纪分明。对外教化诸侯，广施礼乐恩德，彰明大义公理。六国之君奸邪，贪利永无满足，疯狂虐杀百姓。皇帝哀怜民众，派兵前往征讨，武德奋扬大振。诛伐合乎正义，行为完全信实，声威光烈遍传，宇内无不归顺。彻底消除强暴，努力拯救万民，遍安四方远近。明法普遍施行，天下治理安定，永为典范法则。实在伟大啊！四合八荒之中，无不共同遵循圣意。群臣歌颂功德，请求刻于石碑，以永垂后世，流传千古。

随后，秦始皇一行向东观海，又在海隅树碑。碑文说：

> 二十九年（前218），皇帝春季出游，巡行来到东方。幸临东海之滨，登上芝罘高山，沐浴和煦朝阳。眺望壮丽河山，众臣推原思念，仰瞻皇帝圣明。圣法刚刚实行，对内清理陋习，对外诛灭暴强。军威远扬四海，震撼四面八方，终于活捉六王。开拓一统天下，灭绝种种灾害，兵器永远收藏。皇帝修明圣德，经营治理天下，明视兼听不倦。树立申明大义，设置种种器物，全有等级标志。大臣安守职分，都知各自事务，诸事皆无猜疑。百姓移风易俗，远近法度统一，终身守法不移。常职既已奠定，后代应当遵循，永远承袭圣治。群臣颂扬大德，敬赞圣明伟业，请求刻碑芝罘。

最后，秦始皇打道回都，途经上党郡（治今山西长子西南）回到咸阳。

始皇三十二年（前215），秦始皇再次巡游东方，前往碣石，在碣石山门刻石立碑。秦始皇认为天下一统，再也不会兵戈相

向,下令在全国毁坏防御的要塞,挖通了堵截水流的堤防。所以碑文说:

> 皇帝兴师发兵,诛伐无道之君,平息反叛之兵。武力消灭暴徒,文德保护良民,民心全都归服。论功行赏众臣,惠泽施及牛马,皇恩遍布全国。皇帝振奋神威,以德兼并诸侯,天下统一太平。拆毁关东旧城,挖通河川堤防,铲除各处险阻。地势既已平坦,众民再无徭役,天下都得安抚。男子快乐耕作,女子专心家务,事事井然有序。皇恩覆盖百业,合力勤勉耕田,无不安居乐业。群臣歌颂伟业,敬请镌刻此石,垂示典范规矩。

在巡游途中,秦始皇到处刻石,《泰山刻石》《琅邪刻石》《芝罘刻石》《东观刻石》《碣石刻石》《会稽刻石》等,都是他游历全国的见证。这些刻石内容主要是歌颂自己的功德,宣扬结束战争、统一天下、制定国策,以及革除旧俗的正义性和优越性。他总以为神仙就在东海,要见神仙,只有多去海滨,所以他四次大巡游,都是到沿海地区。不过,秦始皇始终没找到神仙,也没有长生不老。所刻碑文仍在时,他却已经身死国灭。

十四、大兴土木　阿宫骊陵

秦始皇踌躇满志,不可一世,于是穷奢极欲,大兴土木,严刑峻法,横征暴敛。极端残暴的统治搞得全国哀鸿遍野,怨声载道。

秦始皇在兼并六国时,每灭一国,就命人将该国宫殿绘制出图样,在咸阳仿造。统一后,他曾打算扩建苑囿,西起雍、陈仓(今陕西凤翔、宝鸡一带),东至函谷关(今河南灵宝东北),面积广阔，东西千里。秦始皇身边的侏儒优旃爱开玩笑，他说："好极了！这么大的苑囿，多放凶禽猛兽，有强盗从东方来进犯，让麋鹿出动就能把他们顶跑了。"秦始皇听后大笑，但也听出了优旃的话外之意，这才作罢。他虽然没有扩建这一苑囿，却到处建造离宫别馆，仅首都咸阳四周二百里内就有宫殿二百七十座，关中有行宫三百座，关外有四百多座。

在秦始皇兴修的宫殿中，规模最大的是阿房宫。阿房宫建在秦时渭水以南的上林苑中，其遗址位于今西安市西郊三桥镇之南赵家堡和大古村之间，又名"阿城"，以前东、西、北三面都有围墙，周围五里零一百四十步，高八尺，上阔四尺五寸，下阔一丈五尺。

阿房宫最早修建始于秦惠王。第一期工程主要由前殿及附属建筑、宫城、门阙等几大部分组成。宫未修成，惠王先死。始皇三十五年（前212），秦始皇命丞相李斯亲自主持，大将军章邯具体监工，开始修建新的、规模更加宏大的朝宫——阿房宫。

当时，秦始皇为了扩大自己所居宫廷的范围，对阿房宫的规划十分宏伟，仅占地就长达三百余里，离宫别馆跨山弥谷，由辇道连通，另外还修了八十多里的阁道，一直通到骊山。并且把南山之巅作为阙门，把樊川划入宫殿区的水池。用跨过渭河上的横桥与秦都咸阳连成一片，以象征天文上的太极。阿房宫规模之大，真可谓举世无双、空前绝后，整座宫殿可以容纳十万人，当在这里举行宴会时，以车行酒，以骑行炙，千人为之歌唱，万人为之合音。

阿房宫究竟有多大，后世难以确估。据载，阿房宫前殿东西宽五百步（约合今七百米），南北长五十丈（约合今一百一十五米），上面可坐万人，下面可竖五丈大旗。殿门以磁石做成，用来防止刺客暗携兵器入殿。殿门前排陈列着没收民间武器铸成的十二金人。这项宏大的工程，常年用工七十万人，但没有等到建成，秦始皇就去世了。后来项羽入关放火焚烧，大火绵延，竟然一连三个月还没熄灭。

骊山（在今陕西临潼东南，秦始皇陵在骊山北麓）陵是秦始皇的另一项宏大工程。秦始皇刚即位，就开始在骊山为自己修造坟墓，统一后扩大规模修造，常年使用刑徒七十二万人，一直修到自己去世。

骊山陵坟高五十丈，遍植树木，形如大山。墓室极深，下穿三泉，灌铜液阻挡泉水。骊山陵的地宫呈长方形，南北长约四百六十米，东西宽约四百米，比现存封土面积大得多。地宫由厚约四米的宫墙围护，宫墙由细绳纹青砖砌成。陵墓的东、西、北三面都有通向地宫的通道，用黑炉土、棕色土、黄土等混合成的五色土回填夯实。墓室顶部用珠宝设日月星辰之象，底部用水银作江河大海之势，上具天文，下具地理，机械转动，巨烛照明。室内序列百官次位，罗布奇珍异宝，又以能工巧匠设置机械弩矢，有人穿墓近室，弩矢自发，射杀窃贼。

秦始皇入藏后，后宫女子入墓送秦始皇下葬，二世皇帝胡亥说："没有为先帝生育的后宫女子，不应该再出来，就让她们陪先帝去吧。"秦始皇的后宫美女有一万余人，怀孕生育者甚少，二世皆令从死，被活埋陪葬的女子不计其数。墓室关闭以后，工匠还在墓道的藏室中存放葬品。有人说工匠制造墓内机巧，珍藏所在一清二楚，恐怕泄露。于是，等工匠藏好葬品，一切安排妥当，正在关闭墓道中门的时候，突然落下外门，把入墓工匠全部关闭在中门和外门之间的墓道中，无一得出。

我国历代帝王之陵大部分坐北朝南，以示死后要君临天下，但秦始皇陵却是坐西朝东的。秦始皇陵之所以坐西向东，与秦汉之际的礼仪有关。《仪礼·士冠礼》云："主人东面（面向东）答拜，乃宿宾"；《史记·项羽本纪》记载鸿门宴时，"项王、项伯东向坐，亚父南向坐。沛公北向坐，张良西向侍"。这些都是主人面向东坐的实例。在那个时代，从皇帝（秦始皇）、诸侯上将军（项羽）直到普通士大夫家庭，主人都是坐西向东的，秦始皇生前是天下之主，死后的陵墓理所当然地也要坐西向东了。同时，这也与秦始皇的雄心壮志有关。秦国在"战国七雄"中处在西部，陵墓朝东建造，表示了定要征服六国的决心。后来秦统一六国，秦始皇仍按原方向布局，则是为了使自己的灵魂注视着山东六国，防止它们颠覆。此外，秦始皇生前无法觅到不死之方，死后也要闭着双目瞻瞩东溟，期待有朝一日灵魂升仙。

秦始皇陵，在今陕西临潼东五公里的下河村附近，坟高五十五米多，周长两公里。秦始皇陵历经两千多年，据考古学家勘探，墓室仍然保存完好，未被破坏；陵园有内外两城，内城周长二千二百二十五米多，外城周长六千二百六十四米。

20世纪70年代，在陵墓东侧一千五百米处，发现三个大型兵马俑坑，坑内丛葬大量与真人真马等同大小的陶制彩绘兵马俑，以及当时使用的各种实战兵器。近万个陶质卫士分别组成步、弩、车、骑四个兵种，手执弓箭、戈矛、剑戟等实战武器，步伐齐整，阵容浩大，气吞山河。这威武雄壮的秦俑军阵，生动地再现了当年秦始皇"飞剑决浮云"（李白《古风》），横扫山东诸侯和创建统一大帝国的宏伟气势。

阿房宫和骊山墓两项宏大工程，用去精壮劳力一百四十余万人，加上北筑长城、南戍五岭，修驰道、造离宫，以及其他兵役、杂役，常年动用民力多达三百余万，丁男全被征发服役，部分丁女也裹入服役队伍。沉重的兵役、徭役压得百姓喘不过气来，于是海内虚耗，民穷财尽。

十五、严刑峻法　焚书坑儒

秦始皇为人刻薄寡恩,用刑残酷,杀人如麻,使秦政的残暴达到顶峰。长城脚下、阿房宫中、骊山陵墓以及五岭路上,处处堆积着白骨。秦帝国成了一个恐怖世界,百姓生活在水深火热之中。

秦始皇的残暴统治,引起了社会的普遍不满。对秦恨之入骨的六国贵族,多次暗杀、行刺秦始皇;士人得不到任用,纷纷指责秦朝的统治政策;广大百姓刚刚脱离战争之苦,本来是拥护统一的,但秦朝暴政又引起了他们的反抗,转而诅咒秦始皇早死、秦朝快亡。

士人的指责,引起了秦始皇的不满。始皇三十四年(前213),秦始皇在咸阳宫设置酒宴,七十个博士上前为始皇祝寿。仆射周青臣颂扬道:"从前秦国的土地不超过千里,仰仗陛下的神灵圣明,平定天下,驱赶蛮夷,日月光辉所照临的地方,没有不称臣顺从的。把诸侯国变成郡县,使每个人都能安居乐业,不必担心战争的隐患,这样伟大的功业可以流传万世,自上古以来,没有人能与陛下的威德相比。"秦始皇听了十分高兴。

博士淳于越却不知进退,进言说:"臣听说殷、周两朝统治天下一千多年,分封亲族子弟及功臣,作为自己的辅翼。如今陛下拥有天下,而亲族子弟却是平民,万一突然出现像田常六卿那样的乱臣,没有辅翼,该如何挽救呢?做事不取法古制而能长久不败的,至今还没听说过。如今周青臣又当面阿谀奉承,来加深陛下的过失,这实在不是忠臣的行为。"

秦始皇让群臣商讨他们的意见。已经升任丞相的李斯,决定打击士人的议政之风,就给秦始皇上了一封奏书,建议"命令史官将《秦记》以外的六国史书统统烧毁。除博士官掌管收藏以外,天下所有的诗、书和诸子百家书籍,一律送到郡中,由郡守、尉监督烧毁。有敢谈论诗、书的人杀头，尚古非今的灭族，官吏知情不报同罪。令下三十日不烧即判刑。保存医药、卜筮和农书不毁。如果有人想学法令，就拜官吏为师"。秦始皇批准了李斯的奏书，秦国各地便展开了一场大规模的"焚书"活动。一时间，全国烟尘滚滚，不知有多少珍贵的古籍被付之一炬。

焚书是中国文化的一次浩劫，它使我国许多宝贵的先秦典籍从此失传。后世文人学者提起这场浩劫，轻描淡写地说成"秦火"，其实其中的愤慨不知凡几。令人欣慰的是，当时许多儒生、博士冒着生命危险，在山岩屋壁中藏起了许多当时的典籍，汉初被陆续发现；民间也有人冒死收藏了一些，汉初陆续献出。这使我们宝贵的文化财富得以保存下来。

焚书的第二年，秦始皇又干了一件备受后人责难的残酷事件，那就是"坑儒"。

由于大量焚书，引起了不少读书人的不满，他们大造舆论，谩骂、攻击皇帝，这使秦始皇十分不满，时刻寻找着杀掉儒生的机会。

起初，卢生游说秦始皇说："寻找灵芝、奇药以及仙人，老是找不到，似乎有什么东西在妨碍着它们。所以方术合乎君王的时候，就必须隐蔽行迹以躲避恶鬼；恶鬼躲避了，真人才会到来。君上居住的地方，作臣子的知道了，会妨碍神灵。所谓真人，入水不会被水浸湿，入火不会被火烫伤，腾云驾雾，和天地一样长久。现在陛下您为了治理国家，生活无法安静清淡，希望您居住的宫殿不要让别人知道，这样不死的仙药才能找到。"于是秦始皇下令把咸阳附近二百里内的两百七十座宫观，用天桥、甬道相互连接，用帷帐遮蔽这些通道，以钟鼓、美女充实其中，分别登记，不准迁移。如果有谁敢说出皇帝巡行所至或居住的地方，均处以死刑。

有一次，秦始皇临幸梁山宫，从山上望见丞相李斯车马众多，很不高兴。太监把这事告诉了丞相，丞相便减少了车马。秦始皇发怒说："一定是宫里人泄漏了我的话。"——审问，没有人肯认罪。秦始皇下令逮捕当时在场的人，把他们都杀了。从此以后，再也没有人敢于泄露皇帝的行踪了。

面对秦始皇的残暴，卢生和韩国客卿侯生一起商议，认为自己再待下去，恐怕也会有性命之虞。于是两个人都逃走了，还散布了一些秦始皇贪残、不能再为他寻找仙药的流言。

秦始皇听到二人逃亡，非常愤怒，说："朕前些时候没收天下的书籍，不中用的都烧掉，征召许多文学、方术之士，想谋求国家太平，让方士巡游各地，寻求奇药。如今这些人浪费了大量的钱财，还找不到不死的仙药，每天只是徒然说些营求奸利的无用之言。对卢生、侯生等人，朕向来非常尊敬，赏赐极多，如今他们竟敢诽谤我，以至加重我的不善！"

秦始皇认为，像卢生、侯生这样的儒生、方士是靠不住的，必须给以颜色，让他们闭嘴。于是，他派人在咸阳大肆收捕所谓"妖言惑众"的儒生、方士，抓来后则严刑审问。这些人互相告发，一共牵连了四百六十多人。秦始皇亲自判决这些人的死罪，把他们全部活埋，昭示天下，警戒后人。

咸阳"坑儒"是公开进行的，但秦始皇还有第二次坑儒，采取的是秘密暗杀的手段，坑杀了七百个儒生。东汉光武帝时的学者卫宏，在《古文尚书》序言透露了这次残酷的屠杀，后人为《史记》作"正义"时，便采纳了卫宏的记述，编入史书，才得以流传下来。

据《史记·儒林传》"正义"记载：秦始皇虽然将咸阳的儒生都坑杀了，但仍感到不足，还想把四方名士全部屠杀灭绝，以斩草除根，不留后患。秦始皇本来想效仿上次坑杀咸阳儒生，再让官府下诏逮捕后坑杀,却担心令出无名,反而会导致天下骚动;况且,文人大多狡猾,听到风声就会逃走。于是,秦始皇下诏求才,限令地方官访求名儒,送到京城,以便朝廷录用。地方官接到诏令,哪敢怠慢,立即四处访贤问才,便有许多有志于功名的儒生前来应征。

不到数月,各地都征召、访求到许多儒生,由地方官护送,络绎不绝地来到咸阳,准备拜见秦始皇。秦始皇大喜过望,将全国各地的儒生一齐宣入召见,清点人数,约有七百名。秦始皇对儒生们好言慰问,问明每个儒生都有什么才能,儒生们或者通经,或者擅长撰述。秦始皇让左右侍从一一将儒生的履历登记下来,然后让他们退下。

第二天,秦始皇便下达旨意,命七百名儒生都为郎官。儒生们得此恩诏,顿时感觉喜从天降,都弹冠相庆,立即入宫,向秦始皇拜谢。然而不久,这些儒生被诱到骊山的一个峡谷内,被木石砸埋而死。

焚书坑儒等暴政施行后,不仅士人,百姓也十分怨恨秦始皇。楚地流传着"楚虽三户,亡秦必楚"的歌谣,诅咒秦王朝灭亡。始皇三十六年(前211),东郡(今河南濮阳一带)落下一块陨石,有人在石上刻了一行字:"始皇帝死而地分。"秦始皇知道后,派遣御史追查刻字之人,由于无人承认,便下令把陨石附近的居民全部杀死,然后销毁陨石。事后,他让博士作了一首《仙真人诗》,等到巡行天下时,每走到一个地方,就传令乐师弹奏歌唱这首诗。他想用这首诗来歌颂自己,粉饰太平。

同年秋天,秦始皇的使者从关东返回咸阳,夜间经过华阴(今属陕西)的平舒道时,遇见一个拿璧的人。这人得到了八年前秦始皇沉江的玉璧,就以神鬼身份前来诅咒秦始皇。他对使者说:"为我把这块璧送给周武王。"又说:"今年祖龙死。"说完,便放下玉璧消失在夜幕之中,言谈举止有如鬼神。

使者捧璧向秦始皇汇报。秦始皇默然良久,他深信鬼神的存在,并且明白:龙代表人君,祖龙正指自己;周武王曾经伐纣,纣是暴君,给周武王送璧,乃不祥之兆。不过,他心存侥幸,最后说:"山鬼也不过知道一年的事而已。"为了避灾,秦始皇卜了一卦,卦象说迁徙才吉利。于是,秦始皇下令迁移三万户人家到北河、榆中地区,每户授给爵位一级。老百姓本来安居乐业地生活着,秦始皇下令后,只得离乡背井,扶老携幼,冒着风霜,跋山涉水,来到异地他乡,重建家园。

秦始皇的暴政激起天下共愤,而他一手开创的强大帝国,此时也已经外强中干,虚弱不堪。人们无不希望有朝一日能推翻秦朝,废除暴君。

十六、妃嫔上万　子女成群

嬴政登上秦王之位时,已经十三岁。按照常理,过不了几年,就应该通过法定程序册封王后。但是,史书却没有记载他立王后的事。这不能不说是一个奇怪的现象,令人深思。

当时,嬴政的母亲赵姬,正与吕不韦打得火热,可能是没有想到为嬴政立王后。而嬴政自己年少,没有母后的帮助,无法策立王后。

发现母亲与吕不韦、嫪毐两人淫乱后宫,给嬴政的情感和灵魂造成了严重的伤害,在他的内心烙下了永远抹不去的伤痕。这种伤害,使嬴政自年少时就对女人有一种本能的抗拒。所以,他对立王后之事不感兴趣,以致一拖再拖。

在嬴政统一六国、自称"始皇"以后,也没有册封皇后。这一方面因为少年时母后淫乱给他造成的阴影,另一方面是出于个人的因素。秦始皇政事太忙,终日不是制定制度法令,就是批改公文，要不就是四处巡游、祈求长生，无暇顾及。秦始皇生性多疑，专断政事，喜欢大权独揽，对于亲信、功臣、将相都缺乏信任，对于女人也同样缺乏信任，害怕立了皇后反而会干涉政事，多有不便。

此外，今天我们所能查阅到的有关秦始皇的正史，不过是司马迁的《史记》。众所周知，《史记》并非官修的史书，而是司马迁私修的。司马迁生活在汉武帝时代，距离秦始皇生活的时代已经一百多年，秦王朝经过农民起义，皇宫档案遗失在所难免。司马迁在修《史记·秦始皇本纪》时，很有可能没有掌握秦朝后宫的资料，因此也就没有办法记载秦始皇册立皇后之事。

不过，秦始皇虽然没有册立皇后，但他的后宫不乏美貌的妃嫔。据《史记》记载，秦始皇每灭掉一个诸侯，便按照该国宫室的样子，在咸阳北面的山坡上进行仿造，然后把从诸侯那里俘虏来的美人都安置在里面。秦始皇灭了六国，每一个国家都有众多妃嫔、美人，六国的美女都汇集到咸阳，充入了秦始皇的后宫。再加上秦始皇原本就有的妃嫔，可想而知，他的后宫可能有成千上万人，远远超过了周礼规定的六宫的数目。

《史记正义》引《三辅旧事》记载说："始皇表河以为秦东门，表汧以为秦西门，表中外殿观百四十五，后宫列女万余人，气上冲于天。"据此可知，秦始皇的后宫妃嫔应有一万多人。

对于后宫的美女、妃嫔，秦始皇既要忙于政事，又要巡游求仙，自然无暇光顾，只能让她们独居深宫，终日在寂寞中打发大好青春年华，直至老死。唐朝的杜牧作有《阿房宫赋》，对这一现象作了描述："六国君王的妻妾妃嫔，被秦朝将士所俘，被迫离开自己的楼台宫室，乘辇来到秦国，做了秦王的宫人。她们早晚唱歌弹琴，打发时光。早晨，她们打开梳妆镜，像明星闪烁；她们梳理发髻，像乌黑的云朵纷纷扰扰；渭水泛起了一层油腻，那是她们倾倒的含有脂粉的洗脸水；轻烟缭绕，薄雾升腾，是她们点燃了椒兰之类的香料。像雷霆突然炸响，那是宫车驶过；皇帝的车声越来越远，不知道驶向了何处。每一个宫女的肌肤，每一个美人的姿容，都妩媚娇艳极了，她们久立远望，盼望着得到皇帝的宠爱；未能见到秦始皇的宫人，有的竟达三十六年。"

秦始皇只顾掳掠美女，充斥后宫，却只能让她们在深宫中寂寞地等待，直到老死，这无疑是对女性的摧残。即使能得到秦始皇宠幸的，也得不到他的重视，只不过是他发泄淫欲的工具，几乎没有一个在史书上留下名字的。

秦始皇子女众多。《史记·李斯列传》中说"始皇有二十余子"。也有人认为秦始皇应有十八个儿子。详细考察可知：秦始皇长子扶苏，在胡亥篡位后被矫诏赐死，二世胡亥又被赵高害死。秦始皇的其他儿子死得更惨，在二世胡亥即位时（前209），六位公子被戮死于杜（今西安东南）。后来赵高又向胡亥进谗言，使公子十二人戮死于咸阳。这期间，又有公子将闾兄弟三人被杀，公子高自杀。项羽还杀死数位公子，段埋村一人，烧车岭一人，合计始皇的儿子有三十人上下。

秦始皇的女儿也不少，有：李斯之媳三人，华阳公主一人，死于曲阜一人，死于杜十人，合计十五人。这样算来，秦始皇应有子女共计四十五人左右。

虽然秦始皇有如此多的子女，但他的暴政不但没有让自己的江山二世、三世……直到万世地传下去，而且还为自己的子女埋下了悲剧的隐患。可惜这四十五位皇家子女虽然锦衣美食、荣华富贵，却早早地结束了自己的青春，成为秦王朝的牺牲品。

十七、寻仙求生　丧命沙丘

先前，燕国人宋无忌、羡门子高等人，宣称精通仙道，擅长羽化登天的方术，燕、齐等国迂远怪诞的士人都争相学习传授。上自齐威王田因齐、齐宣王田辟疆、燕昭王姬平，都深信这些方术，派人航海去寻求蓬莱、方丈、瀛洲三座神山。

秦始皇即位后，深信世上存在神仙，一心追求长生不老。在巡游途中，秦始皇每到一地，便派遣大量的方士去寻找神仙，求取长生仙药。其中比较活跃的方士有韩终、徐巿、卢生、侯生、石生等人，都是巧言似簧、鬼话连篇的吹牛能手。他们抓住秦始皇求仙若渴的心理弱点，竭尽能事，对秦始皇大加欺骗。

徐巿（也作"徐福"）说，蓬莱、方丈、瀛洲三座神山离海岸不远，有人去过。仙人和长生药都在那里，山上的飞禽走兽都是白的，宫殿由金银造成。远远望去，三神山像海面上的云彩；及到近前，三神山反而坐落海面以下的水中；再向前走，大风就会把船刮走。神药虽有，只是不易取来。徐巿要求秦始皇沐浴斋戒，虔诚等候，让自己带上童男童女入海，去求仙人换取长生药。于是，秦始皇便派徐巿带着数千名童男童女，出海求仙。

秦始皇等了几日，徐巿等从大海中失望地返回。他们并没有找到仙人，但解释是因风势不顺所致，坚持说："虽然没能到达仙山，可是已经望见了。"秦始皇相信徐巿的话，没有治他的罪，便离开了东海。

秦始皇听说周朝的巨鼎沉没在泗水之中，路过彭城（今江苏徐州）时，就斋戒祈祷水神，想把周鼎打捞上来，结果一千人潜入水底寻找，连个影儿也没见。

秦始皇向南渡过淮水，到达衡山郡（治今湖北黄冈北）、南郡（治今湖北江陵），再泛舟长江，乘船到湘山祠（在今湖南湘阴北青草山上），遭到大风袭击，几乎把船掀翻。秦始皇问随行博士官湘君是什么神，博士回答："据说是一位女神，是尧的女儿、舜的妻子。"秦始皇闻听大怒，认为自己功兼三皇五帝，尧女舜妻算什么东西，竟敢兴风作浪、卖弄威风，于是命令三千刑徒伐光湘山所有草木，一把火将它烧成了秃山。然后回到南郡，取道武关（在今陕西商南东南）返回咸阳。

一批批方士空手而归，山神、水神、湘君等仙人待自己都不客气，但这一切毫不影响秦始皇对于成仙的心理追求。他一面继续派大批方士去访求仙人，一面加紧骊山墓的施工进程。访求仙人与修造坟墓同时进行，长生则归仙，身死则入墓。秦始皇有着生死两不误的双重打算。

始皇三十七年（前210），秦始皇南下祭祀二帝，这是他的最后一次大巡游。小儿子胡亥最受秦始皇钟爱，这次巡游，胡亥要求跟随，秦始皇经不住爱子的软磨硬泡，就答应了下来。

秦始皇从咸阳出发，首先来到南方的云梦（今洪湖、洞庭湖一带），在九嶷山祭祀了虞舜。然后顺江东下，由丹阳（今安徽当涂东）登陆，来到钱塘（今浙江杭州），打算由钱塘江南渡浙江（今富春江）上会稽山（在今浙江境内），由于水流湍急，于是绕道向西一百二十里，这才渡江登上会稽山，在山上祭祀了大禹。舜和禹是五帝中的二帝，传说死后分别葬在九嶷和会稽。以往秦始皇很少把五帝放在眼里，除了天和祖先也很少有所祭祀，现在却赶到南方连祭二帝，似乎已经意识到尽管自己这位"皇帝"功盖千古，恐怕最终也难免一死。

由于会稽一带男女婚姻比较自由，经常发生逃婚事件，丈夫死了，妇女可以再嫁。秦始皇有感于母后的淫乱不节，十分痛恨妇女不贞节的行为，会稽一带妇女的逃婚、再嫁行为，他认为不符合封建道德和法规。于是，秦始皇在会稽山刻石留念，碑文是：

我大秦皇帝功业伟大，统一平定天下，德惠深厚久长。三十七年（前210），亲自巡行天下，遍游观览远方。登临会稽山峰，考察民间习俗，百姓恭敬景仰。群臣齐颂功德，推原皇帝事迹，追溯英明高强。秦朝圣王登位，创制刑法名称，阐述旧有规章。建立公平法则，审慎区分职责，确立永久纲纪。六国之王专横，贪利傲慢凶狠，凭借人多逞强。暴虐横行无忌，倚仗武力骄横，屡动干戈打仗。暗中安置坐探，联合六国合纵，行为卑鄙猖狂。对内说谎狡诈，向外侵我边境，由此引起祸殃。仗义扬威诛讨，消灭凶暴叛逆，乱贼终于灭亡。圣德广博深厚，天地四海之内，恩泽覆盖无疆。皇帝统一天下，一人兼理万机，远近到处清明。执掌管理万物，考察验证事实，分别记录其名。贵贱都能相通，好坏当前陈述，无人隐瞒实情。治政弘扬道义，有夫弃子而嫁，背夫不贞无情。以礼分别内外，禁止纵欲放荡，男女都应洁诚。丈夫在外淫乱，杀了没有罪过，男子须守规程。妻子弃夫逃嫁，子不认她为母，都要感化清正。治理荡涤恶俗，全民承受教化，天下沐浴新风。人人遵守规矩，和好安定互勉，无不顺从命令。百姓美善清洁，全都自愿守法，乐保天下太平。后人敬奉圣法，大治大安无边，车船不翻不倾。众臣颂扬功业，请求刻石作铭，传千古放光明。

秦始皇一行下山，后经吴中（今江苏吴县）北上。从江乘（今江苏镇江）渡江，又沿着海边向北，来到琅邪。方士徐市等人到海中寻找仙药，好几年都没有找到，用去很多钱财，担心遭受谴责，于是对秦始皇说："蓬莱仙药是可以拿到的，但常常被大鲛鱼困扰，所以无法到达，请派些优秀射手和我们一起去，见到鲛鱼就用连弩射杀它。"

秦始皇梦见自己和海神战斗，海神的形状好像人，询问解梦的博士，博士回答说："海神的本来面目是无法看到的，它往往假借大鲛鱼或龙做替身,现在皇帝您祷告祭拜既完善又恭谨,却出现这个凶神,应该设法除掉它,而后善神才会来临。"于是,秦始皇命令下海的渔人备置捕大鱼的用具,亲自拿着连弩等待大鱼出来射杀。从琅邪北上一直到荣成山,鲛鱼都没有出现。到达芝罘时,果然出现了几条鲛鱼,秦始皇与众人合力射杀了一条。

随后,秦始皇再次命令徐巿出海求仙。但秦始皇在海边等了多日,仍不见徐巿返回,只好失望而去。

秦始皇沿胶东半岛北岸继续向西行进,眼看求仙无望,便决定返回咸阳。连日旅途劳累,加上心情沮丧,到平原津(今山东平原南)时,秦始皇就病倒了。

当时,跟随秦始皇出游的有左丞相李斯、中车府令赵高等人。虽然秦始皇已经病危,但由于他惧怕死亡,忌讳"死"字,所以李斯等无人敢向他问及后事。不过,随着病情加重,秦始皇自己也明白死到临头,于是给在北边监军的长子扶苏留下玺书,让他急赴咸阳主办丧事,明确地安排由扶苏来继承帝位。玺书封好后,放在中车府令赵高处。玺书还没有来得及交予使者,行舆至沙丘平台(在今河北广宗西北),秦始皇就病逝了。时为始皇三十七年(前210)七月。

秦始皇在位三十七年,称王二十五年,称帝十二年,终年五十岁。

丞相李斯见秦始皇死在途中,恐怕咸阳诸公子争夺继承权以及天下叛乱,采取了绝密措施,把秦始皇的尸体载在辒辌车(古代可以卧息的车,也用做丧车)中继续前进。天气日益炎热,尸体臭味扑鼻,为了掩盖尸臭,李斯命令从官每车载一石鲍鱼。就这样,行舆大队浩浩荡荡,一路臭气熏天,返回咸阳。

在归途中,赵高乘机策动政变,他勾结李斯篡改了秦始皇的遗嘱，决定扶立少子胡亥继承帝位，并派人逼死扶苏。返回咸阳以后，胡亥继位，是为秦二世皇帝。

当年九月，举行隆重葬礼后，秦始皇被安葬于骊山陵。

《史记·秦始皇本纪》

秦始皇帝者，秦庄襄王子也。庄襄王为秦质子于赵，见吕不韦姬，悦而取之，生始皇。以秦昭王四十八年正月生于邯郸。及生，名为政，姓赵氏。年十三岁，庄襄王死，政代立为秦王。当是之时，秦地已并巴、蜀、汉中，越宛有郢，置南郡矣；北收上郡以东，有河东、太原、上党郡；东至荥阳，灭二周，置三川郡。吕不韦为相，封十万户，号曰文信侯。招致宾客游士，欲以并天下。李斯为舍人。蒙骜、王齮、麃公等为将军。王年少，初即位，委国事大臣。

晋阳反，元年，将军蒙骜击定之。

二年，麃公将卒攻卷，斩首三万。

三年，蒙骜攻韩，取十三城。王齮死。十月，将军蒙骜攻魏氏畼、有诡。岁大饥。

四年，拔畼、有诡。三月，军罢。秦质子归自赵，赵太子出归国。十月庚寅，蝗虫从东方来，蔽天。天下疫。百姓内粟千石，拜爵一级。

五年，将军骜攻魏，定酸枣、燕、虚、长平、雍丘、山阳城，皆拔之，取二十城。初置东郡。冬雷。

六年，韩、魏、赵、卫、楚共击秦，取寿陵。秦出兵，五国兵罢。拔卫，迫东郡，其君角率其支属徙居野王，阻其山以保魏之河内。

七年，彗星先出东方，见北方，五月见西方。将军骜死以攻龙孤、庆都还兵，攻汲。彗星复见西方十六日。夏太后死。

八年，王弟长安君陈蟜将军击赵，反，死屯留，军吏皆斩死，迁其民于临洮。将军壁死，卒屯留蒲鶮反，戮其尸。河鱼大上，轻车重马东就食。

嫪毐封为长信侯，予之山阳地，令毐居之。宫室、车马、衣服、苑囿、驰猎恣毐。事无小大皆决于毐。又以河西太原郡更为毐国。

九年，彗星见，或竟天。攻魏垣、蒲阳。四月，上宿雍。己酉，王冠，带剑。长信侯毐作乱而觉，矫王御玺及太后玺，以发县卒及卫卒、官骑、戎翟君公、舍人，将欲攻蕲年宫为乱。王知之，令相国昌平君、昌文君发卒攻毐。战咸阳，斩首数百，皆拜爵，及宦者皆在战中，亦拜爵一级。毐等败走。即令国中：有生得毐，赐钱百万；杀之，五十万。尽得毐等。卫尉竭、内史肆、佐弋竭、中大夫令齐等二十人皆枭首。车裂以徇，灭其宗。及其舍人，轻者为鬼薪。及夺爵迁蜀四千余家，家房陵。是月寒冻，有死者。

杨端和攻衍氏。彗星见西方，又见北方，从斗以南八十日。

十年，相国吕不韦坐嫪毐免。桓齮为将军。齐、赵来置酒。齐人茅焦说秦王曰："秦方以天下为事，而大王有迁母太后之名，恐诸侯闻之，由此倍秦也。"秦王乃迎太后于雍而入咸阳，复居甘泉宫。

大索，逐客。李斯上书说，乃止逐客令。李斯因说秦王，请先取韩以恐他国，于是使斯下韩。韩王患之，与韩非谋弱秦。大梁人尉缭来，说秦王曰："以秦之强，诸侯譬如郡县之君，臣但恐诸侯合从，翕而出不意，此乃智伯、夫差、湣王之所以亡也。愿大王毋爱财物，赂其豪臣，以乱其谋，不过亡三十万金，则诸侯可尽。"秦王从其计，见尉缭亢礼，衣服食饮与缭同。缭曰："秦王为人，蜂准，长目，挚鸟膺，豺声，少恩而虎狼心，居约易出人下，得志亦轻食人。我布衣，然见我常身自下我。诚使秦王得志于天下，天下皆为虏矣。不可与久游。"乃亡去。秦王觉，固止，以为秦国尉，卒用其计策。而李斯用事。

十一年，王翦、桓齮、杨端和攻邺，取九城。王翦攻阏与、橑杨，皆并为一军。翦将十八日，军归斗食以下，什推二人从军。取邺、安阳，桓齮将。

十二年，文信侯不韦死，窃葬。其舍人临者，晋人也逐出之；秦人六百石以上夺爵，迁；五百石以下不临，迁，勿夺爵。自今以来，操国事不道如嫪毐、不韦者籍其门，视此。秋，复嫪毐舍人迁蜀者。当是之时，天下大旱，六月至八月乃雨。

十三年，桓齮攻赵平阳，杀赵将扈辄，斩首十万。王之河南。正月，彗星见东方。十月，桓齮攻赵。

十四年，攻赵军于平阳，取宜安，破之，杀其将军。桓齮定平阳、武城。韩非使秦，秦用李斯谋，留非，非死云阳。韩王请为臣。

十五年，大兴兵，一军至邺，一军至太原，取狼孟。地动。

十六年九月，发卒受地韩南阳假守腾。初令男子书年。魏献地于秦。秦置丽邑。

十七年，内史腾攻韩，得韩王安，尽纳其地，以其地为郡，命曰颍川。地动。华阳太后卒。民大饥。

十八年，大兴兵攻赵，王翦将上地，下井陉，端和将河内，羌瘣伐赵，端和围邯郸城。

十九年，王翦、羌瘣尽定取赵地东阳，得赵王。引兵欲攻燕，屯中山。秦王之邯郸，诸尝与王生赵时母家有仇怨，皆坑之。秦王还，从太原、上郡归。始皇帝母太后崩。赵公子嘉率其宗数百人之代，自立为代王，东与燕合兵，军上谷。大饥。

二十年，燕太子丹患秦兵至国，恐，使荆轲刺秦王。秦王觉之，体解轲以徇，而使王翦、辛胜攻燕。燕、代发兵击秦军，秦军破燕易水之西。

二十一年，王贲攻蓟。乃益发卒诣王翦军，遂破燕太子军，取燕蓟城，得太子丹之首。燕王东收辽东而王之。王翦谢病老归。新郑反。昌平军徙于郢。大雨雪，深二尺五寸。

二十二年，王贲攻魏，引河沟灌大梁，大梁城坏，其王请降，尽取其地。

二十三年，秦王复召王翦，强起之，使将击荆。取陈以南至平舆，虏荆王。秦王游至郢陈。荆将项燕立昌平君为荆王，反秦于淮南。

二十四年，王翦、蒙武攻荆，破荆军，昌平君死，项燕遂自杀。

二十五年，大兴兵，使王贲将，攻燕辽东，得燕王喜。还攻代，虏代王嘉。王翦遂定荆江南地；降越君，置会稽郡。五月，天下大酺。

二十六年，齐王建与其相后胜发兵守其西界，不通秦。秦使将军王贲从燕南攻齐，得齐王建。

秦初并天下，令丞相、御史曰："异日韩王纳地效玺，请为藩臣，已而倍约，与赵、魏合从畔秦，故兴兵诛之，虏其王。寡人以为善，庶几息兵革。赵王使其相李牧来约盟，故归其质子。已而倍盟，反我太原，故兴兵诛之，得其王。赵公子嘉乃自立为代王，故举兵击灭之。魏王始约服入秦，已而与韩、赵谋袭秦，秦兵吏诛，遂破之。荆王献青阳以西，已而畔约，击我南郡，故发兵诛，得其王，遂定其荆地。燕王昏乱，其太子丹乃阴令荆轲为贼，兵吏诛，灭其国。齐王用后胜计，绝秦使，欲为乱，兵吏诛，虏其王，平齐地。寡人以眇眇之身，兴兵诛暴乱，赖宗庙之灵，六王咸伏其辜，天下大定。今名号不更，无以称成功、传后世。其议帝号。"丞相绾、御史大夫劫、廷尉斯等皆曰:"昔者五帝地方千里,其外侯服、夷服,诸侯或朝或否,天子不能制。今陛下兴义兵,诛残贼,平定天下,海内为郡县,法令由一统,自上古以来未尝有,五帝所不及。臣等谨与博士议曰:'古有天皇,有地皇,有泰皇,泰皇最贵。'臣等昧死上尊号,王为'泰皇'。命为'制',令为'诏',天子自称曰'朕'。"王曰:"去'泰'著'皇',采上古'帝'位号,号曰'皇帝',他如议。"制曰:"可。"追尊庄襄王为太上皇。制曰:"朕闻太古有号毋谥,中古有号,死而以行为谥。如此,则子议父、臣议君也,甚无谓,朕弗取焉。自今已来,除谥法。朕为始皇帝。后世以计数,二世、三世至于万世,传之无穷。"

始皇推终始五德之传,以为周得火德,秦代周德,从所不胜。方今水德之始,改年始,朝贺皆自十月朔。衣服旄旌节旗皆上黑。数以六为纪,符、法冠皆六寸,而舆六尺,六尺为步,乘六马。更名河曰德水,以为水德之始。刚毅戾深,事皆决于法,刻削毋仁恩和义,然后合五德之数。于是急法,久者不赦。

丞相绾等言:"诸侯初破,燕、齐、荆地远,不为置王,毋以填之。请立诸子,唯上幸许。"始皇下其议于群臣,群臣皆以为便。廷尉李斯议曰:"周文武所封子弟同姓甚众,然后属疏远,相攻击如仇雠,诸侯更相诛伐,周天子弗能禁止。今海内赖陛下神灵一统,皆为郡县,诸子功臣以公赋税重赏赐之,甚足易制。天下无异意,则安宁之术也。置诸侯不便。"始皇曰:"天下共苦战斗不休,以有侯王。赖宗庙,天下初定,又复立国,是树兵也,而求其宁息,岂不难哉!廷尉议是。"

分天下以为三十六郡,郡置守、尉、监。更名民曰"黔首"。大酺。收天下兵聚之咸阳,销以为钟鐻,金人十二,重各千石,置廷宫中。一法度衡石丈尺。车同轨。书同文字。地东至海暨朝鲜，西至临洮、羌中，南至北向户，北据河为塞，并阴山至辽东。徙天下豪富于咸阳十二万户。诸庙及章台、上林皆在渭南。秦每破诸侯，写放其宫室，作之咸阳北阪上，南临渭；自雍门以东至泾、渭，殿屋复道周阁相属。所得诸侯美人钟鼓，以充入之。

二十七年，始皇巡陇西、北地，出鸡头山，过回中。焉作信宫渭南，已更命信宫为极庙，象天极。自极庙道通郦山，作甘泉前殿。筑甬道，自咸阳属之。是岁，赐爵一级。治驰道。

二十八年，始皇东行郡县，上邹峄山。立石，与鲁诸儒生议刻石颂秦德，议封禅望祭山川之事。乃遂上泰山，立石，封，祠祀。下，风雨暴至，休于树下，因封其树为五大夫。禅梁父。刻所立石，其辞曰：

皇帝临位，作制明法，臣下修饬。二十有六年，初并天下，罔不宾服，亲巡远方黎民，登兹泰山，周览东极。从臣思迹，本原事业，祗诵功德。治道运行，诸产得宜，皆有法式，大义休明，垂于后世，顺承勿革。皇帝躬圣，既平天下，不懈于治。夙兴夜寐，建设长利，专隆教诲。训经宣达，远近毕理，咸承圣志。贵贱分明，男女礼顺，慎遵职事。昭隔内外，靡不清净。施于后嗣，化及无穷。遵奉遗诏，永承重戒。

于是乃并勃海以东，过黄、腄，穷成山，登之罘，立石颂秦德焉而去。

南登琅邪，大乐之，留三月。乃徙黔首三万户琅邪台下，复十二岁。作琅邪台，立石刻，颂秦德，明德意。曰：

维二十六年，皇帝作始。端平法度，万物之纪。以明人事，合同父子。圣智仁义，显白道理。东抚东土，以省卒士。事已大毕，乃临于海。皇帝之功，勤劳本事。上农除末，黔首是富。普天之下，抟心揖志。器械一量，同书文字。日月所照，舟舆所载，皆终其命，莫不得意，应时动事，是维皇帝。匡饬异俗，陵水经地。忧恤黔首，朝夕不懈。除疑定法，咸知所辟。方伯分职，诸治经易。举错必当，莫不如画。皇帝之明，临察四方。尊卑贵贱，不逾次行。奸邪不容，皆务贞良。细大尽力，莫敢怠荒。远迩辟隐，专务肃庄。端直敦忠，事业有常。皇帝之德，存定四极。诛乱除害，兴利致福。节事以时，诸产繁殖，黔首安宁，不用兵革。六亲相保，终无寇贼。欢欣奉教，尽知法式。六合之内，皇帝之土。西涉流沙，南尽北户。东有东海，北过大夏。人迹所至，无不臣者。功盖五帝，泽及牛马。莫不受德，各安其宇。

维秦王兼有天下，立名为皇帝，乃抚东土，至于琅邪。列侯武城侯王离、列侯通武侯王贲、伦侯建成侯赵亥、伦侯昌武侯成、伦侯武信侯冯毋择、丞相隗林、丞相王绾、卿李斯、卿王戊、五大夫赵婴、五大夫杨樛从，与议于海上。曰："古之帝者，地不过千里，诸侯各守其封域，或朝或否，相侵暴乱，残伐不止，犹刻金石，以自为纪。古之五帝三王，知教不同，法度不明，假威鬼神，以欺远方，实不称名，故不久长。其身未殁，诸侯倍叛，法令不行。今皇帝并一海内，以为郡县，天下和平。昭明宗庙，体道行德，尊号大成。群臣相与诵皇帝功德，刻于金石，以为表经。

既已，齐人徐市等上书，言海中有三神山，名曰蓬莱、方丈、瀛洲，仙人居之。请得斋戒，与童男女求之。于是遣徐市发童男女数千人，入海求仙人。

始皇还，过彭城，斋戒祷祠，欲出周鼎泗水。使千人没水求之，弗得。乃西南渡淮水，之衡山、南郡。浮江，至湘山祠。逢大风，几不得渡。上问博士曰："湘君何神？"博士对曰："闻之，尧女，舜之妻，而葬此。"于是始皇大怒，使刑徒三千人皆伐湘山树，赭其山。上自南郡由武关归。

二十九年，始皇东游。至阳武博狼沙中，为盗所惊。求弗得，乃令天下大索十日。

登之罘，刻石。其辞曰：

维二十九年，时在中春，阳和方起。皇帝东游，巡登之罘，临照于海。从臣嘉观，原念休烈，追诵本始。大圣作治，建定法度，显著纲纪。外教诸侯，光施文惠，明以义理。六国回辟，贪戾无厌，虐杀不已。皇帝哀众，遂发讨师，奋扬武德。义诛信行，威旁达，莫不宾服。烹灭强暴，振救黔首，周定四极。普施明法，经纬天下，永为仪则。大矣哉！宇县之中，承顺圣意。群臣诵功，请刻于石，表垂于常式。

其东观曰：

维二十九年，皇帝春游，览省远方。逮于海隅，遂登之罘，昭临朝阳。观望广丽，从臣咸念，原道至明。圣法初兴，清理疆内，外诛暴疆。武威旁畅，振动四极，禽灭六王。阐并天下，灾害绝息，永偃戎兵。皇帝明德，经理宇内，视听不息。作立大义，昭设备器，咸有章旗。职臣遵分，各知所行，事无嫌疑。黔首改化，远迩同度，临古绝尤。常职既定，后嗣循业，长承圣治。群臣嘉德，祗诵圣烈，请刻之罘。

三十年，无事。

三十一年十二月，更名腊曰"嘉平"。赐黔首里六石米、二羊。始皇为微行咸阳，与武士四人俱，夜出逢盗兰池，见窘，武士击杀盗，关中大索二十日。米石千六百。

三十二年，始皇之碣石，使燕人卢生求羡门、高誓。刻碣石门。坏城郭，决通堤防。其辞曰：

> 遂兴师旅，诛戮无道，为逆灭息。武殄暴逆，文复无罪，庶心咸服。惠论功劳，赏及牛马，恩肥土域。皇帝奋威，德并诸侯，初一泰平。堕坏城郭，决通川防，夷去险阻。地势既定，黎庶无繇，天下咸抚。男乐其畴，女修其业，事各有序。惠被诸产，久并来田，莫不安所。群臣诵烈，请刻此石，垂著仪矩。

因使韩终、侯公、石生求仙人不死之药。始皇巡北边，从上郡入。燕人卢生使人海还，以鬼神事，因奏录图书，曰"亡秦者胡也"。始皇乃使将军蒙恬发兵三十万人北击胡，略取河南地。

三十三年，发诸尝逋亡人、赘婿、贾人略取陆梁地，为桂林、象郡、南海，以适遣戍。西北斥逐匈奴，自榆中并河以东，属之阴山，以为三十四县，城河上为塞。又使蒙恬渡河取高阙、陶山、北假中，筑亭障以逐戎人。徙谪，实之初县。禁不得祠。明星出西方。

三十四年，谪治狱吏不直者，筑长城及南越地。

始皇置酒咸阳宫，博士七十人前为寿。仆射周青臣进颂曰："他时秦地不过千里，赖陛下神灵明圣，平定海内，放逐蛮夷，日月所照，莫不宾服。以诸侯为郡县，人人自安乐，无战争之患，传之万世，自上古不及陛下威德。"始皇悦。博士齐人淳于越进曰："臣闻殷周之王千余岁，封子弟功臣，自为枝辅。今陛下有海内，而子弟为匹夫，卒有田常、六卿之臣，无辅拂，何以相救哉？事不师古而能长久者，非所闻也。今青臣又面谀以重陛下之过，非忠臣。"始皇下其议。丞相李斯曰："五帝不相复，三代不相袭，各以治，非其相反，时变异也。今陛下创大业，建万世之功，固非愚儒所知。且越言乃三代之事，何足法也？异时诸侯并争，厚招游学。今天下已定，法令出一，百姓当家则力农工，士则学习法令辟禁。今诸生不师今而学古，以非当世，惑乱黔首。丞相臣斯昧死言：古者天下散乱，莫之能一，是以诸侯并作，语皆道古以害今，饰虚言以乱实，人善其所私学，以非上之所建立。今皇帝并有天下，别黑白而定一尊。私学而相与非法教，人闻令下，则各以其学议之，入则心非，出则巷议，夸主以为名，异取以为高，率群下以造谤。如此弗禁，则主势降乎上，党与成乎下。禁之便。臣请史官非秦记皆烧之。非博士官所职，天下敢有藏诗、书、百家语者，悉诣守、尉杂烧之。有敢偶语诗、书者弃市，以古非今者族。吏见知不举者与同罪。令下三十日不烧，黥为城旦。所不去者，医药卜筮种树之书。若欲有学法令，以吏为师。"制曰："可。"

三十五年，除道，道九原抵云阳，堑山堙谷，直通之。于是始皇以为咸阳人多，先王之宫廷小，吾闻周文王都丰，武王都镐，丰、镐之间，帝王之都也。乃营作朝宫渭南上林苑中。先作前殿阿房，东西五百步，南北五十丈，上可以坐万人，下可以建五丈旗。周驰为阁道，自殿下直抵南山。表南山之颠以为阙。为复道，自阿房渡渭，属之咸阳，以象天极阁道绝汉抵营室也。阿房宫未成；成，欲更择令名名之。作宫阿房，故天下谓之阿房宫。隐宫徒刑者七十余万人，乃分作阿房宫，或作丽山。发北山石椁。乃写蜀、荆地材皆至。关中计宫三百，关外四百余。于是立石东海上朐界中，以为秦东门。因徙三万家丽邑，五万家云阳，皆复不事十岁。

卢生说始皇曰："臣等求芝奇药仙者常弗遇，类物有害之者。方中，人主时为微行以辟恶鬼，恶鬼辟，真人至。人主所居而人臣知之，则害于神。真人者，入水不濡，入火不爇，陵云气，与天地久长。今上治天下，未能恬倓。愿上所居宫毋令人知，然后不死之药殆可得也。"于是始皇曰："吾慕真人，自谓'真人'，不称'朕'。"乃令咸阳之旁二百里内宫观二百七十，复道甬道相连，帷帐钟鼓美人充之，各案署不移徙。行所幸，有言其处者，罪死。始皇帝幸梁山宫，从山上见丞相车骑众，弗善也。中人或告丞相，丞相后损车骑。始皇怒曰："此中人泄吾语。"案问莫服。当是时，诏捕诸时在旁者，皆杀之。自是后莫知行之所在。听事、群臣受决事，悉于咸阳宫。

侯生、卢生相与谋曰："始皇为人，天性刚戾自用，起诸侯，并天下，意得欲从，以为自古莫及己。专任狱吏，狱吏得亲幸。博士虽七十人，特备员弗用。丞相诸大臣皆受成事，倚辨于上。

上乐以刑杀为威，天下畏罪持禄，莫敢尽忠。上不闻过而日骄，下慑伏谩欺以取容。秦法不得兼方，不验辄死。然候星气者至三百人，皆良士，畏忌讳谀，不敢端言其过。天下之事无小大皆决于上，上至以衡石量书，日夜有呈，不中呈不得休息。贪于权势至如此，未可为求仙药。"于是乃亡去。始皇闻亡，乃大怒，曰："吾前收天下书不中用者尽去之。悉召文学方术士甚众，欲以兴太平，方士欲练以求奇药。今闻韩众去不报，徐市等费以巨万计，终不得药，徒奸利相告日闻。卢生等，吾尊赐之甚厚，今乃诽谤我，以重吾不德也。诸生在咸阳者，吾使人廉问，或为妖言以乱黔首。"于是使御史悉案问诸生，诸生传相告引。乃自除犯禁者四百六十余人，皆坑之咸阳，使天下知之，以惩后。益发谪徙边。始皇长子扶苏谏曰："天下初定，远方黔首未集，诸生皆诵法孔子，今上皆重法绳之，臣恐天下不安。唯上察之。"始皇怒，使扶苏北监蒙恬于上郡。

三十六年，荧惑守心，有坠星下东郡，至地为石，黔首或刻其石曰："始皇帝死而地分。"始皇闻之，遣御史逐问，莫服，尽取石旁居人诛之，因燔销其石。始皇不乐，使博士为仙真人诗及行所游天下，传令乐人歌弦之。秋，使者从关东夜过华阴平舒道，有人持璧遮使者曰："为吾遗滈池君。"因言曰："今年祖龙死。"使者问其故，因忽不见，置其璧去。使者奉璧具以闻。始皇默然良久，曰："山鬼固不过知一岁事也。"退言曰："祖龙者，人之先也。"使御府视璧，乃二十八年行渡江所沉璧也。于是始皇卜之，卦得"游徙吉"。迁北河榆中三万家。拜爵一级。

三十七年十月癸丑，始皇出游。左丞相斯从，右丞相去疾守。少子胡亥爱慕请从，上许之。十一月，行至云梦，望祀虞舜于九疑山。浮江下，观籍柯，渡海渚。过丹阳，至钱唐。临浙江，水波恶，乃西百二十里从狭中渡。上会稽，祭大禹，望于南海，而立石刻颂秦德。其文曰：

> 皇帝休烈，平一宇内，德惠修长。三十有七年，亲巡天下，周览远方。遂登会稽，宣省习俗，黔首斋庄。群臣诵功，本原事迹，追首高明。秦圣临国，始定刑名，显陈旧章。初平法式，审别职任，以立恒常。六王专倍，贪戾慠猛，率众自彊。暴虐恣行，负力而骄，数动甲兵。阴通间使，以事合从，行为辟方。内饰诈谋，外来侵边，遂起祸殃。义威诛之，殄熄暴悖，乱贼灭亡。圣德广密，六合之中，被泽无疆。皇帝并宇，兼听万事，远近毕清。运理群物，考验事实，各载其名。贵贱并通，善否陈前，靡有隐情。饰省宣义，有子而嫁，倍死不贞。防隔内外，禁止淫泆，男女絜诚。夫为寄豭，杀之无罪，男秉义程。妻为逃嫁，子不得母，咸化廉清。大治濯俗，天下承风，蒙被休经。皆遵度轨，和安敦勉，莫不顺令。黔首修絜，人乐同则，嘉保太平。后敬奉法，常治无极，舆舟不倾。从臣诵烈，请刻此石，光垂休铭。

还过吴，从江乘渡。并海上，北至琅邪。方士徐市等入海求神药，数岁不得，费多，恐谴，乃诈曰："蓬莱药可得，然常为大鲛鱼所苦，故不得至，愿请善射与俱，见则以连弩射之。"始皇梦与海神战，如人状。问占梦，博士曰："水神不可见，以大鱼蛟龙为候。今上祷祠备谨，而有此恶神，当除去，而善神可致。"乃令入海者赍捕巨鱼具，而自以连弩候大鱼出射之。自琅邪北至荣成山，弗见。至之罘，见巨鱼，射杀一鱼。遂并海西。

至平原津而病。始皇恶言死，群臣莫敢言死事。上病益甚，乃为玺书赐公子扶苏曰："与丧会咸阳而葬。"书已封，在中车府令赵高行符玺事所，未授使者。七月丙寅，始皇崩于沙丘平台。丞相斯为上崩在外，恐诸公子及天下有变，乃秘之，不发丧。棺载辒凉车中，故幸宦者参乘，所至上食。百官奏事如故，宦者辄从辒凉车中可其奏事。独子胡亥、赵高及所幸宦者五六人知上死。赵高故尝教胡亥书及狱律令法事，胡亥私幸之。高乃与公子胡亥、丞相斯阴谋破去始皇所封书赐公子扶苏者，而更诈为丞相斯受始皇遗诏沙丘，立子胡亥为太子。更为书赐公子扶苏、蒙恬，数以罪，赐死。语具在《李斯传》中。行，遂从井陉抵九原。会暑，上辒车臭，乃诏从官令车载一石鲍鱼，以乱其臭。

行从直道至咸阳，发丧。太子胡亥袭位，为二世皇帝。

九月，葬始皇郦山。始皇初即位，穿治郦山。及并天下，天下徒送诣七十余万人，穿三泉，下铜而致椁，宫观百官奇器珍怪徙臧满之。令匠作机弩矢，有所穿近者辄射之。以水银为百川江河大海，机相灌输，上具天文，下具地理。以人鱼膏为烛，度不灭者久之。二世曰："先帝后宫非有子者，出焉不宜。"皆令从死，死者甚众。葬既已下，或言工匠为机，臧皆知之，臧重即泄，大事毕，已臧，闭中羡，下外羡门，尽闭工匠臧者，无复出者。树草木以象山。

二世皇帝元年，年二十一。赵高为郎中令，任用事。二世下诏，增始皇寝庙牺牲及山川百祀之礼。令群臣议尊始皇庙。群臣皆顿首言曰："古者天子七庙，诸侯五，大夫三，虽万世世不轶毁。今始皇为极庙，四海之内皆献贡职，增牺牲，礼咸备，毋以加。先王庙或在西雍，或在咸阳。天子仪当独奉酌祠始皇庙。自襄公已下轶毁。所置凡七庙。群臣以礼进祠，以尊始皇庙为帝者祖庙。皇帝复自称'朕'。"

二世与赵高谋曰:"朕年少初即位,黔首未集附。先帝巡行郡县以示彊,威服海内。今晏然不巡行,即见弱,毋以臣畜天下。"春,二世东行郡县,李斯从。到碣石,并海,南至会稽,而尽刻始皇所立刻石,石旁著大臣从者名,以章先帝成功盛德焉。

皇帝曰:"金石刻尽始皇帝所为也。今袭号而金石刻辞不称始皇帝,其于久远也如后嗣为之者,不称成功盛德。"丞相臣斯、臣去疾、御史大夫臣德昧死言:"臣请具刻诏书刻石,因明白矣。臣昧死请。"制曰:"可。"

遂至辽东而还。

于是二世乃遵用赵高,申法令。乃阴与赵高谋曰:"大臣不服,官吏尚彊,及诸公子必与我争,为之奈何?"高曰:"臣固愿言而未敢也。先帝之大臣,皆天下累世名贵人也,积功劳世以相传久矣。今高素小贱,陛下幸称举,令在上位,管中事。大臣鞅鞅,特以貌从臣,其心实不服。今上出,不因此时案郡县守尉有罪者诛之,上以振威天下,下以除去上生平所不可者。今时不师文而决于武力,愿陛下遂从时毋疑,即群臣不及谋。明主收举馀民,贱者贵之,贫者富之,远者近之,则上下集而国安矣。"二世曰:"善。"乃行诛大臣及诸公子,以罪过连逮少近官三郎,无得立者,而六公子戮死于杜。公子将闾昆弟三人囚于内宫,议其罪独后。二世使使令将闾曰:"公子不臣,罪当死,吏致法焉。"将闾曰:"阙廷之礼,吾未尝敢不从宾赞也。廊庙之位,吾未尝敢失节也。受命应对,吾未尝敢失辞也。何谓不臣?愿闻罪而死。"使者曰:"臣不得与谋,奉书从事。"将闾乃仰天大呼天者三,曰:"天乎!吾无罪!"昆弟三人皆流涕拔剑自杀。宗室振恐。群臣谏者以为诽谤,大吏持禄取容,黔首振恐。

四月,二世还至咸阳,曰:"先帝为咸阳朝廷小,故营阿房宫。为室堂未就，会上崩，罢其作者，复土郦山。郦山事大毕，今释阿房宫弗就，则是章先帝举事过也。"复作阿房宫。外抚四夷，如始皇计。尽征其材士五万人为屯卫咸阳，令教射狗马禽兽。当食者多，度不足，下调郡县转输菽粟刍稾，皆令自赍粮食，咸阳三百里内不得食其谷。用法益刻深。

七月，戍卒陈胜等反故荆地，为"张楚"。胜自立为楚王，居陈，遣诸将徇地。山东郡县少年苦秦吏。皆杀其守尉令丞反，以应陈涉，相立为侯王，合从西乡，名为伐秦，不可胜数也。谒者使东方来，以反者闻二世。二世怒，下吏，后使者至，上问，对曰："群盗，郡守尉方逐捕，今尽得，不足忧。"上悦。

武臣自立为赵王，魏咎为魏王，田儋为齐王。沛公起沛。项梁举兵会稽郡。

二年冬，陈涉所遣周章等将西至戏，兵数十万。二世大惊，与群臣谋曰："奈何？"少府章邯曰："盗已至。众彊，今发近县不及矣。郦山徒多，请赦之，授兵以击之。"二世乃大赦天下，使章邯将，击破周章军而走，遂杀章曹阳。二世益遣长史司马欣、董翳佐章邯击盗，杀陈胜城父，破项梁定陶，灭魏咎临济。楚地盗名将已死，章邯乃北渡河，击赵王歇等于钜鹿。

赵高说二世曰："先帝临制天下久，故群臣不敢为非、进邪说。今陛下富于春秋，初即位，奈何与公卿廷决事？事即有误，示群臣短也。天子称朕，固不闻声。"于是二世常居禁中，与高决诸事。其后公卿希得朝见，盗贼益多，而关中卒发东击盗者毋已。右丞相去疾、左丞相斯、将军冯劫进谏曰："关东群盗并起，秦发兵诛击，所杀亡甚众，然犹不止。盗多，皆以戍漕转作事苦，赋税大也。请且止阿房宫作者，减省四边戍转。"二世曰："吾闻之韩子曰：'尧舜采椽不刮，茅茨不剪，饭土塯，啜土形，虽监门之养，不觳于此。禹凿龙门，通大夏，决河亭水，放之海。身自持筑锸，胫毋毛，臣虏之劳不烈于此矣。'凡所为贵有天下者，得肆意极欲，主重明法，下不敢为非，以制御海内矣。夫虞、夏之主贵为天子，亲处穷苦之实，以徇百姓，尚何于法？朕尊万乘，毋其实，吾欲造千乘之驾、万乘之属，充吾号名。且先帝起诸侯，兼天下，天下已定，外攘四夷以安边境，作宫室以章得意，而君观先帝功业有绪。今朕即位二年之间，群盗并起，君不能禁，又欲罢先帝之所为，是上毋以报先帝，次不为朕尽忠力，何以在位？"下去疾、斯、劫吏，案责他罪。去疾、劫曰："将相不辱。"自杀。斯卒囚，就五刑。

三年，章邯等将其卒围钜鹿，楚上将军项羽将楚卒往救钜鹿。冬，赵高为丞相，竟案李斯杀之。夏，章邯等战数却，二世使人让邯，邯恐，使长史欣请事。赵高弗见，又弗信。欣恐，亡去，高使人捕追不及。欣见邯曰："赵高用事于中，将军有功亦诛，无功亦诛。"项羽急击秦军，虏王离，邯等遂以兵降诸侯。

八月己亥，赵高欲为乱，恐群臣不听，乃先设验，持鹿献于二世，曰："马也。"二世笑曰："丞相误邪？谓鹿为马。"问左右，左右或默，或言马以阿顺赵高。或言鹿者，高因阴中诸言鹿者以法。后群臣皆畏高。

高前数言"关东盗毋能为也"，及项羽虏秦将王离等钜鹿下而前，章邯等军数却，上书请益助，燕、赵、齐、楚、韩、魏皆立为王，自关以东，大氐尽畔秦吏应诸侯，诸侯咸率其众西乡。沛公将数万人已屠武关，使人私于高，高恐二世怒，诛及其身，乃谢病不朝见。二世梦白虎啮其左骖马，杀之。心不乐，怪问占梦。卜曰："泾水为祟。"二世乃斋于望夷宫，欲祠泾，沉四白马。使使责让高以盗贼事。高惧，乃阴与其婿咸阳令阎乐、其弟赵成谋曰："上不听谏，今事急，欲归祸于吾宗。吾欲易置上，更立公子婴。子婴仁俭，百姓皆载其言。"使郎中令为内应，诈为有大贼，令乐召吏发卒，追劫乐母置高舍。遣乐将吏卒千余人至望夷宫殿门，缚卫令仆射，曰："贼入此，何不止？"卫令曰："周庐设卒甚谨，安得贼敢入宫？"乐遂斩卫令，直将吏入，行射，郎宦者大惊，或走或格，格者辄死，死者数十人。郎中令与乐俱入，射上幄坐帏。二世怒，召左右，左右皆惶扰不斗。旁有宦者一人，侍不敢去。二世入内，谓曰："公何不早告我？乃至于此！"宦者曰："臣不敢言，故得全。使臣早言，皆已诛，安得至今？"阎乐前即二世数曰："足下骄恣，诛杀无道，天下共畔足下，足下其自为计！"二世曰："丞相可得见否？"乐曰："不可。"二世曰："吾愿得一郡为王。"弗许。又曰："愿为万户侯。"弗许。曰："愿与妻子为黔首，比诸公子。"阎乐曰："臣受命于丞相，为天下诛足下，足下虽多言，臣不敢报。"麾其兵进。二世自杀。

阎乐归报赵高，赵高乃悉召诸大臣、公子，告以诛二世之状。曰："秦故王国，始皇君天下，故称帝。今六国复自立，秦地益小，乃以空名为帝，不可。宜为王如故，便。"立二世之兄子公子婴为秦王。以黔首葬二世杜南宜春苑中。令子婴斋，当庙见，受王玺。斋五日，子婴与其子二人谋曰："丞相高杀二世望夷宫，恐群臣诛之，乃佯以义立我。我闻赵高乃与楚约，灭秦宗室而王关中。今使我斋见庙，此欲因庙中杀我。我称病不行，丞相必自来，来则杀之。"高使人请子婴数辈，子婴不行，高果自往，曰："宗庙重事，王奈何不行？"子婴遂刺杀高于斋宫，三族高家，以徇咸阳。

子婴为秦王四十六日，楚将沛公破秦军，入武关，遂至霸上，使人约降子婴。子婴即系颈以组，白马素车，奉天子玺符，降轵道旁。沛公遂入咸阳，封宫室府库，还军霸上。居月余，诸侯兵至，项籍为从长，杀子婴及秦诸公子宗族。遂屠咸阳，烧其宫室，虏其子女，收其珍宝货财，诸侯共分之。灭秦之后，各分其地为三，名曰雍王、塞王、翟王，号曰"三秦"。项羽为西楚霸王，主命分天下王诸侯，秦竟灭矣。后五年，天下定于汉。

太史公曰：秦之先伯翳，尝有勋于唐虞之际，受土赐姓。及殷夏之间微散。至周之衰，秦兴，邑于西垂。自缪公以来，稍蚕食诸侯，竟成始皇。始皇自以为功过五帝、地广三王，而羞与之侔。善哉乎，贾生推言之也！曰：

秦并兼诸侯山东三十余郡，缮津关，据险塞，修甲兵而守之。然陈涉以戍卒散乱之众数百，奋臂大呼，不用弓戟之兵，鉏櫌白梃，望屋而食，横行天下。秦人阻险不守，关梁不阖，长戟不刺，彊弩不射。楚师深入，战于鸿门，曾无藩篱之艰。于是山东大扰，诸侯并起，豪俊相立。秦使章邯将而东征，章邯因以三军之众要市于外，以谋其上。群臣之不信，可见于此矣。子婴立，遂不寤。藉使子婴有庸主之材，仅得中佐。山东虽乱，秦之地可全而有，宗庙之祀未当绝也。

秦地被山带河以为固，四塞之国也。自缪公以来，至于秦王，二十余君，常为诸侯雄。岂世世贤哉？其势居然也。且天下尝同心并力而攻秦矣。当此之世，贤智并列，良将行其师，贤相通其谋，然困于阻险而不能进。秦乃延入战而为之开关，百万之徒逃北而遂坏。岂勇力智慧不足哉？形不利、势不便也。秦小邑并大城，守险塞而军，高垒毋战，闭关据阨，荷戟而守之。诸侯起于匹夫，以利合，非有素王之行也。其交未亲，其下未附，名为亡秦，其实利之也。彼见秦阻之难犯也，必退师。安土息民，以待其敝，收弱扶罢，以令大国之君，不患不得意于海内。贵为天子，富有天下，而身为禽者，其救败非也。

秦王足已不问，遂过而不变。二世受之，因而不改，暴虐以重祸。子婴孤立无亲，危弱无辅。三主惑而终身不悟，亡，不亦宜乎？当此时也，世非无深虑知化之士也，然所以不敢尽忠拂过者，秦俗多忌讳之禁，忠言未卒于口而身为戮没矣。故使天下之士，倾耳而听，重足而立，拑口而不言。是以三主失道，忠臣不敢谏，智士不敢谋，天下已乱，奸不上闻，岂不哀哉！先王知雍蔽之伤国也，故置公卿大夫士，以饰法设刑，而天下治。其强也，禁暴诛乱而天下服。其弱也，五伯征而诸侯从。其削也，内守外附而社稷存。故秦之盛也，繁法严刑而天下振；及其衰也，百姓怨望而海内畔矣。故周五序得其道，而千余岁不绝。秦本末并失，故不长久。由此观之，安危之统相去远矣。野谚曰："前事之不忘，后事之师也。"是以君子为国，观之上古，验之当世，参以人事，察盛衰之理，审权势之宜，去就有序，变化有时，故旷日长久而社稷安矣。

秦孝公据殽、函之固，拥雍州之地，君臣固守而窥周室，有席卷天下、包举宇内、囊括四海之意，并吞八荒之心。当是时，商君佐之，内立法度，务耕织，修守战之备，外连衡而斗诸侯，于是秦人拱手而取西河之外。

孝公既没，惠王、武王蒙故业，因遗册，南兼汉中，西举巴、蜀，东割膏腴之地，收要害之郡。诸侯恐惧，会盟而谋弱秦，不爱珍器重宝肥美之地，以致天下之士，合从缔交，相与为一。当是时，齐有孟尝，赵有平原，楚有春申，魏有信陵。此四君者，皆明知而忠信，宽厚而爱人，尊贤重士，约从离衡，并韩、魏、燕、楚、齐、赵、宋、卫、中山之众。于是六国之士，有宁越、徐尚、苏秦、杜赫之属为之谋，齐明、周最、陈轸、昭滑、楼缓、翟景、苏厉、乐毅之徒通其意，吴起、孙膑、带佗、兒良、王廖、田忌、廉颇、赵奢之朋制其兵。常以十倍之地，百万之众，叩关而攻秦。秦人开关延敌，九国之师逡巡遁逃而不敢进。秦无亡矢遗镞之费，而天下诸侯已困矣。于是从散约解，争割地而奉秦。秦有余力而制其敝，追亡逐北，伏尸百万，流血漂卤。因利乘便，宰割天下，分裂河山，强国请服，弱国入朝。延及孝文王、庄襄王，享国日浅，国家无事。

及至秦王，续六世之余烈，振长策而御宇内，吞二周而亡诸侯，履至尊而制六合。执棰拊以鞭笞天下，威振四海。南取百越之地，以为桂林、象郡，百越之君俛首系颈，委命下吏。乃使蒙恬北筑长城而守藩篱，却匈奴七百余里，胡人不敢南下而牧马，士不敢弯弓而报怨。于是废先王之道，焚百家之言，以愚黔首。堕名城，杀豪俊，收天下之兵聚之咸阳，销锋铸鐻，以为金人十二，以弱黔首之民。然后斩华为城，因河为津，据亿丈之城，临不测之谿以为固。良将劲弩守要害之处，信臣精卒陈利兵而谁何，天下以定。秦王之心，自以为关中之固，金城千里，子孙帝王万世之业也！

秦王既没，余威振于殊俗。陈涉，瓮牖绳枢之子，氓隶之人，而迁徙之徒。才能不及中人，非有仲尼、墨翟之贤，陶朱、猗顿之富，蹑足行伍之间，而崛起什伯之中，率罢散之卒，将数百之众，而转攻秦。斩木为兵，揭竿为旗，天下云集响应，赢粮而景从，山东豪俊遂并起而亡秦族矣。

且夫天下非小弱也，雍州之地，殽函之固自若也。陈涉之位，非尊于齐、楚、燕、赵、韩、魏、宋、卫、中山之君；鉏棘矜，非铦于句戟长铩也；谪戍之众，非抗于九国之师；深谋远虑，行军用兵之道，非及乡时之士也。然而成败异变，功业相反也。试使山东之国与陈涉度长絜大，比权量力，则不可同年而语矣。然秦以区区之地，千乘之权，招八州而朝同列，百有余年矣。然后以六合为家，殽函为宫，一夫作难而七庙堕，身死人手，为天下笑者，何也？仁义不施而攻守之势异也。

秦并海内，兼诸侯，南面称帝，以养四海，天下之士斐然乡风，若是者何也？曰：近古之无王者久矣。周室卑微，五霸既殁，令不行于天下，是以诸侯力政，强侵弱，众暴寡，兵革不休，士民罢敝。今秦南面而王天下，是上有天子也。既元元之民冀得安其性命，莫不虚心而仰上，当此之时，守威定功，安危之本在于此矣。

秦王怀贪鄙之心，行自奋之智，不信功臣，不亲士民，废王道，立私权，禁文书而酷刑法，先诈力而后仁义，以暴虐为天下始。夫并兼者高诈力，安定者贵顺权，此言取与守不同术也。秦离战国而王天下，其道不易，其政不改，是其所以取之守之者［无］异也。孤独而有之，故其亡可立而待。借使秦王计上世之事，并殷周之迹，以制御其政，后虽有淫骄之主，而未有倾危之患也。故三王之建天下，名号显美，功业长久。

今秦二世立，天下莫不引领而观其政。夫寒者利裋褐，而饥者甘糟糠，天下之嗷嗷，新主之资也。此言劳民之易为仁也。乡使二世有庸主之行，而任忠贤，臣主一心而忧海内之患，缟素而正先帝之过，裂地分民以封功臣之后，建国立君以礼天下，虚囹圄而免刑戮，除去收帑污秽之罪，使各反其乡里，发仓廪，散财币，以振孤独穷困之士，轻赋少事以佐百姓之急，约法省刑以持其后，使天下之人皆得自新，更节修行，各慎其身，塞万民之望，而以威德与天下，天下集矣。即四海之内，皆欢然各自安乐其处，唯恐有变，虽有狡猾之民，无离上之心，则不轨之臣无以饰其智，而暴乱之奸止矣。二世不行此术，而重之以无道，坏宗庙与民，更始作阿房宫，繁刑严诛，吏治刻深，赏罚不当，赋敛无度，天下多事，吏弗能纪，百姓困穷而主弗收恤。然后奸伪并起，而上下相遁，蒙罪者众，刑戮相望于道，而天下苦之。自君卿以下至于众庶，人怀自危之心，亲处穷苦之实，咸不安其位，故易动也。是以陈涉不用汤武之贤，不借公侯之尊，奋臂于大泽而天下响应者，其民危也。故先王见始终之变，知存亡之机，是以牧民之道，务在安之而已。天下虽有逆行之臣，必无响应之助矣。故曰"安民可与行义，而危民易与为非"，此之谓也。贵为天子，富有天下，身不免于戮杀者，正倾非也。是二世之过也。

襄公立，享国十二年。初为西畤。葬西垂。生文公。

文公立，居西垂宫。五十年死，葬西垂。生静公。

静公不享国而死。生宪公。

宪公享国十二年，居西新邑。死，葬衙。生武公、德公、出子。

出子享国六年，居西陵。庶长弗忌、威累、参父三人，率贼贼出子鄙衍，葬衙。武公立。

武公享国二十年。居平阳封宫。葬宣阳聚东南。三庶长伏其罪。德公立。

德公享国二年。居雍大郑宫。生宣公、成公、缪公。葬阳。初伏，以御蛊。

宣公享国十二年。居阳宫。葬阳。初志闰月。

成公享国四年，居雍之宫。葬阳。齐伐山戎、孤竹。

缪公享国三十九年。天子致霸。葬雍。缪公学著人。生康公。

康公享国十二年。居雍高寝。葬竘社。生共公。

共公享国五年，居雍高寝。葬康公南。生桓公。

桓公享国二十七年。居雍太寝。葬义里丘北。生景公。

景公享国四十年。居雍高寝。葬丘里南。生毕公。

毕公享国三十六年。葬车里北。生夷公。

夷公不享国。死，葬左宫。生惠公。

惠公享国十年。葬车里康景。生悼公。

悼公享国十五年。葬僖公西。城雍。生剌龚公。

剌龚公享国三十四年。葬入里。生躁公、怀公。其十年，彗星见。

躁公享国十四年。居受寝，葬悼公南。其元年，彗星见。

怀公从晋来。享国四年。葬栎圉氏。生灵公。诸臣围怀公，怀公自杀。

肃灵公，昭子子也。居泾阳。享国十年。葬悼公西。生简公。

简公从晋来。享国十五年。葬僖公西。生惠公。其七年，百姓初带剑。

惠公享国十三年。葬陵圉。生出公。

出公享国二年。出公自杀，葬雍。

献公享国二十三年。葬嚣圉。生孝公。

孝公享国二十四年。葬弟圉。生惠文王。其十三年，始都咸阳。

惠文王享国二十七年。葬公陵。生悼武王。

悼武王享国四年，葬永陵。

昭襄王享国五十六年。葬茝阳。生孝文王。

孝文王享国一年。葬寿陵。生庄襄王。

庄襄王享国三年。葬茝阳。生始皇帝。吕不韦相。

献公立七年，初行为市。十年，为户籍相伍。

孝公立十六年。时桃李冬华。

惠文王生十九年而立。立二年，初行钱。有新生婴儿曰"秦且王"。

悼武王生十九年而立。立三年，渭水赤三日。

昭襄王生十九年而立。立四年，初为田开阡陌。

孝文王生五十三年而立。

庄襄王生三十二年而立。立二年，取太原地。庄襄王元年，大赦，修先王功臣，施德厚骨肉，布惠于民。东周与诸侯谋秦，秦使相国不韦诛之，尽入其国。秦不绝其祀，以阳人地赐周君，奉其祭祀。

始皇享国三十七年。葬郦邑。生二世皇帝。始皇生十三年而立。

二世皇帝享国三年。葬宜春。赵高为丞相安武侯。二世生十二年而立。

右秦襄公至二世，六百一十岁。

孝明皇帝十七年十月十五日乙丑，曰：

周历已移，仁不代母。秦直其位，吕政残虐。然以诸侯十三，并兼天下，极情纵欲，养育宗亲。三十七年，兵无所不加，制作政令，施于后王。盖得圣人之威，河神授图，据狼、狐，蹈参、伐，佐政驱除，距之称始皇。

始皇既殁，胡亥极愚，郦山未毕，复作阿房，以遂前策。云："凡所为贵有天下者，肆意极欲，大臣至欲罢先君所为。"诛斯、去疾，任用赵高。痛哉言乎！人头畜鸣。不威不伐恶，不笃不虚亡，距之不得留，残虐以促期，虽居形便之国，犹不得存。

子婴度次得嗣，冠玉冠，佩华绂，车黄屋，从百司，谒七庙。小人乘非位，莫不恍忽失守，偷安日日，独能长念却虑，父子作权，近取于户牖之间，竟诛猾臣，为君讨贼。高死之后，宾婚未得尽相劳，餐未及下咽，酒未及濡唇，楚兵已屠关中，真人翔霸上，素车婴组，奉其符玺，以归帝者。郑伯茅旌鸾刀，严王退舍。河决不可复雍，鱼烂不可复全。贾谊、司马迁曰："向使婴有庸主之才，仅得中佐，山东虽乱，秦之地可全而有，宗庙之祀未当绝也。"秦之积衰，天下土崩瓦解，虽有周旦之材，无所复陈其巧，而以责一日之孤，误哉！俗传秦始皇起罪恶，胡亥极，得其理矣。复责小子，云秦地可全，所谓不通时变者也。纪季以酅，《春秋》不名。吾读《秦纪》，至于子婴车裂赵高，未尝不健其决、怜其志。婴死生之义备矣。

《索隐》赞曰：六国陵替，二周沦亡。并一天下，号为始皇。阿房云构，金狄成行。南游勒石，东瞰浮梁。滈池见遗，沙丘告丧。二世矫制，赵高是与。诈因指鹿，灾生噬虎。子婴见推，恩报君父。下乏中佐，上乃庸主。欲振颓纲，云谁克补？

嬴秦政论选录

过秦论　　贾谊

秦孝公据崤函之固，拥雍州之地，君臣固守以窥周室，有席卷天下、包举宇内、囊括四海之意，并吞八荒之心。当是时也，商君佐之，内立法度，务耕织，修守战之具；外连衡而斗诸侯。于是秦人拱手而取西河之外。

孝公既没，惠文、武、昭襄蒙故业，因遗策，南取汉中，西举巴、蜀，东割膏腴之地，北收要害之郡。诸侯恐惧，会盟而谋弱秦，不爱珍器重宝肥饶之地，以致天下之士，合从缔交，相与为一。当此之时，齐有孟尝，赵有平原，楚有春申，魏有信陵。此四君者，皆明智而忠信，宽厚而爱人，尊贤而重士，约从离衡，兼韩、魏、燕、楚、齐、赵、宋、卫、中山之众。于是六国之士，有宁越、徐尚、苏秦、杜赫之属为之谋；齐明、周最、陈轸、召滑、楼缓、翟景、苏厉、乐毅之徒通其意；吴起、孙膑、带佗、倪良、王廖、田忌、廉颇、赵奢之伦制其兵。尝以十倍之地，百万之师，叩关而攻秦。秦人开关延敌，九国之师，逡巡而不敢进。秦无亡矢遗镞之费，而天下诸侯已困矣。于是从散约败，争割地而赂秦。秦有余力而制其弊，追亡逐北，伏尸百万，流血漂橹；因利乘便，宰割天下，分裂山河。强国请服，弱国入朝。

延及孝文王、庄襄王，享国之日浅，国家无事。及至始皇，奋六世之余烈，振长策而御宇内，吞二周而亡诸侯，履至尊而制六合，执敲扑而鞭笞天下，威振四海。南取百越之地，以为桂林、象郡，百越之君，俛首系颈，委命下吏。乃使蒙恬北筑长城而守藩篱，却匈奴七百余里；胡人不敢南下而牧马，士不敢弯弓而报怨。

于是废先王之道，焚百家之言，以愚黔首；隳名城，杀豪杰；收天下之兵，聚之咸阳，销锋镝，铸以为金人十二，以弱天下之民。然后践华为城，因河为池，据亿丈之城，临不测之渊以为固。良将劲弩守要害之处，信臣精卒陈利兵而谁何。天下已定，始皇之心，自以为关中之固，金城千里，子孙帝王万世之业也。

秦王既没，余威震于殊俗。陈涉，瓮牖绳枢之子，氓隶之人，而迁徙之徒也。才能不及中人，非有仲尼、墨翟之贤，陶朱、猗顿之富；蹑足行伍之间，而倔起阡陌之中，率疲弊之卒，将数百之众，转而攻秦；斩木为兵，揭竿为旗，天下云集响应，赢粮而景从。山东豪俊遂并起而亡秦族矣。

且夫天下非小弱也，雍州之地，崤函之固，自若也。陈涉之位，非尊于齐、楚、燕、赵、韩、魏、宋、卫、中山之君也；鉏耰棘矜，非銛于钩戟长铩也；谪戍之众，非抗于九国之师也；深谋远虑，行军用兵之道，非及向时之士也。然而成败异变，功业相反，何也？试使山东之国与陈涉度长絜大，比权量力，则不可同年而语矣。然秦以区区之地，致万乘之势，序八州而朝同列，百有余年矣；然后以六合之家，殽函为宫；一夫作难而七庙隳，身死人手，为天下笑者，何也？仁义不施而攻守之势异也。

（亦见《史记·秦始皇本纪》，此为《古文观止》本，题《过秦论上》。）

秦纪论　班固

周历已移，仁不代母。秦直其位，吕政残虐，然以诸侯十三，并兼天下，极情纵欲，养育宗亲。三十七年，兵无所不加，制作政令，施于后王。盖得圣人之威，河神授图，据狼、狐，蹈参、伐，佐攻驱除，距之称始皇。

始皇既殁，胡亥极愚，郦山未毕，复作阿房，以遂前策。云"凡所为贵有天下者，肆意极欲，大臣至欲罢先君所为"。诛斯、去疾，任用赵高。痛哉言乎！人头畜鸣，不威不伐恶，不笃不虚亡。距之不得留，残虐以促期，虽居形便之国，犹不得存。

子婴度次得嗣，冠玉冠，佩华绂，车黄屋，从百司，谒七庙。小人乘非位，莫不恍忽失守，偷安日日，独能长念却虑，父子作权，近取于户牖之间，竟诛猾臣，为君讨贼。高死之后，宾婚未得尽相劳，餐未及下咽，酒未及濡唇，楚兵已屠关中，真人翔霸上，素车婴组，奉其符玺，以归帝者。郑伯茅旌鸾刀，严王退舍。河决不可复壅，鱼烂不可复全。贾谊、司马迁曰："向使婴有庸主之才，仅得中佐，山东虽乱，秦之地可全而有，宗庙之祀未当绝也。"秦之积衰，天下土崩瓦解，虽有周旦之材，无所复陈其巧，而以责一日之孤，误哉！俗传秦始皇起罪恶，胡亥极，得其理矣。复责小子，云秦地可全，所谓不通时变者也。纪季以酅，《春秋》不名。吾读《秦纪》，至于子婴车裂赵高，未尝不健其决、怜其志。婴死生之义备矣。

（此亦见于《史记·秦始皇本纪》。司马贞《索隐》谓"此［即《秦纪》末"孝明皇帝十七年十月十五日乙丑，曰"］已下是汉孝明帝访班固评贾［贾谊］、马［司马迁］赞中论秦二世亡天下之得失，后人因取其说附之此末"。）

封建论　柳宗元

天地果无初乎？吾不得而知之也；生人果有初乎？吾不得而知之也。然则孰为近？曰：有初为近。孰明之？由封建而明之也。彼封建者，更古圣王尧、舜、禹、汤、文、武而莫能去之。盖非不欲去之也，势不可也。势之来，其生人之初乎？不初，无以有封建。封建，非圣人意也。

彼其初，与万物皆生，草木榛榛，鹿豕狉狉，人不能搏噬，而且无毛羽，莫克自奉自卫。荀卿有言："必将假物以为用者也。"夫假物者必争，争而不已，必就其能断曲直者而听命焉。其智而明者，所伏必众，告之以直而不改，必痛之而后畏，由是君长刑政生焉。故近者聚而为群，群之分，其争必大，大而后有兵有德。又有大者，众群之长又就而听命焉，以安其属。于是有诸侯之列，则其争又有大者焉。德又大者，诸侯之列又就而听命焉，以安其封。于是有方伯、连帅之类，则其争又有大者焉。德又大者，方伯、连帅之类又就而听命焉，以安其人，然后天下会于一。是故有里胥而后有县大夫，有县大夫而后有诸侯，有诸侯而后有方伯、连帅，有方伯、连帅而后有天子。自天子至于里胥，其德在人者死，必求其嗣而奉之。故封建非圣人意也，势也。

夫尧、舜、禹、汤之事远矣，及有周而甚详。周有天下，裂土田而瓜分之，设五等，邦群后。布履星罗，四周于天下，轮运而辐集；合为朝觐会同，离为守臣扞城。然而降于夷王，害礼伤尊，下堂而迎觐者。历于宣王，挟中兴复古之德，雄南征北伐之威，卒不能定鲁侯之嗣。陵夷迄于幽、厉，王室东徙，而自列为诸侯。厥后问鼎之轻重者有之，射王中肩者有之，伐凡伯、诛苌弘者有之，天下乖戾，无君君之心。余以为周之丧久矣，徒建空名于公侯之上耳。得非诸侯之盛强，末大不掉之咎欤？遂判为十二，合为七国，威分于陪臣之邦，国殄于后封之秦，则周之败端，其在乎此矣。

秦有天下，裂都会而为之郡邑，废侯卫而为之守宰，据天下之雄图，都六合之上游，摄制四海，运于掌握之内，此其所以为得也。不数载而天下大坏，其有由矣：亟役万人，暴其威刑，竭其货贿，负锄梃谪戍之徒，圜视而合从，大呼而成群，时则有叛人而无叛吏，人怨于下而吏畏于上，天下相合，杀守劫令而并起。咎在人怨，非郡邑之制失也。

汉有天下，矫秦之枉，徇周之制，剖海内而立宗子、封功臣。数年之间，奔命扶伤之不暇，困平城，病流矢，陵迟不救者三代。后乃谋臣献画，而离削自守矣。然而封建之始，郡国居半，时则有叛国而无叛郡，秦制之得亦以明矣。继汉而帝者，虽百代可知也。

唐兴，制州邑，立守宰，此其所以为宜也。然犹桀猾时起，虐害方域者，失不在于州而在于兵，时则有叛将而无叛州。州县之设，固不可革也。

或者曰："封建者，必私其土，子其人，适其俗，修其理，施化易也。守宰者，苟其心，思迁其秩而已，何能理乎？"余又非之。

周之事迹，断可见矣：列侯骄盈，黩货事戎，大凡乱国多，理国寡，侯伯不得变其政，天子不得变其君，私土子人者，百不有一。失在于制，不在于政，周事然也。

秦之事迹，亦断可见矣：有理人之制，而不委郡邑，是矣；有理人之臣，而不使守宰，是矣。郡邑不得正其制，守宰不得行其理，酷刑、苦役而万人侧目。失在于政，不在于制，秦事然也。

汉兴，天子之政行于郡，不行于国，制其守宰，不制其侯王。侯王虽乱，不可变也；国人虽病，不可除也。及夫大逆不道，然后掩捕而迁之，勒兵而夷之耳。大逆未彰，奸利浚财，怙势作威，大刻于民者，无如之何，及夫郡邑，可谓理且安矣。何以言之？且汉知孟舒于田叔，得魏尚于冯唐，闻黄霸之明审，睹汲黯之简靖，拜之可也，复其位可也，卧而委之以辑一方可也。有罪得以黜，有能得以赏。朝拜而不道，夕斥之矣；夕受而不法，朝斥之矣。设使汉室尽城邑而侯王之，纵令其乱人，戚之而已。孟舒、魏尚之术莫得而施，黄霸、汲黯之化莫得而行。明谴而导之，拜受而退已违矣；下令而削之，缔交合从之谋周于同列，则相顾裂眦，勃然而起；幸而不起，则削其半，削其半，民犹瘁矣，曷若举而移之以全其人乎？汉事然也。

今国家尽制郡邑，连置守宰，其不可变也固矣。善制兵，谨择守，则理平矣。

或者又曰："夏、商、周、汉封建而延，秦郡邑而促。"尤非所谓知理者也。

魏之承汉也，封爵犹建；晋之承魏也，因循不革，而二姓陵替，不闻延祚。今矫而变之，垂二百祀，大业弥固，何系于诸侯哉？

或者又以为："殷、周，圣王也，而不革其制，固不当复议也。"是大不然。

夫殷、周之不革者，是不得已也。盖以诸侯归殷者三千焉，资以黜夏，汤不得而废；归周者八百焉，资以胜殷，武王不得而易。徇之以为安，仍之以为俗，汤、武之所不得已也。夫不得已，非公之大者也，私其力于己也，私其卫于子孙也。秦之所以革之者，其为制，公之大者也；其情，私也，私其一己之威也，私其尽臣畜于我也。然而公天下之端自秦始。

夫天下之道，理安斯得人者也。使贤者居上，不肖者居下，而后可以理安。今夫封建者，继世而理；继世而理者，上果贤乎，下果不肖乎？则生人之理乱未可知也。将欲利其社稷以一其人之视听，则又有世大夫世食禄邑，以尽其封略，圣贤生于其时，亦无以立于天下，封建者为之也。岂圣人之制使至于是乎？吾固曰："非圣人之意也，势也。"

嬴秦论　刘蜕

无有天下而不知秦之焚书也，无世而不谓不用圣人之道所以亡也。呜呼！秦亡自亡也，安能焚书为秦亡耳。天下不用秦如圣人之道，故秦不得其道而用也。当其时，天下一家而尊己，外无非心之人，故深法禁人之恶也，则不当去法以禁人之善。是则果习天下之离心而背己也，岂秦区区之心欤？盖天必以秦之强暴，非大败无以叛其四海之心，故先绝其事君敬长之术，而后从天下以亡其天下焉。

夫天与秦则书存，不与秦则书焚，而秦终无自焚之心也。且圣人宫先自藏其书，是秦未始有焚书之心，圣人之家先有其心矣，故曰秦亡其自亡矣。且圣人之道，与天地合其久，与鬼神合其微，则不得毁置之在秦也久矣。陶唐氏之水，前有圣人之化，后有圣人之勤，而后民知事君敬长之术。自秦之火，前圣已远，后圣不作，而其术不数世亦已成矣。岂非天之欲有绝而先绝其术，欲有立而先立其术欤？今或怨秦之火不全其道也，不知秦火息矣。

六国论　苏洵

六国破灭，非兵不利、战不善，弊在赂秦。赂秦而力亏，破灭之道也。或曰：六国互丧，率赂秦耶？曰：不赂者以赂者丧，盖失强援，不能独完。故曰：弊在赂秦也。

秦以攻取之外，小则获邑，大则得城。较秦之所得，与战胜而得者，其实百倍；诸侯之所亡，与战败而亡者，其实亦百倍。则秦之所大欲，诸侯之所大患，固不在战矣。思厥先祖父，暴霜露，斩荆棘，以有尺寸之地。子孙视之不甚惜，举以予人，如弃草芥。今日割五城，明日割十城，然后得一夕安寝。起视四境，而秦兵又至矣。然则诸侯之地有限，暴秦之欲无厌，奉之弥繁，侵之愈急。故不战而强弱胜负已判矣。至于颠覆，理固宜然。古人云："以地事秦，犹抱薪救火，薪不尽，火不灭。"此言得之。

齐人未尝赂秦，终继五国迁灭，何哉？与嬴而不助五国也。五国既丧，齐亦不免矣。燕赵之君，始有远略，能守其土，义不赂秦。是故燕虽小国而后亡，斯用兵之效也。至丹以荆卿为计，始速祸焉。赵尝五战于秦，二败而三胜。后秦击赵者再，李牧连却之。洎牧以谗诛，邯郸为郡，惜其用武而不终也。且燕、赵处秦革灭殆尽之际，可谓智力孤危，战败而亡，诚不得已。向使三国各爱其地，齐人勿附于秦，刺客不行，良将犹在，则胜负之数，存亡之理，当与秦相较，或未易量。

呜呼！以赂秦之地封天下之谋臣，以事秦之心礼天下之奇才，并力西向，则吾恐秦人食之不得下咽也。悲夫！有如此之势，而为秦人积威之所劫，日削月割，以趋于亡。为国者无使为积威之所劫哉！

夫六国与秦皆诸侯，其势弱于秦，而犹有可以不赂而胜之之势。苟以天下之大，而从六国破亡之故事，是又在六国下矣！

秦始皇帝论　苏轼

昔者生民之初，不知所以养生之具，击搏挽裂与禽兽争一旦之命，惴惴焉朝不谋夕，忧死之不给，是故巧诈不生，而民无知。然圣人恶其无别，而忧其无以生也，是以作为器用、耒耜、弓矢、舟车、网罟之类，莫不备至，使民乐生便利，役御万物而适其情，而民始有以极其口腹耳目之欲。器利用便而巧诈生，求得欲从而心志广，圣人又忧其桀猾变诈而难治也，是故制礼以反其初。礼者，所以反大复始也。

圣人非不知箕踞而坐、不揖而食，便于人情而适于四体之安也。将必使之习为迂阔难行之节，宽衣博带，佩玉履舄，所以回翔容与而不可以驰骤。上自朝廷，而下至于民，其所以视听其耳目者，莫不近于迂阔。其衣以黼黻文章，其食以笾豆簠簋，其耕以井田，其进取选举以学校，其治民以诸侯，嫁娶死丧莫不有法，严之以鬼神，而重之以四时，所以使民自尊而不轻为奸。故曰：礼之近于人情者，非其至也。周公、孔子所以区区于升降揖让之间，丁宁反覆而不敢失坠者，世俗之所谓"迂阔"，而不知夫圣人之权固在于此也。

自五帝三代相承而不敢破，至秦有天下，始皇帝以诈力而并诸侯，自以为智术之有馀，而禹、汤、文、武之不知出此也。于是废诸侯、破井田，凡所以治天下者，一切出于便利，而不耻于无礼，决坏圣人之藩墙，而以利器明示天下。故自秦以来，天下惟知所以救生避死之具，而以礼者为无用赘疣之物。何者？其意以为生之无事乎礼也。苟生之无事乎礼,则凡可以得生者无所不为矣。呜呼!此秦之祸,所以至今而未息欤!

昔者始有书契,以科斗为文,而其后始有规矩摹画之迹,盖今所谓"大、小篆"者。至秦而更以隶,其后日以变革,贵于速成而从其易;又创为纸,以易简策。是以天下簿书符檄,繁多委压,而吏不能究,奸人有以措其手足。如使今世而尚用古之篆书简策,则虽欲繁多,其势无由。由此观之,则凡所以便利天下者,是开诈伪之端也。嗟乎!秦既不可及矣。苟后之君子欲治天下,而惟便利之求,则是引民而日趋于诈也,悲夫!

(此文出本集,《唐宋八大家文钞》题为《始皇论二》。)

秦始皇论　苏轼

秦始皇时,赵高有罪,蒙毅按之当死,始皇赦而用之。长子扶苏好直谏,上怒,使北监蒙恬兵于上郡。始皇东游会稽,并海走琅邪,少子胡亥、李斯、蒙毅、赵高从,道病,使蒙毅还祷山川,未及还,上崩。李斯、赵高矫诏立胡亥,杀扶苏、蒙恬、蒙毅,卒以亡秦。

苏子曰:"始皇制天下轻重之势,使内外相形,以禁奸备乱者,可谓密矣。蒙恬将三十万人,威振北方,扶苏监其军,而蒙毅侍帷幄为谋臣,虽有大奸贼,敢睥睨其间哉?不幸道病,祷祠山川,尚有人也,而遣蒙毅,故高、斯得成其谋。始皇之遣毅,毅见始皇病,太子未立,而去左右,皆不可以言智。虽然,天之亡人国,其祸败必出于智所不及。圣人之治天下,不恃智以防乱,恃吾无致乱之道耳。始皇致乱之道,在用赵高。夫阉尹之祸,如毒药猛兽,未有不裂肝碎首者也。自书契以来,惟东汉吕强、后唐张承业,二人号称善良。岂可望一二于千万,以徼必亡之祸哉?然世主皆甘心而不悔。如汉桓、灵,唐肃、代,犹不足深怪。始皇、汉宣皆英主，亦湛于赵高、恭、显之祸。彼自以为聪明人杰也，奴仆熏腐之余何能为？及其亡国乱朝，乃与庸主不异。吾故表而出之，以戒后世人主如始皇、汉宣者。"

或曰："李斯佐始皇定天下，不可谓不智。扶苏亲始皇子，秦人戴之久矣，陈胜假其名，犹足以乱天下。而蒙恬恃重兵在外，使二人不即受诛而复请之，则斯、高无遗类矣。以斯之智，而不虑此，何哉？"

苏子曰"呜呼！秦之失道，有自来矣，岂独始皇之罪？自商鞅变法，以殊死为轻典，以参夷为常法。人臣狼顾胁息，以得死为幸，何暇复请？方其法之行也，求无不获，禁无不止，鞅自以为轶尧、舜而驾汤、武矣。及其出亡而无所舍，然后知为法之弊。夫岂独鞅悔之，秦亦悔之矣。荆轲之变，持兵者熟视始皇环柱而走，莫之救者，以秦法重故也。李斯之立胡亥，不复忌二人者，知威令之素行，而臣子不敢复请也。二人之不敢复请，亦知始皇之鸷悍而不可回也，岂料其伪也哉？周公曰：'平易近民，民必归之。'孔子曰：'有一言可以终身行之者，其恕矣乎！'夫以忠恕为心，而以平易为政，则上易知而下易达。虽有卖国之奸，无所投其隙，仓卒之变，无自发焉。然其令行禁止，盖有不及商鞅者矣。而圣人终不以彼易此。商鞅立信于徙木，立威于弃灰，刑其亲戚师傅，积威信之极，以及始皇。秦人视其君如雷电鬼神之不可测也。古者公族有罪，三宥然后制刑，今至使人矫杀其太子而不忌，太子亦不敢请，则威信之过也。故夫以法毒天下者，未有不反中其身，及其子孙者也。汉武与始皇，皆果于杀者也。故其子如扶苏之仁，则宁死而不请；如戾太子之悍，则宁反而不诉，知诉之必不察也。戾太子岂欲反者哉？计出于无聊也。故为二君之子者，有死与反而已。李斯之智，盖足以知扶苏之必不反也。吾不表而出之，以戒而后世人主之果于杀者。"

（此文出《东坡志林》，题《赵高李斯》；《唐宋八大家文钞》题《始皇论一》。）

秦论　苏辙

秦人居诸侯之地，而有万乘之志，侵辱六国，斩伐天下，不数十年之间，而得志于海内，至其后世，再传而遂亡。刘季起于匹夫，斩艾豪杰，蹙秦诛楚，以有天下，而其子孙，数十世而不绝。盖秦、汉之事，其所以起者不同，而其所以取之者无以相远也。

然刘、项奋臂于闾阎之中，率天下蜂起之兵，西向以攻秦，无一成之聚、一夫之众，驱罢弊适戍之人，以求所非望，得之则生，失之则死。以匹夫而图天下，其势不得不疾战以趋利，是以冒万死求一生而不顾。今秦拥千里之地，而乘累世之业，虽闭关而守之，畜威养兵，拊循士民，而诸侯谁敢谋秦？观天下之衅，而后出兵以乘其弊，天下夫谁敢抗？而惠文、武昭之君，乃以万乘之资，而用匹夫，所以图天下之势，疾战而不顾其后，此宜其能以取天下，而亦能以亡之也。

夫刘、项之势，天下皆非吾有，起于草莽之中，因乱而争之，故虽驰天下之人，以争一旦之命，而民犹有待于戡定，以息肩于此。故以疾战定天下。天下既安，而下无背叛之志。若夫六国之际，诸侯各有分地，而秦乃欲以力征，强服四海，不爱先王之遗黎，第为子孙之谋，而竭其力以争邻国之利，六国虽灭，而秦民之心已散矣。故秦之所以谋天下者，匹夫特起之势，而非所以承祖宗之业，以求其不失者也。

昔者尝闻之：周人之兴数百年，而后至于文、武。文、武之际，三分天下而有其二，然商之诸侯，犹有所未服；纣之众，未可以不击而自解也。故以文、武之贤，退而修德，以待其自溃。诚以为后稷、公刘、太王、王季勤劳不懈，而后能至于此。故其发之不可轻，而用之有时也。嗟夫！秦人举累世之资，一用而不复惜，其先王之泽已竭于取天下，而尚欲求以为国，亦已惑矣！

秦始皇论　苏辙

诸侯之兴，自生民始矣。至始皇灭六国，而五帝三代之诸侯埽地，无复遗者。非秦能灭诸侯，而势之隆污极于此矣。

昔禹会诸侯于涂山，执玉帛者万国。传商及周，文、武之间，止千七百余国。夫人之必争，强弱之必相吞灭，此势之必至者也。彼非诸侯独能自存，圣贤之君时出而齐之，是以强者不敢肆，弱者有以自立。盖自禹五世而得少康，自少康十二世而得汤，自汤六世而得大戊，自大戊十三世而得武丁，自武丁八世而得周文、武。当是时，虽有强暴，诸侯不得以力加小弱，然虞夏诸侯亡者已十八九矣。

自文、武、成康以来，三十有三世，独一宣王能纪纲诸夏；幽、平以后，诸侯放恣。春秋之际，存者百七十余国而已。虽齐桓、晋文迭兴，以会盟、征伐持之，而道德不足其身，所攻灭盖已多矣。陵迟至于六国，独有宋、卫、中山、泗上诸侯在耳。地大兵强，皆务以诈力相倾，虽使桓、文复生，号令将有所不行，非有盛德之君，不足以怀之矣。是以至于荡灭无余而后止。秦虽欲复立诸侯，岂可得哉！而议者乃追咎李斯不师古，始使秦孤立无援、二世而亡，盖未之思欤？

夫商、周之初，虽封建功臣、子弟，而上古诸侯碁布天下，植根深固，是以新故相维，势如犬牙，数世之后，皆为故国，不可复动。今秦已削平诸侯，荡然无复立锥之地，虽使并建子弟，而君民不亲，譬如措舟沧海之上，大风一作，漂卷而去，与秦之郡县何异？且独不见汉高、晋武之事乎？割裂海内，以封诸将，诸子大者，连城数十。举无根之人，寄之万民之上，十数年之间随即散灭，不获其用。岂非惑于其名，而未察其势也哉？

古之圣人立法以御天下，必观其势，势之所去，不可强反。今秦之郡县，岂非势之自至也欤？然秦得其势，而不免于灭亡，盖治天下在德不在势。诚能因势以立法，务德以扶势，未有不安且治者也。使秦既一天下，与民休息，宽徭赋，省刑罚，黜奢淫，崇俭约，选任忠良，放远法吏，而以郡县治之，虽与三代比隆可也。

（此文出苏辙《古史》卷七《秦始皇本纪》末尾之论，《文章辨体汇选》题为《秦始皇论》，文首冠"苏子曰"。）

秦不绝儒学论　　郑樵

陆贾，秦之巨儒也；郦食其，秦之儒生也；叔孙通，秦时以文学召，待诏博士。数岁，陈胜起，二世召博士诸儒生三十余而问其故，皆引《春秋》之义以对。是则秦时未尝不用儒生与经学也。况叔孙通降汉时，自有弟子百余人，齐、鲁之风亦未尝替。故项羽既亡之后，而鲁为守节礼义之国，则知秦时未尝废儒，而始皇所阬者，盖一时议论不合者耳。

萧何入咸阳，收秦律令图书，则秦亦未尝无书籍也。其所焚者，一时间事耳。后世不明经者，皆归之秦火，使学者不睹全书，未免乎疑以传疑。然则《易》固为全书矣，何尝见后世有明全《易》之人哉？臣向谓"秦人焚书而书存，诸儒穷经而经绝"，盖为此发也。《诗》有六亡篇，乃"六笙诗"，本无辞。《书》有"逸篇"，仲尼之时已无矣。皆不因秦火。自汉已来，书籍至于今日，百不存一二，非秦人亡之也，学者自亡之耳。

（此文出郑氏《通志·校雠略》）

秦始皇 王夫之

一　辨封建

两端争胜,而徒为无益之论者,辨封建者是也。郡县之制,垂二千年而弗能改矣,合古今上下皆安之,势之所趋,岂非理而能然哉?天之使人必有君也,莫之为而为之。故其始也,各推其德之长人、功之及人者而奉之,因而尤有所推以为天子。人非不欲自贵,而必有奉以为尊,人之公也。安于其位者习于其道,因而有世及之理,虽愚且暴,犹贤于草野之罔据者。如是者数千年而安之矣。强弱相噬而尽失其故,至于战国,仅存者无几,岂能役九州而听命于此数诸侯王哉?于是分国而为郡县,择人以尹之。郡县之法,已在秦先。秦之所灭者六国耳,非尽灭三代之所封也。则分之为郡,分之为县,俾才可长民者皆居民上以尽其才,而治民之纪,亦何为而非天下之公乎?

古者诸侯世国,而后大夫缘之以世官,势所必滥也。士之子恒为士,农之子恒为农,而天之生才也无择,则士有顽而农有秀;秀不能终屈于顽,而相乘以兴,又势所必激也。封建毁而选举行,守令席诸侯之权,刺史牧督司方伯之任,虽有元德显功,而无所庇其不令之子孙。势相激而理随以易,意者其天乎!阴阳不能偏用,而仁义相资以为亨利,虽圣人,其能违哉!选举之不慎而守令残民,世德之不终而诸侯乱纪,两俱有害,而民于守令之贪残,有所藉于黜陟以苏其困。故秦、汉以降,天子孤立无辅,祚不永于商、周;而若东迁以后,交兵毒民,异政殊俗,横敛繁刑,艾削其民,迄之数百年而不息者亦革焉,则后世生民之祸亦轻矣。郡县者,非天子之利也,国祚所以不长也;而为天下计,则害不如封建之滋也多矣。呜呼!秦以私天下之心而罢侯置守,而天假其私以行其大公,存乎神者之不测,有如是夫!

世其位者习其道，法所便也；习其道者任其事，理所宜也。法备于三王，道著于孔子，人得而习之。贤而秀者，皆可以奖之以君子之位而长民。圣人之心，于今为烈。选举不慎，而贼民之吏代作，天地不能任咎，而况圣人！未可为郡县咎也。若夫国祚之不长，为一姓言也，非公义也。秦之所以获罪于万世者，私己而已矣。斥秦之私，而欲私其子孙以长存，又岂天下之大公哉！

二　孔鲋藏书

孔鲋藏书，陈馀危之。鲋曰："吾为无用之学，知吾者为友。秦非吾友，吾何危哉？"呜呼！能为无用之学，以广其心而游于乱世，非圣人之徒而能若是乎？

《诗》曰："握粟出卜，自何能穀。"穀者，在我而已，何用卜为？屈其道而与天下靡，利在而害亦伏；以其道而与天下亢，身危而道亦不竞。君子之道，储天下之用，而不求用于天下。知者知之，不知者以为无用而已矣。故曰"其愚不可及也"。秉道以自安，慎交以远物，存黄、农、虞、夏于盗贼禽兽之中，奚不可穀，而安用卜为？庄周惩乱世而欲为散木，言无用矣，而无以储天下之大用。握粟忧深而逃羿穀，其有细人之情乎！知进退存亡而不失其正，易简以消天下之险阻，非圣人之徒，其孰与归？

三　秦始皇之宜短祚

商始兴而太甲放，周始兴而成王危，秦并天下而扶苏自杀，汉有天下而惠帝弗嗣，唐则建成死于刃，宋则德昭不令其终，汔乎建文之变而憯尤烈。天下初定，人心未靖，则天命以之不康，汤、武且不能弭，后代勿论已。然而胡亥杀兄，旋以死亡；太甲、成王，终安其位；则伊尹、周公之与赵高，相去不但若霄壤也。

秦始皇之宜短祚也不一，而莫甚于不知人。非其不察也，惟其好谀也。托国于赵高之手，虽中主不足以存，况胡亥哉！汉高之知周勃也，宋太祖之任赵普也，未能已乱而足以不亡。建文立而无托孤之旧臣，则兵连祸结而尤为人伦之大变。徐达、刘基有一存焉，奚至此哉？虽然，国祚之所以不倾者，无谀臣也。

（此文出《读通鉴论》卷一，该卷尚有论秦二世一篇六节，可参看。）

秦始皇论　朱彝尊

法制禁令，所以防民之奸，而非化民成俗之具也。惟秦之为国，不本于道德，而一任乎法。卫鞅曰："法之不行，自上始也。"刑则加于太子之师傅；而范雎为相，弃逐君之母弟。秦之君以为法在焉，师傅可刑，母弟可逐，而法不可易也。其甚者，荆轲以匕首劫始皇，几揕其胸，环柱而走，人情孰不急其君？左右之臣，至宁视其君之死，不敢操尺寸之兵上殿，其与寇雠何异？自当时视之，以为于法宜然，无足怪也。嗟夫！方其初，用事之臣惟知任法，积之既久，虽万乘之尊，为法所制，宁以身殉法而不敢易。上下相残，甘为众恶之所归，以至于亡，岂不哀哉！

盖吾观于始皇之焚《诗》《书》，而深有感于其际也。当周之衰，圣王不作，处士横议，孟氏以为邪说诬民，近于禽兽。更数十年历秦，必有甚于孟氏所见者。又从人之徒，素以摈秦为快，不曰"嫚秦"，则曰"暴秦"；不曰"虎狼秦"，则曰"无道秦"，所以诟詈之者靡不至。六国既灭，秦方以为伤心之怨，隐忍未发；而诸儒复以事不师古，交讪其非。祸机一动，李斯上言，百家之说燔，而《诗》《书》亦与之俱烬矣。

嗟乎！李斯者，荀卿之徒，亦常习闻仁义之说，岂必以焚《诗》《书》为快哉？彼之所深恶者，百家之邪说，而非圣人之言；彼之所坑者，乱道之儒，而非圣人之徒也。特以为《诗》

《书》不燔，则百家有所附会，而儒生之纷纶不止，势使法不能出于画一。其忿然焚之不顾者，惧黔首之议其法也。彼始皇之初心，岂若是其忍哉？盖其所重者法，激而治之，甘为众恶之所归而不悔也。

呜呼！邪说之祸，其存也，无父无君，使人陷于禽兽；其发也，至合圣人之书烬焉。然则非秦焚之，处士横议者焚之也。后之儒者，不本乎圣贤之旨，文其私说，杂出乎浮屠、老氏之学，以眩于世，天下任法之君多有，使激而治之，可不深虑也哉！

焚书辨　刘大櫆

《六经》之亡，非秦亡之，汉亡之也。后之学者见秦有焚书之令，则曰《诗》《书》至秦一炬而扫地无余，此与耳食何异？

夫书，秦固未尝尽焚也。太史公曰：武帝招延文学儒者数百人，而公孙弘以《春秋》白衣为天子三公，天下之士，靡然向风。论者谓汉以禄利诱进天下之士，故求经而经亡，而不知经之亡，盖在楚汉之兴、沛公与项羽相继入关之时也。夫小人之为不善，未必其一出而祸天下，惟坐视其坏而莫为之所，其终乃一坏而不可救。是故书之焚不在于李斯，而在于项籍；及其亡也，不由于始皇帝，而由于萧何。

何则？博士淳于越进谏始皇，谓宜封子弟、功臣，自为枝辅。下其议李斯，李斯恐天下学者道古以非今，于是禁天下私藏《诗》《书》百家之语，其法至于"偶语《诗》《书》者弃市"，而吏见知不举则与之同罪。噫，亦烈矣！然其所以若此者，将以愚民，而固不欲以之自愚也。故曰："非博士官所职，悉诣守尉杂烧之。"然则博士之所藏具在，未尝烧也。迨项羽入关，杀秦降王子婴，收其货宝、妇女，烧秦宫室，火三月不灭，而后唐虞三代之法制，古先圣人之微言，乃始荡为灰烬，澌灭无余。当项籍之未至于秦，咸阳之未屠，李斯虽烧之而未尽也。吾故曰：书之焚，非李斯之罪，而项籍之罪也。

昔高祖既定天下，论群臣之功，以萧何为第一。吾尝观楚汉相距数岁，高祖败而遁逃，亡军失众，而萧何悉发关中老弱补其空乏；高祖与项籍相守荥阳，而萧何转漕关中，输给军粮不匮；高祖数亡山东，而萧何常全关中以待之。此其于汉取天下之功为不少矣。虽然，吾以为萧何，汉之功臣，而《六经》之罪人也。何则？沛公至咸阳，诸将皆争取金帛财物，而萧何独先入收秦丞相御史律令图书，汉以故具知天下之阨塞，及户口之多少、强弱所在。然萧何于秦博士所藏之书，所以传先王之道不绝如线者，独不闻其爱而惜之、收而宝之，彼固以圣人之经无关于得失存亡，所以取天下之筹策也，故熟视之若无睹耳。

今夫富民遗其子孙以室庐，至其后之不肖，不因之涂塈，惟增其残毁，以至转而售之他人；彼鬻而有之者，又取其瓦甓以去，而遗其梁栋，风雨之所漂摇，虫蚁之所剥蚀；其邻里之居民因窃取之以为薪炊，而向之室庐乃始尺寸无复留者矣。彼不肖而残毁之，诚无足怪，独奈何鬻而有之，顾遗其梁栋而不知惜也？昔者尝怪汉兴大反秦之所为，而礼乐法度则一遵秦故，而未尝稍变。由今观之，然后知萧何之所以相汉者，惟知有秦之律令，而圣人之经则弃而烧之已久矣，此唐虞三代之治所以不复见与？

呜呼！方沛公之入关，盖《六经》绝续存亡之顷也。天下之《诗》《书》皆已亡，而惟博士官所职尚无恙。当是时，固举九鼎之重而系之一发哉！且夫圣人之经，其与秦之律令图书，其为轻重大小何如也？设使萧何能与其律令图书并收而藏之，则项羽不能烧；项羽不烧，则圣人之全经犹在也。呜呼！彼萧何者，真所谓"刀笔之吏"矣。

秦始皇论 皮锡瑞

天下之事，有势有时；制事之方，有德有力。藉势之盛，恃力可以囊八荒；乘时而兴，薄德亦能包四海。卞庄乘两虎之弊，乃刺之以得名；由基穿百步之杨，必教之以善后。何则？虎斗已疲，本无藉夫大力；穿杨屡中，不可无以养威也。

始皇藉四世之烈烈，乘六国之蚩蚩。举赵、魏若拨虋，取荆、齐如振槁。九州一统，归白阜之图；万里销烽，奉黄灵之籍。威燀神鬼，黄轩若逊其武功；势迅风霆，汤武难媲其鸿烈。所以奋长策、朝同列者，徒以国擅天府，敌罕坚城。道积陂而将平，世久分而欲合。鹑首锡土，利觜擅场。始悍然矜其威德，初不知为时势之异也。

于是狭小上世之制度，迅扫前圣之规模。厌老生之常谈，甘诌子之謷说。去泰著皇，兼三五之名；革谥称代，为万世之计。厥见既谬，侈心益生。以法律为《诗》《书》，化简策为煨烬。偶语弃市，刑甚宁越之鞭；议瓜骊山，悲生死士之垄。立一王之法，革历代之旧。垂鸿沧海之曲，勒崇琅邪之台。青松金椎，驰道交夫四极；奈灯银雁，锢陵及于三泉。五丈之旗，建于阿房；万里之戍，劳于胡越。卒之鲍臭之车乍返，狐鸣之兆遽呈；祖龙之璧方献，斩蛇之剑已奋。崤函自若，海水群飞，岂非时异势殊、弃德任力之过欤？

且夫三代以还，五德斯邈。前后二汉，失在杂霸；唐宋两代，岂尽纯王？然而白旗甫悬，必惩敝辙；黄屋始建，先聘明贤。王政未尽行，不敢弃若刍狗；古制未全复，亦稍修夫饩羊。知戈矛非所以安萌，必息马而论道；知刀锯非所以孚众，必漏鱼以解苛。盖仁义难言也，久假则天下可王；杀人未免也，不嗜则四海能一。此兴废之炯戒，非成败以论人也。

彼秦人者，沿商於之刻薄，习上蔡之从谀。廓矣黄图，恣其吮牙；慄慄黔首，视若封豕。以威力为足恃，以刑名为独贤，以白屋为无才，以金城为不败。鄙先王为无足法也，故焚烧以除之；轻儒者为靡所用也，故坑陷以惧之。无一而亡，兰陵料之于前；仁义不施，长沙过之于后。专用己私，安有享祜者哉！厥后失鹿共逐，龀齿磨牙，项氏所为，乃有甚于秦者。汉高则儒冠之溺，虽失于先；马上之治，旋悔于后。稷嗣定礼，有朝十月之仪；陆生奏书，群呼万岁之号。故虽逊古，犹未剧秦。号令三嬗，兴亡忽焉，不可不察也。

秦政记　章太炎

人主独贵者，其政平；不独贵，则阶级起。唐、宋虽理，法度不如汉、明。平也，亦有踦偶，非斠然一概者。明制贵其宗室孽子，诸王虽不与政柄，而公卿为伏谒；耳孙疏属，皆气禀于县官。非直异汉，唐、宋犹无是也。汉世游侠兼并，养威于下，而上不限名田，以成其厚。武帝以降，国之辅拂，不任二府，而外戚窃其柄，非直异明，唐、宋亦绝矣。要以著之图法者，庆赏不遗匹夫，诛罚不避肺府，斯为直耳。

古先民平其政者，莫遂于秦。秦始负扆以断天下，而子弟为庶人；所任将相，李斯、蒙恬皆功臣良吏也。后宫之属，椒房之嬖，未有一人得自遂者。富人如巴寡妇，筑台怀清，然亦诛灭名族，不使并兼。

嗟乎！韩非道"八奸"，"同床""在旁""父兄"皆与焉。世之议政者，徒讥"同床""在旁"，而"父兄"脱然也。秦皇以贱其公子侧室，高于世主。夫其卓绝在上不与士民等夷者，独天子一人耳。天子以秉政劳民贵；帝族无功，何以得有位号？授之以政而不达，与之以爵而不衡，诚宜下替与布衣黔首等。夫贵擅于一人，故百姓病之者寡，其余荡荡，平于浣准矣。借令秦皇长世，易代以后，扶苏嗣之，虽四三皇、六五帝，曾不足比隆也，何有后世繁文饰礼之政乎！

且本所以贵者在守府，守府故亦持法。末俗以秦皇方汉孝武；至于孝文，云有高山大湫之异。自法家论之，秦皇为有守。非独刑罚依科也，用人亦然。韩非有之曰：明主之吏，宰相必起于州部，猛将必发于卒伍。夫有功者必赏，则爵禄厚而愈劝；迁官袭级，则官职大而愈治。（《显学篇》）汉武之世，女富溢尤，宠霍光以辅幼主。平生命将，尽其嬖幸卫、霍、贰师之伦，宿将爪牙，若李广、程不识者，非摧抑乃废不用。秦皇则一任李斯、王翦、蒙恬而已矣。岂无便辟之使、燕昵之谒邪？抱一司契，自胜而不为也。孝武一怒，则大臣莫保其性；其自太守以下，虽直指得擅杀之。文帝为贤矣，淮南之狱，案诛长吏不发封者数人，迁怒无罪，以饰己名。世以秦皇为严，而不妄诛一吏也。由是言之，秦皇之与孝武，则犹高山之与大湫也；其视孝文，秦皇犹贤也。

尝试计之，人主独贵者，政亦独制。虽独制，必以持法为齐。释法而任神明，人主虽圣，未无不知也。惑于左右，随于文辩，己之错置方制于人，何以为独制？自汉、唐以下者，能既其名，顾不能既其实，则何也？建国之主，非起于帅茅，必拔于搢绅也。拔于搢绅者，贵族姓而好等制；起于帅茅者，其法无等，然身好踢跋，而不能守绳墨。独秦制本商鞅，其君亦世守法。韩非道昭王有病，百姓里买牛而家为王祷。王曰："非今而擅祷，是爱寡人也。夫爱寡人，寡人亦且改法而心与之相循者，是法不立。法不立，乱亡之道也，不如人罚二甲而与为治。"秦大饥，应侯请发五苑以活民。昭襄王曰："秦法，使民有功而受赏。今发五苑之蔬草者，使民有功与无功俱赏也。夫发五苑而乱，不如弃枣蔬而治。"要其用意，使君民不相爱，块然循于法律之中。秦皇固世受其术，其守法则非草茅、缙绅所能拟已。

秦政如是，然而卒亡其国者，非法之罪也。六国公族散处闾巷之间，秦以守法，不假以虚惠结人，公族之欲复其宗庙，情也。且六国失道，不逮王纣，战胜而有其地，非其民倒戈也审。武王既殁，成王幼弱，犹有商、奄之变。周继世而得胡亥者，国亦亡；秦继世而得成王者，六国亦何以仆之乎？如贾生之《过秦》，则可谓短识矣。

秦皇微点，独在起阿房，及以童男女三千人资徐福，诸巫食言，乃坑术士，以说百姓。其他无过。

秦献记　章太炎

秦博士七十人，掌通古今。（《百官公卿表》）识于《太史公书》者，叔孙通、伏生最著。仆射周青臣用面谀显，淳于越相与底物，衅成，而秦燔书。其他，《说苑》有鲍白令之斥始皇行桀纣之道，乃欲为禅让，比于五帝，（《至公篇》）其骨梗次淳于。

《汉艺文志》：儒家有《羊子》四篇，凡书百章；名家四篇则《黄公》。黄公名疵，复作秦歌诗。二子皆秦博士也。京房称："赵高用事，有正先用非刺高死。"（孟康曰："姓正名先，秦博士也。"）最，在古传纪略得八人，于七十员者，九一耳。青臣朴遬不足齿，其七人或直言无挠辞，不即能制作，造为琦辞，遗令闻于来叶。其穷而在蒿艾与外吏无朝籍，烂然有文采论转者，三川有成公生，与黄公同时，当李斯子由为三川守，而成公生游谈不仕，著书五篇，在名家；从横家有《零陵令信》一篇，难丞相李斯。（皆见《艺文志》）秦虽钳语烧《诗》《书》，然自内外荐绅之士与褐衣游公卿者，皆抵禁无所惧，是岂无说哉？

或曰："秦焚《诗》《书》、百家语在人间者，独博士如故，将私其方术于己，以愚黔首。故叔孙通以文学征，待诏博士；而陈胜之起，诸生三十余人得引《公羊》'人臣无将'以对。"（郑樵、马端临说，实本《论衡》。《论衡·正说篇》曰："令史官尽烧'五经'，有敢藏《诗》《书》、百家语者刑，惟博士乃得有之。"近人多从其说。）或曰：秦火及"六籍"，"不燔诸子。诸子尺书，文篇俱在，可观。"（见《论衡·书解篇》）孟子徒党虽尽，其篇籍得不泯绝。（《孟子题辞》）

夫李斯以淳于越之议，夸主异取，故请杂烧以绝其原。越固博士也。商君以《诗》《书》、礼、乐为"六虱"，（《靳令篇》）尽划灭之，而以法家相秦者宗其术。然则秦不以"六艺"为良书，虽良书亦不欲私之于博士。（其云："非博士官所职，天下也有藏《诗》《书》、百家语者"，倒言之，即是"天下也有藏《诗》《书》、百家语，非博士官所职者"。自仲任误解，乃谓博士独有其书。郑、马之徒沿袭斯论，遂为今日争端。）即前议非矣。

斯以诸侯并争，厚招游学为祸始。故夫滑稽便辞而不可轨法者，则六国诸子是也。不燔"六艺"，不足以尊新王。诸子之术，分流至于九家，游说乞贷，人善其私，其相攻甚于"六艺"。今即弗焚，则恣其曼衍乎？诸子与百家语，名产一也。不焚诸子，其所议者云何？诸子所以完具者，其书多空言，不载行事，又其时语易晓，而口耳相传者众。自三十四年焚书，讫于张楚之兴，首尾五年，记诵未衰。故箸帛为具。验之他书，诸侯史记与《礼》《乐》诸经，多载行事法式，不便谙诵，而《尚书》尤难读，故往往残破；《诗》有音均，则不灭，亦其征也。此则后议复非矣。

余以为工程师地法令者，自《秦纪》《史篇》（秦八体有大篆，不焚《史篇》）、医药、卜筮、种树而外，秘书私窃无所不烧，方策述作无所不禁。然而文学辩慧单于人心，上下所周好，虽著令，弗能夺也。

烧书者，本秦旧制，不始李斯，自斯始旁及因国耳。韩非：商鞅"《诗》《书》，明法令。塞私门之请，以遂公家之劳；禁游官之民，以显耕战之士"（《和氏篇》），其验也。商君既诛，契令犹在，遗法余教未替。然张仪、范雎、蔡泽之伦，结轶义关，游谈不绝，亦数称"六艺"成事。及不韦著书，以县国门。秦之法令弗能绝也。后李斯者，汉初挟书之令未多，然娄敬以戍卒晚路，上谒高帝，亦引《大誓》为征。汉之法令弗能绝也。

夫帝祖则溺儒冠，秦之诸非能如李斯知"六艺"之归也。然其律令在官，空为文具，终不钩考，以致其诚。今始皇不起白屋，而斯受学孙卿，好文过于余主，此则令之之谏、零陵之难、成公之说，一切无所穷治，自其分也。又况标标羊、黄之徒乎？以斯委于用法，顾使秦之黎献因是得优游论著，亦其赞之矣。

若其咸阳之坑死者四百六十人，是特以卢生故，恶其诽谤，令诸生传相告引。亦由汉世党锢之狱，兴于一时，非其法令必以文学为戮。数公者，诚不以抵禁幸脱云。

古今名家评说

秦王为人，蜂准，长目，挚鸟膺，豺声，少恩而虎狼心，居约易出人下，得志亦轻食人。我布衣，然见我常身自下我。诚使秦王得志于天下，天下皆为虏矣。不可与久游。

——（战国）尉缭，见《史记·秦始皇本纪》

始皇为人，天性刚戾自用，起诸侯，并天下，意得欲从，以为自古莫及己。专任狱吏，狱吏得亲幸。博士虽七十人，特备员弗用。丞相诸大臣皆受成事，倚辨于上。上乐以刑杀为威，天下畏罪持禄，莫敢尽忠。上不闻过而日骄，下慑伏谩欺以取容。

——（秦）侯生、卢生，见《史记·秦始皇本纪》；
又见《说苑·反质》，末多"谏者不用而失道滋甚"一句。

秦皇帝身在之时，天下已坏矣，而弗自知也。
——（汉）贾山：《至言》

当此之时，秦最富强。夫国富强而邻国乱者，帝王之资也，故秦能兼六国，立为天子。当此之时，三王之功不能进焉。及其末涂之衰也，任不肖而信谗贼；宫室过度，嗜欲亡极，民力罢尽，赋敛不节；矜奋自贤，群臣恐谀，骄溢纵恣，不顾患祸；妄赏以随喜意，妄诛以快怒心，法令烦憯，刑罚暴酷，轻绝人命，身自射杀。天下寒心，莫安其处。
——（汉）晁错：《言兵事书》

秦皇帝任战胜之威，蚕食天下，并吞战国，海内为一，功齐三代。
——（汉）主父偃，见《史记·平津侯主父偃列传》

秦绝圣人之道，杀术士，燔《诗》《书》，弃礼义，尚诈力，任刑罚，转负海之粟致之西河。……于是百姓离心瓦解，欲为乱者十家而七。
——（汉）伍被，见《史记·淮南衡山列传》

秦王蚕食天下，并吞战国，称号皇帝。一海内之政，坏诸侯之城。销其兵，铸以为钟虡，示不复用。元元黎民，得免于战国，逢明天子，人人自以为更生。乡使秦缓刑罚，薄赋敛，省徭役；贵仁义，贱权利；上笃厚，下佞巧；变风易俗，化于海内，则世世必安矣。当是时，秦祸北构于胡，南挂于越，宿兵于无用之地，进而不得退。行十余年，丁男被甲，丁女转输，苦不聊生，自经于道树，死者相望。及秦皇帝崩，天下大畔。

——（汉）严安，见《汉书·严朱吾丘主父徐严终王贾传》

（秦始皇）师申商之法，行韩非之说，憎帝王之道，以贪狼为俗，非有文德以教训于下也。诛名而不察实，为善者不必免，而犯恶者未必刑也。是以百官皆饰虚辞而不顾实，外有事君之礼，内有背上之心，造伪饰诈，趣利无耻；又好用惨酷之吏，赋敛亡度，竭民财力，百姓散亡，不得从耕织之业，群盗并起。是以刑者甚众，死者相望，而奸不息。

——（汉）董仲舒，见《汉书·董仲舒传》

（秦始皇统一中国）功如丘山，名传后世。

——（汉）桑弘羊，见桓宽《盐铁论》

秦虽无道，不燔诸子，诸子尺书，文篇具在，圣人之全经犹存。

——（汉）王充：《论衡》

汉承秦制，改立郡县，主有专已之威，臣无百年之柄。

——（汉）班彪，见《后汉书·班彪传》

周历已移，仁不代母。秦直其位，吕政残虐。然以诸侯十三，并兼天下，极情纵欲，养育宗亲。三十七年，兵无所不加，制作政令，施于后王。盖得圣人之威，河神授图，据狼、狐，蹈参、伐，佐政驱除，距之称始皇。

——（汉）班固，《三家注史记·秦始皇本纪》引

至于秦始皇，兼吞战国，遂毁先王之法，灭礼谊之官，专任刑罚，躬操文墨，昼断狱，夜理书，自程决事，日县石之一。而奸邪并生，赭衣塞路，囹圄成市，天下愁怨，溃而叛之。

——（汉）班固：《汉书·刑法志》

（《朗家传》曰：会稽旧祀秦始皇，刻木为像，与夏禹同庙。朗到官，以为）无德之君，不应见祀。

——（汉末三国）王朗，见《三国志·魏书》

夫定国之术，在于强兵足食。秦人以急农兼并天下，孝武以屯田定西域，此先代之良式也。

——（三国）曹操，见《三国志·魏书·武帝纪》

秦始皇之无道，岂不甚哉！视杀人如狗彘。狗彘仁而用之，杀犹有节，始皇之杀人，触情而已，其不以道如是。李斯又深刻峻法，随其指而妄杀人。秦不二世灭，李斯无遗类。以不道愚人，人亦以不道报之。人仇之，天绝之，行无道，未有不亡者也。

——（晋）傅玄：《傅子·问刑篇》

尧舜茅茨，周卑宫室，故致和平，庆隆八百。始皇穷极奢丽，嗣不及孙。

——（晋）裴元略，见《晋书·符坚载记》

近代平一天下、拓定远方者，唯秦皇、汉武。始皇暴虐，至子而亡；汉武骄奢，国祚几绝。

——（唐）李世民，见《贞观政要》卷八

彼始皇者，弃仁义而用威力，此可以吞并而不可以守成，贻训子孙，贪暴而已。

——（唐）虞世南：《帝王略论》

秦王扫六合，虎视何雄哉！挥剑决浮云，诸侯尽西来。明断自天启，大略驾群才。收兵铸金人，函谷正东开。铭功会稽岭，骋望琅琊台。刑徒七十万，起土骊山隈。尚采不死药，茫然使心哀。连弩射海鱼，长鲸正崔嵬。额鼻象五岳，扬波喷云雷。鬐鬣蔽青天，何由睹蓬莱？徐巿载秦女，楼船几时回？但见三泉下，金棺葬寒灰。

——（唐）李白：《古风·秦王扫六合》

夫始皇虽已坠名城，杀豪杰，销锋镝，而民之好战之心，嚣然其未已也，是故不可与休息而至于亡。

——（宋）苏轼：《苏武论下》

秦征天下材，入作阿房宫。宫成非一木，山谷为穷空。
子羽一炬火，骊山三月红。能令扫地尽，岂但焚人功。

——（宋）王安石：《读秦汉间事》

"知及之，仁不能守之，虽得之，必失之"，秦之谓也。善夫，贾生之言曰："秦以区区之地、千乘之权，招八州而朝同列，百有余年，然后六合为家，崤函为宫，一夫作难而七庙隳，身死人手为天下笑,何哉?仁义不施而攻守之势异也。"

——(宋)司马光:《稽古录》卷之十一

秦至无道,决无久存之理,正使采公卿之议,用淳于越之说,并建子弟以自藩屏,不过为陈、吴、刘、项鱼肉之资,虽有故国之助,亦岂能以自安哉?

——(宋)朱熹:《朱文公文集·古史余论》

且如天子,必是天生圣哲为之。后世如秦始皇在上,乃大无道人;如汉高祖,乃崛起田间,此岂不是气运颠倒!

——(宋)朱熹:《朱子语类·性理一》

如秦焚书,也只是教天下焚之,他朝廷依旧留得。如说"非秦记及博士所掌者,尽焚之",则《六经》之类,他依旧留得,但天下人无有。

——(宋)朱熹:《朱子语类·杂类》

黔首死于城者众,杞梁身直一微尘。不知当日征入妇,亲送寒衣有几人。

匈奴驱向长城外,当日蒙恬计未非。欲被筑城夫冷笑,辒凉车载鲍鱼归。

秦贱儒冠贵鞅斯,士生此际命如丝。可怜聚议骊山下,骈首趋坑尚未知。

人所难言敢纳忠,祖龙虽暴却英雄。同时见者皆齑粉,肯活茅焦沸鼎中。

怒发君山俄见赤,威驱海石亦遭鞭。儒生曰山东无盗,方士云海中有仙。

逐客古人先后相，绝它柏翳皆兰陵。况书旧德优诸子，吕览今编入六经。

通国无人敢挟书，峄山碑自篆虫鱼。至今览者赏奇古，先汉文章已不如。

——（宋）刘克庄：《读秦纪七绝》

万雉云边万马屯，筑来直欲障胡尘。谁知斩木为竿者，只是长城里面人。

——（宋）胡仲参：《读秦纪》

烹灭群雄方未疲，赭山射海奋余威。谁知传与痴儿子，只得阿房似旧时。

汲汲威刑继祖龙，收功终在望夷宫。未应家国归车府，却有山东老沛公。

——（宋）张耒：《读秦纪二首》

并吞六国独称雄，经籍灰飞烈焰中。书外有书焚不尽，一篇圯上汉成功。

——（宋）黄庚：《读秦纪》

琅玕台上晚云平，虎视眈眈临八宏。万里不知人半死，三山空觅草长生。

兆来鬼璧沙丘近，威动神鞭海石惊。书外有书焚不尽，一编圯上汉功名。

——（宋）林景熙：《读秦纪》

筑了连云万里城，春风弦管醉中听。凄凉六籍寒灰里，宿得咸阳火一星。

——（宋）萧澥：《读秦纪》

纵欲劳民殊未已，阿房望夷相次起。后来风俗昧其由，妄说秦皇能役鬼。

——（宋）释智圆：《读秦始本纪》

秦始皇不忍小耻而轻民力，筑长城之固，延袤万里，转输之行，起于负海，疆境既定，中国内竭，以丧社稷，是为无策。

——（元）马端临：《文献通考》

三代至秦，混沌之再辟者也，其创制立法，至今守之以为利，史称其"得圣人之威"。周王道穷也，其势必变而为秦，举前代之文制，一切铲除之，而独持之以法。西汉之治，简严近古，实赖秦之驱除也。使始皇有贤子，守其法而益振之，积至数十年，继宗世族，芟夷已尽，老师宿儒，闻见悉去，民之复起者，皆改心易虑，以听上之令，即有刘、项百辈，何能为哉！惜乎扶苏仁懦，胡亥稚蒙，奸宄内发，六国余孽尚存。因天下之怨，而以秦为招，再传而蹶，此始皇之不幸也。

——（明）张居正：《辛未会试程策二》

祖龙千古英雄，挣得一个天下，又以扶苏为子、子婴为孙，有子有孙。卒为胡亥、赵高二竖子所败，惜哉！然祖龙种毒，久暂必发，天道好还，至此，不得不论因果也。

——（明）李贽：《史纲评要·后秦记》

始皇帝，自是千古一帝也！始皇出世，李斯相之。天崩地圻，掀翻一个世界。是圣是魔，未可轻议。祖龙是千古英雄挣得一个天下。

——（明）李贽：《藏书·世纪列传总目》

诸儒坑尽一身馀，始觉秦家网目疏。枉把六经灰火底，桥边犹有未烧书。

——（明）袁宏道：《经下邳》

郡县之制，垂两千年而弗能改也，合古今上下安之。势之所趋，岂非理而能然哉？

——（清）王夫之：《读通鉴论·秦始皇一》

秦始皇之宜短祚也不一，而莫甚于不知人。非其不察也，惟其好谀也。托国于赵高之手，虽中主不足以存，况胡亥哉！汉高之知周勃也，宋太祖之任赵普也，未能已乱而足以不亡。建文立而无托孤之旧臣，则兵连祸结而尤为人伦之大变。徐达、刘基有一存焉，奚至此哉？虽然，国祚之所以不倾者，无谀臣也。

——（清）王夫之：《读通鉴论·秦始皇三》

举凡锋矛刀剑，无不有铭。自秦销金洛阳，厉禁所至，为段冶改煎，殆不可胜数。世徒惩秦燔《诗》《书》之祸，不知销金为祸之益烈也。

——（清）朱彝尊：《曝书亭集·周鼎铭跋》

自秦以来，凡为帝王者皆贼也。

——（清）唐甄：《潜书·室语》

谤声易弭怨难除，秦法虽严亦甚疏。夜半桥边哼孺子，人间犹有未烧书。

——（清）陈恭尹：《读秦纪》

秦皇尽灭六国以开一统之局。使秦皇当日发政施仁，与民休息，则祸乱不兴。下虽无世禄之臣，而上犹是继体之主也。惟其威虐毒痛，人人思乱，四海鼎沸，草泽竞奋。

——（清）赵翼：《廿二史劄记》卷一

秦焚书，六经未因此而亡。秦坑儒，儒生未因此而绝。

自两生外，鲁诸生随叔孙通议礼者三十余人，皆秦诸生，皆未尝被坑者。其人皆怀蕴六艺，学通《诗》《书》，逮汉犹存者也。然则以坑儒为绝儒术者，亦妄言也。汉制"郡国计偕，诣太常受业如弟子"，犹因秦制也。夫博士既有守职之藏书，学者可诣吏而受业，《诗》《书》之事，尊而方长，然则谓"秦焚《诗》《书》，六艺遂缺"，非妄言而何？然而二千年之学者遂为所惑，虽魁儒辈出，无一人细心读书，祛其伪妄者，岂不异哉！

——康有为：《新学伪经考·秦焚六经未尝亡缺考》

假（战国诸雄）长此不获统一，岁岁交縻烂其民而战之，其惨状将伊于胡底！而在六七专制君主之下，重以各地大小之封君，徭役供亿，民又何以堪命？其他若曲防遏籴，关讥市征，各自为政，民之患苦，亦何可量！故孔子尊大一统，孟子称定于一。秦并六国，实古代千余年大势所趋，至是而始成熟，非始皇一人所能为，并非秦一国所能为。……

秦始皇宁为中国之雄，求诸世界，见亦罕矣。其武功焜耀，众所共知，不必论；其政治所设施，多有皋牢百代之概。……

（焚书坑儒）二事同为虐政，而结果非可以一概论。坑儒之事，所坑者咸阳四百余人耳。且祸实肇自方士，则所坑者什九皆当如汉时文成、五利之徒，左道欺罔，邪谄以易富贵，在法宜诛也。即不然，袭当时纵横家余唾，揣摩倾侧，遇事风生；即不然，如叔孙通之徒，迎合意旨，苟以取荣。凡若此辈，皆何足惜！要之，当时处士横议之风，实举世所厌弃。虽其志节卓荦、道术通洽之士，亦较他时代为特多，然率皆深遁岩穴，邈与世绝矣。其仆仆奔走秦廷者，不问而知其为华士也。始皇一坑正可以扫涤恶氛，惩创民蠹，功逾于罪也。

——梁启超：《战国载记》

大约两千年前，我们中国人就在本国与这个极其骇人的超人面孔打过了照面，直到今天，中国的文人学士一想起他的名字，就不寒而栗。他在中国，人称秦始皇，就是那个修筑长城的皇帝。

——辜鸿铭：《辜鸿铭文集》上

秦皇汉武、元世祖、拿破仑，或数百年、数十年而斩，亦可谓有志之士矣。拿破仑兴《法典》，汉武帝《纪赞》不言武功，又有千年之志者。

——孙中山：《建国方略》

故中国之教，得孔子而后立；中国之政，得秦皇而后行；中国之境，得汉武而后定。三者皆中国之所以为中国也。自秦以来，垂二千年，虽百王代兴，时有改革，然观其大义，不甚悬殊。譬如建屋，孔子奠其基，秦、汉二君营其室。

有为汉一朝之皇帝者，高祖是也；有为中国二十四朝之皇帝者，秦皇汉武是也。

——夏曾佑：《中国古代史》

昔者秦始皇帝功德瑕衅，粲然在中夏，其法式诒于后嗣。

——章太炎：《訄书·哀焚书》

德国的希特勒先生们一烧书，中国和日本的论者们都比之于秦始皇。秦始皇实在冤枉得很，他的吃亏是在二世而亡，一班帮闲们都替新主子去讲他的坏话了。不错，秦始皇烧过书，烧书是为了统一思想。但他没有烧掉农书和医书；他收罗许多别国的"客卿"，并不专重"秦的思想"，倒是博采各种的思想的。……但是结果往往和英雄们的豫算不同。始皇想皇帝传至万世，而偏偏二世而亡，赦免了农书和医书，而秦以前的这一类书，现却偏偏一部也不剩。

——鲁迅：《华德焚书异同论》

现在我们再看历史，在历史上的记载和论断有时也是极靠不住的，不能相信的地方很多，因为通常我们晓得，某朝的年代长一点，其中必定好人多；某朝的年代短一点，其中差不多没有好人。为什么呢？因为年代长了，做史的是本朝人，当然恭维本朝的人物；年代短了，做史的是别朝人，便很自由地贬斥其异朝的人物，所以在秦朝，差不多在史的记载上半个好人也没有。（据冯至的回忆，鲁迅先生在北大讲在"中国小说史"，曾说："许多史书对人物的评价是靠不住的。历代王朝，统治时间长的，评论者都是本朝的人，对他们本朝的皇帝多半是歌功颂德；统治时间短的，那朝代的皇帝就很容易被贬为'暴君'，因为评论者是另一个朝代的人了。秦始皇在历史上有贡献，但是吃了秦朝年代太短的亏。")

——鲁迅：《魏晋风度及文章与药及酒之关系》

始皇时代之法制，实具伟大之精神，以一政府而统制方数千里之中国，是固国家形式之进化，抑亦其时思想之进化也。

盖秦政称皇帝之年，实前此二千数百年之结局，亦为后此二千数百年之起点，不可谓非历史一大关键。惟秦虽有经营统一之功，而未能尽行其规划一统之策。凡秦之政，皆待汉行之。秦人启其端，汉人竟其绪。

——柳诒徵：《中国文化史》

秦始皇，向来都说他是暴君，把他的好处一笔抹杀了，其实这是冤枉的。他的政治实在是抱有一种伟大的理想的。

秦始皇的政策虽好，行之却似过于急进。北筑长城，南收两越，除当时的征战外，还要发兵戍守；既然有兵戍守，就得运粮饷去供给；这样，人民业已不堪赋役的负担。他还沿着战国以前的旧习惯，虐民以自奉。

——吕思勉：《中国通史》第二十六章

秦人致败之由，在严酷，尤在其淫侈。用法刻深，拓土不量民力，皆可诿为施政之误，淫侈则不可恕矣。

——吕思勉：《秦汉史》

始皇刚毅戾深，乐以刑杀为威，专任狱吏而亲幸之，海内愁困无聊。

——陈登原：《国史旧闻》

秦始皇的统一思想是不要人民读书，他的手段是刑罚的制裁；汉武帝的统一思想是要人民只读一种书，他的手段是利禄的引诱。

——顾颉刚：《秦汉的方士与儒生》

秦始皇在中国历史上第一次把伟大的中国统一起来，建立了专制主义的中央集权的封建国家，这在中国历史发展上是具有重大意义的。

——杨宽：《论秦始皇》

秦始皇维持了一支庞大的军队，建立了一个庞大的官僚机构，进行了大规模的战争，完成了巨大的国防建设和土木建筑。……为了强化地主阶级的统治，秦朝又推行严刑峻法以镇压农民，并且把数十万农民变为封建国家的囚徒。……这种种情况表明，由于封建制度内在的矛盾，由于急政暴虐，秦始皇在完成统一事业的同时，也造成了秦王朝倾覆的条件。

在我看来，秦始皇是中国封建统治阶级中的一个杰出的人物。我说秦始皇是中国封建统治阶级中的一个杰出的人物，不是因为他是一个王朝的创立者，而是因为他不自觉地顺应了中国历史发展的倾向，充当了中国新兴地主阶级开辟道路的先锋，在中国历史上，消灭了封建领主制，开创了一个中央集权的封建专制主义的新的历史时代。

——翦伯赞：《中国史纲要》

秦推行小篆只是为保持秦人的篆书传统，具有政治意义，隶书在实际应用上已占优势。小篆比六国文字复杂难写，隶书比六国文字简易，更符合全国人民的需要。秦始皇用小篆统一文字，事实上变成了用隶书统一文字了。

——张政烺：《古史讲义》

焚书是禁止"是古非今"反动思想的手段。……手段是粗暴了些，但它却是有进步意义的……坑儒是焚书事件的延续，它的意义和焚书是一样的。

——何兹全：《读史集》

首先，秦始皇好大喜功，他超越战后秦朝物资匮乏、人丁稀疏的现实，不惜动用大量民力财力，进行一系列浩大的工程。古长城，如龙腾蛇伏，绵延万里，巍巍壮观。它所表现出来的中国古代劳动人民的伟大力量和无穷智慧，仍为今天的人们所叹服。然而，这却又是秦始皇不顾"秦之初灭诸侯，天下之心未定，痍伤者未瘳"的现实，不顾百姓之急，不养老存孤，一意"筑长城亭障，堑山堙谷，通直道，固轻百姓力矣"的罪证。"六王毕，四海一，蜀山兀，阿房出……使负栋之柱，多于南亩之农夫；架梁之椽，多于机上之工女；钉头磷磷，多于在庾之粟粒；瓦缝参差，多于周身之帛缕；直栏横槛，多于九土之城郭；管弦呕哑，多于市人之言语。"唐人杜牧的这篇名作《阿房宫赋》，自然带有艺术的夸张。但为修阿房宫和骊山墓，动用"隐宫徒刑者七十余万人"，那是司马迁清清楚楚写在《史记》中的。新近发掘出来的秦始皇陵兵马俑，浩大的规模，威武的气派，也足证《史记》之不误、杜牧之合理。始皇二十八年，"为驰道于天下，东穷燕齐，南极吴楚，江湖之上，滨海之观毕至"。这驰道，路宽五十步，每隔三丈树以青松，坦坦荡荡，这在交通很不发达的古代，也算得上是空前的交通设施了。然而这又耗费了多少民力！另外,"秦每破诸侯,写放其宫室,作之咸阳北坂上,南临渭,自雍门以东至泾、渭,殿屋复道,周阁相属",这又耗费多少的民力!还有戍五岭、击匈奴,又是百万之众。

其次,秦始皇是一个少见的暴君,他"刚毅戾深,事皆决于法,刻削毋仁恩和义",刑罚之严使人没有伸屈之地,真是动辄得咎。我们一触及秦代的历史材料,成千上万的刑徒、罪人便映眼而来。刑徒、隐官者、黥首者、被谪者,各种各样的"罪人",无处不有,无时不见,平均一二十人中就有一名罪犯。"赭衣塞路,囹圄成市"绝非虚言。整个秦王朝简直成了一个大囚场。

——刘泽华等:《论秦始皇的是非功过》

秦始皇不但建立了一套专制主义中央集权的统治机构和制度,而且还采用了战国时期阴阳家的终始五德说,以辩护秦朝的法统。……在早期封建社会的历史条件下,在统一与分裂激烈斗争的年代,秦始皇用焚书坑儒手段来打击贵族政治的思想是可以理解的。但是,焚书坑儒摧残文化,是极其野蛮残暴的事,对于古文献的保存和学术的传授,造成了极大的损失。

——田馀庆:《秦汉魏晋史探微》

嬴政大帝是这个空前伟大事业(建立中国历史上第一个最强大的帝国)的总工程师,几乎就在征服六国的同时,他立即就把军事上蓬勃的破坏动力,转变为政治经济及文化上的建设动力,使八零年代成为大黄金时代的高峰。

我们叙述嬴政大帝为中国做了些什么事时,必须了解一点,他的每一项措施,无论后世的人高兴或不高兴,赞美或诅咒,却几乎件件都影响中国历史至少二千年之久。

——柏杨:《中国人史纲》

……嬴政大帝的生命是多彩多姿的，充分显示他强烈的独立人格和独立思考。他面对的是包罗万象的庞大帝国，充满陌生的人民。

然而，大黄金时代的光芒正在普照。大黄金时代最主要的特征之一，是一种只向前看的心理状态，人们逐渐从周王朝那种崇古守旧的传统中脱颖而出，而以坚决的态度，发挥创造未来的崛强精神。嬴政大帝正是这种主要思潮的代表人物，他是中国最勤劳的帝王之一，不分昼夜地为他的帝国服务。

在政府组织上，嬴政大帝给中国历代王朝奠定了权威性的规范，使得以后几百个帝王只能在他所想到的圈子里做小小的修正，而无力作巨大改变。……

帝国的领导人，上自嬴政大帝，下至包括宰相李斯在内的高级官员，都精力充沛，具有活泼的想象力。在本世纪（前三）八零年代十年中，他们做出比七零年代统一当时世界还要多的事，也做出几乎比此后两千年大多数帝王所做的总和还要多的事。

——柏杨：《中国人史纲》

著名的嬴政震撼，也发生在八零年代，他采用暴力手段来对付儒家学派的崇古思想。……

嬴政大帝采纳李斯的建议，儒家第一次碰到政治硬汉。嬴政大帝的手段是粗暴的，他下令焚毁那些使鲁国国君被强迫叩头的儒书（诗书）。……

嬴政大帝虽然焚毁儒书，目的只在限制崇古思想的传播，对儒家学者，仍继续保留他们的职位，而且继续鼓励他们研究。可是焚书事件的明年（前212），又发生方士事件，激起嬴政大帝采取流血的镇压政策。……

——以上两项被称为"焚书坑儒"的事件,使儒家学派把嬴政大帝恨入骨髓。在此后两千年儒家学派当权的漫长期间,一提起嬴政大帝,就破口大骂,把字典上所有恶劣的字句像炭火一样地堆到他头上。

——柏杨:《中国人史纲》

嬴政大帝也有他不能超越时代的愚昧行动……

——嬴政大帝虽然寻找不死之药,却没有贸贸然吃到肚子里。反而是以后那些服膺儒家学派、咒骂嬴政大帝的帝王们,不断有人因服下方士的不死之药而一命呜呼。

——柏杨:《中国人史纲》

秦始皇的确在确立长期统治体制上失败了,但是由于秦始皇用强权把在法律和习惯上地区各异的分散的中国统一起来,这就使刘邦确立统一的政权成为可能。没有秦始皇,这一任务要由刘邦自己去完成,那时刘邦的角色也许就要由别人扮演。

——[日]池田大作:《展望二十一世纪——
汤恩比和池田大作对话录》

秦始皇的政治统一是靠武力完成的。因此在他死后,出现了地方的国家主义复辟这样的反动。汉朝刘邦……和秦始皇带有蛊惑和专制性的言行相反,他巧妙地运用处世才能完成了这项事业。

——[英]汤因比:《展望二十一世纪——
汤恩比和池田大作对话录》

秦始皇的残酷无道达到离奇之境界,如何可以不受谴责?可是他统一中国的工作,用这样长远的眼光设计,又用这样精到的手腕完成,又何能不加仰慕?

——[美]黄仁宇:《中国大历史》

从后来的历史看,当时的这些改革不管其理由多么充分,却侵害了许多既得利益集团,引起了激烈的反对。正是这种普遍的憎恶,加上秦王朝缺乏能干的继承人,说明了民众奋起造反和公元前207年、也就是始皇帝去世才四年时秦王朝覆灭的原因。不过,秦的统治虽然如此短命,却给中国留下了深刻且持久的印记。中国已由分封制的国家改变为中央集权制的帝国,并一直存在到20世纪。

——[美]斯塔夫里阿诺斯:《全球通史》

秦始皇的列祖列宗

秦始皇之所以能统一全国,与其祖上二十几代人的苦心经营是分不开的。这些先人跨越春秋、战国两个时代,其中不乏庸才,也确有过几位杰出人物。从秦穆公起,经过孝公、文惠王、昭襄王的励精图治,原本的西鄙弱国,逐渐对山东(崤山以东)的六国都占据了绝对的优势,天下一统也已成为大势所趋。秦始皇乘势奋发努力,终于翦灭六雄、统一全国。

秦穆公嬴任好

秦穆公嬴任好（？—前621），春秋时秦国国君。姓嬴、名任好，秦德公之子。在位三十九年（前659—前621）。他重用百里奚、蹇叔等人，奋发图强。他乘晋文公之死，发兵偷袭郑国，却在崤山被打得惨败。但他能反思过失，引以为鉴，并"增修国政"，使秦国又很快强盛起来。公元前624年，秦国打败晋军，以后又向西发展，成为当时中国西部最为强大的国家。

一、任用贤才　奋发图强

据史载，秦穆公是一位很能任用贤才的明君，他先后招纳并重用了百里奚、蹇叔、丕豹、公孙支、由馀等人，都是当时的贤能之士。

传说百里奚是虞国人，家里很穷，后来做了虞国的大夫，非常贤能。秦穆公五年（前655），晋献公灭虞，百里奚和虞君一起被晋国俘虏。晋献公想重用百里奚，而百里奚却不愿在晋国做官。这一年，恰好秦穆公派公子絷到晋国求婚，晋献公答应将大女儿嫁给秦穆公，送亲时需要一些奴仆作陪嫁，晋献公见百里奚不肯臣服，就把他当作陪嫁奴仆送往秦国。百里奚认为这是奇耻大辱，乘机逃到了楚国宛地（今河南南阳），却又被宛地的农民抓住了，随后被押送到南海去放马。

秦穆公听说百里奚很贤能，想派使者带上厚礼去见楚成王，把百里奚赎回来。这时从晋国来的公孙支急忙劝阻说："楚国让百里奚去放马，说明他们还不知道百里奚的才干，您要是拿过于厚重的礼物去换他，那就等于告诉楚王百里奚是个人才，这样楚王就不会放他回来了。"秦穆公恍然大悟,于是派人向楚国交涉说:"我国的陪嫁奴仆百里奚现在楚国,我愿用五张黑色公羊的羊皮赎回他来。"楚国人答应了,把百里奚交给了秦国。

当时,百里奚已经七十多岁。来到秦国时,秦穆公亲自给他松绑,跟他讨论国家大事。百里奚推辞说:"我是个亡国的臣子,有什么值得询问的呢?"秦穆公说:"虞国国君不能信用你,才亡国的,这不是你的罪过。"谈了三天,秦穆公非常高兴,立即任命他为大夫(左相),人称"五羖(羖即黑色公羊)大夫"。

为报答知遇之恩,百里奚又向秦穆公推荐了他的朋友蹇叔,说:"我的才能比不上我的朋友蹇叔,蹇叔看事情比我透彻。我游历齐国时,曾经困窘得向当地人讨饭,是蹇叔收留了我。我原想事奉齐王,也是他劝阻我,所以后来我才能在齐国内乱时不受牵累而逃至周室。周王子颓喜欢牛,我凭借自己养牛的本领求取禄位。等到王子颓想任用我时,蹇叔又加阻止,我因此离开,才没有跟颓一起被诛杀。我事奉虞君,蹇叔又阻止。我虽然知道虞君不可能重用我,但私心贪图官职和俸禄,就留在了虞国。我两次听从蹇叔的建议,都得以脱离灾祸;一次不按他的话做,就遇上了这次因虞君亡国而遭擒的灾难。足见蹇叔比我更贤能!"

秦穆公听从百里奚的推荐,派人以厚礼迎接蹇叔,任命为上大夫(右相)。后来秦穆公听说百里奚的儿子孟明视和蹇叔的儿子西乞术、白乙丙,武艺都很高强,也都任他们为大夫,让他们共同管理军事。此后,在蹇叔和百里奚的辅佐下,秦穆公积极实行各种改革,秦国便日益强大起来。

秦穆公九年(前651),晋献公去世,晋国发生宫廷变乱,先后有两位公子被杀。此时,身在国外的晋国公子夷吾,派人请求秦国帮助他回国,秦穆公应允,派百里奚率军送他回国。当时,夷吾对百里奚许诺说:"我果真能够即位,一定割让晋国的河西八城给秦国。"回国即位之后，夷吾派丕郑答谢秦国，但违背诺言，不肯把河西八城送给秦国。丕郑很害怕，就跟秦穆公商量说："晋人不想要夷吾为君，而想要重耳（晋文公）。现在夷吾违背诺言，都是吕甥、郤芮的主意。希望您用重利赶紧把吕、郤两人召来秦国。吕、郤两人一来，再送重耳回国就容易了。"秦穆公同意他的意见，派人送丕郑回国，召吕、郤两人来秦国。吕、郤等人怀疑丕郑有阴谋，建议夷吾将其杀掉。丕郑的儿子丕豹逃到秦国，劝秦穆公说："晋侯昏庸暴虐，百姓都不亲附他，正可以攻伐呀！"秦穆公说："百姓如果真的不愿意，又怎么能够随便地诛杀大臣呢？能诛杀大臣，正表示他能与百姓相调和呀！"不肯听丕豹的建议，但暗中开始重用他。

秦穆公招纳由余，更是煞费苦心。由余祖先是晋国人，逃亡到戎地。戎王听说穆公贤明，就派由余前往秦国观察。穆公为了炫耀秦国的强大，给他看秦国的宫室和积蓄的财宝。由余说："这些宫室、财宝，如果让鬼神来营造也够劳神的了，如果让人来营造，也就苦了老百姓了。"秦穆公觉得他谈吐不凡，便问道："中原国家以诗书、礼乐、法度为政，尚且不时出现动乱，而戎夷之国没有这些，岂不是很难治理好国家吗？"由余笑道："这正是中原国家发生动乱的原因啊！自从上古圣人黄帝制定了礼乐法度，自己带头贯彻执行，也不过使国家稍微得到治理。而到了后代，君主日益骄奢淫逸，只靠法度的威严来督责下面的民众，而民众被弄得疲惫不堪了，就根据仁义的标准怨恨君主的所作所为。上下交相怨恨，造成篡位屠杀，以至于灭绝家族，这类事不都是由礼乐法度带来的吗？而戎夷却不是这样。在上位者以淳德对下，在下者以忠信事上。整个国家的政事，就像一个人支配自己的身体一样，也说不出是怎样治理的，可自然而然地国家就治理好了，这是真正的圣人之治啊！"

秦穆公深感由馀是个人才，便问内史王廖说："我听说邻国有了圣人，就是其敌国的忧患；如今由馀有才能，这就是寡人之患了。我们该怎么办呢？"内史廖说："戎王处偏僻之地，没有听过中原国家的乐曲，大王可试着送他一些歌舞女伎，以影响和改变他的心志；向戎王说由馀的好话，以制造他们君臣间的误解；留住由馀不让他回去，以延误其回国日期，从而使戎王感到奇怪而怀疑由馀。他们君臣之间有了隔阂，我们就可抓住由馀了。同时戎王一旦喜欢上了女乐，必然没有心思处理国事，我们也就有机可乘了。"穆公听后连连称"善"。

于是，秦穆公常与由馀连席而坐，互递杯盏，一起饮酒吃饭，向他了解戎国的地形和兵力，把情况弄得一清二楚，同时命王廖挑选一套女乐班子，送给了戎王。戎王果然迷上了女乐，而此时穆公才让由馀回国。由馀多次向戎王进谏，戎王不听，而秦穆公又多次派人秘邀由馀来秦。这样，由馀便离开戎国，投奔了秦国。秦穆公以客卿之礼相待，对他非常尊敬，由馀成了秦穆公咨询伐戎之事的重要谋臣。

二、与晋修好　图霸中原

为了向东发展、争霸中原，秦穆公很重视与晋国的关系，不仅于秦穆公五年（前655）娶了晋献公的女儿为妻，其后秦国与晋国也世有婚姻，后人称两姓联姻为"秦晋之好"，即由此而来。秦穆公又利用姻戚关系，屡屡插手晋国内政，在晋国发生内乱时曾多次为晋国立君，同时在晋国发生饥荒时输送粟米。

秦穆公十二年（前648），晋国发生灾荒，向秦国借粮。丕豹主张拒绝，并趁机伐晋。秦穆公问公孙支，公孙支说："晋国饥荒时我们接济它，它一定会更感激我们，不可不借。"又问百里奚，百里奚说："夷吾曾经得罪过您，但晋国的百姓又有什么罪呢？"也主张借粮食给晋国。于是，秦国运粟到晋国，自秦国国都雍城到晋国国都绛城（今山西新绛），运粮的船只源源不断。秦国称这次借粮的行动为"泛舟之役"。

过了两年（前646），秦国灾荒，向晋国借粮，晋惠公不但不借，反而乘机出兵攻秦。秦穆公大怒，命丕豹为将，亲自率军还击，三战三胜，一直深入到晋国境内的韩原（今山西万荣、河津县界）。秦晋两军在韩原展开大战。此时，晋惠公带领一小队人马离开本部大军，与秦军争夺财物，兵车战马陷在泥淖之中，处境危险。秦穆公率领部下追赶，不料没抓着晋惠公，反而被晋军包围。晋军攻击秦穆公，穆公受了伤。这时，恰有三百多个来自岐山的乡下人，不顾危险，驱马冲入晋军，打破了晋军的包围，不仅使秦穆公得以脱险，而且还活捉了晋惠公。

原来，秦穆公曾走失了一匹良马，岐山脚下三百多个乡下人捕获后，杀死吃掉了。官吏搜捕到他们，要依法严办，秦穆公说："君子不能因牲畜而伤害人，我听说吃了良马肉，如果不喝酒，会伤身体。"不仅没有惩罚，还送去了酒。这三百人十分感激。他们听说秦国与晋国交战，都请求参加。这次见秦穆公身陷困境，全都争先恐后地冲出来，誓死援救，以报食马被赦和赐酒之恩。

秦穆公俘虏晋惠公回国，发布命令，准备杀之祭天。周天子听说此事后，忙派人带信说："晋君是我的同姓，请求不要杀他。"秦穆公的夫人是晋惠公的同父异母姐姐，她听说穆公要杀自己的弟弟，就穿上丧服，光着脚来见穆公，说："我连自己的兄弟都不能相救，救了他就破坏了大王的命令！"穆公说："我俘虏了晋君，本来是件好事，可是现在天子来求情，夫人也为此事担忧，那就算了吧！"于是跟晋惠公订立盟约，答应送他回国；晋惠公则献出晋国河西的土地，并派太子子圉到秦国做人质。随后，秦穆公把同宗族的女儿文嬴嫁给了子圉。这时，秦国的疆域已经东到黄河了。

秦穆公二十二年（前638），晋太子子圉听说晋惠公生病，就逃回了晋国。次年（前637），晋惠公去世，子圉即位，是为晋怀公。秦穆公对子圉的逃离十分恼恨，派人从楚国迎晋公子重耳来到秦国，并把原来子圉的妻子文嬴改嫁给重耳，帮助重耳回晋，杀掉怀公，即位为晋文公。

秦穆公企图利用晋文公控制晋国，以便争霸中原。但晋文公是一位有雄才大略的国君，不肯轻易听命于他，再加国力所限，秦穆公的图谋一时未能实现。但他多次为晋国立君，韩原之战俘获晋君又将其放回，晋国发生饥荒时向晋输送粮食，这一切都为他争霸中原和称霸西戎赢得了一些政治资本。

三、袭郑失败　引咎自责

秦穆公三十年（前632），晋楚城濮战争中，晋军大败楚军，晋文公会合中原各国诸侯，歃血为盟，成了中原霸主。但秦穆公并未因此而放弃向东扩张势力的雄心。第三年（前630），晋文公为降服晋国南面的小国，制止它们投靠楚国，而约秦国一同出兵攻打郑国时，秦穆公就曾带百里奚、孟明视和副将杞子，率领二百辆兵车，开赴郑国边境，与晋国共同包围郑国都城。

郑国使者烛之武求见秦穆公，向他充分陈述了秦、郑、晋三国之间的利害关系，指出秦国不能越过晋国来占领郑国的土地，郑国灭亡了，郑国的土地势必被晋国占领，从而大大增强晋国的力量，形成对秦国的威胁。秦穆公认为很有道理，便同郑国歃血立盟，命秦国大夫杞子、逢孙、扬孙三人带领部分秦兵留在郑国，帮助守城，然后也不通知晋国，就率军回国了。

晋国的大夫听说秦国突然撤兵，都很恼火。大臣狐偃主张索性攻打秦军。晋文公说:"不可!没有秦国的帮助,我是到不了今天这个地步的。秦军已经疲敝,此时进攻不是仁义之举;失掉自己的朋友是不智之举。本来秦、晋是要共同攻打郑国的,现在自相攻打,乱了自己的阵脚,只会两败俱伤。我也率军回国算了。"于是晋文公派人去找郑国谈判,迫使郑文公跟晋国也订立盟约,并且同意立当时在晋国的郑公子兰为太子,然后也赶快撤了兵。秦穆公对于郑国这种两面讨好的做法,颇为不满。

烛之武退秦师以后两三年,晋文公和郑文公先后去世。留守郑国的秦将杞子向秦穆公出卖郑国,说:"我们掌管郑都城北门的钥匙,若派兵来偷袭,必可一举而得。"秦穆公征询老臣蹇叔、百里奚的意见,他们说:"经过好几个国家、上千里路程去偷袭人家,很少有能成功的。况且有人出卖郑国,又怎能肯定我们国内没人把我们的举动告诉郑国呢?这事不能做!"

秦穆公因太想打下郑国,继晋文公之后称霸,听不进蹇叔和百里奚的意见,仍是决心出兵。于是他派百里奚之子孟明视、蹇叔之子西乞术和白乙丙,率领三百辆兵车,在秦穆公三十三年(前627),偷偷地去攻打郑国。谁知秦军袭郑未成,返回途中在殽山(今河南洛阳北)山谷又中了晋国联军设下的埋伏。秦全军覆灭,孟明视等三将被俘。

晋文公的夫人文嬴,是秦国宗室之女,她向儿子晋襄公请求把孟明视等三名将领放回秦国,说:"这三人征战不力,秦穆公必对他们恨之入骨,把他们放回去,让秦穆公亲自烹杀他们而快意,如何?"晋襄公答应文嬴的请求,释放了孟明视等三人。

孟明视等回国后,秦穆公穿着素服(为死去官兵服丧的服装),到城外去迎接孟明视等将领,哭着对三将说:"是我不听百里奚、蹇叔的话,害了你们三位。你们三人是无罪的。希望你们今后全心致力于报仇雪耻,不要懈怠。"秦穆公恢复了三人的官职、俸禄，对他们更加厚待。

秦穆公三十四年（前626），秦穆公又派孟明视等率军进攻晋国。因孟明视曾对晋襄公讲过"三年之内将拜晋君之赐"，晋襄公十分担心孟明视前来"拜赐"，一直加紧进行军事训练，每天派人出去侦察。因此，秦国刚刚出兵，晋国的迎战大军便开了出来。两军相遇于彭衙（秦地，在洛水东面），没等秦军站稳，晋军就以排山倒海之势冲来。秦军招架不住，又溃败回国。这次，秦穆公依旧派人到郊外迎接他们三人，并把失败的责任全都揽在自己身上，让孟明视继续掌握军权。

秦穆公三十六年（前624）春，秦穆公又一次派孟明视等三将率军进攻晋国。这一次，秦军在王官（今山西闻喜西）大败晋军，雪了上次殽山全军覆没之耻。

秦穆公在茅津（今山西平陆西南）渡河，埋葬了殽山战役中为国捐躯的士兵，并讣告全国，为他们举哀三日，然后向军队发誓说："喔，将士们！仔细听着，我向你们发誓，古人办事虚心听取老人的意见，所以不会有什么过错。我当初就犯了不听蹇叔、百里奚意见的错误，所以今天作这篇誓词，以便后世的人记住我的过失。"有德的人听到这件事，都流着泪说："唉！秦穆公诚信待人，终于得到了孟明视等人胜利的报答。"

四、并国二十　遂霸西戎

秦军虽在王官打败了晋军，但因晋国见秦军势不可当而力避锋芒，其军队伤亡尚不算大，秦穆公也自认国力不及晋国，加之在此之前，秦国又已把投奔到西戎的晋人由馀招来作为谋臣，对戎人情况颇为了解，因此便改变方针，由向东发展转为向西发展。

西戎是秦国附近的部族，其君主赤班先前见秦国屡败，欺秦之弱，率西戎各部族纷纷自立，根本不把秦国放在眼里。秦穆公伐晋获胜后的次年（前623），即想移师伐戎。这时，由馀献策，请穆公传檄西戎前来朝贡，如其不来，然后讨伐。戎君获知孟明视得胜，正担心秦军来攻，一见檄文，便率西方二十多个小国的君主，纳贡请朝，尊秦穆公为西戎霸主。

接着，秦国又向东发展，扩地千里，成为诸侯国中举足轻重的力量，实际上已经成了霸主。

这时秦国的威名直达京城，周襄王征求尹武公的意见说："秦、晋是彼此相当的国家，它们的先世都有功于王室。从前重耳主盟中原，我册命他为霸主。今天的秦伯任好，强盛不亚于晋，我也想册命他和晋一样，卿以为如何？"尹武公说："秦自霸西戎，不如晋那样能够勤王。现在秦晋交恶，而晋侯能继承父业，如册命秦，就会失欢于晋。不如遣使颁赐以贺秦，则秦知感激，而晋亦无怨。"周襄王于是派使者赏赐秦穆公十二面铜鼓，表示祝贺，实际也就等于正式承认了秦穆公为西方霸主的地位。

穆公三十九年（前621），秦穆公在位三十九年后去世，有一百七十七人殉葬。其中，秦国良臣子车氏宗族的三个人——奄息、仲行、鍼虎，也在殉葬者之列。据说，秦穆公去世前，有一次和群臣饮酒，喝到兴起时说："最好能生时同乐，死时同哀。"于是，奄息等三位良臣向秦穆公作出保证：在穆公去世时都随他同死。到秦穆公死时，他们果然没有背弃诺言，随穆公而死。

秦国的百姓哀叹这三位良臣殉葬从死，于是作了《黄鸟》诗来哀悼他们。有贤德的人说："秦穆公拓展土地、兼并国家，向东征服了强大的晋国，向西称霸戎夷，然而终究不能成为诸侯的盟主，也是应该啊！因为他死了，还残害臣民，要良臣为他殉葬。而且从前的君王去世，尚且要遗留给后世德惠典范，何况他夺去了百姓同情的善人、良臣？由此可以预见，秦国不能再向东发展了。"

秦穆公去世之前，也曾自称秦地为"中国"，但秦国此时的文化水准还远远落后于中原各诸侯国。

秦孝公嬴渠梁

秦孝公嬴渠梁（前381—前338），战国时秦国国君。姓嬴、名渠梁，秦献公之子。在位二十三年（前361—前338）。即位之始，深感诸侯卑秦，曾下令在国中求贤。公元前359年起，任用卫鞅（即商鞅）变法修刑，开辟阡陌封疆，把土地授予农民，奖励农耕，使国势强盛。他的变法在战国诸侯中是比较彻底的，促进了生产力的发展，为后来秦统一六国打下了坚实的基础。

一、广招贤才　卫鞅投秦

嬴渠梁的父亲秦献公，在执政的二十四年中，一直为秦国的生存而征战。秦献公四年（前381），嬴渠梁出生。孩提时代和青年时代，他都是在匆忙紧张的战乱中度过的。他看着父辈们艰辛地征战，从小便立志要为秦国的富强贡献出自己的毕生精力。献公二十二年（前362），秦献公去世，嬴渠梁继承王位，是为秦孝公。

秦孝公即位之初，黄河崤山以东有六个强国，齐威王、楚宣王、魏惠王、燕悼王、韩哀侯、赵成侯并称，淮水、泗水之间有十多个小国。楚、魏和秦国接界，魏国筑有长城，从郑县开始，沿洛水北上，直达上郡。楚国在汉中与秦国接壤，南部有巴蜀、黔中。周室衰微，诸侯都致力于武功，争相兼并。秦国处在偏僻的雍州（治今陕西凤翔南），各国都把秦国当作未开化的夷族予以鄙视，不准参加中原各诸侯国的会盟。目睹此情，秦孝公深感必须发愤图强，整顿国家，修明政治，广召贤士，方能使自己的国家强盛起来，立于诸侯之林。

于是，秦孝公广布德惠，救助孤寡，招募兵士，申明奖励功绩的法令。他下令全国说："从前，我们的君主穆公在岐山、雍州一带修布德政，操练武功，东边平定晋国的内乱，以龙门河为界；西边称霸戎狄，拓展了数千里疆土。天子送来霸主称号，诸侯都来朝贺，为后世开创了极为光辉美好的基业。但在厉公、躁公、简公、出子统治时期，接连几世不安宁，国家内部有忧患，无暇顾及外国，结果晋国攻夺我们拥有的河西一带，诸侯也都小看秦国，再没有比这更大的耻辱了。献公即位后，安定边境，迁都栎阳（今陕西临潼北），准备东征，有志恢复穆公拥有的土地，重修穆公宏明的政令。我思念先君的遗志，内心常常悲痛。宾客群臣中，有谁能进献奇计使秦国强大的，我将封给他高官，赐给他封地。"

秦孝公广招贤才的旨令一下，不仅在秦国，而且在其他诸国中，也都引起了非常强烈的反响，各方贤士均来投秦，卫国的卫鞅便是其中之一。

卫鞅擅长法家刑名之学，但在卫、魏两国均得不到重用。听到秦孝公颁下的旨命后，他马上来到秦国，通过孝公宠臣景监的推荐，见到了秦孝公，并陈述了自己富国强兵的计划。秦孝公听后，大喜过望，从此与他共商国家大事。

二、施行变法　伐魏称雄

秦孝公三年（前359），卫鞅劝说孝公变法，整饬刑罚，对内致力于农耕，对外鼓励效死作战。秦孝公大为赏识。甘龙、杜挚等人不以为然，与卫鞅争执不下。秦孝公力排众议，终于采用了卫鞅的新法。

卫鞅对秦国的政治、经济制度进行了一系列的改革，包括迁都咸阳、村镇并县、开垦田地、拟定赋税、赏励军功、制定法律等方面。这次变法后，秦国被划为三十一个县，开垦了大量农田，国库粮食充足，而且增税五百多石；国内安定，全国没有一个盗贼，百姓路不拾遗；民众时刻准备为国效力，彼此之间从不打架斗殴。这时的秦国，国富民强，天下莫比。

随后，秦国开始对周边国家发动战争：孝公四年（前358），秦国在西山击败韩国军队；八年（前354），秦国在元里击败魏国军队，斩首数千人，夺取了少梁（今陕西韩城南）；十年（前352），秦国大良造率军攻打魏国；十一年（前351），卫鞅率军围攻魏国固阳（今陕西延安东），固阳归降。通过这几次战争，秦国疆域向四周拓宽了六百多里。

秦孝公二十年（前342），魏国大将庞涓在马陵道一战中被齐军打败，自刎而亡，于是魏国兵势大衰。秦孝公见此情况，便与卫鞅商量。卫鞅劝孝公趁机攻打魏国，以成霸业。秦孝公听从卫鞅建议，派他率军攻打魏国。魏惠王听说秦军来攻，立即召集群臣讨论御秦之计。公子卬挺身而出，认为昔日卫鞅在魏时和自己关系不错，可以利用往日之情，率军前去讲和；如果不成，也可固守城邑。魏惠王便命他为大将，率军五万来救西河，进屯吴城。吴城为以前吴起屯兵之处，城防十分坚固，完全可以拒守。

这时，忽报秦相国差人下书，大意说：卫鞅与公子卬情意至深，如同手足，如今各事其主，不忍骨肉相残，希望在玉泉山相会讲和。公子卬看后非常高兴，便前去赴会。双方盟誓已毕，正在饮酒时，卫鞅事先埋伏好的甲士冲出来，俘虏了公子卬，并用计攻占了吴城。卫鞅一面派人返秦报捷，一面长驱直入，直逼安邑（今山西夏县西北）。魏惠王得知败讯，十分惊恐，只得派大夫龙贾前去谈判，并将河西之地尽割于秦。此后他离开安邑，迁都到了大梁（今河南开封）。

战后，秦孝公嘉奖卫鞅之功，封为列侯，以之前所攻取的魏地商、於等十五个邑为卫鞅的食邑，号为"商君"。此后，卫鞅便称为"商鞅"了。

商鞅封侯还不到五个月，秦孝公忽然得病去世，太子嗣位，是为惠文公。因公子虔的门下人指控商鞅谋反，惠文公便派官吏前去捕捉。商鞅急忙逃往魏国，魏国人拒不接纳，把他送回了秦国。商鞅只好与自己的门徒来到封地商於，起兵向北攻打郑国。秦军前来攻打，抓获商鞅，车裂分尸，并杀了他的全家老小。

然而，新法顺应封建制发展的历史趋势，深入人心，得以继续推行。应该说，秦孝公任用商鞅变法革新，的确为秦帝国的建立立下了不朽的功勋。

秦惠文王嬴驷

秦惠文王嬴驷（前356—前311），战国时秦国国君，秦国的第一位王。姓嬴、名驷，秦孝公之子，秦武王与秦昭襄王之父。秦孝公去世后继位，开始称"公"，后来改称"王"，在位二十七年（前337—前311）。他重用张仪等人，在献公和孝公变法图强的基础上，使秦国更加强大，成为当时第一流的强国。他夺回秦国的河西旧地，打通中原通道，占领汉中和巴蜀，为秦统一六国建立了富饶、巩固的大后方，打下了日后统一天下的强大经济基础。

一、翦除"异臣" 任用贤能

嬴驷并不是秦孝公的长子，但孝公对他却宠爱有加，把他立为太子。秦孝公任命公室贵族公子虔和公孙贾为太子嬴驷的师和傅，还经常把太子带在自己的身边。

孝公二十四年（前338），秦孝公去世，太子嬴驷即位，是为秦惠文公。即位不久，公子虔的下人指控商鞅谋反。秦惠文公在没有查明的情况下，就偏听偏信，命令将商鞅追捕归案，判以车裂，并诛其全家。

对秦惠文公杀商鞅的原因，史上说法不一，大多认为秦惠文公是为报商鞅对其师傅施黥刑之仇。商鞅在秦国推行新法时，并未能顺利进行。太子的嬴驷触犯了禁条，商鞅说："法令不能推行，原因在于上面的贵戚。君王若决心施行新法，必须先从太子开始。太子不能受刑，就让太子的师傅代他受刑。"结果，太子的两位师傅被施以黥刑。另外还有一种说法：据说秦孝公病危之时，怕商鞅此后谋反，长久凝视窗外的黄鸟，以示太子除掉商鞅。太子理解父亲的用心，轻声吟《黄鸟》诗，秦孝公这才瞑目。《黄鸟》是《诗经》中的一篇，说的是秦穆公去世后，以秦国三位贤臣殉葬的事情。

秦惠文公在除掉商鞅后，以商鞅造反查无实证，公子虔和公孙贾纯属陷害为由，顺手除掉了二人，并及他们的大量党羽。通过一系列的举措，秦惠文公将威胁他的重臣一网打尽，巩固了自己的统治地位。

在张仪以前，秦国没有设过单独的相，只有将相合一的大良造。大良造主管军、政、民，权力很大，是对君权的一个巨大威胁。尤其是在商鞅担任大良造后，更是重权在握。秦惠文公即位后，就开始对大良造进行分权。秦惠文公十年（前328），秦国开始设立相邦，张仪为秦第一任相邦。这样，就把大良造原来的相权剥离出来，使大良造成了最高军职的专称。由于秦惠文公勤于政事，亲自主持秦国的大局，剥夺了臣下的许多权力，秦国的相邦一职实际上只相当于外相。

秦惠文公用了大量的别国能臣，而由于他上任后首要任务是打通秦国通往中原的道路，对手就是魏国，所以任用的大臣以魏国人最多，张仪、公孙衍、魏章、司马错便是其中的佼佼者。

魏章就是当初商鞅曾经诈取的公子魏卬。魏章在魏国时，就已经是名满华夏的名将。商鞅知道，如果凭战场上的真功夫，秦军肯定不是魏章的对手，战胜魏章，只能靠诈取。魏章被俘后，得到秦孝公的热情接见。当时，秦国由商鞅独掌朝政，朝中能人不多。秦孝公有意留魏章在秦，魏章听说家人由于自己丧师辱国而被法办后，也就留在了秦国。秦惠文公对魏章十分器重，在攻楚战争中，让公子疾和甘茂两位重臣做魏章的助手，足见魏章在秦惠文公心里的位置。而魏章也不负惠文公的厚望，连败齐、楚名将，夺取了战略要地汉中。

司马错是历经惠文公、武王、昭襄王的三朝元老，在伐蜀、楚、魏、韩的战争中立有大功。

楚人甘茂、异母弟公子疾，也是秦惠文公的重臣，在武王朝还当上了左右相。

二、攻魏九年　打通中原

秦惠文公继承献公和孝公时代的攻魏事业，以打通秦国与中原的联系。惠文公五年（前333），秦惠文公任命魏国阴晋（今陕西华阴东）人公孙衍为大良造，谋划攻魏事宜。惠文公六年，魏国为避免秦与赵、楚对自己形成夹攻之势，割阴晋与秦国修好。惠文公把阴晋改名为"宁秦"，以示心中的喜悦。秦国东进中原的一颗钉子被拔除了。

魏国割阴晋给秦国后，与齐国联合攻击赵国。赵肃侯决漳水灌齐、魏联军，齐、魏联军大败。

秦惠文公八年（前330），秦国趁魏国新败，大举攻魏，俘虏魏将龙贾，斩首八万。经此大胜，秦国已在事实上占有了河西之地；魏惠王顺水推舟，把河西割给秦国，向其求和。魏惠王派人以重金贿赂公孙衍，公孙衍说服秦惠文王趁秦、魏暂时和好的机会，解决西面的义渠。

魏人张仪入秦，求见秦惠文公。秦惠文公见张仪仪表堂堂，谈吐不凡，便与他一起谋划攻伐诸侯的策略。张仪指责公孙衍顾私利而忘公义：此时魏国四面受敌，正是伐魏良机；西面的义渠是游牧部族政权，飘忽不定，短时间内很难消灭。魏国尚有霸主根基，如果缓过劲来全力攻秦，秦国将很难对付。于是，秦惠文公以张仪为客卿，让公孙衍入魏为相。

秦惠文公九年（前329），秦军继续猛攻魏国。秦军渡过黄河，攻取了魏国的汾阳（今山西万荣西南）、皮氏（今山西河津西）、焦（今河南陕县南）、曲沃（今河南灵宝东北）等地。次年，秦国开始设置相邦，任命张仪为秦相。秦惠文公派公子桑攻取魏国的蒲阳（今山西隰县西北）。

秦国在占领河西之地后，想把河西地区北面的上郡收归秦国，彻底将魏国的势力赶出黄河以西。由于秦国占领了焦和曲沃，魏国阻塞秦国的重镇陕（今河南陕县）受到极大威胁，从而想夺回焦和曲沃。于是张仪入魏，与魏惠王商议换地事宜。魏国将孤立在黄河以西的上郡的十五个邑（在今陕西洛河以东，黄梁河以北，子长以南）交给了秦国。秦惠文公十一年（前327），秦国把焦和曲沃还给了魏国。

秦惠文公十三年（前325），惠文公命张仪攻魏，夺回了焦和曲沃，还把魏国阻塞秦国的陕也夺了下来。至此，魏国在黄河以西的土地全部为秦国所夺。秦国终于打开了通往中原的通道。

魏国是个靠掠夺为生的国家。虽然魏国本身也有农业，但因人口众多，粮食不能自给，只能从别国获得。尽管魏文侯时的相国李悝实行精耕细作、开展多种种植，以期提高土地的利用率，但也未能彻底解决人多地少的问题。

在战国时期，各国对粮食的控制都很严格，经常利用粮食问题卡对方的脖子。魏国与东西两个农业大国——齐国和秦国，关系都不怎么样，经常挨卡。于是，魏国拼命发展军事，成为战国前期军事实力最强的国家，走上了掠夺的道路。魏国先是卡死了秦国通往中原的道路，迫使秦国只能与自己做生意。秦国虽然也可以通过北边的赵国和南边的楚国绕道中原，但要绕很远的路，而且这两个国家也趁秦国商人取道自己的国家，抽取很高的关税。秦国不甘心魏国的剥削，曾与魏国展开多次战争，但都没有夺回通往中原的道路。河西地之所以为历代秦君重视，主要就是只有占据此处，才有可能走向中原。

中原是当时中国各地的商品集散地，其中最重要的商业区就是卫国地区。战国列强逐鹿中原，争夺的就是中原这块宝地。魏国在控制秦国后，接着又控制了商业王国卫国。这样，魏国就又有粮、又有钱了。为了保住对卫国和秦国的控制权，魏国走上了以战养战的道路，魏国人也便成了当时最出色的武士。但齐、赵、楚等强国，对富庶的卫国也很眼红，与魏国展开了激烈的争夺，秦国也拼命要打通中原之路，魏国因此陷入长期的四面作战中。由于连续出现吴起、庞涓、公叔痤、公子卬（即后来的秦将魏章）这样的名将，魏国才保住了对秦、卫的控制权。但随着一系列军事失败，这些名将先后败亡、降敌，卫国的控制权被齐国抢走了。接着，秦国也打通了梦寐以求的中原通道，几代秦君的中原之梦由秦惠文公实现。秦惠文公派重兵把守这条道路，牢牢控制，再也没有丢失过。

秦惠文公对秦国的商业发展十分重视，对孝公时期的抑商政策有所调整。由于商鞅主持铸造的圆形铜钱与当时的商业王国卫国的流通货币十分相似，因而秦惠文公二年（前336），秦国开始统一发行这种圆形铜钱。随着秦国的强大，即便是强大的魏国和赵国，要想参与中原的商业活动，都不得不铸造与本国的布币、刀币完全不同的圆钱。

三、合纵连横　占领巴蜀

由于秦国加入对中原地区的争夺，本来就已十分紧张的形势持续升级，以合纵和连横为代表的外交大战开始了。

所谓"合纵"，就是合众弱以攻一强；所谓"连横"，就是事一强以攻众弱。当时的列国常常根据自己所处的环境，随时调整自己的外交策略，选择合纵或连横。

秦惠文公四年（前334），日渐衰落的魏国为了挽救在各国竞争中的颓势，采用魏相惠施的策略，与另一强国齐国连横，在齐国的徐州（今山东滕州东南）结成联盟，相互称王，以图取弱国土地。秦惠文公与楚、赵等国针锋相对，组织合纵联军，击败了魏、齐连横。

秦惠文公十三年（前325），秦惠文公在魏国、齐国之后自立为王，建号"更元"。

次年（前324），秦相张仪欲与齐、楚连横攻击魏国。当时，公孙衍在魏，组织魏、赵、韩、燕、中山五国合纵，相互称王，以与秦、楚、齐相对抗，但没有成功。

秦惠文王更元三年（前322），魏惠王由于惠施与齐连横策略的失败，采用秦相张仪的秦、韩、魏联合攻打齐、楚的合纵策略，逐走惠施，任用张仪为魏相。但由于秦国的真实目的是削弱韩、魏，魏惠王识破之，张仪被逐。

更元六年（前319），魏国任命公孙衍为相，楚、齐、赵、韩、燕、义渠六国合纵攻秦，推楚怀王为纵长。八年（前317），义渠趁秦与三晋大战，攻击秦国西部地区，大败秦军。秦惠文王派自己的异母弟公子疾，在东部战场战胜三晋联军，俘获其将申差，败赵公子渴、韩太子奂，斩首八万二千。义渠退兵，魏国合纵失败。十三年（前312），秦、韩、魏三国合纵攻楚，楚国大败。三国接着又打败了楚国的盟友齐国。秦国占领了楚国的汉中，使本土关中与巴蜀地区连成了一片。

秦国在秦惠文王时期迅速发展，不仅打通了中原通道，而且夺取了魏国的河西郡和上郡，攻灭巴蜀，占领汉中，使秦国的领土面积骤然扩大了数倍。更重要的是，巴蜀、汉中与秦国的本土关中一样，拥有当时第一等的良田。

秦国能够占领巴蜀，纯属偶然。巴、蜀是两个非常古老的王国，有着自己的文化传统，文明程度很高，国力也很强大。巴、蜀所在的四川、重庆地区多山，入蜀通道易守难攻。楚国、秦国与巴、蜀发生过多次战争，但都没有攻入其腹地，反而多次被巴、蜀所败。由此，巴、蜀发展成为西南诸国中最强大的两个国家。为了扩大疆域，它们经常发生争斗。

苴国（都吐费城，今四川广元昭化）也是西南地区的一个强国，与巴国友好，苴、巴经常联合抗蜀。更元九年（前316），韩国大举攻秦。正在这时，苴、蜀两国使者先后到秦求援。原来，蜀国为了战胜巴国，决定先翦除巴国的党羽苴国。苴国向巴国求救，但巴、苴联军还是被蜀国打败了。苴国曾与秦国建立防楚联盟，遂向秦国求救。

在巴、蜀与秦国之间，本来隔着楚国占领的汉中。楚国一直想攻入巴、蜀，而苴国由于地处进入巴、蜀腹地的要道，把守着剑门，首当其冲，与楚国发生多次战斗，结仇很深。此次，苴、巴两国危难，邻国中能够与蜀国一较高低的只有秦、楚。苴侯考虑到楚国与自己土地相邻，又一直想吞并自己，求楚无异于引狼入室。而秦国与巴、蜀中间隔着楚国的汉中，只有一小部分土地与自己相连，战胜蜀国后势必离去；如果不走，就将陷入巴、蜀和楚国汉中郡的包围。因而，求秦国是风险最小的。而蜀国也派使者入秦，提出与秦结为盟国，目的是不让秦国出兵。

对苴、蜀的要求，秦惠文王一概答应，分别收下了两国的厚礼，让两国的使者归国。秦惠文王用两国的礼物与韩国议和后，派张仪、司马错、张若、都尉墨，率领秦国的精兵火速入川。秦军很快就通过了苴国把守的剑门，向蜀国的都城成都进发。对于秦军的突然出现，蜀王十分吃惊；而对于秦国的不守信用，蜀王更是十分气愤。于是，蜀王亲自领军与秦军交战。但由于秦军已过剑门天险，气势正盛，蜀王在葭萌（今四川剑阁东北）战败，被秦军杀死。接着，张仪、司马错攻占成都，蜀国灭亡。张仪又借苴国与巴国劳军之机，一举灭亡了巴国和苴国。

秦国尽收巴蜀之地，张仪和张若主持修建了新的成都城。由于蜀王室在蜀国还有很大的影响力，于是秦惠文王采用羁縻的办法，将蜀国降格为侯，任命蜀王之子为新的蜀侯；任命张若为蜀相，管理蜀政。对待巴国，也采用了同样的办法。

占领巴、蜀后，秦国掉头痛击韩国。而此时插在秦国本土和巴蜀之间的楚国汉中郡（治今陕西汉中东），直接威胁着秦国入蜀的要道，便成了秦国必须拔掉的钉子。更元十三年（前312），秦联合韩、魏攻楚。秦惠文王命魏章率领公子疾、甘茂在丹阳（今河南西峡以西、丹水以北地区）大败楚军，占领了汉中，解除了楚国对秦国本土和巴蜀的威胁。这样，秦国的关中、汉中、巴蜀连成一大片，秦国对六国形成了居高临下的压迫形势。

义渠是匈奴的一个分支，是当时秦国在西北部最强大的一个部族政权，占有今天的陕西北部、甘肃中北部和宁夏等地。义渠凭借骑兵特有的机动性，对秦国边境进行劫掠，甚至曾侵入秦国的洛河流域。正是义渠的巨大危害性和破坏性，使公孙衍说动秦惠王暂停攻魏而转攻义渠。

秦国对付义渠的办法主要是烧荒，很有效果——义渠人不敢靠近牧草烧光的秦国边境，以避免大批牲畜饿死。秦惠文公七年（前331），义渠发生内乱，秦派庶长操趁其自相残杀，平定义渠，义渠的力量受到了很大的削弱。秦惠文公十一年（前327），秦国在义渠设县，义渠称臣。秦惠文王更元十年（前315），秦攻取义渠二十五城，秦国在西北地区占有了大片的优良牧场。

秦惠文王更元十四年（前311），秦国的第一位王——秦惠文王去世，在位二十七年。

秦武王嬴荡

秦武王嬴荡（前328—前307），战国时秦国国君。姓嬴、名荡，秦惠文王之子。秦惠文王去世后继位，在位四年（前310—前307）。他生性好斗，以武闻名，任用甘茂、樗里疾为左、右丞相，并率军伐周，攻下洛阳，为秦统一六国再添砝码，具有一定的推动作用。

一、初登王位　内外制衡

秦惠文王更元十四年（前311），秦惠文王去世，太子嬴荡即位，是为秦武王。

秦武王身高体壮，勇力超人，重武好战，常以斗力为乐，凡是勇力过人者，他都提拔为将，置于身边。乌获和任鄙两人以勇猛、力大闻名，秦武王就破格提拔他们为将，并给予丰厚的俸禄。齐国人孟贲力大无穷，四海闻名：陆行不怕虎狼，水行不避蛟龙，一人能同时制服两头野牛。听说秦武王重用天下勇士，孟贲便赶赴咸阳面见，秦武王任用为将，享受与乌获、任鄙一样的待遇。

秦武王元年（前310），韩、魏、齐、楚、越怀着不同目的，来祝贺秦王即位秦国新王。越国在勾践灭吴后，成为东南大国，国力强盛，是仅次于楚国的第二大国。楚、越水土相接，人文相近，彼此心怀企图，一直在谋划消灭对方。此时，秦武王亲自接见越国使者，与越国达成夹击楚国的密约。此外，秦武王也十分重视齐国的使者，向齐使介绍了秦、齐夹击韩、魏的有利地形，示意齐国联合。通过此举，既可以稳住齐国，又可以杜绝韩、魏趁武王新立而攻秦的妄想。秦武王又命叔父樗里疾设宴款待韩使，以此迷惑韩国。

秦武王的王后是魏国人，这也是秦惠文王与魏襄王结盟时定下的姻亲。这本应让秦、魏两国融洽相处，但此时，齐国压迫魏国，让魏攻秦。魏国权衡利弊，在秦、齐之间摇摆不定，秦武王便亲自与魏襄王在临晋（今陕西大荔东）相会，稳住了魏国。

通过一系列的外交活动，秦武王稳住了周边邻国，随后便开始着手解决秦国中央的魏籍权臣问题。

秦惠文王早期，为了对付魏国、打开中原之路，重用了一些了解魏国情况的魏国籍的大臣，如张仪、魏章、司马错、公孙衍等。这些人能力出众、屡建奇功，很快在秦国站稳了脚跟，张仪、魏章还把持着秦国的军政大权，是魏籍大臣的领袖。由于秦惠文王驭臣手段高明，这些能臣、强臣，个个拼死效国。但对初登王位的秦武王来说，魏籍权臣实在是极大的威胁。尤其是张仪，文武精通、辩才优秀，是个言能颠倒黑白、行能翻江倒海的人。张仪是秦国的大功臣，伐蜀取陕，打开了秦国通往中原的道路，享有很高的声誉，而且得到大批魏籍大臣的拥护。但张仪行事谨慎，极少破绽，秦武王根本找不到除掉他的理由，遂决定借刀杀人。

公孙衍是在张仪之前为秦惠文王重用的魏籍大臣，后来被张仪取代。由于政治主张不同，公孙衍与张仪互相攻讦，结怨很深。秦武王找借口让张仪出使魏国，让公孙衍代替张仪出任秦国的丞相。张仪明白秦武王的用意，担心有杀身之祸，便主动提出愿为秦国削弱齐、魏而出使魏国，并愿意劝说秦武王的另一心腹大患魏章与他一起离开秦国。秦武王十分高兴，赠送张仪、魏章车马金银，以与魏国结盟的名义，送二人启程。

张仪到魏后，魏襄王已被替楚国出使的苏秦说动，没有任用张仪为魏相，而是让太子代之。后来，张仪与齐国的孟尝君交接，引起武王的忧虑，担心他们说动齐、魏结盟，威胁秦国，于是派刺客入魏杀死了张仪。魏章由于没有参与秦、魏交恶，得以活命。公孙衍代张仪丞相位不到一年，就被秦武王免掉了。司马错见秦武王打击魏籍大臣，便低调处世，在秦武王时期虽未遭弃用，但也没有大用。秦国强大的魏籍权臣集团，就这样被秦武王解决了。

除了魏籍权臣集团，当时秦国的权力中心还有惠文后派、宣太后派、公室派和非魏客卿派。他们彼此间的争斗也很激烈，都想趁新王年轻，争得更多的政治权力。

惠文后和宣太后，是秦惠文王生前十分宠爱的两个妻子。由于惠文后和宣太后都精明能干，亲戚中多有能臣，能够起到为秦惠文王提供意见、团结大臣的作用，秦惠文王对她们也就加以利用了。

惠文后是秦武王的生母，秦武王即位时，惠文后还不到四十岁。惠文后有着强烈的参政意识，她担心年轻的儿子应付不了国内外的复杂局面，对其执政多有指点。由于惠文后是秦惠文王的正妻，秦惠文王在世时就有很高的威望；儿子即位后，她在国内外的影响就更大了。秦国的大臣、公子和诸侯，大多投靠惠文后，在解决魏籍权臣以后，惠文后的势力在国内是最大的。

宣太后是秦武王非常尊重的一位庶母，也经常能给秦武王一些很好的意见。宣太后的两个弟弟魏冉、芈戎，与秦武王也十分要好。本来，惠文后对宣太后很有意见，一直想除掉她，但秦武王对宣太后一直很照顾，使惠文后不能如愿。

樗里疾是秦惠文王的异母弟，是秦国公室中的领袖人物，贵戚们都很拥护他。樗里疾滑稽多智，被国人称为"智囊"，在惠文王时期曾立下赫赫战功，在秦国的军界拥有很高的威望。

在秦穆公时，由于魏籍客卿在秦国的势力异常强大，非魏籍的客卿便联合起来，楚人甘茂是他们的主心骨。甘茂也是秦武王最倚重的大臣，屡建大功。武王非常懂得客卿集团的重要性，在解决魏籍权臣集团后，他并没有因噎废食，而是继续任用有突出才能的客卿。

秦武王二年（前309），秦武王对秦国的官职进行了新的调整。设置左右相，以甘茂为左相，樗里疾为右相；设立将军职位，以魏冉为将军。惠文后派虽然没有得到军政要职，但在其他重要官职中占居多数。这样，秦武王很好地平衡了国内的各种政治势力，同时使王权再次得以巩固。

二、平定蜀乱　巩固疆域

秦惠文王更元十四年（前311），秦国刚刚占领的蜀国发生了叛乱。秦国派往蜀国的蜀相陈壮杀死了蜀侯通国（亦称"公子通"，土著蜀王之子，秦国所封），拥兵自重，向秦国讨封。病重的秦惠文王还没来得及处理此事就去世了，这个棘手的问题便留给了秦武王。

秦武王即位之前，就对处理蜀国的变乱有了大致的看法：蜀相陈壮虽然占有蜀国，却名不正言不顺。他本是秦臣，杀死蜀侯，打算自立为王，所作所为已是叛逆，于秦于蜀都是敌人。陈壮向秦武王讨封，就是想在秦武王初立、蜀国局势尚未稳定之际浑水摸鱼。讨得秦国的封号，从而可以名正言顺地以秦国封侯的名义统治蜀国，而实际上却无异于一个独立王国。如果秦武王不给封号，必然会来平叛，到时再以秦国要消灭蜀人为招牌来号召蜀人抗秦，陈壮还是可以自立。

秦武王对付这种两难局面的办法是拖，拖了陈壮一年的时间。在此期间，陈壮如坐针毡。由于秦武王迟迟不肯下诏，原本已很混乱的蜀国局势更加不稳。蜀侯的旧臣本来就对陈壮有些不满，见秦武王迟迟不封，以为秦国不支持他，于是开始互相联络，以图驱逐陈壮、复立蜀王室。追随陈壮的人见此情形，恐有异动，都很紧张，担心受到秦、蜀两面的攻击。蜀国上下处于互相猜疑之中，人心浮动。秦武王见火候已到，遂派甘茂入蜀平叛。

秦武王命甘茂入蜀后，抓住陈壮立足未稳、蜀侯旧臣谋变、蜀人无主的有利局面，杀死陈壮，重立蜀侯。甘茂入蜀，一路上密守王命，蜀中不知甘茂此行的目的，都惴惴不安，又心存希望。甘茂待蜀国各种政治力量齐集成都时，当众宣布秦武王命令，指出陈壮杀死蜀侯通国的行为是谋反，立通国之子煇为新的蜀侯。在当场杀死陈壮后，蜀国大臣群呼秦王英明，蜀国愿永远为秦国服务。新蜀侯公子煇与甘茂一起，到咸阳拜谢秦武王。秦武王向蜀国派出了新的国相，蜀国的局势稳定了。

在平定蜀相陈壮的叛乱后，秦武王对汉中郡也加强了控制。对于西部义渠和南部丹犁的扰边，秦武王均给予强硬的打击，丹犁和义渠也屈服了。秦国在秦惠文王时开拓的疆域，至此又得到了有力的巩固。

三、兵伐宜阳　举鼎丧命

稳定国内局势后，秦武王准备完成父王的遗志，开始谋划进军中原。

早在秦惠文王时，张仪就入秦献计：秦军东进中原，先取韩国军事重镇、周都洛阳的门户——宜阳（今属河南），以宜阳为跳板，控制东、西二周和周天子，以据有九鼎为象征，挟天子而令诸侯，建立中原霸主之业。由于当时秦惠文王为巩固后方而集中兵力灭蜀，暂把张仪之计搁置一旁。如今，秦武王欲对外征伐，自然想到了张仪之计。

一次，秦武王对右丞相樗里疾、左丞相甘茂说："寡人生在西戎，没有到过周都洛阳，不知中原怎样繁华。寡人渴望有一天，驾车进入周王畿游历，亲眼一睹天子重器九鼎。若能如愿，死也心甘。不知二位，谁能为寡人伐宜阳、进中原？"樗里疾回答："韩国宜阳城坚兵精，路远道险，倘若魏、赵两国出兵援救，秦军孤军深入险境，一旦失利，后果不堪设想。"秦武王听了，很不高兴。甘茂说："征伐宜阳，必先破韩、魏联盟，只要魏国帮助我们，赵国就不可能越魏救韩，韩国孤立，宜阳城就会为我军攻破。"秦武王大喜，即派甘茂出使魏国。

甘茂以共享伐韩之利相引诱，与魏王建立了秦、魏共伐韩国的联盟。甘茂怕秦武王在伐宜阳期间，听信樗里疾之言而变卦，特派副使向寿报告秦武王："魏王已经同意与秦国共伐韩国。虽然得到魏国支持，还是不伐宜阳为好。"秦武王听了，很不理解，亲自赶到息壤召见甘茂，问他为何改变伐韩计划。甘茂说："宜阳城池坚固，兵精粮足。秦军冒千里之险进攻，绝非短时能够奏效。如果攻打宜阳时间延长，必然有人在大王面前诽谤，大王听信小人之言，臣攻打宜阳不仅会失败，还要身败名裂。"秦武王坚定地说："寡人不听小人之言，愿与你定息壤之盟，为你解后顾之忧。"于是君臣当面签订盟约。接着以甘茂为大将，领兵五万征伐宜阳。

甘茂攻宜阳，长达五个月，没有见效。这时，樗里疾对秦武王说："秦军攻打宜阳城已经五个月，筋疲力尽，锐气大丧。再挺下去，恐怕形势要发生变化，不如班师为好。"秦武王听了，就派人召甘茂班师回朝。甘茂写信一封，让来人带给秦武王。秦武王拆信一看，只有"息壤"二字，恍然大悟，于是令乌获带领五万援军前往相助。甘茂得到生力军，兵力大增，遂以乌获为先锋，击退韩国援军，攻陷了孤城宜阳，斩杀韩军七万人。韩国元气大伤，急忙向秦国求和。

秦军占领宜阳，周都洛阳门户洞开。秦武王亲率任鄙、孟贲等精兵强将，大举进攻洛阳。周天子无力抵御，只好出迎秦军。秦武王直奔周室太庙，往观九鼎。只见九尊宝鼎一字排列在殿堂之内。这九鼎本是大禹收取天下九州的贡金铸成，每鼎代表一州，共有荆、梁、雍、豫、徐、青、扬、兖、冀九州，上刻本州山川人物、土地贡赋之数。

秦武王逐个审视，看到雍州鼎时，对众臣说："这鼎有人举过吗？"守鼎人回答："这鼎重达千钧，谁能举得起呀？"秦武王问任鄙、孟贲二将："你们两人，能举起吗？"任鄙知道秦武王恃力好胜，婉言辞谢："臣只能举百钧之物。这鼎重千钧，臣不能胜任。"孟贲伸出两臂走到鼎前，说："让臣试举，若举不起来，不要怪罪。"说罢，紧束腰带，挽起双袖，手抓两个鼎耳，大喝一声"起！"只见鼎离地半尺高，就重重地落下，孟贲感到一阵晕眩，站立不住，幸被左右拉住，没有倒在地上。秦武王看了发笑说："你能把鼎举离地面，寡人还不如你吗？"任鄙劝道："大王万乘之躯，不要轻易试力。"

秦武王固执不听，卸下锦袍玉带，束紧腰带，大踏步上前。任鄙拉着秦武王苦苦劝阻，秦武王生气地说："你不能举，还不愿意寡人举吗？"任鄙不敢再劝。秦武王伸手抓住鼎耳，心想："孟贲只能举离地面，我举起后应移动几步，才能显出高低。"于是深吸一口气，使出浑身力气，喝声："起！"鼎被举起半尺。接着，秦武王移动左脚，不料右脚独力难支，身子一歪，鼎落地面，正砸到右脚上。秦武王惨叫一声，倒在地上。众人慌忙上前把鼎挪开，只见秦武王右脚骨被压碎，鲜血流了一滩。等到太医赶来，秦武王已经昏迷，却仍然自言自语："心愿已了，虽死无恨。"

入夜，秦武王气绝而薨。周赧王闻报大惊，亲往哭吊。

樗里疾护卫秦武王棺柩回到咸阳，立秦武王异母弟嬴稷为王，是为秦昭襄王。安葬之后，樗里疾追究责任，将孟贲五马分尸，诛灭其族；奖励任鄙劝谏之能，升为汉中太守；同时建议秦昭襄王，追究甘茂怂恿武王入周观鼎之罪。甘茂听到风声，害怕治罪而逃往魏国，至死不敢还秦。

秦昭襄王嬴稷

秦昭襄王嬴稷（前324—前251），战国时秦国国君。姓嬴、名稷，秦惠文王之子，秦武王之弟。秦武王去世后继位，在位五十六年（前306—前251）。初由其母宣太后当权，外戚魏冉为相，任用白起为将，先后战胜魏、齐、楚等国，取得魏的河东和南阳、楚的黔中和楚都郢。后改用范雎为相，又在长平大胜赵军，奠定了此后秦取得统一战争胜利的基础。

一、传奇即位　谦谨务实

秦惠文王更元元年（前324），爱妾芈八子为他添了一个儿子。秦惠文王十分高兴，将这个孩子命名为"稷"，取意以农为本，希望他能给秦国的农业生产带来好的收成。这个男孩就是后来的秦昭襄王。

更元十一年（前314），赵武灵王在燕国的子之之乱后，从韩国迎立燕公子职，公子职即燕昭王。但此时燕国局势混乱，公子职在母亲燕国太后易王后的支持下，与太子平发生争斗，局势不利。易王后是秦惠文王的女儿，她与燕昭王母子希望能够得到秦国的支持。更元十四年（前311），秦国与魏国组成联军，进攻燕国太子平，将其杀掉，立公子职为燕王，秦、燕结盟。秦惠文王派自己喜欢的儿子稷入燕为质，以表明秦国对秦、燕友谊的重视。在公子稷入燕不久，秦惠文王就去世了，太子荡即位，是为秦武王。

燕国是一个远离中原的落后国家，国力比较弱，经过子之之乱，国力就更弱了。此时的易王后虽名为太后，但实际年龄并不大，只有三十多岁，对公子稷这个远离家乡、年纪又小的异母弟弟来说，既是姐姐，又是母亲。由于有易王后的照顾，稷比其他在国外做质的公子要好过得多。

此时的燕国，正处于百废待兴的状态。燕昭王下求贤令，筑黄金台，招揽天下能人贤士。易王后是见识过秦孝公、商鞅和秦惠文王如何强国的，为了使落后的燕国富强起来，她采用当初秦国的成功经验，燕国很快就走出内乱造成的困蔽，逐渐强大起来。公子稷眼看着比自己大不了几岁的燕昭王在姐姐的帮助下使燕国复苏，十分羡慕。公子稷在燕国的图强巨变中，度过了自己的青少年时光。

秦武王四年（前307），秦武王去世。秦武王无子，惠文后欲立自己的儿子公子壮，宣太后欲立自己的儿子公子市（亦作"芾"）。结果在将军魏冉的支持下，宣太后取得了胜利，只等着举行典礼了。而对于秦国国内的政治震荡，远在燕国的易王后、燕昭王和公子稷，也密切关注着。

秦国北边的赵国，此时已是一个十分强大的国家，其国王赵武灵王雄心勃勃。赵武灵王在宣太后战胜惠文后和公子壮后，通知宣太后，他要迎立宣太后的长子、远在燕国为质的公子稷为新的秦王。此时的秦国经过三年内战，刚刚稳定下来。对于赵武灵王的乘虚而入，宣太后既气愤、又无奈：如果拒绝赵国，那么秦、赵之间必然又要有一场恶斗，秦国很可能会丧失更多的领土和主权；而且公子稷毕竟是宣太后自己的长子，赵国迎立公子稷，她还是可以接受的。于是，赵武灵王让代相赵固到燕国迎立公子稷。

易王后和燕昭王听说赵国要迎立公子稷为新的秦王，非常支持。由与燕国有深厚感情的公子稷出任秦王，秦、燕两国的友谊必将进一步发展，这对于列强环绕、变法图强的弱国燕国来说，实在是个好消息。于是，燕国和赵国在公元前305年，将公子稷送回秦国即位，是为秦昭襄王。秦武王去世后秦国发生内乱的时间，在纪年上被划入昭襄王朝，公元前305年即秦昭襄王二年。

秦昭襄王即位后，秦国的大权仍然掌握在宣太后手里。宣太后认为，昭襄王当时只有十八岁，政治经验不足，应付不了国内外的紧张局面；另一个原因是，避免赵国借迎立之功挟制昭襄王，侵蚀秦国的利益。而赵武灵王由于没有得到预期的好处，对宣太后不让秦昭襄王亲政的做法自然很是不满。

宣太后执政初期，就制定了一个兄终弟及的君位传承制度。在这个制度中，秦昭襄王就像一个过渡者，生前由母后把舵，死后由弟弟即位。对于宣太后设计的这个体制，起初秦昭襄王并没有反对。

先前秦国的几次人事巨变，都是由于国君的早逝，新君控制不了先君留下的强臣所致。兄终弟及，可以避免国君早逝，由政治经验不足的孩子即位所带来的危险：弟弟在兄长在世时就得到了锻炼，兄长去世后，政权仍然在有实际经验的弟弟手里；在几个兄弟都去世后，他们的孩子也已长大，并得到了锻炼，君位又开始了新的轮替。在兄终弟及的传承体系中，由于几个弟弟既是王位继承人，又是很重要的大臣，因而在决策时，就要考虑国家的长远利益。在这种政体中，国王的权力受到了一定的限制，他不能为所欲为地胡来。这对于秦国保持稳定的局面和持续上升的势头，都有很大好处。

但有一个问题，却是秦昭襄王绕不过去的。由于新政权是靠武力建立的，宣太后和魏冉并非国王，却是执政者；自己虽是国王，却没有国王的权力。由于宣太后和魏冉的突出政治才能，自己只能是一个影子国王。虽然宣太后会有还政的一天，但自己能否赶上尚未可知。如此一来，新政权建立后的第一位真正的国王就会是自己的弟弟，而不是他本人。这对于有着远大理想的秦昭襄王来说是难以忍受的，他决心改变这种情况。

秦昭襄王是一个城府很深、颇有抱负的人，而且非常务实。在燕国的见闻，让他对一个国王担负的追逐荣誉、强国富民的责任十分渴望，但他也知道，实现自己的抱负不能操之过急。目前是母后和舅舅在秦国执政，他们做得很好，而且在目前的复杂局面下，他们也确实是不可替代的。更何况秦国的执政地位，本来就应该是他们的。要想亲政，只能等待时机，等待母后对自己的政治能力认可的时候，而这需要时间。至于两个弟弟对自己的不敬，秦昭襄王认为，他们既是对国王的不敬，也是对兄长的不敬，因而决定给予惩罚；而对他们最严厉的惩罚，就是通过自己的长寿来实际剥夺他们的王位继承权，因而秦昭襄王非常注意自己的健康。

二、太后掌权　积极配合

在既是大将军、又是舅舅的魏冉眼里，秦昭襄王只是一个有着国王称号的外甥，他的眼里只有姐姐宣太后。对魏冉对待自己的态度，秦昭襄王很能理解和容忍。他知道，没有魏冉对宣太后的全力支持，自己就不可能成为秦国的国王。

宣太后对秦昭襄王的谦虚谨慎很是欣赏，她也在为儿子的亲政创造条件。虽然秦昭襄王并无实权，但宣太后绝不允许任何人对他不敬。宣太后维护的，是秦昭襄王作为秦王的尊严，因为他代表秦国，而为了国家政策得到有力贯彻，国王是必须拥有权威的。宣太后决心理顺这种不利于秦国稳定的局面，她不断地强化秦昭襄王的权威，缩小自己的影响，为秦昭襄王的最终亲政创造条件。

宣太后在秦国的长期执政，主要是因为她具有过人的政治才能和特殊的身份，从而使她在那个时期无可替代。宣太后极为精明，经历过秦孝公、惠文王和武王三代有为君主，而且与张仪、公孙衍、樗里疾、甘茂这些绝顶聪明的人都打过交道，对如何当好一个国王、如何处理国君与能臣之间的关系，有着丰富的经验。在秦昭襄王朝早期，秦昭襄王是以心悦诚服、虚心求教的态度，来配合宣太后执政的；在亲政后，他更加遵奉宣太后行事。他知道，只有以母后的名义，才能控制住两个强横的舅舅——魏冉和芈戎。

宣太后执政期间，秦昭襄王是积极的配合者。在他们母子的密切配合下，诱杀了两位对秦国有着极大威胁的国王——楚怀王和义渠王。

楚怀王在位期间,灭了强大的越国,占有了原来的吴、越之地,向北进攻魏、韩、宋,这些胜利使楚国的领土几乎扩充了一倍。楚怀王十分渴望得到秦国占领的巴蜀和汉中的肥沃土地,曾对这些地区进行过猛烈的攻击。于是,宣太后决心不计任何手段除掉楚怀王。她先利用自己出身楚国、有楚国血统的事实,与楚怀王叙家谱,展开感情攻势。接着又示秦弱——主幼国乱,要割地嫁女,与楚国结盟,希望得到楚怀王对她们母子的支持。结果,取得了楚怀王弃齐亲秦的外交胜利,造成齐、韩、魏三国因恐惧楚、秦、赵联手瓜分中原而进攻楚国。

此时,宣太后趁楚怀王向秦国求和的机会,迫使楚怀王入秦,强行扣留。秦昭襄王十一年(前296),秦国在楚怀王险些逃脱后将其杀死。楚怀王死后,即位的楚顷襄王没有什么作为,在与秦国的较量中丧失了包括郢(今湖北江陵西北)、鄢(今湖北宜城东南)二都在内的大片土地,把国都也迁到了千里之外的陈(今河南淮阳)。自此之后,楚国就一蹶不振了。

秦国西方的义渠是一个游牧政权,受赵国的控制,经常劫掠秦国的西部边境。在山东国家合纵攻秦时,义渠侵犯秦国的西部边防,使其陷入东西两面作战的窘境。秦昭襄王三十五年(前272),宣太后用牛羊、美女笼络义渠王,以请义渠王到秦国观光的名义,将其诱入秦境,杀死在咸阳北岸的甘泉宫。随后大举进兵,灭亡义渠,解决了秦国的西部之患。

宣太后为扫除劲敌,诱杀两位国王,这种为达目的不惜使用任何手段的做法,使秦昭襄王产生了极大的震动。宣太后奉行的实力外交、功利主义,本来是秦国长期以来的对外政策,本应为六国所深刻认识。但秦昭襄王发现,只要宣太后稍予利诱,六国中准有上钩者。秦昭襄王在母亲那里学到了力与利的使用,这对他的后期执政有很大的影响。

宣太后对结盟一点也不感兴趣,她不相信任何盟友。秦国只要结盟,那个盟友准会倒霉,不是成为秦国的替罪羊,就是成为秦国的垫脚石。楚国与秦国结盟后,替秦国挨了齐、韩、魏三国联军的打。燕国应秦的攻齐号召,出力最多,但结果是一场空。燕国动用全国的力量为主力军,以乐毅为五国联军统帅,攻破齐国,齐国最富裕的城市陶(今山东定陶西北)却被秦国占了去,燕国却什么也没有得到。

宣太后从来都不告诉三个儿子,她处理国家大事时为什么这样做而不那样做,全凭他们自己的悟性去理解。秦昭襄王由于是王的原因,得以经常与宣太后在一起,从她身上学到了很多治国御臣的方略。

三、兄弟相残　巩固王位

在母后执政这段时间里,秦昭襄王对两个舅舅魏冉和芈戎很尊敬,对两个弟弟公子市和公子悝也很爱护,对于他们对自己的轻视从来都不发作,而是用更好的待遇来对待。

秦昭襄王这样做,是给宣太后看的。宣太后觉得秦昭襄王已经有了王的气度和智慧,已经懂得争取最强者的同情,学会让对方来承担责任,便逐渐隐退到了幕后。宣太后对她的两个弟弟和两个儿子作了暗示:昭襄王是秦国的王,是宣太后支持的王,他们都应该支持昭襄王,不要给他添麻烦。

对于母后的还政,秦昭襄王没有立即接受,因为他无法单独压制两个舅舅和弟弟。但他还是毅然任用了自己看中的文官武将,在遇到大事时与宣太后商量。

秦昭襄王对朝廷人事大权的使用,遭到了魏冉的抵制,但宣太后告诫魏冉,不要与秦昭襄王发生冲突。为了加强秦昭襄王的实力，宣太后还把秦国的间谍系统交给了秦昭襄王，这让昭襄王实力大增。秦国的间谍系统在七国中是最厉害的，本来一直是由国王控制。在秦武王突然去世后，这个系统的指挥权便被惠文后控制了。宣太后与惠文后争斗的过程中，这个系统给宣太后制造了很多麻烦。在取得胜利后，宣太后便亲自掌握了秦国的间谍系统。宣太后也一直在暗中观察秦昭襄王的用人和决策，发现秦昭襄王是一个非常称职的国王，便放心地让他干下去了。

随着时间的流逝，秦昭襄王三兄弟已人到中年。在宣太后的影响下，公子市和公子悝对执政的愿望也很迫切，而且两个人都有一定的政治才能。他们见秦昭襄王身体很为健康，执政能力非常出色，得到了宣太后的认可，便有些着急了。

对于秦昭襄王与两个弟弟之争，宣太后很苦恼，也很无奈。她感觉到，秦昭襄王还会在位很多年，真到他去世的那一天，公子市和公子悝也肯定是耄耋老者了。如果他们还活着的话，肯定不如秦昭襄王的儿子柱精力旺盛。而且柱是她眼看着长大的，是一个很好的国王候选人。但要亲手把公子市拉下马，宣太后也下不了这个决心。公子市是宣太后自小就疼爱的一个儿子，甚至超过了秦昭襄王。公子市由于是太子的原因，常年在外为质，数次遇险，全凭着自己的机智逃了过去，没有理由剥夺为秦国数次死里逃生的公子市继承王位的权利。公子悝的聪明不在昭襄王之下，甚至还是一位出色的将领。

宣太后无法在这种纷争中作出选择，只能靠拖来解决问题。但公子市取得了魏冉和白起的支持，试图像当年宣太后一样用武力夺取王位，惩罚他违约的哥哥。宣太后严厉警告魏冉和白起，不要参与秦昭襄王兄弟的争斗。后来，公子市要动用刺客来袭击秦昭襄王。间谍侦知这一情况，秦昭襄王便派公子市出使魏国。秦昭襄王四十年（前267），公子市被秦昭襄王的刺客杀死在魏国。随后，秦昭襄王与公子悝的关系也日渐紧张，而魏冉也在与白起加紧准备。面对如此局势，宣太后无奈之下，决定改变当初的设计，以避免一场新的内战。

靠着时间的帮助，秦昭襄王成功地使自己成了一个真正的王。秦昭襄王四十二年（前273），安国君柱被立为太子，魏冉到陶就国，宣太后去世。两年后，秦昭襄王杀死了还不安分的公子悝。

四、长平之战　掌控兵权

在公子市、宣太后和公子悝相继去世、魏冉到陶地去了以后，秦昭襄王要解决的，只剩下了白起。白起是秦国的杰出将领，一生征战，为秦国夺得了大片土地。

秦昭襄王三十六年（前271），魏国人张禄来见。秦昭襄王知道张禄其实就是范雎，是当时天下有名的辩士。见到张禄后，秦昭襄王感觉其人名不虚传，辩才不在张仪之下，但见识却要逊色不少。秦昭襄王见张禄以宣太后和芈戎专权来劝说自己，就决定要利用他来抵制魏冉。他拜张禄为客卿，张禄便散布芈戎攻陶实在不对、芈戎擅权有害秦国的言论，蛊惑人心，诋毁芈戎等人。芈戎要杀张禄，但在秦昭襄王保护下，张禄得以无恙。在魏冉到陶就国后，秦昭襄王起用张禄为相，张禄就用郑安平、王稽等人压制白起。

为了全面掌握军权，秦昭襄王决定进行一次全军参与的军事行动，打通秦国本土和陶的联系，继而灭掉韩、魏。魏冉出于陶国的安全利益，希望远离秦国本土的陶能够与秦本土相连，也支持秦昭襄王灭掉韩、魏，扫除陶的西部威胁。从秦昭襄王四十二年（前265）到四十六年（前261），秦昭襄王命令白起等人打通了沿黄河两岸秦与陶之间的通道。在这个过程中，出现了赵国要与秦争夺韩国上党（治今山西长治北）的事件。

秦昭襄王四十五年（前262），秦国出兵攻伐韩国的野王（今河南沁阳）。野王投降，韩国上党郡与本国的联系被切断。韩桓惠王惧怕秦军兵锋，决定主动把上党郡献给秦国，以平息战祸。上党郡守不愿降秦，韩桓惠王便派冯亭接替上党郡守，执行降秦的相关事宜。冯亭也不愿降秦，他率众献郡于赵国，意欲利用赵国的力量抗击强秦、保全韩国。赵孝成王喜出望外，欣然接受，封冯亭为华阳君，仍为上党郡守，派平原君赵胜率领五万赵军接收上党。

秦昭襄王四十七年（前260），秦国派军进攻韩国的缑氏、纶（今河南偃师一带），震慑韩桓惠王；派左庶长王龁领兵进攻上党，意欲一举兼并。赵国派大将廉颇领兵二十万，援救上党。廉颇驻军长平（今山西高平西北），以丹朱岭至马鞍壑一线的百里石长城为主防御阵地，分军兵向前，在六十四里的空仓岭一线据险构筑前沿防御，并派出裨将茄继续向前搜索迎敌。此时，缑氏、纶、上党已被秦军攻陷，冯亭率残部归于廉颇军中。

王龁军与廉颇军的首次遭遇战，发生在空仓岭以西的玉溪河谷。混战中，秦军前锋斩赵裨将茄。初战不利，赵军据守空仓岭防线。秦军突破防线，占领赵军坚固堡垒。赵军被迫往长平方向退却，在石长城以西的丹河一线构筑长垒防御。秦军再次强攻赵军阵地，赵军战败，向东退入故关，坚守百里石长城。

石长城建筑于丹朱岭至马鞍壑一线的分水岭上，面向秦军的南坡形势陡峻，依山势绵延百里，只在中段有一天然隘口，名为"故关"，为南北交通的必经之路，筑有城门。赵军在百里石长城全线布防，以故关为重点防御地段，居高临下抵御秦军。秦军进攻受挫，约赵军出长城决战，赵军拒不出战。在廉颇的统御下，赵军坚壁以战，成功地遏制了秦军的攻势。

秦军攻战一年多而没有进展。由于后勤补给线漫长，难以为继，秦昭襄王听取大臣的建议，利用赵国派使者入咸阳和谈的机会，示好于赵，使其他诸侯国不敢支援赵国；同时施用反间计，使赵孝成王临阵换将，撤销了廉颇的军权，起用只懂纸上谈兵的赵括为长平前线的最高军事统帅。

这年夏天，赵括接管了长平前线的四十万赵军。与此同时，秦昭襄王将在野王一带准备攻击韩都郑（今河南新郑）和魏都大梁（今河南开封）的白起调到韩国上党，与赵括对垒；让魏冉佯攻邯郸（今属河北），使赵国不能抽调邯郸地区的主力支援赵括，同时钳制齐、韩、魏、楚，对临近的黄河守军进行支援；留有一军保卫国内。

由于此战对魏冉所在的陶地确实有利，因此他很支持这次军事行动，与魏冉交厚的白起也很卖力。秦昭襄王第一次有效地调动了全国的军队。当时秦、赵是两个超级强国，谁也不具备灭掉对方的实力。秦昭襄王的这种战略部署，实际上就是让白起在上党地区与赵括打一场消耗战。

张禄早就看出了秦昭襄王的用意，让郑安平做好接替白起的准备。郑安平不解，张禄说："上党巨战，白起胜了，功在昭襄王，从此秦国的军权就被昭襄王掌握了。到时候，昭襄王必会听从我的意见，用你为将。如果白起败了，昭襄王正好可以解除白起的军权，昭襄王还会用你为将。所以说，无论白起胜负，昭襄王都已稳操胜券。"白起与赵括在河东地区各调集百万大军，以长平为主战场，进行了一场史无前例的巨战。秦军射杀赵括，赵军大败，降秦四十多万人，全部被坑杀。此战，秦军伤亡也多达六十余万。

长平之战后，秦军虽然占领了整个河东地区，但秦国的损失过大，已经无法再支持攻击邯郸的大战了。田单防守的邯郸十分牢固，城中驻有几十万精锐赵军和大量粮草，邯郸外围还有几支机动部队协助防守。就在这个时候，魏冉又去世了。秦昭襄王考虑到秦军战线过长、供给困难，而且消耗已经过大，如果这个时候韩、魏进攻，秦国就有可能遭受大败的厄运。于是昭襄王四十八年（前259）年底，秦昭襄王命令秦军大部收兵，留一部分继续攻打邯郸。秦昭襄王还把陶地的精兵调回国内，填补空虚。

五、平定叛乱　立功千秋

长平之战后，秦昭襄王对秦军的将领作了很大的调整。

在长平之战中，白起被赵括所派的刺客刺伤，战后伤口发作，养病在家。在此期间，秦军中与白起最为交厚的王陵、王龁等将领，先后被派往邯郸战场，但均告失利。秦昭襄王多次派张禄请白起，白起均以病推脱。秦昭襄王大怒，以白起屡次拒绝王命为由，夺其武安君封号，贬为士卒，迁往阴密（今甘肃灵台西南）。白起在咸阳滞留了三个多月，徒众越集越多，与军中将领也有交接。秦昭襄王见白起反势日形，派人强令白起上路。白起上路没走多远，就被秦昭襄王派遣的使者逼迫自杀。

秦昭襄王在除掉白起后，果然如张禄所说，命郑安平为将，代白起去邯郸。邯郸战场多为白起旧将，不听从郑安平的指挥，秦军被田单和前来救赵的信陵君、春申君包围分割。郑安平被围，无人去救，被迫降赵，几支秦军也先后被歼。至此，魏冉、白起系统被秦昭襄王全部剪灭。

秦昭襄王五十二年（前255），与张禄交厚的另一位秦国重臣河东郡守王稽，被指控有通敌嫌疑，秦昭襄王将其处死。举荐王稽和郑安平的张禄，负有举人不当及与王稽、郑安平同罪的责任，被迫自杀。昭襄王消灭了秦国的最后一位权臣。有趣的是，此前秦昭襄王压制魏冉与白起，多让张禄出面，秦国百姓对张禄都很怨恨；张禄死后，秦国百姓都夸秦昭襄王圣明。

在秦昭襄王一朝，蜀郡郡守李冰父子开凿的都江堰水利工程，使成都平原成为关中平原之外的第二个天府之国，成为支持秦国连年战争的经济基地。李冰还曾受命治理沫水、邛水、洛水，对秦国的农田水利工程做出了杰出贡献。这些水利工程的修建，使秦国的农业经济实力大大强于六国。

在昭襄王朝的兼并战中，秦国将耕者有其田的土地政策推向占领地区，使被占领地的居民自愿归秦，为秦所用。荀子所说的战国兼并战"易取不易守"的问题，被秦国很好地解决了，这也是秦国能最终统一六国的一个重要原因。

秦昭襄王五十六年（前251），七十三岁的秦昭襄王去世，其子安国君柱即位。

昭襄王在位的五十五年，为秦国最终统一六国打下了非常重要的基础。没有昭襄王朝在军事上、政治上和经济上的成功，秦国就不会有秦始皇统一六国的成功。昭襄王朝打下的坚实基础，几乎使秦始皇统一六国成了一件水到渠成的事情。

秦孝文王嬴柱

秦孝文王嬴柱（前304—前250），战国时秦国国君。姓嬴、名柱，秦昭襄王之子。秦昭襄王去世后继位，在位仅三天（前250）。

嬴柱是秦昭襄王诸子中最出色的一个。他从小就被昭襄王安排到宣太后身边，侍奉宣太后，与之感情十分深厚。而且他为人正直爽朗，在宣太后的影响下，看问题也很有深度。

在嬴柱之前，昭襄王曾经立过一个太子，就是长子嬴悼。后来，嬴悼被派到魏国做人质，在秦昭襄王四十年（前267）不幸病逝在魏国。众公子中，嬴柱最善于逢迎父王的心思。在咸阳时，他天天派人入宫问安视膳；每逢节日，必搜集奇珍异宝殷勤孝敬。昭襄王感念他的仁者之心，赏给大量户邑，并封安国君，留驻封地。秦昭襄王四十二年（前265），昭襄王立他为太子，这时的嬴柱已经三十九岁。此后，作为太子的嬴柱开始了到各国做人质的生活。

嬴柱妻妾很多，有二十多个儿子，异人便是其中的一位。异人排行居中，母亲夏姬又长期得不到太子的宠爱，异人便被作为人质，送到了赵国邯郸。在邯郸，异人遇到大商人吕不韦，并在其帮助下，认太子嬴柱最宠爱的华阳夫人为母。从此，华阳夫人向嬴柱大吹枕边风。太子嬴柱答应了华阳夫人的请求，与之刻符为信，约定立异人为继承人。

秦昭襄王五十六年（前251）秋，昭襄王病逝，太子嬴柱承袭王位，是为秦孝文王。华阳夫人为王后，异人（时已改名"子楚"）为太子。

秦孝文王在位时间很短，他先服丧一年，然后于秦孝文王元年（前250）正式即位。此时他已经五十三岁。然而，这位苦苦等待几十年的秦王，即位仅三天便猝然而逝——或许是平日因荒淫而空虚的身体经受不起即位的狂喜。于是，子楚即位，是为秦庄襄王。

秦始皇的父子兄弟

秦始皇性情骄横、残暴，与其父异人带给他的童年环境不无关系；秦朝二世而亡，正是始皇帝与二世皇帝滥用民力、横征暴敛、严刑酷法所致。秦始皇兄弟二人，人不多，斗争却是你死我活；秦始皇儿女三四十个，人不少，胡亥登基后却是一律我活你死。父亲的投机得位、兄弟的怨毒骄横，长子扶苏的仁懦朴质、次子的无赖凶狠，个个都是出色当行的角色……

秦庄襄王嬴异人

秦庄襄王嬴异人（前278—前247），战国时秦国国君。姓嬴，名异人，后改名子楚，秦孝文王之子，秦始皇之父。秦孝文王去世后继位，在位三年（前249—前247）。他年轻时作为人质居住在赵国都城邯郸，后在吕不韦帮助下逃回秦国。即位后，进攻东周，铲除其残余，并蚕食三晋，攻占了大片土地，为秦统一六国奠定了最后一块基石。

一、驻外质子　结好中宫

异人是秦昭襄王的孙子、孝文王的儿子。秦昭王四十二年（前265），昭襄王立其次子安国君嬴柱为太子。

安国君有二十多个儿子，异人排行居中。异人的母亲名夏姬，不受安国君宠爱，异人自身又非长子，因而被作为质子送往赵国邯郸。由于秦国多次攻打赵国，赵国人对异人很冷淡，根本不加礼遇。就这样，异人成了一个流落异国的寒酸公子。

一个偶然的机缘，异人遇到了在邯郸做生意的吕不韦。当时，异人落魄失意，穷愁潦倒，车辆破败，财物匮乏。但吕不韦却认为异人奇货可居。

后来，吕不韦亲自上门拜访异人，说他可以光大异人的门庭。异人起初有些不相信，等吕不韦和盘托出自己的想法，异人真可谓困龙得遇甘露，高兴之余，慨然答应："如果你的计策成功，我愿意和你共有秦国。"

吕不韦将五百金交与异人，让他改善处境，广交宾客；同时另拿出五百金，选购珍奇玩物，自己带着西游秦国，说服华阳夫人收异人为嫡子,并立为太子。华阳夫人听说异人如此贤孝,非常感动,对异人的好感倍增,决定收其为子。此后,华阳夫人多次在安国君面前夸奖异人,要求立其为太子。安国君经她一说,当下同意,并刻符立约。他们还托吕不韦送了好多东西给异人,并且命吕不韦辅助他。从此,异人声名鹊起。

异人贪杯好色。有一天,他到吕不韦家饮酒,看到一位颇有姿色的女子。这个女子是吕不韦的宠妾赵姬,当时已怀有身孕。异人喜欢她,竟然站起来给吕不韦敬酒,请其割爱,将赵姬让给自己。吕不韦听后很生气,但为了不因小失大,便慨然同意了。

赵姬到了异人那里,隐瞒了自己已有身孕的事。过了十二个月,赵姬生下一个儿子,起名叫"政",这便是后来的秦始皇。异人立赵姬为夫人。

二、回国继位　扩疆拓土

秦昭襄王五十年(前257),秦国出兵进攻赵国都城邯郸。形势紧迫,赵国欲杀异人以泄愤。异人在吕不韦及其宾客的帮助下,给守城官吏送了六百金,才得以逃到秦国军营,然后回到秦国。

为了博得出生于楚国的华阳夫人的欢心,异人在吕不韦的授意下,改名为"子楚"。子楚逃跑后,他的夫人和儿子却留在了邯郸。

昭襄王五十一年(前251),秦昭襄王去世,安国君守孝一年后即位,是为秦孝文王,立华阳夫人为王后,立子楚为太子。此时赵国也不想与秦国为敌,便把赵姬和嬴政送回了秦国。孝文王即位三天就去世了,太子子楚继承王位,是为秦庄襄王。庄襄王尊嫡母华阳夫人为华阳太后,尊生母夏姬为夏太后。

秦庄襄王元年(前249),庄襄王为报答吕不韦的恩惠,即位后的第一道命令就是任命他为丞相,并封为文信侯,食邑河南洛阳十万户。随后下令大赦,修治功业、优待亲众、布惠百姓,使秦国实力继续得以增强。

当时,西周已于秦昭襄王五十一年(前256)被秦军所灭,周赧王病逝,西周公被迫迁都于但孤聚(今河南临汝西北),因此地在原都的东边,所以称为"东周"。秦庄襄王元年(前249),东周宗室与山东诸侯谋议削弱秦国,庄襄王派吕不韦率军攻讨,进入其都,但未绝其祀,仍以阳人聚(今河南临汝西)赐予周君。又派兵攻韩,迫其出让成皋、巩、荥阳(今河南荥阳、巩县一带)等地,从而使秦国的东界达到大梁(今河南开封)。

次年,庄襄王再次派兵攻打赵、魏两国,获取城邑多处。秦庄襄王三年(前247),秦军再攻韩国上党地区,魏将无忌率燕、赵、韩、楚、魏等国联兵抗秦,并将秦军击退。见此情景,庄襄王大为震惊,便要将魏国质子囚禁起来。但部下建议尊奉质子,与魏亲近,以迷惑韩、齐等国。同时又派人挑拨魏将无忌与其国君的关系,终于使魏王失去对无忌的信任,无忌遂谢病不出,饮酒自慰,不久病酒而死。

秦庄襄王三年(前247),庄襄王去世,终年三十二岁,在位仅三年,其子嬴政即位。此时,秦国已兼并巴蜀、汉中、河东、太原、上党等地,统一大业指日可待。

长安君成蟜

成蟜(约前256—前239),庄襄王子楚与姬妾所生庶子,秦始皇嬴政同父异母弟,封长安君。在祖母华阳夫人支持下,他曾与嬴政争夺太子之位。嬴政即位后,他觊觎王位,起兵谋反。在秦王嬴政的镇压下兵败自杀，并惨遭"戮尸"，麾下将士也全部被杀。

一、庶出子楚　结怨嬴政

嬴政的母亲赵姬本是吕不韦的姬妾，在怀孕后嫁给了嬴政的父亲子楚（异人），在赵国生下了嬴政。

秦昭襄王五十年（前257），秦国出兵进攻赵国国都邯郸。赵国迁怒于在赵国做人质的秦国公子子楚，准备杀他泄愤。子楚在吕不韦的帮助下，给守城的官吏送了六百金，得以逃到秦国军营，然后回到秦国。嬴政和母亲赵姬，也随时有生命危险，但在赵姬父兄的保护下，才逃过了赵国的杀害。当时，嬴政年仅两岁。

子楚逃回秦国后，在父亲安国君和母亲夏姬的庇护下，过着公子哥式的富足生活。虽然史书上并没有记载子楚在秦国有否娶妻纳妾，但他和赵姬分别六年，身边自然少不了姬妾。大约就在子楚回到秦国的第二年，有姬妾为他生下了一个儿子，取名成蟜。

成蟜自幼生活在富足的王室，锦衣玉食，奴仆成群。他自幼聪明伶俐，颇受父母和祖母华阳夫人的喜爱。而在赵国的嬴政，生活条件虽然也不差，但终日担心赵国派人杀害，在胆战心惊中成长。因此，这两个人虽是兄弟，由于长期不在一起生活，并没有什么兄弟感情；性格也迥然不同：嬴政刻薄寡恩、心狠手辣，成蟜自视颇高、骄横霸道。

昭襄王五十六年（前251），秦昭襄王在位五十六年后去世，安国君即位，立子楚为太子。此时，赵国不想与秦国为敌，便把子楚的夫人赵姬及儿子嬴政送回了秦国。子楚与夫人赵姬久别重逢，恩爱异常，其他姬妾都被冷落一旁，成蟜的母亲自然也不例外。

也就在这时，成蟜与嬴政第一次相见。成蟜虽然年幼，但对于突然出现的哥哥嬴政充满了敌意。这一方面是受其母亲的影响，另一方面也是出于自身的霸道、自私心理。成蟜的母亲失去子楚的宠爱，对赵姬充满怨恨。她原本以为：子楚被立为太子，将来定会继承王位；而成蟜作为子楚在秦国唯一的儿子，太子之位非他莫属。然而，嬴政和母亲的突然回国，打破了她的美梦。赵姬是子楚的夫人，嬴政是子楚的嫡长子，在"立嫡以长"的制度下，子楚即位后，肯定会立嬴政为太子，自己的儿子成蟜将无缘太子之位。所以，成蟜的母亲十分仇恨赵姬母子，并将这种仇恨灌输给了成蟜。

由于六年时间没有对赵姬母子尽为夫为父的责任，又让他们因自己而担惊受怕，子楚对嬴政充满了愧疚，一心一意要加倍补偿。嬴政受到父亲的宠爱，衣食用度都比成蟜要好得多；作为嫡长子，嬴政在家中的地位也远远高于庶出的成蟜。这一切，对于成蟜来说，无异于一场噩梦。他的骄横霸道，使他对嬴政充满敌意，恨他夺走了属于自己的一切：父亲的宠爱、作为独子的尊贵、衣食用度上的特权。

成蟜与嬴政虽然生活在一个府中，终日抬头不见低头见，但关系并不融洽，而是冷眼相向。两个人很少在一起玩耍，即使一起玩耍，成蟜也常被哥哥嬴政欺负，不是挨打就是受骂，这种童年的痛苦经历，深深烙进了成蟜的内心。随着岁月的转换，成蟜对嬴政的仇恨也与日俱增。

二、太子之争　成蟜败北

安国君（秦孝文王）即位三天就去世了，作为太子的子楚，顺理成章地继承了王位，史称秦庄襄王。秦庄襄王元年（前249），子楚任命吕不韦为丞相，封为文信侯，颇为宠信。吕不韦的地位扶摇直上，权倾朝野。

华阳夫人听说赵姬曾做过吕不韦的侍妾，就对嬴政是否子楚亲生产生了怀疑，所以极力主张立成蟜为太子。但子楚性格软弱，赵姬又时常向他吹枕头风，吕不韦也联合宗室元老，多次上书主张立嬴政为太子。嬴政内有母亲赵姬的支持，外有丞相吕不韦的接应，最终击败成蟜，被立为太子。成蟜的母亲只能眼睁睁地看着嬴政成为太子，毫无办法。华阳夫人也大发雷霆，但一时也无可奈何。

成为太子后的嬴政，地位更加尊宠，对于同父异母弟成蟜颐指气使；成蟜对他也恨之入骨，视为眼中钉、肉中刺。此时，兄弟二人的关系更加恶化。

秦庄襄王在位三年，得了疾病，卧床不起。丞相吕不韦入宫探问病情，见到了已经成为王后的赵姬，勾起了往日的情愫。于是，吕不韦写了一封书笺，让内侍暗中送给王后，追忆往日恩爱。王后看了书信，想起旧日的千般恩爱，感动不已，遂召唤吕不韦入宫，与他私通。当时，秦庄襄王病倒在床，对此毫不知情。

华阳夫人不甘心失败，为了让与自己有血缘关系的成蟜做太子，她千方百计调查赵姬与吕不韦的暧昧关系。在掌握真实情况后，华阳夫人恼怒万分，来到秦庄襄王的病床前，告诉他嬴政不是他的儿子，让他改立成蟜为太子。庄襄王又急又怒，准备立遗诏，改立成蟜为太子。正在这时，吕不韦突然持剑出现，华阳夫人只好退出。此后，吕不韦便时刻守护在秦庄襄王病床前，不让外人随便接近。

吕不韦装作十分尽心尽力，时常进献医生和药物给秦庄襄王。没过多长时间，秦庄襄王便去世了。吕不韦扶太子嬴政即位（前247），尊赵姬为太后。

嬴政即位时，年仅十三岁，弟弟成蟜大概十岁。即位后不久，嬴政便封成蟜为长安君。因为嬴政年少，国家大事皆由吕不韦处理。

在吕不韦执掌国家大政期间，嬴政与成蟜都很年少，因此尚能相安无事。然而，随着年龄的增长，成蟜眼看着作为帝王的嬴政与自己地位悬殊，开始觊觎王位。对于吕不韦的专权国事，他十分不满。他也听到了吕不韦与太后私通的传闻，颇为不屑。当他听到嬴政可能是吕不韦与太后所生的传言后，更加愤愤不平。他认为嬴政本来就不该继位，王位应当属于他。为此，他积极为谋反做准备，广纳豪杰贤士，暗中收购和打造了许多兵器，又训练了许多家兵。

三、起兵反叛 兵败自杀

对于成蟜的举动，秦王嬴政和吕不韦也有所察觉，但没有证据，又不能公然处死他，只好压住怒火，静观其变。

秦国在秦王嬴政即位后，连年征伐山东六国。在察觉成蟜有谋反企图后，老奸巨猾的吕不韦决意派成蟜出兵攻打兵强马壮的赵国，如此一来，即使不被赵国将领所杀，一旦打了败仗，也会挫削其锋芒，便可趁机按军法处置。于是，吕不韦经过深思熟虑，说服秦王嬴政派成蟜去攻打赵国。

秦王政八年（前239），长安君成蟜率领大军攻打赵国。一开始，成蟜率领秦军勇猛出击，打败了赵军。后来，赵国派大军来支援，秦军不敌，打了败仗，被困在荒郊野外。成蟜虽然训练过家兵，但并不懂行军打仗之道。他的幕僚深知这一点，都担心成蟜打了败仗，秦王肯定不会轻易放过，自己也会被株连。因此，幕僚们都十分担忧，私下里议论纷纷。最后，幕僚们决定撺掇成蟜，趁手握重兵之机谋反。成蟜年轻气盛，且早有谋反之志，一经幕僚煽风点火，立即同意起兵。他野心勃勃，要夺回自认为属于自己的王位。

成蟜率领大军突出赵军的包围,走到陈留(河南开封东南),驻扎了下来。然后派遣亲信返回咸阳,串通宗室子弟密谋政变。经过一番准备,成蟜公然起兵反叛,攻占了陈留附近的郡县,声势浩大。同时,成蟜向各国发出讨伐秦王嬴政的檄文,揭穿了秦王嬴政的身世之谜。一时间,各国舆论哗然,咸阳也动荡不安。

秦王嬴政得知成蟜谋反的消息,大为震怒,尽管他知道成蟜早晚都会反叛,但没想到来得这么快。不过,他并没有把成蟜放在眼里,认为他缺乏谋略,兵力也无法和自己相比,所以虽然震怒,却并不恐慌。他从容不迫地调动大军,安排了名叫壁的骁将,率军浩浩荡荡前往陈留,平定成蟜的叛乱。

壁率军来到陈留,对成蟜的叛军发起了猛烈攻击。成蟜手下的许多士兵,不过是新近归属于他,内心并不真正服从,将军们也各怀异志。面对壁的凶猛攻战,本来就军心不齐、士气不旺的叛军遭到了惨败。成蟜手下的军官都被杀得七零八落,所剩无几,士卒们也纷纷投降,最后只剩下成蟜和一些幕僚。

成蟜见大势已去,悲叹不已,他知道自己即使投降,也会被心狠手辣的嬴政处死,还不如自杀了结性命,或许还能免于受辱。于是,成蟜便自杀了。成蟜一死,树倒猢狲散,幕僚们或者投降,或者逃散。

壁将平定叛军、成蟜自杀的捷报送到朝廷,秦王嬴政余怒未消,命令对成蟜施以鞭戮尸体的酷刑,还令将成蟜麾下归降的将士全部杀死。由于成蟜是在陈留一带起兵造反的,秦王嬴政又下令将那里的居民全部迁移到临洮(今甘肃岷县)。

本来,秦王嬴政以为这样一来,可以杜绝后患,陈留人再也不能造反了。但没过多久,陈留人便给了他一记响亮的耳光:前去讨伐成蟜的将军壁去世后,他手下的陈留籍士兵蒲鹬再次造反。

这一次，秦王嬴政更加愤怒，立即派大军前往，对叛军进行了血腥镇压，蒲鹟兵败战死。同样，秦王嬴政对蒲鹟也处以鞭戮尸体的酷刑。

也许是秦王残杀自己的弟弟激怒了上天，这一年，秦国遭受了洪涝灾害，黄河的鱼大批涌上岸边，庄稼颗粒无收，人们都赶着马车到东方去找食物。

秦二世胡亥

秦二世胡亥（前230—前207），秦王朝第二位皇帝，秦始皇幼子，扶苏之弟。秦始皇去世后，被赵高等拥立继位。在位期间，对赵高言听计从，大肆杀戮群臣、骨肉，大兴土木，耗资巨万。他暴虐凶狠，又昏庸荒淫，朝政尽委赵高。陈胜、吴广起义暴发后，赵高为推卸罪责，派人至胡亥所居望夷宫，逼其自尽。

一、宫廷政变　弑兄夺位

秦始皇子女众多，但在历史上有名的，只有长子扶苏和幼子胡亥等少数几个。扶苏仁慈善良，不为秦始皇所喜欢，被派往北部边疆，与大将蒙恬率军戍边。胡亥与乃兄截然不同，自幼受到父母的宠爱，娇生惯养，常年深居宫中，骄纵任性，虽说也受到了良好的教育，但毫无王室公子的风范可言。

有一天，秦始皇在殿中宴会群臣，并诏诸公子入殿就餐，胡亥也来参加。秦制规定，臣下朝会皇帝，入殿之前必须脱掉鞋子，放在殿外台阶上。这天宴会盛大，阶上的鞋子虽多，但行列整齐，放置有序。胡亥吃饱喝足，不愿在席间干坐，便提前退出殿来。他顺着鞋子行列，边走边用脚踢，直到把整齐的朝鞋踢了个乱七八糟，这才离去。后来胡亥做皇帝，天下秩序正像被他踢乱的鞋子一样混乱不堪。

秦始皇巡游天下的那年，胡亥已经二十岁，可他玩性正盛，极力请求随行，以便一路上玩个不亦乐乎。秦始皇宠爱这位少公子，便答应了他的请求。不巧的是，秦始皇尚未巡游多少地方，便一病不起。他深知自己来日无多，而当时未立太子，长公子扶苏还在北部边郡监军，便及时留下了皇位继承问题的遗诏，命扶苏把兵事移交将军蒙恬，急赴咸阳主持丧事，并继承皇位。遗诏加盖玺印密封后，存在中车府令赵高处，还没来得及交予使者送出，秦始皇便与世长辞了。

丞相李斯见秦始皇死在途中，恐怕咸阳诸公子争夺帝位导致天下叛乱，所以密而不宣，只有李斯、胡亥、赵高和几个亲近宦官知道内情，对其他人一概严守机密。就在秦始皇遗体返回咸阳的途中，居心叵测的赵高乘机策动了一场篡改遗诏、扶立胡亥的政变。

赵高首先游说胡亥："皇帝驾崩，没有留下分封诸位公子的诏书，却单独赐给长公子一封玺书。长公子一到咸阳就是皇帝了，你怎么办呢？"胡亥不是长子，又胸无大志，听了赵高的话，就说："这是理所当然的啊。父亲去世，他不传位给长子，还会怎么样呢？"赵高说："不对！现在如何安排天下，关键就在于你、我和丞相三人。希望你早作打算。别人对自己称臣和自己向别人称臣，控制别人和受别人控制，难道可以同日而语吗？"

胡亥明白赵高的意图，可他认为夺取兄长的继承权是不义，违背父亲的遗嘱是不孝，才能浅薄而勉强靠别人取胜是不够格，不义、不孝、不够格都不道德，即使做了皇帝，天下人也不服气，自身生命会有危险，连祖宗也要断绝祭祀香火。

赵高见胡亥并非不想做皇帝，只是担心道义上的谴责，就旁征博引，讲了一套黑白混淆的歪理。胡亥经赵高一番蛊惑，终于动了夺位之心。

说通了胡亥，还必须有李斯的配合才成。于是赵高又用同样的方法说服了丞相李斯。

这样，胡亥、赵高、李斯毁掉原来的遗嘱，诈为始皇帝遗诏丞相，立胡亥为太子，又伪造一封遗书给扶苏和蒙恬，说他们经营边疆多年，却毫无寸功，子不孝，臣不忠，令其自尽。假遗诏加盖皇帝玉玺后，派胡亥的亲信为使者，日夜兼程，前往北边送交扶苏。

扶苏拜读诏书，泪如泉涌，当即进入内舍，含冤自刎。蒙恬深疑其中有诈，想拖延时日，看个水落石出。使者见蒙恬不肯就死，便把他关进阳周（今陕西子长北）的监狱，去向胡亥复命。

胡亥、赵高、李斯听说扶苏已死，急忙返回咸阳，发布秦始皇逝世的消息。接着，胡亥举行即位大典，是为秦二世皇帝。赵高升任郎中令，全面掌管宫中警卫，成为秦二世的宠臣。

二、大肆杀戮　诛灭异己

胡亥虽然登上了帝位，但他心中明白自己名不正、言不顺，若想随心所欲地玩乐，还必须翦除异己，方可高枕无忧。赵高更是清楚这一点，他对秦二世说："陛下刚刚即位，急需大振威力。要立威，就必须制定严苛的刑法，让犯罪的人连坐受诛，乃至灭族；消灭大臣，疏远骨肉；使贫困的人豪富起来，使卑贱的人高贵起来；统统除掉始皇帝任命的大臣，换上自己的亲信。这样既可以除去先帝的那些旧臣，又可以安置陛下亲信的人，新臣子谁不感恩戴德、忠于陛下呢？这样国家就安定了，陛下也就可以高枕无忧了。"这条铁血政策得到了秦二世的认可，一场血腥屠杀随之展开。

首先遭到杀害的是蒙恬、蒙毅兄弟。秦二世本想仍用蒙氏兄弟为将，可是赵高因早年犯罪受过蒙毅制裁，怀恨在心，捏造说先帝早就想立胡亥为太子，只因蒙毅谏阻才未立成。就这样，秦二世打消了释放蒙恬的念头，并把蒙毅囚在了代郡（治今河北蔚县东北）狱中。他派御史曲宫到代郡监狱，宣布蒙毅"罪状"，令其自杀。蒙毅据理力争，曲宫知道秦二世的用意，不听申辩，逼杀了蒙毅。秦二世又派使者到阳周，逼蒙恬自杀。蒙恬开始不肯，分辩说要见皇上，请他收回诏命，使者不许。蒙恬见生还无望，只得服毒自尽。

蒙氏兄弟死后，秦二世让赵高主管办案。赵高罗织罪名，大批朝臣被杀。右丞相冯去疾和将军冯劫认为"将相不辱"，相继自尽。各位大臣含屈而死之时，往往还要株连一串亲友，就是担任宫廷警卫的亲近侍臣三郎官，也有不少人无辜受害。屠戮中，赵高乘机安插亲信，兄弟赵成任中车府令，女婿阎乐为咸阳县令，其他如御史、谒者、侍中等要职，多更换为赵氏族亲。秦二世毫无心机，以为赵高安置的亲信就是自己的亲信，因而无论赵高如何安排，他都欣然接受。

在这场屠戮当中，最惨烈的要算秦二世的骨肉兄弟和同胞姐妹了。一次，在咸阳市上，秦二世的十二个兄弟同时被砍头，腔血喷射，触目惊心。又一次，在杜县（今陕西咸阳东）的刑场上，秦二世的六个兄弟和十个姐妹同时被活活碾死，血肉狼藉，惨不忍睹。公子将闾三人，也是秦二世的兄弟，平时行为十分谨慎，一时编造不出罪名，秦二世就把他们囚在内宫。等秦二世的其他许多兄弟被杀后，赵高便派使者迫使他们自杀。

在诸兄妹中，最幸运的要算公子高了。他眼见兄弟姐妹们惨遭毒手，自知难免一死，想逃走又怕连累亲人。为了保存亲友，他上书秦二世，要求为父皇殉葬骊山脚下。秦二世见书大喜，批准了他的请求，赏赐十万钱殉葬骊山。在秦二世的兄弟姐妹中，公子高可谓"善终"者了。

宫中的骨肉、朝中的老臣杀得差不多了，秦二世又在赵高的唆使下，大批杀戮地方官吏。为了威胁海内、显示尊贵，秦二世在继位的次年（前209）初，就效法秦始皇巡游天下。这次出巡南到会稽，北至碣石，然后由辽东而返，四月回到咸阳。巡游途中，赵高对秦二世说："陛下这次巡游天下，应该趁机树立自己的威信，把那些不肯听命的官吏诛杀。这样既可排除异己，又能威震天下。"秦二世说："好！"于是法令日急，诛杀累累，群臣人人自危，官吏个个不安，老百姓更是无所措手足，整个秦帝国几乎成了大屠宰场。

在这场大屠戮中，对胡亥夺位有功的李斯也不能幸免。曾经写下义正辞严的《谏逐客书》的李斯，良心不泯，总想找个机会进谏。惯用权术的赵高还真给他提供了一个机会——设下圈套，使秦二世对其不悦。并乘机罗列三项罪名：

第一，沙丘之谋，李斯参与，如今陛下做了皇帝，李斯总抱怨自己不受重用，他想和陛下分土为王；第二，李斯的长子李由任三川（今河南洛阳，因有伊、洛、河三川得名）郡守，楚地群盗陈胜等都是李斯邻县的同乡，所以楚盗公开行动，经过三川郡，李由闭门不肯出击，据说李由与他们还有书信来往；第三，李斯居外治事，权力大于陛下，但还不满足，似乎有异心。

秦二世一听，就想逮捕李斯，但又怕情况不实，便派人对李斯父子进行监视。李斯听到消息，上书揭发赵高，秦二世不但不听，还怕李斯杀掉赵高，把消息透露给了赵高。赵高又趁机进言诽谤，终使秦二世下令逮捕李斯，并交赵高审察治罪。把李斯看作眼中钉的赵高，当然不会放过这个机会，他严刑逼供，李斯屈招。赵高上报，下令判李斯族刑，夷灭三族。

秦二世二年（前208），李斯被押赴咸阳市受刑，先黥面、割鼻、断去左右脚趾，再拦腰斩为两段，最后剁成肉酱。合家灭门，无一得生。

三、横征暴敛　官逼民反

胡亥做皇帝后，每天吃喝玩乐。一天，他对赵高说："人生在世，就像骑着快马穿过一堵墙的缝隙，实在是太短暂了。朕既然做了皇帝，富有天下，就打算随心所欲，享尽一切快乐，你看如何？"赵高巴不得秦二世吃喝玩乐、不理朝政，以便自己专权，便很殷勤地为他出谋划策，尽心服务。

对于一时的安乐，秦二世尚有不满，意图长期如此，曾向李斯询问："听韩非子说，尧治理天下的时候，住的是茅草房，喝的是野菜汤，冬天披块破鹿皮，夏天穿件葛麻衣；禹治理洪水，东奔西忙，累得大腿上没了肉，小腿上掉了毛，最后客死异乡，葬于会稽。如果是这样的话，那么贵有天下的人，难道是想过这种形苦神劳的寒酸生活吗？这种寒酸生活是没出息的人所提倡的，不是贤明者的正业。贤明者坐天下，专门用天下来满足自己的需要，这才叫'富有天下'。如果连自身都得不到好处，又怎么能治理天下呢？所以我打算肆志广欲，长享天下，你看有何良策？"

李斯害怕丢官失禄，于是就阿谀秦二世心意，写了一篇《行督责之术》的文章，作为良策上呈二世皇帝。"督"是督察，"责"是治罪，"行督责之术"就是用督察治罪的权术来对付臣民。李斯把督责之术提到极端重要和万能的地步，要秦二世高度集中权力，独断专行，用严刑重罚控制臣民，实行极端残酷的血腥统治。秦二世见书大喜，不禁拍案称奇，于是严督重责，峻刑酷法。本来秦律就相当严苛，经秦二世变本加厉，更为残酷。刑徒塞满道途，日日杀人无数。严刑峻法之外，秦二世又修宫筑室，役使民夫，横征暴敛。

秦二世的严刑峻法、横征暴敛，使天下怨声载道，并最终导致陈胜、吴广起义的爆发。没过多长时间，反抗秦朝统治的武装斗争就遍布了关东各地。六国名号复起，诸侯林立，各自称王，矛头共同指向秦朝官府。陈胜的部将宋留打到武关，另一部将周文则率数十万大军直奔函谷关而来。

昏庸的秦二世接到报告，宁肯信其无，不肯信其有。于是，大臣们都投其所好，尽说些"好话"。有一次，他召见大臣讨论此事，有人主张"发兵镇压反叛"，秦二世硬是不承认有"反叛"，当然也就不肯"发兵"。

候补博士叔孙通见秦二世是一个喜欢听好话的昏君，就说："他们说的都不对。现在天下合为一家，拆掉了城防，销毁了兵器，明主在上，法令在下，臣民奉职，四方安定，哪里还有敢造反的！陈胜等人不过是一群狗盗鼠窃之徒而已，何足挂齿？地方正在逮捕归案，陛下无须多虑。"秦二世听了这番话，称赞叔孙通答得好。接着，又让大臣重新一一回答，有的回答是"造反"，有的回答是"盗贼"。回答盗贼的没事儿，凡是回答"造反"的，一律以"非所宜言"的罪名下吏查办。

秦二世还赏赐叔孙通一套衣服、二十匹帛，并任命他为正式博士官。这样一来，官吏们就不再汇报真情实况，总是说些"群盗结伙抢劫，郡县正在追捕，现在大都落网，不值得担忧"。秦二世一听，立即喜形于色。故此，不管形势多么严重，二世皇帝一直茫无所知。

四、鹿马不分　逼宫自尽

赵高不仅是阴谋家，也是野心家。从唆使胡亥夺位的那一天起，他就开始控制了这位玩乐皇帝。他唆使秦二世大肆杀戮，自己任郎中令也杀人甚多，因此引起朝内外的普遍怨恨。此时，为了避免大臣朝奏时的指责并进一步控制国柄，他劝秦二世深居禁中，少见群臣，以免在大臣面前暴露短处，政事由他和侍臣处理。赵高的用意非常明显，但糊涂的二世深以为然，他取消朝会制度，深宫之中，群臣奏事均由赵高代行处理。

李斯死后，秦二世拜赵高为丞相，事无大小都由赵高决定，赵高成了实际的独裁者。秦二世三年（前207）八月，赵高想踢开秦二世自己做皇帝，又担心群臣不拥护，就导演了一场"指鹿为马"的闹剧，来检验群臣的态度。在赵高的淫威下，群臣们大多都把鹿说成是马，秦二世认为那是鹿、不是马。

赵高指鹿为马一事，使秦二世误以为自己得了迷惑病，召来太卜算卦，太卜说秦二世指鹿为马的迷惑病是由祭祀时斋戒不谨引起。于是，秦二世便到上林苑中斋戒，名为斋戒，照常贪欢。一天，秦二世在上林苑中游玩弋猎，见有人误入苑中行走，便亲自开弓搭箭，当场将那人射死。赵高知道这事后，让女婿咸阳令阎乐上奏，说不知是谁杀了人，把尸体移入上林苑中。然后乘机对秦二世说，天子无故杀死无罪之人是上帝所禁止的，连鬼神也不容忍，必定会降下灾殃，建议他到远处的行宫去躲避一下。秦二世毫不犹豫就住进了望夷宫。

此时，秦帝国国内的形势已经急转直下。陈胜的大军进逼咸阳，终使秦二世得知形势的严峻，遂采用少府章邯的对策，命其为统帅，率骊山刑徒迎敌。骊山刑徒常年吃苦，获赦以后，作战勇敢，加之兵器锋利，装备精良，所以刑徒军成了秦王朝战斗力最强的主力队伍。在勇将章邯的率领下，刑徒军初期打了很多胜仗，战胜了陈胜和项梁的部队。但后来项羽破釜沉舟，率领凶猛剽悍的楚军前来决战，章邯措手不及，连连失利。章邯派司马欣到咸阳请求援兵，又被赵高猜疑，拒绝发兵。走投无路的章邯最终投降了项羽。于是，关东各路反秦武装纷纷向西而来。

章邯的投降，给了秦二世一个沉重打击，他想到赵高经常说"关东群盗成不了事"，如今却形成了天下背叛的混乱局面，不由得埋怨起赵高来，便派使者去责问赵高。赵高本打算篡夺帝位，经秦二世这一责问，决定立即动手。就在秦二世移居望夷宫的第三天，赵高布置掌管宫廷警卫的弟弟郎中令赵成为内应，女婿咸阳令阎乐组织吏卒，诈称追捕盗贼，径闯望夷宫殿门，采取突然袭击的手段进行逼宫。

阎乐率领一千多吏卒奔至殿门，挥刀杀死卫士，带吏卒冲入殿中，到处射箭，见人就杀。赵成和阎乐直逼秦二世，向他的座位发箭。秦二世吼叫着召唤左右，左右多已四散而逃，其余惶恐失态，无人敢出来格斗。

阎乐执刃逼近秦二世，说："你横暴凶残，国人痛愤。何去何从，你自己拿个主意吧。"秦二世要求见一下丞相赵高，阎乐回答："不行！"秦二世表示愿意让出帝位，得到一郡为王，阎乐摇头拒绝。秦二世说："那就当一个万户侯吧。"阎乐仍然不肯允许。秦二世目光哀怜，绝望地乞求说："我愿意和妻子去当平民百姓，这总可以了吧？"阎乐冷笑一声，说："我奉丞相命令来杀你，你说得再多也是白费唇舌。"说完，指挥吏卒逼向秦二世。此时，这位昏庸的皇帝才明白，把他逼到这步境地的人，正是他的宠臣。秦二世求生无路，悔恨莫及，只好拔剑自尽。

秦二世皇帝在位三年，终年二十三岁。死后以黔首（平民百姓）的身份和礼节，葬于杜南（长安西南）的宜春苑中，没有庙号和谥号。

公子扶苏

扶苏（？—前210），秦始皇长子。他生于战国后期，虽饱经战乱，却仁慈善良。秦始皇统一中国后，他对父亲的许多暴政均表不满，多次进谏，因而被赶出国都，随大将蒙恬戍守边地。秦始皇临终遗诏令其继位，不想赵高从中作梗，改立少子胡亥，扶苏中计自杀。

一、生于战乱　秉性仁慈

从史料上推断，扶苏大约出生在秦王政六至七年（前241—前240）。此后的十年，正是秦统一六国征战最为激烈的年代，而扶苏也正是在这十年中，由童年而进入青年时代的。他曾看见过尸横遍野、人仰马翻的战场，看见过缺胳膊少腿的受伤士卒，也看见过携家带口、衣不遮体、面黄肌瘦的各种难民。这些，在他善良的心目中种下了厌恶战争的种子。眼见父王统一了六国，从此再不会打仗，他由衷地喜悦。

岂知秦始皇登极之后，便大兴土木，改造咸阳。为了加强统治，以防六国诸侯生变，决定将六国贵族全部迁至咸阳，置于御林军的看管之下。但大将蒙恬作为咸阳城的内史，觉得一下子把六国的十多万贵族全部迁至咸阳，对京城的压力太大，便建议只把主要人物带至咸阳，大部分人迁往山高林密、地处偏僻的巴蜀之地，垦荒开岭为生。群臣商议后，一致同意。

秦始皇批准了这一计划，但他对民怨非常反感，于是对众臣说："仁义辩智，不是持国之道。朕授田免租，反而民怨四起，可见朕是过于仁义了。秦养兵百万，不征田税就难以维系。即日起，年征每丁田租二十石，违抗旨意者处死。再有黔首议政，割舌。若有豪门拒旨不迁徙的，灭其九族。"

此时，扶苏已年将弱冠，他对父亲的严刑酷法十分担忧。有一天，扶苏忧心忡忡地在秦始皇批阅公文时走到其身边。秦始皇看到扶苏殷切的目光，知道他有话要说，便一反常态，十分亲切地问他对迁徙豪族有什么看法。扶苏见父王看透了自己的心思，略为斟酌后说："迁徙豪族是父皇的明智之举。不过，每丁征租二十石过重了，这将会使民怨加深。百姓即便慑于严刑不敢流露出怨恨，总是一座潜藏的火山。刑罚愈重则怨恨愈深。"

想不到秦始皇显出少有的温和，招手让扶苏坐下，然后给他讲了韩非子当年讲给自己的一则故事：一次，齐国要攻打鲁国，鲁国闻讯后，急忙派孔子的学生子贡赶往齐国。学识渊博的子贡伶牙俐齿，劝说齐人放弃攻鲁的计划，想不到齐人却说："先生之言不无道理，而我要的是土地，并不是你的道理。"于是齐国大兵伐鲁，一直打到鲁国城门，直到鲁国服输割地方休。

秦始皇讲完，也不做任何评价，又开始伏案批阅公文了。扶苏明白了父皇的意思，心中颇不是滋味，只得悄悄站起来，退了出来。他知道父皇对暴力的崇尚是不可改变的，他以暴力得天下，还将以暴力治天下。不过，扶苏并没有放弃进谏的信念。

二、再谏被逐　以仁治乱

秦始皇三十四年（前213），博士淳于越反对当时实行的郡县制，主张根据古来的制度，把土地分别封给子弟。丞相李斯加以驳斥，并主张禁止"儒生"以古非今，以私学诽谤朝政。秦始皇采纳李斯的建议，下令焚烧《秦记》以外的列国史记，对不属于博士官的私藏诗、书等也限期交出烧毁；有敢谈论诗、书的处死，以古非今的灭族；禁止私学，想学法令的人要以官吏为师。

焚书、禁私学等措施，引起许多读书人的不满，议论纷起。第二年，秦始皇为长生不老大炼丹药，又引起许多儒生的怪话攻击。方士卢生和侯生，也不愿再为皇帝求仙药，逃离了咸阳。秦始皇大怒，派人侦缉后，不分青红皂白，将四百六十多名儒生挖坑活埋。至此，咸阳城的书生如惊弓之鸟，吓得闭户不出。

早在焚书的时候，公子扶苏就曾加以劝阻，却被父皇骂了出来。当时，他见父皇被激怒得像一头猛虎，他虽生性懦弱，也不得不去见父皇，不想父皇一气之下谁也不见，扶苏只得望壁兴叹。听说又要坑杀儒生，扶苏苦苦谏道："天下刚刚安定，远方百姓尚未安集，儒生都称颂并效法孔子，如今却要严刑峻法处置，臣担心天下因此骚动不安。请陛下千万明察。"（"天下初定，远方黔首未集，诸生皆诵法孔子，今上皆重法绳之，臣恐天下不安。唯上察之。"《史记·秦始皇本纪》）秦始皇对扶苏说："像你这样整日只知读书，越读越呆，越读越懦弱，行事瞻前顾后，将来怎能统治天下？我大秦并吞六国，并非从书卷里读出来的，是连年征战杀出来的。你久住深宫，为了改变你这种婆婆妈妈的妇道心肠，朕命你即日离开京城，去往蒙恬将军处，同他一起带领民夫修筑边城，见些世面，去此呆气。"就这样，扶苏被秦始皇撵出了京城。

蒙恬是秦朝开国的有功老将，闻知公子扶苏仁慈心善，在驻地热情地接待了他。蒙恬对扶苏说："修筑边城，民夫有几十万，来自各国，十分不好管理。你长年住在深宫，我给你准备了舒适的住宅，给你派去侍卫役从。你可以安心地在我这里读书写作，就不要到工地去了。"扶苏一听，急忙说："多谢将军对我这一片热情。父亲既然让我跟随将军一起学习，我还是希望管理一段工程。如有什么困难，再向将军请教。"蒙恬见扶苏说得十分诚恳，被其真诚感动，想了一想说："既然公子决心已下，那么先在此小住几日，等我安排好后再去工地。"扶苏接受了蒙恬的好意。随后，蒙恬将工程划分，他自己负责中段；大将王贲坐镇陇西，负责西段；扶苏奔波于辽西、辽东，负责东段。

扶苏经常巡视工程，毫无骄横跋扈之气，民夫对他并不反感。身为皇子，他与大家同受风寒苦累，民夫中有些人因此而敬重他。但也有人责问他："古代的先王，役使百姓不超过三日，其民力易足。我们修筑边城，两年不归，上不足以养老尽孝，下不足以养妻护子。北疆衣不遮寒，筑城苦不堪负，冻死累死者如同草芥，这种苦日子何日是尽头呢？"扶苏说："身为皇子，我筑城同样两年未归，寝不脱衣，夜不足眠。古人哪一个王子像我这样呢？百姓疾苦，我扶苏刻骨铭心。为了大秦江山社稷，你们受尽了苦累，从今以后，筑城民夫每年轮换。你们再干一个月即可归乡，绝不拖延一日。"

由于修筑时间长，工作强度大，生活条件又差，民夫累死、饿死的事情时有发生，且在扶苏管辖的辽西段发生了民夫拆墙的事件。凭借蒙恬吞灭大国、征伐匈奴的武力威严，仰仗扶苏的宽厚待人，事态终未扩大。

在这种形势下，扶苏连夜飞马赶至渔阳，见到蒙恬，二人彻夜长谈，最后终于统一了认识，制定了一个有利于稳定民夫心态的方案，即将民夫从七十万削减为三十万，西、东、中各十万，每年轮替一次。这样做，虽然筑城的速度减慢了一些，但民夫不会苦无止境，民怨也会随之而减弱。蒙恬与扶苏派五万士卒下至各郡，帮助郡守征调民夫，民夫来工地一个，替换两个回家。这一举措得到了民夫的拥护，征调民夫相当顺利。

但是，蒙恬却有一件事放心不下，他问扶苏："燕地民夫辽西拆城这件事,是否禀告皇上?"扶苏果断地摇头说:"万万不可!父皇嗜杀成性,为此事说不定会杀掉几千个无辜百姓。百姓本已苦不聊生,这样一来,无疑是火上浇油。"蒙恬也摇头叹息,左右为难地说:"可民怨之沸,皇上在宫中尚不得而知。杀几千无辜事小,不知民怨而再兴造别的工程,百姓更会雪上加霜。如果我们将此事禀告上去,或许可以阻止皇上再兴办别的劳民之举。"扶苏仔细琢磨一阵后,还是为几千民夫担心,无可奈何地说:"兵器已销,咸阳宫已建,匈奴也赶出千里,边城又修筑万里,父皇还会有什么劳民之举呢?也该息民养士了吧?"

三、沙丘政变　扶苏冤死

秦始皇三十七年(前210),秦始皇第五次出巡。回来的路上行到平原津(今山东平原南)时,病势已极为严重。病危时,他命中车府令赵高给公子扶苏起草了一份诏书:"以兵属蒙恬,与丧会咸阳而葬。"(《史记·李斯列传》;《秦始皇本纪》无前一句。)意思是叫扶苏把兵权托付给蒙恬,赶快到咸阳来主持葬礼。可惜的是,这份诏书尚未送出,秦始皇在七月刚到沙丘(今河北广宗西北)时,便与世长辞。

秦始皇去世后,胡亥、李斯、赵高密谋篡权,他们伪造了一道秦始皇给丞相的"遗诏",立胡亥为太子;又伪造了一份给扶苏和蒙恬的"诏书",书中说:

> 公子扶苏和蒙恬将军率领几十万大军驻守边疆已经多年,不但没有开拓疆土,反而损失了很多的兵力,未有丝毫功劳。然而扶苏还三番五次上书,诽谤朕的作为,皆由不能回到都城而产生怨恨,作为儿子这太不孝顺了。现在朕赐扶

苏宝剑一口，由他自己处置自己！将军蒙恬与扶苏一同驻守边疆，不帮其改正错误，为臣不忠，现令军队交由裨将王离统领，然后自尽。

赵高在这份假"诏书"上盖了秦始皇的玉玺，封好后派其心腹宦官送到了上郡。

扶苏读罢"诏书"，如霹雳轰顶。回到内宅，拿起使者带来的宝剑就要自杀。还是蒙恬深谙世故，他对"诏书"狐疑满腹，紧跟扶苏进了内宅，一看扶苏正要拔剑自杀，他一把夺过宝剑，劝阻说："皇上巡游在外，也没有立太子，让我率领三十万大军驻守边疆，并派公子来做监军，这可是关系天下的重任。今天突然来个使者，您就自杀，怎么知道这不是造假欺诈呢？请您再请示一下，请示之后再死，也不晚啊。"（"陛下居外，未立太子，使臣将三十万众守边，公子为监，此天下重任也。今一使者来，即自杀，安知其非诈？请复请，复请而后死，未暮也。"《史记·李斯列传》）

这时，使者一个劲儿地催促扶苏和蒙恬自杀。扶苏为人忠厚，从来没想过人间还会有这么多阴谋诡计，便对蒙恬说："父亲赐儿子死，哪还用得着再请示！"（"父而赐子死，尚安复请！"《史记·李斯列传》）随即毅然举剑自刎。蒙恬仍然坚持自己的想法，不肯自杀。使者便把他交给地方官吏，关押在阳周城（今陕西子长西北）的监狱里。

仁慈而颇具才干的公子扶苏，就这样离开了建立未久的秦王朝。应该说，秦始皇的选择是正确的，如果扶苏继位，秦王朝也许不会二世而亡，但扶苏也确实多了些忠厚、少了点手腕，所以他和赵高这样的野心家、阴谋家交锋时，难免败下阵来。

公子将闾

将闾（？—前209），秦始皇之子。秦二世即位，大肆诛杀大臣及诸公子、公主，其中十二位公子在咸阳街市上杀死，十位公主在杜县杀死。

公子将闾兄弟三人被囚禁在内宫，在处死十二位公子和十位公主后，秦二世开始审议将闾兄弟的罪过。秦二世派使者命令将闾说："公子不尽心为臣，论罪应当处死，官吏要按法律行事了。"将闾说："在宫阙、朝廷之中，我从来没有不遵从宾赞之礼的行为；廊庙之位，我从来没有发生过失节行为；接受命令、应对朝廷，我从来没有言语冒犯之时。凭什么说我不尽心为臣？我希望能听到我的罪过后再死。"使者说："臣不得参与皇帝的谋议，只不过奉命行事罢了。"

将闾一听，知道事情无法挽回，自己除死别无他法，就仰面大呼："苍天啊！苍天啊！"连呼三遍，然后说："我没有罪。"接着拔剑自尽。

其他两兄弟见此，都痛哭流涕，也拔剑自杀。

兄弟三人的尸体倒在一起，血流满地。秦国的宗室、贵族得知此事，十分震惊惶恐。

公子高

公子高（？—前209），秦始皇之子。面对秦二世疯狂屠杀兄弟、姐妹，公子高为了保全性命，准备逃跑，但又害怕自己逃走后，二世将诛杀自己的家人。思来想去，他上书给二世说：

> 先帝没有生病时，臣每次入宫，先帝都会赐食，出门则有乘舆，御府之衣，臣得到过赏赐；中厩里的宝马，臣也得到过赏赐。臣应当随从先帝一起死而未能如愿。为人子不孝，为人臣不忠，不孝不忠的人，无法活在这个世上，臣请求追随先帝死去。希望能将我葬在骊山脚下，愿皇上哀怜我。

公子高的上书，使秦二世大为高兴，便赐死了公子高，又赐钱十万给他办理丧葬事宜。

华阳公主

华阳公主（？—约前209），秦始皇之女。华阳公主自幼生活在皇宫中，锦衣玉食，奴仆成群，过着衣来伸手、饭来张口的生活，从不知忧愁为何物。但成年之后，忧愁却终日包围着她。

华阳公主长到十五六岁时，出落得亭亭玉立、美貌非常，她憧憬着美好的爱情，幻想着嫁一个如意郎君。但是，她的美梦却被亲生父亲——秦王嬴政残酷地粉碎了。

秦王政二十三年（前224），在将军李信进攻楚国遭到惨败后，秦王嬴政被迫诏令大将王翦，派他去攻打楚国。秦王嬴政给了王翦六十万大军，又给了他许多良田美宅、园林池苑等。为了笼络王翦，秦王嬴政不顾其年近古稀，又把豆蔻年华的女儿华阳公主嫁给了他。这看似是对王翦的爱护和信任，实际上是想用这种婚姻纽带套住他的心。

华阳公主大哭一场，面对父亲的权威，她不敢反抗，只好嫁给了王翦。成婚没两天，这对老夫少妻便不得不分别了，因为王翦要率军去攻打楚国。

华阳公主在寂寞中度着日月，她内心十分怨恨父王，但不敢表示出来，只好以泪洗面，郁郁寡欢。幸好，王翦打了胜仗，消灭了楚国，凯旋归来。夫妻团聚，使华阳公主暂时忘却了寂寞。此后，华阳公主便与王翦一起生活。

秦二世即位时，王翦已经去世，在大杀公子、公主的事件中，华阳公主大概也被秦二世处死了。

秦王子婴

子婴（？—206），秦始皇之孙，秦二世之侄。秦二世被杀后，即位为秦王，在位仅四十六天。

秦二世三年（前207），赵高杀死秦二世胡亥后，召来了所有的大臣和公子，把杀死胡亥的情况告诉了他们。赵高说："秦国本来就是个诸侯国，始皇统一天下，所以称'皇帝'。现在六国再度称王独立，秦国地盘越来越小，竟然还顶着个空名称皇帝，这不合适。应该像过去一样称王，才合适。"于是立胡亥兄长的儿子子婴为秦王。

赵高让子婴斋戒，到祖庙参拜祖先后，再接受国王印玺。子婴早就看不惯赵高的专权，在斋戒五天后，他与自己的两个儿子商议说："丞相赵高在望夷宫杀死二世皇帝，害怕大臣们杀他，才假装按照道义立我为王。我听说赵高竟与楚国约定，打算杀掉秦宗室后，自己在关中称王。现在让我斋戒，拜祭祖庙，这是想趁着我在庙里把我杀掉。我推说生病不能前往，丞相一定会亲自来劝说。他一旦前来，你们就杀掉他。"

赵高派人去请子婴，前后去了好几趟，子婴都不走。赵高果然亲自来请。子婴于是在斋宫杀了赵高，灭其三族，在咸阳示众。

子婴做秦王四十六天，楚将沛公刘邦打败秦军，进入武关，接着就到了霸上，派人来招降子婴。子婴用丝带系上脖子，驾着白车白马，捧着天子的印玺符节，投降了刘邦。过了一个多月，各路诸侯的军队也到了，项羽是各路诸侯的盟主，他做主杀了子婴和秦宗室所有的人，秦朝灭亡。

史称秦王朝二世而亡，说得不差。子婴只挂了四十六天的名头，而且只是个"王"，此时，秦始皇开创的秦统一帝国实际上已经不存在了。

影响秦始皇的女人

秦始皇传奇的一生中,对其有影响的女性,在历史上有记载的,可谓寥寥无几。祖母夏太后和华阳夫人、母亲子楚夫人赵姬,对于嬴政继承王位作用显著。特别是子楚夫人,不仅自己对秦始皇影响不小,而且正是她的多情和荒淫,致使秦始皇多了挟制其执政的吕不韦、反叛其统治的嫪毐。民间女子巴寡妇清,富可敌国,资助修筑长城,受到秦始皇青睐,名垂后世。

夏太后

夏太后（约前297—前242），秦庄襄王生母，秦始皇祖母。她嫁给秦昭襄王次子安国君嬴柱后，称为"夏姬"，备受宠幸。秦昭襄王二十六年（前287），他为安国君生下一个儿子，排行十一，取名"异"，俗称"异人"，后改名"子楚"。

此后，夏姬渐渐失宠，她将全部心血倾注在儿子身上。异人到赵国为质后，夏姬一人独居了十多年。

秦昭襄王五十六年（前251），昭襄王去世，安国君继位，是为秦孝文王，华阳夫人为王后，异人为太子，夏姬没有得到任何封赏。孝文王正式即位后，第三天暴病而亡，其子异人（已改名"子楚"）继位，是为秦庄襄王，尊夏姬为夏太后。

秦王政七年（前240），坚守妇道的夏太后去世，终年五十七岁。华阳太后与孝文王合葬寿陵，庄襄王葬于芷阳，夏太后独自葬于杜东，东望其子，西望其夫。

华阳夫人

华阳夫人（约前296—前230），秦孝文王最宠爱的妃子。楚国人，由于膝下无子，收异人（改名"子楚"）为嫡子，并帮助其登上秦国王位，自己也被尊为华阳太后。

华阳夫人是秦昭襄王的儿子安国君嬴柱的宠妃。她虽为正夫人，但没有子嗣。安国君儿子众多，排行居中的异人，由于既非长子，母亲夏姬又不受宠，便被送往赵国都城邯郸做人质。在邯郸，异人遇到了大商人吕不韦。吕不韦认为异人"奇货可居"，决定帮助他回秦国继承王位，而这条道路的突破口就是华阳夫人。

华阳夫人有个姐姐，也住在秦国国都咸阳。吕不韦带着奇珍异宝来到咸阳，没有直接求见安国君和华阳夫人，而是拜访了华阳夫人的姐姐。吕不韦巧舌如簧，滔滔不绝地对她说起异人的贤惠和聪明，说异人交结诸侯宾客，朋友遍天下，是一个胸怀远大抱负的青年；他身居异国，日夜思念安国君和华阳夫人，常说"夫人就是异人的天"，往往到深夜还在流泪，不能成眠。最后，吕不韦拜托华阳夫人的姐姐，把将异人的礼物和问候转呈。华阳夫人的姐姐欣然接受使命，把异人的礼物和问候都呈给了华阳夫人。

说客口中的话，自然不如自己亲戚的述说来得亲切可信。华阳夫人听了姐姐的转述，又见到异人送给自己的厚礼，不禁心花怒放，对异人开始有了好感。

后来，吕不韦又乘机让华阳夫人的姐姐劝说华阳夫人："世上所有用美色来侍奉人的，色衰自然爱弛。现在夫人您侍奉太子，虽然甚得宠爱，可惜没有儿子。将来身后无人继承，终归冷落。为今之计，不如早一点在众子中过继一位有才能而又孝顺的，把他立为嫡嗣。这样一来，丈夫在时，受到尊重；丈夫死后，过继的儿子继立为王，也不至于失去权势。这正是所谓'一言而能得到万世之利'（"一言而万世之利"）的事情，何乐而不为呢？眼下异人就是个合适的人选。他有才能，但其生母和他本人都不受宠爱，依次序绝不可能立为嫡嗣。如今，他愿意依附您，如果您这时提拔他，他定会终身感念您的恩德。"

一席话点醒了华阳夫人，于是她就在这方面上心了。

一次，华阳夫人侍奉安国君时，从容地说起了异人，夸他虽身在赵国做人质，实在是诸公子中最为贤孝者，从赵国来的人都称颂他。接着哭道："我得大王错爱以服侍左右，却不幸膝下无子，我想把异人立为嫡嗣，以减去无后之过。"安国君见夫人为了国家如此悲切，就答应了。为防日后生变，又与夫人刻玉符为据，立异人为嫡嗣。安国君和夫人厚赐异人，并请吕不韦做异人的老师，时时侍其左右。异人因而在诸侯中名声大振。

三年后，秦、赵失和，邯郸被围。赵国想杀死异人，结果吕不韦以重金贿赂了守城门的官员，异人得以逃出邯郸城，跑回秦国。

异人回到秦国，见了华阳夫人，就哭着诉说多年离别的思念之情；因为华阳夫人本是楚女，所以异人特地改穿楚服，改名为"子楚"。华阳夫人激动不已，对子楚说："我本是楚人，你能曲体我心意，我愿养你为子。"于是子楚便拜只比他大三岁、没有子嗣的华阳夫人为母，从此早晚问安，格外殷勤。

六年后，秦昭襄王五十六年（前215），秦昭襄王去世，安国君即位，是为秦孝文王，立华阳夫人为王后，子楚为太子。秦孝文王在位时间很短，先是为父亲服丧一年，正式即位后仅仅三天便去世了。于是子楚即位为秦王，是为秦庄襄王，尊华阳夫人为华阳太后，生母夏姬为夏太后。

子楚夫人

子楚夫人（？—前228），秦始皇生母。赵国人，人称赵姬，谥曰"帝太后"。她在秦朝历史上具有十分重要的地位。虽说不过是政治交易的一枚棋子，但她扑朔迷离的身世、经历，连此及彼、烘云托月的关键作用，实在可说是开历朝历代后妃宫闱历史的先河。

一、受宠生子　荣升王后

子楚夫人是赵国邯郸人。她姿容艳美,且能歌善舞,人称"赵姬"。一个偶然的机会,赵姬与来邯郸做生意的吕不韦结识,并被吕不韦视为至宝。不久,她就怀上了吕不韦的骨肉。

此时的吕不韦,正帮助秦国公子异人回国争夺王位。异人是秦国太子安国君的儿子,由于母亲夏姬不受宠,被送到赵国做了人质。独具慧眼的吕不韦,决定扶持他得到王位,而自己以"定国立君"之功捞一把政治财。通过吕不韦的斡旋,安国君的宠妃华阳夫人认异人为养子,并劝说安国君将其立为嫡嗣。

一天,异人到吕不韦家中饮酒,一见赵姬,便被其撩人的风情所迷,诚恳地请求吕不韦将她送给自己。吕不韦起初显得十分生气,但沉思了一会儿,便诚恳地说:"我已经为你倾家荡产了,难道还吝惜一个女人吗?"

赵姬到异人那里后,隐瞒了自己已有身孕的事。过了十二个月,即秦昭王四十八年(前259)一月,她生下一个儿子。秦国国君姓嬴,便取名叫"嬴政";又因为此子生在赵国,而赵、秦两国有着共同的祖先蜚廉,(蜚廉一子恶来,为秦之先人;一子季胜,为赵之先人。)便也称"赵政"。之后,异人便立赵姬为夫人。

赵姬与吕不韦的关系原本比较密切,嫁给异人后也能时常相见。异人在穷愁境地得此美人,自然格外宠爱,赵姬对异人也比较尽心。

秦昭襄王五十年(前257),秦国攻赵,赵国欲杀异人。在吕不韦的帮助下,异人逃回到咸阳,华阳夫人认他为子。但因情况紧急,子楚夫人和儿子却被抛在了邯郸。赵国转而想杀掉子楚夫人和嬴政。但因子楚夫人是赵国豪富人家的女儿,因而得以躲藏起来，从而保全了母子二人的性命。

昭襄王五十六年（前251），秦昭襄王病逝。太子安国君嬴柱继位，是为秦孝文王，立异人为太子。此时赵国也不想与秦国为敌，便把子楚夫人和嬴政送回秦国。安国君在位一年就去世了，太子子楚即位，是为秦庄襄王。他首先授吕不韦丞相之职，封为文信侯，食邑河南洛阳十万户，而子楚夫人也顺理成章地成了王后。

二、淫乱惹祸　终遭赦免

庄襄王三年（前247）五月，年仅三十五岁的庄襄王去世。太子嬴政即位为秦王，子楚夫人便成为事实上的王太后。

太后被安置在渭河以南的甘泉宫里，吕不韦处理完朝政，便来到这里与她肆意淫乐。不过，吕不韦没有沉湎于女色，因为秦王嬴政日渐长大，吕不韦害怕被治罪，决定摆脱太后对他的纠缠。于是，他找到"大阴人"嫪毐，想让此人代替自己，满足太后的欲望。

吕不韦先让嫪毐故意犯错，再给他施以假腐刑，让他冒充宦官。这样，嫪毐便得以以男人之身来侍奉太后。太后有了新欢，也并不怪罪吕不韦的这种安排。嫪毐对太后百依百顺，只要太后喜欢，就千方百计地逢迎。太后对嫪毐也宠爱有加，车马、衣服等，事事都听凭他的决定。

但不久，吕不韦却后悔起来了。嫪毐的势力开始膨胀，太后封他为长信侯，封地在山阳。不久，又将河西的太原郡封给他。嫪毐非但不感谢吕不韦的引荐，反而与之分庭抗礼。他广召门客，拥有家僮数千。朝臣中的不少趋炎附势之徒，纷纷离开吕不韦，转去投靠了嫪毐。

嫪毐的骄横不法及其与太后的丑闻，首先引起了秦王嬴政的强烈不满。有一次，黄河的鱼西上渭河，河水又不断泛滥，致使鱼上了平地。秦王嬴政大吃一惊，按阴阳五行学说，这是一种可怕的征兆，"鱼属阴类，臣民之象也"，它们上岸，岂不是象征着臣民要反天吗？嬴政首先嫉恨起嫪毐来。

嫪毐纵淫有术，竟让太后有了身孕。太后怕人知道，尤其怕秦王嬴政知道，就听从嫪毐的建议，装起病来。她有时紧闭双目，一言不发；有时又张牙舞爪，大喊大叫。秦王嬴政得知母亲病重，派御医轮番调治，也无济于事。无奈，秦王嬴政又找来卜人算卦，卜人早被太后和嫪毐收买，他说太后的病是因为中了宫中的邪气，若去西方躲避一些时日，就会不治而愈。秦王嬴政自然希望母亲的病能尽快医好，就把太后迁居到了雍城（治今陕西凤翔南），嫪毐仍为贴身侍从。雍城在咸阳西二百余里，原来是秦国都城，太后就住在雍城内的大郑宫。远离了秦王，太后与嫪毐更加肆无忌惮，接连生下两个孩子，都养在大郑宫的密室里。

秦王嬴政二十一岁的时候，按照秦国传统，他要独立施政了。嫪毐自知深受秦王嬴政嫉恨，所以比吕不韦更焦急。他不甘坐以待毙，决定发动武力叛乱，消灭秦王嬴政和吕不韦，以夺取政权。

秦王政九年（前238）四月，秦王嬴政到雍城蕲年宫举行加冠仪式。嫪毐趁咸阳空虚之际，拿着伪造好的秦王和太后的玉玺、调兵令符，征发了一部分武装力量，向雍城出发。

早有准备的秦王嬴政，立即派相国昌平君和昌文君率兵迎击，打败了叛军。后来，嫪毐被俘，被枭首示众。

秦王嬴政怒气未消，派人搜查太后所居的寝宫，发现了她与嫪毐所生的两个小儿子，当即处死，并把太后幽禁在雍城棫阳宫，严禁其自由活动。

时间就这样过去了好几个月。有一天，有个臣下请求嬴政赦免太后，被处以"蒺藜"之刑——用铁制的蒺藜抽打。但不久，来自齐国沧州的茅焦又来进谏，指出囚禁太后的负面影响。秦王嬴政欣然接受茅焦的意见，赦免了太后，把她从雍地接回咸阳居住。但他担心母亲与吕不韦再度重温旧梦，又让自己丢脸，便令吕不韦"就国河南"——离开咸阳去洛阳的封地。

从此，史书上再也没有了子楚夫人的记载。她的儿子则开始进行大规模的兼并战争，到秦王政二十六年（前221），终于实现"六王灭，四海一"的局面，自称"始皇帝"，建立了中国历史上第一个全国统一的封建王朝。

巴寡妇清

巴寡妇清（生卒年不详），秦朝女实业家。名清，巴郡枳县（今重庆涪陵，一说重庆长寿）人，故亦称"巴清"。她嫁于富商，夫死不改嫁，使家族产业臻于极盛，垄断全国。晚年以巨额财富捐助长城修筑，受到秦始皇青睐，迎到首都颐养；去世后，诏命筑怀清台以表彰、纪念。

巴寡妇清生活在秦惠文王设巴郡（治今重庆江州）之后，到秦朝初年。史书记载，她出身寒微，少年时跟父亲学习《诗》《书》，因为相貌与气质出众，嫁给了当地一位青年实业家。

巴清丈夫祖上从事工商业，开采冶炼丹砂，到巴清继承祖业的时候，家族实业已经相当庞大，形成了全国性的垄断。传说家财之多约合白银八亿两、又赤金五百八十万两。

巴清的丈夫英年早逝，而且没有子女。当时婚姻观念比较开放，改嫁很是容易。但巴清没有改嫁，而是留下来继承祖上的实业，终身守寡。她的名号，也正是因此而来。

史籍对巴寡妇清的记载寥寥无几，除了几种地志，最早记载其事迹的，是太史公司马迁的《史记·货殖列传》，其文云："巴寡妇清，其先得丹穴，而擅其利数世，家亦不訾（通"赀"）。清，寡妇也，能守其业，用财自卫，不见侵犯。秦皇帝以为贞妇而客之，为筑女怀清台。清穷乡寡妇，礼抗万乘，名显天下，岂非以富邪？"

太史公所说的"用财自卫，不见侵犯"，有人认为是拥有私人武装。其实，这应该是地方财阀、富商之类豢养的"徒附"，即依附于他们的百姓等，其中一部分人员负责护卫，类似乎后世的家丁。巴寡妇清的情形，大概就是如此，尤其是较之一般人，除了家宅之外，还需要护矿。另外记载中"僮仆千人"之说，可谓更为贴切的说明。

"礼抗万乘"，是说寡妇清受到秦始皇的青睐，"以为贞妇而客之"。据载，秦始皇曾诏令接寡妇清到京城咸阳生活，颐养天年，即所谓"客之"。至于青睐的原因，司马迁明说是"以为贞妇"，但这里的"贞"，却不是指寡妇清夫死不改嫁，誓守"贞节"，而是指其志行坚毅，能够承担丈夫的重任，明人王世贞即谓："秦何以客巴妇为也？妇行坚至兼丈夫任难矣。客之志风也……"（《明故郑母唐孺人墓志铭》）而且更为实际的是，寡妇清在晚年把自己的巨额财富捐献给了长城的修筑，还为骊山陵墓提供了大量水银（据记载，秦始皇陵墓中，地下以水银象征百川大海）。这或是她受到秦始皇青睐的更为直接的原因。

寡妇清去世后，埋葬在家乡（有人说即今长寿县千佛乡）。随后，秦始皇下令在其葬地筑"女怀清台"（也称"怀清台"），以资表彰、纪念。这样也就"名显天下"了。而秦始皇为寡妇清筑怀清台，亦为中国古代社会旌表女性之始。

我国传统重农抑商，而巴寡妇清以巨富"礼抗万乘，名显天下",显然是商人的杰出代表。因此,近代以来史学家、经济学家称其为"中国最早的企业家"或"中国最早的工商业主"。

明末诗人金俊明就有诗云:"丹穴传赀世莫争,用财卫国能守贞。龙祖势力倾天下,犹筑高台怀妇清。"对巴寡妇可谓称道备至。

世传"女贞子""女贞花"之名,都因寡妇清而来。宋人刘攽《女贞花》诗云:"巴妇能专利丹穴,始皇称作女怀清。此花即是秦台种,赤玉烧枝擅美名。"

功过是非几丞相

中国的丞相始设于秦王朝（之前名称有别），是三公九卿制中的三公之一。丞相（宰相）制度，基本上被后代所延续。丞相在秦朝的地位非同一般，他既是王公或皇帝的左右手，也是一人之下、万人之上的权臣。在秦史上，既有为秦扩张疆土、兼并六国处心积虑、做出贡献的樗里子、吕不韦，也有贪恋权势、搞垮秦朝的李斯、赵高，人数不多，故事不少。

秦孝公辅相商鞅

商鞅(约前390—前338),战国时期秦国秦孝公辅政大臣。姓公孙、名鞅,卫国人,亦称"卫鞅",因封于商於之地而称"商鞅"。年轻时,曾在魏国帮助公孙痤屡建奇功。后应召入秦,进献富国强兵之策,在秦孝公支持下两次变法,帮助秦国实现富国强兵。秦孝公死后,遭政敌迫害,车裂而死。他的重要政见经后人整理,成《商君书》二十九篇,《汉书·艺文志》著录,今存二十四篇。

一、鬼谷才子 辅佐魏相

公孙鞅是卫国国君家族里庶出的公子。当时的卫国以亲为贵,而且被魏国控制,在诸国中没有地位,任人摆布。公孙鞅的父亲是个有抱负的人,对现实很不满。他决定把儿子培养成受人尊重的大国卿相,因此没有把公孙鞅送到卫国的公族学堂,而是送到了先后培养出李悝和吴起的鬼谷子门下。

公孙鞅在鬼谷子门下学成后,没有回到政治庸暗的卫国,而是到魏国寻找建功立业的机会。当时的魏国在李悝和吴起的努力下,已成为中原各国中实力超群的第一强国。

公孙鞅到达魏国都城安邑后,便投奔当时的魏相公叔痤,成为公叔痤府里的一名家臣。公叔痤乃魏惠王叔父,是当时魏国的执政大臣。公孙鞅觉得自己虽然随从鬼谷子学了不少东西,但缺乏实际经验,贸然求见魏王恐难成功,而在公叔痤身边,却可以一边学习、一边锻炼,增长才干和学识。公叔痤的门客很多,公孙鞅本可以成为其中的一员,但他认为,像自己这样默默无闻的年轻门客，在公叔痤的府里很难显山露水，即便公叔痤能给自己一两次机会，自己经验不足，也未必能把握住；家臣虽然不如门客地位高，但却有更多的时间和机会得到锻炼，等到时机成熟，再展示自己也不迟。

由于公孙鞅在家臣中十分突出，很快就被公叔痤任命为主管家政的中庶子，得以近侍公叔痤。经过卫国浓厚的商业气息的熏陶，加上在鬼谷子门下的多年学习，公孙鞅将府里打理得井井有条。公叔痤对其理财本领十分欣赏，公孙鞅成了公叔痤信赖的人。

秦献公二十三年（前362），公叔痤在浍水北岸大败赵、韩联军，捉住了赵国名将乐祚，占领了皮牢（今山西翼城）。秦献公趁魏与赵、韩大战之际，派庶长国占领了魏国的少梁（今陕西韩城南）。当时，魏国以庞涓为代表的平民出身的大臣，与以公叔痤为代表的贵族出身的大臣斗争激烈，双方均战功卓著、政绩突出。公叔痤欲借大胜赵、韩的声威伐秦，以压倒庞涓，公孙鞅则予以劝阻。

公孙鞅认为，秦国在秦献公的统治下，此时已经很强大，秦军的战斗力也已明显提高，近几年连续击败韩、魏就是明证，对秦军作战必须高度重视。魏军虽然大败赵、韩联军，但已经十分疲惫。即便要与秦军开战，也需休整一段时间，才可以与气势正盛的秦军对决。而且魏军想夺回少梁，必然要过黄河，而秦军在黄河对岸严阵以待，对渡河作战的魏军很是不利。此外，公叔痤的长处是辅政，庞涓的长处是攻战。公孙鞅认为，庞涓的军事才能毫不逊色于吴起，公叔痤与庞涓比战功是以短比长，恐难取胜。

公叔痤此前屡有战功，一直对庞涓不服气，而且正值大胜赵、韩的兴头上，想趁着这股锐气一举击败秦军，对公孙鞅的劝阻不以为然。于是，公叔痤命令驻守庞城（今陕西韩城东南）的魏军牵制同处黄河西岸的秦军，掩护自己渡河。公孙鞅对公叔痤的好胜十分担忧，但又无力制止。

公叔痤在庞城守军的掩护下，开始渡河。秦国庶长国的兵力比庞城守军多，但却比公叔痤的魏军少，如果分兵拒敌，很可能会两边都不利；如果全力对付渡河的魏军，守卫庞城的魏军就会攻击秦军的侧翼，与渡河的公叔痤军夹击秦军，而庞城魏军在秦军攻击自己时就后退，不与秦军交战，牵制秦军脱离滩头阵地，可为公叔痤军渡河创造条件。

庶长国命令秦军先全力阻击渡河的公叔痤军，使其不得渡河，迫使庞城魏军为掩护公叔痤军渡河，而不得不加大对秦军的攻击力度。秦军忍耐庞城魏军的攻击，不为所动，继续阻击渡河的公叔痤军，拼命使其不得靠岸。庶长国见庞城魏军全部投入到与公叔痤军对秦军的夹攻后，突然命令秦军后撤，将庞城魏军让入原秦军的防河阵地，对其进行包围攻击。公叔痤军由于庞城魏军占据滩头而无法登岸。庶长国在消灭庞城魏军后，再次后撤，将滩头让给公叔痤。公孙鞅劝公叔痤务必撤军，不可再攻。但由于庞城魏军为掩护自己而被歼，公叔痤不愿如此败归，他见秦军稍退，滩头出现登陆空间，便命令魏军迅速登陆。庶长国在魏军半渡时，命令此时已休息好的秦军再次向魏军发起攻击。结果魏军大败，公叔痤被俘。公孙鞅由于执行搭建浮桥的任务，未及渡河，没有被俘。

公叔痤战败被俘的消息传到安邑后，他的家里乱做一团。妻子儿女怕因公叔痤战败而受到连累，纷纷准备逃走；门客也一哄而散，以逃此大祸。公孙鞅返回安邑后，劝公叔痤的妻儿不要离去，并说公叔座一定会活着回来，而且不会被魏王治罪。痤妻不信，公孙鞅对他解释说：公叔痤贵为魏王的叔叔，所以不会被治罪；且早年与秦献公交厚，秦军也不会杀他。秦献公虽然战胜过几次魏军，但他战胜的不是魏国最强劲的庞涓军。秦国如果杀死公叔痤，就必然会与魏国成为死敌，引来魏王调庞涓全力进攻。对于庞涓军的进攻，秦国是抵挡不住的，那样只会使秦国这些年取得的战果化为乌有，秦献公不会做这种杀友毁国的蠢事。公叔痤是魏王得以登基的最大功臣，是宗室贵族的领袖，魏王利用公叔痤才得以抑制庞涓等人，魏王也不会做出杀叔弱己的蠢事。公叔痤的妻子将信将疑，但终究没有逃走。公叔痤家在公孙鞅的打理下，很快又恢复了往日的安定。

果然不出公孙鞅所料，过了些天，公叔痤被秦献公放回了魏国。魏王也没有惩罚公叔痤，只是见他身体欠佳，让他安心在家养病。公叔痤回到家里，见稳定如初，只是门客都不见了，大为惊奇。妻子将公孙鞅的所作所为告诉了丈夫，公叔痤对公孙鞅既感激、又佩服。

公叔痤回家没几天，就因又羞又愧、急火攻心而一病不起。魏惠王亲自来探望公叔痤的病情，说："你的病万一有所不幸，国家将怎么办呢？"公叔痤答道："我的中庶子公孙鞅，虽然年轻，却有奇才，希望王能把国政交给他掌管。"（"痤中庶子公孙鞅，年虽少，有奇才，愿王举国听之。"《史记·商君列传》）魏王听后默然不答。魏惠王即将离去时，公叔痤屏退左右向魏王说："王如果不听从我的话重用公孙鞅，就一定要杀掉他，不要让他离开国境。"魏王什么也没说，就走了。

公叔痤召见公孙鞅，向他辞别说："王刚才问我谁可以担任相国，我推荐你，王显出不以为然的样子。之后我才以先忠君后爱臣的立场，向王说：'如果不重用公孙鞅，就应该杀掉他。'王答应我了，你快走吧，否则就要被抓了！"公孙鞅说："王既然不能听你的话来任用我，又怎么会听你的话来杀我呢？"最后还是没有离开魏国。

魏惠王回到宫中,与左右的人说:"公叔痤病入膏肓,多令人伤心呀!他先要我把国政交给他的家臣公孙鞅掌管,一会儿又劝我杀了他,这岂不是太糊涂了吗?"

秦孝公元年(前361),魏王由于都城安邑地处局促的河东,远离郑、卫中原核心地带,与魏国不断拓展的霸业已不相符,而且安邑近年连遭近邻秦、韩、赵的攻击而险象环生,决定把都城迁到更适合谋求发展的大梁(今河南开封)。

公叔痤去世后,公孙鞅听说刚即位的秦孝公为图谋秦国发展,下令招求贤才,来继承秦穆公的霸业,收复东边被侵的失地,许诺对能够强秦之人裂土封侯,遂去魏入秦。

二、孝公求贤　脱颖而出

到了秦国后,公孙鞅见有许多人应求贤令,便先住了下来,等待合适的机会。随后,他求见秦孝公的宠宦景监。景监是个宦官,出身于楚国公室的贵族,美貌绝伦。找景监请托的人原本很多,他都拒不接见,但后来看到孝公迟迟没有选定能够强秦的人,便开始留意国外来的应试者。

景监见到公孙鞅后,对其气度和相貌十分倾慕。他留公孙鞅住在自己的府中,通过多日的交谈,认定他正是秦孝公要找的人。

在景监的引荐下,秦孝公召见了公孙鞅。初次见面,公孙鞅说了很长时间的国家大事,但孝公一边听,一边打瞌睡,一点儿也没有听进去。事后,孝公生气地向景监说:"你的宾客是个狂妄的人,这种人怎么可以任用呢?"景监用孝公的话责备公孙鞅,公孙鞅说:"我向孝公讲述为帝之道,他并没有心领神会呀!"

过了五天,公孙鞅再次觐见孝公,把治国之道说得淋漓尽致,可还是不中孝公的心意。事后孝公又责备景监,景监也又责备公孙鞅,公孙鞅说:"我向孝公讲述为王之道,他没有接受,请他再接见我一次吧!"

公孙鞅又觐见孝公,这次秦孝公觉得他说得不错,但仍未任用。公孙鞅离去后,孝公对景监说:"你的宾客不错,我可以与他谈论国家大事了。"景监告诉公孙鞅,公孙鞅说:"用春秋五霸的治国方法说服大王,看他的样子是准备采纳了。他肯定会再召见我,我早就知道了。"

公孙鞅第四次觐见,秦孝公跟他交谈得很投机,不知不觉中还把身子靠前坐了坐,两人谈了几天都不知疲倦。景监问公孙鞅:"你凭什么能合大王的心意呢?我们国君高兴极了。"公孙鞅说:"我劝大王采用帝王之道来治理秦国,建立夏、商、周那样的盛世,可大王说:'时间太长了,我不能等,何况贤能的国君都希望在自己当政时就能有所建树,名扬天下,怎么能等待几百年才成就帝王之业呢?'所以我又用富国强兵的霸道劝说他,他才特别高兴,但这样却难以与殷、周的德治相比拟了。"

秦孝公准备重用公孙鞅,进行变法,又怕天下人对自己的做法提出非议,于是与诸位大臣会议商量。

公孙鞅说:"行动犹豫不决,就干不出惊天动地的大事;办事犹豫不定,就建树不了功绩。况且超出常人的举动,本来就容易遭受世俗的反对;有独特见解的计谋,必然为平庸的人所诋毁。愚笨的人,对已完成的事情尚且不明不白;聪明的人,却能预见未来的事情。行事开始的时候,不可与一般见识的人共谋,只可以与他们共享事业成功的快乐。能谈论至德要道的人,不迎合世俗;能建立伟大功业的人,不与众人共谋。因此,圣人只要可以使国家强盛,就不必墨守成规;只要能够便利人民,就不必遵循古礼教。"秦孝公说:"好!"

大夫甘龙反对说："不是这样！圣人不变更民俗而施以教化，聪明的人不改变成法而治理国家。顺应民风民俗而施行教化的，不费力就能成功；沿袭成法而治理国家的，官吏习惯而百姓安定。"公孙鞅回应说："甘龙所说的，是世俗的说法。一般人苟安于旧有的习俗，读书人拘泥于书本上的见闻。这两种人奉公守法还可以，但不能和他们谈论超出旧法以外的新事物。三代的礼制不同，但都能统一天下；五霸的法制互有差异，却各成霸业。聪明的人能制定新法，愚笨的人却受制于旧法。聪明的人能变更礼教，愚笨的人就要被礼教拘束。"

大臣杜挚说："没有百倍的利益，就不能改变成法；没有十倍的功效，就不能更换旧器。效法旧制度是没有过错的，沿袭旧礼制也不会出什么偏差。"公孙鞅仍然坚持自己的观点，说："治世不能只用一种方法，凡是对国家有利就不必效法古制，所以汤、武不遵循古制而能统一天下，夏、殷不革新礼教而遭受亡国。反对旧法的人不应该受责难，遵循古礼教也不值得多称赞。"

秦孝公对公孙鞅所言连声称"好"，于是命他制定了变法的条令。

三、两次变法　兴盛秦国

公孙鞅在秦孝公执政前期，进行了两次大规模的变法。一次是在秦孝公六年（前356），一次是在秦孝公十二年（前350）。

第一次变法的新法令规定：把十家编成一什，五家编成一伍，互相监视检举，一家犯法，十家连带治罪。不告发奸恶的，处以腰斩的刑罚；告发奸恶的，与斩获敌人首级者同样受赏；隐藏奸恶的，与降敌者同样受罚。一家有两个以上的壮丁不分居的，赋税加倍。有军功的人，各按标准升爵受赏；为私事斗殴的，按情节轻重分别处以大小不同的刑罚。致力于农业生产，让粮食丰收、布帛增产的，免除自身的劳役或赋税。因从事工商业及懒惰而贫穷的，他们的妻子、儿女全都没收为官奴。王族里没有军功的，不能列入家族的名册。明确尊卑爵位等级，各按等级差别占有土地、房产，家臣奴婢的衣裳、服饰，按各家爵位等级决定。有军功的显赫荣耀，没有军功的即使很富有也不能显荣。这些措施对新兴的军功贵族来说是一种肯定，使秦孝公更加受到军队的拥护。

公孙鞅的法令已经拟定完备，但尚未公布。他担心民众不信任自己，便在国都集市的南门立了一根长三丈的木杆，下令说：有能把木杆搬到北门的，赏十金。百姓觉得奇怪，对此议论纷纷，搞不清楚为什么要这样做，所以没有人敢去扛木杆。见此情景，公孙鞅说："百姓不肯扛木杆，是不是嫌赏金太少了？"于是又宣布：能搬到北门的，赏五十金。众人愈加怀疑。有个胆大的人走出来说："秦国从来没有这么重的赏赐，今天的这个诏令，一定是个计谋。我就是得不到五十金，也会得到一点奖励吧？"于是扛起木杆，径直走到北门。路旁人山人海，都想看看公孙鞅葫芦里卖的什么药。看管的小吏马上禀告，公孙鞅召这位大胆的汉子上前领赏，并夸奖他："你真是良民，能不折不扣地执行我的命令。"当即拿出五十金赐给他，说："我一定不会失信于民。"从此，百姓一传十、十传百，都说左庶长令出必行。树立了威信之后，法令也随即颁布了。

法令在民间推行了一年，来到国都说新法令不方便的百姓数以千计。此时，太子也触犯了新法，公孙鞅说："法令不能顺利施行，就在于上层人士带头犯法。"要依法惩处太子。但太子是国君继承者，不能实施刑罚，便对太子的老师公子虔予以处罚，并处太师公孙贾墨刑，以示惩戒。国人听说此事，都不敢不遵奉新法令了。

新令施行了十年，秦国出现了路不拾遗、山无盗贼、家家富裕、人人饱暖的太平景象。百姓勇于为国作战，不敢再因私人恩怨打斗，乡镇、城市秩序井然。那些当初说新法不当的人，有些又来说新法带来的好处，公孙鞅说："这些都是扰乱教化的人！"把他们全部迁到了边疆。从此以后，百姓没有人再敢议论新法令了。

在稳定军功贵族、牢牢控制军队后，秦孝公和公孙鞅以铁腕政策，强行推动新法在秦国西部地区的实施，取得了预期的效果。由于秦国的底层百姓已被政府掌握，税收、土地和军事政策有了坚实的施政基础，秦国迅速地强大起来。

在第一次变法六年之后，秦孝公决定把变法引向深入。秦孝公十二年（前350），公孙鞅进行了第二次变法。首先，在咸阳修建门阙和宫廷，然后把国都从雍迁到咸阳。随后颁布法令：（一）禁止百姓家庭不分长幼尊卑地父子、兄弟混居一堂；（二）把若干小乡里、市镇、村落合并成为一县，设置县令、县丞等官员，一共设置三十一个县；（三）废除旧的井田制度，挖开原有的田路疆界，以增加粮食产量，公平赋税；（四）统一斗、桶、权、衡、丈、尺等计量单位。这次变法推行了郡县制，确立了封建统治的新秩序，意义重大。

通过两次变法，秦国的政治、经济和社会得到全面革新，国势蒸蒸日上。原来比较落后的秦国很快强大起来，为向东发展和日后的统一奠定了基础。

四、谋略非凡　功成封商

公孙鞅认为，自己虽然主持了秦国的变法大局，把秦国改造成了高度中央集权的君主国家，但在自己和秦孝公设计的制度里，只有军功卓著、开疆拓土者才能封侯，自己的军功还不够高，按照法令不应封侯。而在其间，公孙鞅的每一次升迁靠的都是军功，遵守了自己制定的法律。对于公孙鞅的以身作则，秦孝公十分感动。

秦孝公四年（前358），公孙鞅第一次带领秦军作战，就在西山击败韩军，取得了庞涓破秦后秦军的第一次胜利，凭借此功封左庶长。两年后，公孙鞅正是以左庶长的身份，主持了秦国的第一次大变法。孝公八年（前354），公孙鞅在元里击败魏军，夺取了魏军在河西的重要据点少梁，又凭此功出任秦国官员中的最高职位大良造。

秦孝公十年（前352），公孙鞅率军渡过黄河，攻入魏国的河东，占领了魏国的旧都安邑。秦军收复了一部分以前为魏军占领的河西地方。随着秦国在东部地区的不断胜利，以及秦国国力的再次强大，秦孝公决定把都城迁回东部，以图进军中原。孝公十二年（前350），秦孝公和公孙鞅把新的都城设在了泾水和渭水之间的咸阳。

秦孝公十八年（前344），由于秦国把都城从西部的雍迁到了东部的咸阳，魏惠王认为秦国迁都咸阳对魏国是个威胁，便考虑进攻秦国。公孙鞅担心当年秦献公连续胜魏后引来庞涓攻破都城栎阳的一幕又要上演，便建议秦孝公尊魏惠王为王，向魏称臣，以避免魏国的进攻。由于此时秦国的实力与魏国相差还很大，而且魏将庞涓已经准备第二次攻破秦国，秦孝公也认为硬拼不是办法，同意了公孙鞅的建议。于是，公孙鞅到魏国求见魏惠王。

魏惠王见到当年公叔痤向自己推荐为相的府里家臣，如今已是秦国大良造的公孙鞅来拜见，心情很是复杂。公孙鞅首先以拜见主人的礼仪向魏惠王行礼，在国与国的交往中，这种极度卑微的行礼方式是少见的，公孙鞅的卑微让魏惠王颇感高兴。公孙鞅向魏惠王表明，秦国对魏国是很敬畏的，不敢与魏惠王为敌，愿意从此为魏国把守西部边防，年年向魏国进贡。魏惠王听说如此，心情更放松了。

公孙鞅进一步劝魏惠王脱离东周，自立为王。他对魏惠王说，魏国经过文侯、武侯和惠王三代的经营，已经在中原各国中称霸近百年之久，是中原各国中实际上的王，大家都很敬畏魏惠王。与苟延残喘的周天子相比，魏惠王才配王的称号，才能担当起领袖中原各国抗击南蛮楚国的重任。因此，秦国恭敬地希望魏国能够称王，不要辜负了秦国的殷切热望。魏惠王此时正有击楚之意，而且对王的称号也心慕已久，自认为配得上这个称号。在魏惠王统治期间，魏国连续重创秦、赵、韩、齐，实力超群。在公孙鞅的怂恿下，魏惠王决定称王。

魏惠王在大梁以南的逢泽召集称王大会，秦孝公的同母弟公子少官代表孝公出席，向魏惠王贡献了不少礼物，用对待王的礼仪拜见魏惠王。秦国的做法让魏惠王有些飘飘然，于是他也让其他的国家像秦国一样向魏国献礼，用王的礼仪对待自己。此前一直臣服于魏国的韩国，由于魏惠王索求过多，再加上齐国联系韩国夹击魏国，拒绝了魏惠王的要求。魏惠王大怒，派庞涓攻韩，结果魏军在马陵道大败，庞涓自刎而死。此后，魏国又与齐国发生大战。由于太子申的错误，魏军战败，引来了齐、韩、赵的三面进攻。

秦孝公二十二年（前340），公孙鞅看到削弱魏国的时机已到，劝秦孝公说："魏国之于秦国，就像人有心腹大患，非除去不可。不是魏国兼并秦国，就是秦国攻占魏国。为什么呢？魏国处在险阻山岭的西边，建都安邑，与秦国以黄河为界，占领崤山以东的有利形势。形势有利就会向西侵犯秦国，否则就向东扩展领土。如今凭借大王的圣明贤能，秦国才繁荣昌盛。而魏国去年被齐国打得大败，诸侯都背叛它，我们可以趁此良机攻打魏国。魏国抵抗不了秦国，必然向东撤退。魏国东迁，秦国便可占据黄河、崤山险固的地势，向东控制诸侯，这可是统一天下的帝王大业呀！"秦孝公认为很有道理，就派公孙鞅率军攻打魏国，魏国也派公子卬率军反击。

公子卬是魏国的名将，与公孙鞅曾经是非常要好的朋友。公孙鞅派人带自己的亲笔信见公子卬，信中说："我以前与公子友好，如今你我成为敌对两国的将领，实在不忍心相互攻打。我盼望与公子相见，订立盟约，痛痛快快地饮酒，然后退兵，让秦、魏两国相安无事。"魏公子卬信以为真，便前来赴会。盟约仪式完毕，两人饮酒欢叙，公孙鞅事先埋伏的甲士冲出来，俘虏了公子卬。同时，公孙鞅命令秦军偷袭魏军。魏军听说公子卬已与公孙鞅会盟、把酒言欢，便也开始了庆贺，对秦军的偷袭没有丝毫准备；再加上主将已经被擒，魏军缺乏统一的指挥，很快就被秦军打得大败。

魏惠王的军队屡次被齐、秦两国击溃，国内空虚，国力日益衰弱，很是恐惧，便派使者割让黄河以西地区献给秦国，与之讲和。秦国同意，魏国不得不把国都从安邑迁到了大梁。魏惠王说："我真后悔当初没有采纳公叔痤的建议！"

公孙鞅得胜回国，秦孝公封给他魏国商、於两地十五个邑，封之为"商君"。因此，后世遂称公孙鞅为"商鞅"。

五、变法招祸　车裂致死

商鞅出任秦相十年，因剥夺无功的嬴姓贵族的世禄，所以旧贵族对他非常不满，怀恨在心。

隐士赵良求见商鞅，商鞅说："我能会见你，是由于孟兰皋的介绍，现在我们交个朋友，可以吗？"赵良说："我怎么敢有这样的奢望呢？孔子有句话说：'举用贤能之士，爱民忧国的能士会前来；任用不贤能的人，即使能成王业的人也会引退。'（"推贤而戴者进，聚不肖而亡者退。"）鄙人不才，所以不敢从命。我听人说：'不该占有的职位而占有叫贪位，不该享有的名声而享有叫贪名。'（"非其位而居之曰贪位，非其名而有之曰贪名。"《史记·商君列传》）我若接受你的好意，那恐怕我就是贪位、贪名，所以不敢从命。"

商鞅说："你不满意我对秦国的治理吗？"赵良说："善于吸取别人意见的叫做聪，善于省视自己的叫做明，克制自己欲望的叫做强。虞舜说过，自我谦卑可贵。你可以遵照虞舜的这种谦卑道理行事，不必问我了。"

商鞅说："最初秦国盛行戎狄的习俗，父子不分开，男女老少同居一室，如今我已改变了他们的习俗，使男女有别，分居而住；大造宫廷、城阙，把秦国营建的像鲁国、魏国一样。你看我治理秦国，与五羖大夫百里奚相比，谁更有才干？"赵良说："一千张头号皮毛，比不上一领狐腋贵重；一千个随声附和的人，比不上一个直言争辩的人。周武王因有直言之士而昌盛，殷纣王因群臣不敢直言而灭亡。你如果认为武王是对的，那么我请求整天直言，可以不受刑罚吗？"商鞅说："俗话说：'动听的话，是花朵；真切的话，是果实。苦口危言的批评，是良药；甜美的恭维，是害人的病因。'你如果真的愿意整天对我直言，那就是我治病的良药，我要拜你为师求教，你又何必拒绝呢？"

赵良说："五羖大夫百里奚，是楚国的乡下人。他听说秦穆公是个贤能君主，就想去当面拜见，要去却没有费用，便把自己卖给秦国人当奴隶，身穿粗布衣给人家喂牛干粗活。一年后秦穆公知道这件事，并没有因他身份低贱而排斥，反而重用他，使他凌驾于百官之上，秦国没有敢埋怨的。他担任秦相六七年间，向东讨伐郑国，三次拥立晋国的国君，一次出兵救楚，施德政于诸侯，在境内实行德化。由馀听到这种情况，也来叩关求见。五羖大夫做秦相时，劳累时也不坐车，酷暑时也不张伞，走遍国内，没有跟随的车队，从不携带兵器。他的功名载于史册、藏于府库，他的德行遗风流传于后世。五羖大夫去世时，秦国不论男女都痛哭流涕，连小孩子也不唱歌谣。这就是五羖大夫的德行呀。

"如今你是通过宦官的介绍才得以见到秦孝公，这并不是光彩的事；你身为秦相，不以百姓利益为重，而大筑门阙，这称不上是功绩；对太子老师施加刺额刑罚，用严刑峻法来伤害百姓，这是积怨蓄祸！教令要求百姓，比国君的命令要深刻；百姓服从教令，比服从国君的命令要迅速。而你又以诈术建立权威，对我朝妄改国君的命令，这谈不上是教化呀。你又自比国君向南面而自称'寡人'，每天都在罗织秦国贵公子的罪过。《诗经》说：'老鼠都要有礼貌，人怎么可以没有礼仪呢？人失去礼仪，何不赶快去死呢？'("相鼠有体，人而无礼；人而无礼，何不遄死。")从这诗句看来，你的作为，并不足以向你祝福。公子虔闭门不出已有八年了，你又杀死祝欢，对公孙贾处以刺面的刑罚。《诗经》说：'得人心的兴盛，失人心的败亡。'("得人者兴，失人者崩。")你做的这几件事，并不得人心呀！你一出门，后面跟着数以十计的车辆，车上都是顶盔贯甲的卫士，还有手执长予及短矛的武士在车边来回奔走。这些防护缺少一样，你就不敢出门。《尚书》说：'凭借道德昌盛，依赖武力灭亡。'("有德者昌，恃力者亡。")你的处境就像早晨的露水，瞬息就要消失，还想要延年益寿吗？何不归还秦孝公所赐的十五个都邑，到乡野去耕田务农？你若还贪图于商、於的富裕，玩弄秦国的教令，蓄积百姓的怨恨，那么秦孝公一旦去世，秦国要逮捕你的人，哪里会是少数的呢？死亡就会像一举足那样轻易地到来。"

然而，商鞅执迷不悟，始终没有听从赵良的劝告。

秦孝公二十四年（前338），秦孝公病重，商鞅前往看望。秦孝公有心传位于商鞅，商鞅拒绝了。回家后，商鞅对秦孝公欲传位于己的做法有些后怕。以商鞅对主人的了解，他认为秦孝公一定是已经担心自己了。秦孝公能够借自己之手而除掉自己的兄弟，对于自己这个外国人，更是不会手下留情。

五个月后，秦孝公驾崩，太子即位，是为秦惠文公。公子虔一班人告发商鞅要造反，惠文公便派官吏前往逮捕。商鞅仓皇逃亡，逃到函谷关下，要住旅舍，旅舍的人不知道他是商鞅，说："商鞅的法令规定：旅客没有证件住宿，我们会牵累入罪！"商鞅长长地叹息说："唉！制定新法的遗害竟然到了这样的地步。"（"嗟乎，为法之敝一至此哉！"《史记·商君列传》）商鞅逃到魏国，魏国人怨恨他欺骗公子卬而打败魏军，不肯收留。商鞅要转而逃往别的国家，魏国人说："商鞅是秦国要逮捕的逃犯，秦国强大，而秦国的逃犯却进入魏国，不送回是不行的。"便把商鞅送回了秦国。

商鞅回到秦国，又奔逃到自己的封地商邑，与部属家臣发动邑兵，向北攻击郑国，以图找到出路。秦发兵攻打商鞅，在郑国将其擒获。秦惠文公对他处车裂极刑，并杀尽了其全家老小。

商鞅的重要政见，经后人整理为《商君书》，《汉书·艺文志》著录共二十九篇，今存二十四篇。

秦惠文王国相张仪

张仪（？—前310），战国时期纵横家，曾数度相秦，是秦国置相后的第一任国相。张仪具有权变之术、雄辩之才，在战国诸侯争霸、群雄割据的历史舞台上，始终以采用"连横"策略的外交家角色游说各国，为秦并六国做出了独特贡献。

一、相于秦国　游说魏国

张仪出身贫穷，但才华出众。他曾师从鬼谷子，学习纵横之术。学成后，曾求见魏惠王、楚威王，但都没有受到任用，只好投在楚国令尹昭阳门下，做了客卿。

有一次，张仪与门客们陪楚相喝酒，席间，楚相随身带着的一块玉璧不见了。大家把怀疑的目光投向了张仪，认为张仪贫穷，品行不端，一定是他偷走了玉璧。于是，大家把张仪拘捕起来进行拷打，但张仪始终不承认，大家只好把他放了。回到家中，妻子看着伤痕累累的张仪说道："唉，你要是不读书游说，怎能受到这般屈辱呢？"张仪对妻子说："你看看我的舌头还在不？"妻子笑着说："舌头还在呢。"张仪回答说："这就足够了。"（"其妻曰：'嘻！子毋读书游说，安得此辱乎？'张仪谓其妻曰：'视吾舌尚在不？'其妻笑曰：'舌在也。'仪曰：'足矣。'"《史记·张仪列传》）

那时，苏秦已经说服赵王，邀约各诸侯缔结合纵联盟，但又担心秦国抢先攻打各诸侯国，破坏盟约而导致失败。他打算派人去阻止秦国，考虑到身边没有合适人选，便派人暗中引导张仪。此人对张仪说："您以前和苏秦感情很好，现在苏秦已经很有地位了，您为什么不去结交他，以求实现您功成名就的愿望呢？"于是，张仪来到赵国，呈上名帖，求见苏秦。苏秦却吩咐自己的门客，不许为张仪通报，又让他几天都不能离开。

几天之后，苏秦才接见了张仪，让他坐在堂下，赐给他奴仆侍妾吃的饭菜，还多次责备他，说："以您的才能，却让自己落到这种穷困的地步。难道我不能推荐您而使您富贵吗？只是您不值得推荐罢了。"说完，就把张仪打发走了。张仪这次来投奔苏秦，自以为可以向老朋友求得好处，不料却受到如此侮辱，心中非常愤怒。他考虑到各诸侯没一个值得他侍奉的，只有秦国能侵扰赵国，于是就到秦国去了。

张仪走后，苏秦对身边的人说："张仪是天下最有才能的人，我远不如他。现在幸亏我比他先受到重用，然而能掌握秦国政权的人，就只有张仪了。但他很穷困，没有晋身之阶。我担心他沉溺于些小利益，而不能成就大的功业，所以召他来加以侮辱，以激励他的意志。你替我暗中侍奉他。"苏秦禀明赵王，讨要了许多金钱、财物和车马，又派人暗中跟随张仪，和他投宿在同一个客舍，慢慢地接近，并赠送车马和金钱给他。凡是张仪所需要的财物，全都供给，但不告诉他是谁给的。

通过苏秦的帮助，张仪终于得以见到秦惠文公。秦惠文公因赏识其才华，任为客卿，和他一起商议攻打诸侯。

苏秦的门客见任务已经达成，便向张仪告辞。张仪说："依靠您鼎力相助，我才得到显贵的地位，正要报答您的恩德，您为什么要走呢？"门客说："我并不了解您，真正了解您的是苏秦先生。苏先生担心秦国进攻赵国，破坏合纵联盟，他认为除了您，没有谁能掌握秦国的政权，所以才激发您的心志，并派我暗中供给钱财。这都是苏先生谋划的策略。如今您已得秦国重用，就请让我回去复命吧！"张仪感叹道："唉呀！这些权谋都是我所研习过的，苏先生用来对我，而我却一直都没有察觉，我没有苏先生高明啊！况且我刚刚被任用，又怎能图谋攻打赵国呢？请您替我感谢苏先生，只要苏先生在，我怎么敢妄谈攻赵！况且苏先生在，我张仪又怎能不自量力和他作对呢？"

秦惠文公十年（前328），秦惠文公派遣张仪和公子华攻打魏国的蒲阳，逼迫魏国降服。但此后，张仪又劝秦惠文公把蒲阳归还给魏国,并建议派遣公子繇到魏国做人质。与此同时,又劝说魏王:"秦国如此宽厚地对待魏国,魏国理应予以回报。"于是,魏国把上郡、少梁割让给了秦国。这样一来,既拉拢了魏国,又削弱了它。就这样,张仪凭借自己的才华和政绩,被秦惠文公拜为国相。("惠王乃以张仪为相。"同上)他是秦国置相后的第一任国相。从此,张仪开始实施"连横"策略,以成就秦国的霸业。

秦惠文公十三年(前325),张仪正式拥戴秦惠文公为王("仪相秦四岁,立惠王为王。"同上),并改次年为更元元年。更元二年,秦惠文王派张仪与齐、楚国相会于啮桑(今江苏沛县西南),随即免相——为了以"连横"策略游说魏国依附秦国,张仪赴魏国任相。

张仪到了魏国,劝说魏王投靠秦国,但魏王并未听从他的劝告。秦国立刻出兵攻打魏国,并占据了其曲沃、平周。为了"连横"策略得以在魏国实施,此后张仪继续留在魏国,长达四年之久。魏襄侯去世,魏哀王继位,张仪又劝说哀王依附秦国,但魏哀王也不接受他的建议。于是,张仪暗中请秦王发兵攻魏。不久,魏军被秦军打败。第二年,魏军又在观津被齐军打败。

在这种形势下,张仪抓住时机,又耐心规劝魏哀王。他从几方面加以分析,处处晓之以理。首先,张仪分析了魏国当时所处的地理形势。他认为,魏国与多国接壤,四周分别与楚、赵、齐、韩四国相邻。而且魏国地势平坦,没有高山大川与之隔绝,因而极易被别国攻破。可以说,这是一种四分五裂的地理形势。其次,张仪又从魏国不依附秦国的弊端和依附秦国的益处加以分析。如果魏国依附秦国,那么楚、韩两国就不敢攻打魏国;若不依附秦国,秦国就会攻打别的国家。其结果便是:一方面,魏国与他国的合纵联盟便会断绝;另一方面,秦国攻打的国家因为惧怕，便会与之联合，从而加速魏国的灭亡。张仪还以形象化的比喻，对魏王阐述了合纵抗秦盟约的易于被瓦解，指出：即使同一父母所生的亲兄弟，也会有争夺家产的，更何况六国各有谋略，因此极不可靠。

张仪采取又拉又打的计策，终于说动魏王事奉秦国。这样，张仪的连横策略首先在魏国得以推行。

二、以计相施　楚国就范

魏国之事成功后，张仪又返归秦国，重新出任国相。

秦惠文王更元十二年（前313），秦惠文王准备进攻齐国，担心齐国与楚国结成联盟，共同抵抗秦国军队，就派张仪出使楚国，设法破坏齐、楚两国的联盟。

楚怀王听说张仪到来，准备了最好的宾馆让他居住，并亲自到宾馆去接见他，说："这是个偏僻落后的国家，您有什么指教的呢？"张仪拜见楚怀王，对他说："大王如果听从臣的建议，与齐国断绝来往，臣可以请求秦国献给您商、於之地（今陕西商州、河南西峡两地之间的广大区域）六百里，并送来秦国的女子做大王的侍妾，秦、楚两国从此互相娶妇嫁女，长期成为兄弟一样关系亲密的友好国家。"楚怀王被张仪的话语说动，答应与齐国断绝交往，与秦国结盟。

群臣纷纷向楚怀王表示祝贺，只有大臣陈轸一个人认为这是祸事，不是喜事。楚怀王生气地问他："我们不出动军队，就得到了六百里的土地，怎么是祸事呢？"陈轸回答说："在臣下看来，消息传出去以后，商、於之地尚未到手，齐国就会主动与秦国结盟。齐、秦联合之后，必然进攻楚国，我们的祸患很快就会来到。"楚怀王不同意他的看法。陈轸又对楚王说："秦国之所以讨好楚国，是因为楚国与齐国结盟，相互团结，一致抵抗。如果与齐国断绝来往，楚国就会孤立自己，在各国之间的影响直线下降，而且秦国也绝对不会再把土地送给楚国。张仪返回秦国后，必定不肯兑现自己的诺言。齐、秦两国的军队，很快就会前来进攻楚国。大王如果希望得到土地，不如派人跟随张仪同时返回秦国。秦国人交付土地之后，再与齐国断绝关系也不迟。"楚怀王很不高兴地说："希望陈先生闭上嘴巴，不要再议论这件事，等着我得到土地吧！"楚怀王还把相印授给张仪，并给予重赏。

随后，楚怀王传令关闭边境口岸，与齐国断绝来往，然后派一名将军跟随张仪返回秦国。回到秦国后，张仪假装不小心从车上摔了下来，三个月不去上朝。楚怀王听说后，还以为张仪认为楚国还没有和齐国彻底断绝关系，便派人前去大骂齐王，与齐国彻底断交。齐王极为愤怒，立即派人前去秦国，卑辞厚礼，请求结盟。秦国答应齐国的请求，两国订立盟约，共同对付楚国。

张仪得到消息，马上入朝向秦惠文王报告出使情况，并在朝廷之上对楚国使者说："您可以接受我们赠送贵国的土地，从某地至某地，共有六里的面积。"楚国使者说："我奉大王的使命，接受商、於六百里的土地，根本没有听说是六里。"楚国使者受到侮辱，极为愤怒，立即驾车返回了楚国。

楚怀王受到戏弄，气恼不已，立即传令出动军队，攻打秦国。陈轸劝他暂时忍耐，楚怀王不肯听从。齐、秦联军对付楚国，结果楚军被彻底击败，八万士兵被杀，七十多名将领被俘，汉中郡被秦军占领。楚怀王不甘心失败，又集中楚国全部军队进攻秦国，秦国也调集大军参加战斗。秦、楚两国军队在蓝田殊死搏斗，结果楚军又被秦军打得大败。

秦惠文王仍不满足，于是又派使臣到楚国，要求重新和好，并答应以商、於六百里地，换取楚国的黔中地。楚怀王一听

"商、於之地",气愤地说:"不愿得地,只要得到张仪,就把黔中之地奉献给秦国。"

秦惠文王为了得到黔中,想派张仪出使楚国,但又不好开口。张仪得知后,就向秦惠文王说:"以我一人,而能让秦国得到黔中之地,这是值得的。"遂立即动身前往楚国。

张仪到了楚国,楚怀王立即把他囚禁起来,并打算杀掉。但张仪事先已经贿赂了楚国宠臣靳尚,靳尚对楚王夫人郑袖说:"大王要杀张仪了!可我听说秦王很器重张仪,所以打算把他解救出去,如今要用六百个县的土地来贿赂楚王,还想把秦国美女嫁给大王,并挑选宫中最擅歌舞的女人当陪嫁。这么一来,大王必然要轻贱夫人,甚而要贬斥您了!不如替张仪讲情,把他放了。"于是,郑袖不断在楚王面前说:"杀了张仪,必然会得罪秦国。如果那样的话,我就请求母子一同迁往江南,以免被秦军杀害。"就这样,楚怀王放了张仪,且厚待如初。

张仪被放出后,没离开楚国,并开始以连横策略游说楚怀王。他对怀王说:"秦国土地是天下的一半,兵敌四国,又有黄河和四周要塞为屏障;将卒百万,战车千辆,粮食如山,法令严明,因此士卒愿为秦国奋战,这必将折服天下。天下人如果晚些归服,必然灭之。'合纵'之人如同以羊群攻击猛虎。君王不亲猛虎而亲群羊,是策略错误。"张仪恐吓一番,接着又吹捧说:"天下强国,只有楚、秦。"再一拉一打,说:"大王不与秦联合,秦国攻伐西部,韩、魏攻伐北部,那样楚国就危险了。"又进一步说:"秦、楚接壤,本来就是唇齿相依的国家。我请秦王派太子到楚国来做人质,楚太子也到秦国为人质。"然后又引诱道:"秦王把女儿许给大王做妾,把有一万户居民的都邑进献给大王,长久地结成兄弟之国。"

楚国三闾大夫屈原,规劝楚王不要听信张仪的话,但楚怀王不听忠谏,答应了张仪的要求,与秦国和好。张仪"连横"的策略,在楚王这里又顺利打通了关节。

三、游说诸国 卒于魏国

张仪离开楚国,又借机去了韩国。他游说韩王说:"韩国地势险恶,人们都居住在山区,收成不好,人们食不果腹;军队士兵羸弱,势力不强。而秦国强大,拥有精兵良将,其军队之强盛,远在六国之上。如果秦国攻打弱小的国家,无异于以千钧压鸟卵。现在对于秦国来说,心腹之敌是楚国,如果韩国凭借有利地势帮助秦国攻打楚国,就既能在土地上得到利益,又能转移自己的祸患而使秦国高兴。还请韩王三思。"韩王最终听信了张仪的策略。

张仪从韩国回到秦国后,秦惠文王因他游说有功,封赏他五座城邑,号为"武信君"。接着,秦惠文王又派张仪出使齐国。

张仪来到齐国,面见齐湣王。他以齐国和鲁国、秦国和赵国的几次交战为例,游说齐王。张仪认为,齐国和鲁国交战三次,鲁国战胜了三次,但最终却灭亡了。其原因就在于齐国强大,而鲁国弱小。赵国和秦国在漳河上交战两次,两次打败了秦国,但赵国的士兵阵亡了几十万,国家因此残破不堪。其原因也在于秦国强大,而赵国弱小。现在,如果齐国不事奉秦国而与之交战,其结果,齐国也会遭到鲁、赵两国那样的重创。接着,张仪又给齐王分析了当时韩国所面临的形势,对他说:"如今秦、楚两国嫁女娶妇,已结成兄弟之国。韩、魏、赵也已割让土地事奉秦国。这些国家又都与齐国接壤,如果齐王不事奉秦国,那么秦国必定会驱使它们攻击齐国。到那时,即使齐国想要依附秦国,也不可能了。"听了张仪的一席话,齐湣王点头称是,接受了他的建议。

张仪离开齐国之后,又向西游说赵国,向北游说燕国,并都将之说服。就这样,张仪的连横策略为秦国叩开了一个又一个国家的大门,使秦国声威大振。

张仪回到秦国,这时秦惠文王已经去世,秦武王继位。秦武王做太子的时候就不喜欢张仪,登基之后,很多大臣又向他说了张仪的许多坏话。而各诸侯国听说张仪与秦武王不和,便纷纷背叛了连横策略。

就在秦国的大臣日夜不停地诋毁之时,齐国又派人来秦国责备张仪。在重重压力之下,张仪担心会被秦武王杀掉,便乘机说:"齐国非常憎恨我,我逃到哪个国家,齐国便会攻打那个国家。大王现在就把我派往魏国,则齐必攻魏,到那时,大王可乘机攻打韩国,打进三川,直逼周境。这样,大王便可以挟持天子,成就帝业。"

秦武王认为张仪说得很有道理,便送他到了魏国。齐国果然出兵攻打魏国,魏王很害怕。张仪说:"大王不必担忧,我让齐国罢兵。"于是,他派自己的门客冯喜到楚国,借用其使臣去齐国。楚国使臣到齐国后,对齐王说:"齐王攻打魏国,正好让张仪重新得到秦国的信任。"接着把张仪对秦武王说的话,都讲给了齐王听。齐王听后,幡然醒悟,便从魏国收了兵。

秦武王元年(前310),张仪在魏国逝世。

秦武王右丞相樗里子

樗里子(？—前300),战国时期秦武王右丞相。姓嬴、名疾,因居樗里(今陕西渭南),又称樗里子、樗里疾,也称严君。他是秦惠文王的异母弟,能言善辩,足智多谋,秦人称之为"智囊"。

秦惠文王二十一年（前317），魏、赵、韩三国联军攻秦，樗里子以庶长（秦爵第十、十一级）之职，率军在修鱼（今河南原阳西南）大破三国联军，擒获韩将申差，斩首八万余级。因此役之功，樗里子晋升为右更（秦爵第十四级）。

秦惠文王二十四年（前314），樗里子领兵攻打魏国的曲沃（今河南灵宝东北）、焦（今河南陕县南），使焦投降，把曲沃城的人都赶回魏国，使之成了一座空城，最终并入秦的版图。继而败韩军于岸门（今山西河津南），斩首八万。

秦惠文王二十五（前313），樗里子攻打赵国，俘获赵国大将庄豹，夺占赵地蔺。第二年，协助魏章攻打楚国，大败楚军于丹阳（今豫西丹水北），俘虏其将领，斩首八万，夺取了汉中之地。

樗里子以战功卓著，封于严道（蜀郡有严道），故号为"严君"。

秦惠文王去世后，太子嬴荡即位，是为秦武王。秦武王下令驱逐了张仪、魏章，启用甘茂、樗里子为左右丞相。在樗里子等人势如猛虎的冲击下，诸侯国谈"秦"色变。通过战争扩张，秦国渐渐强大起来。

樗里子曾率兵车万乘入周，周天子非常恭敬地亲率士卒迎接，长戟在前，强弩在后。楚王看到周天子对秦国的人这么看重，很是愤怒，责问周天子。游腾替周天子解释说："先前智伯攻打仇犹的时候，用赠送大车的办法，趁机让军队跟在后面，仇犹遂被灭亡。这是什么原因呢？就是没有防备的缘故啊。齐桓公攻打蔡国，声称是征讨楚国，其实是偷袭蔡国。现在秦国是个如虎似狼之国，派遣樗里子率领百辆战车进入周都，周天子以仇犹和蔡国为借鉴，因此才让持长戟的士兵在前，拿强弓的士兵在后，表面上说是护卫樗里子，实际上是要囚禁他。况且，周天子难道能不担忧周朝的天下吗？实际上，周朝是把秦国和樗里子看作欺诈难信者加以防范，才这么做的。"

秦武王去世后，秦昭襄王即位，樗里子更受尊重。秦昭襄王元年（前306），樗里子要率军攻打卫国的蒲城（今陕西蒲城）。蒲城守将心中恐惧，央请卫国大臣胡衍出面替他想办法。

胡衍替蒲城守将对樗里子说："你进攻蒲城，是为了秦国，还是为了魏国？若是为了魏国，那就很好；若是为秦国，那就没有好处。要知道，我们卫国之所以为卫国，就在于有蒲城这个地方可以作为屏障。现在您攻打蒲城，迫使它并入魏国，整个卫国必然会屈服并依附魏国。魏国丧失西河之外的州郡而无法收复，原因就是军力薄弱。现在把卫国并入，魏国必然会变得强盛。魏国强盛之日，也就是贵国所占城邑危险之时。何况秦昭襄王将观察你的行动，如果你所做之事有害于秦国而有利魏国，他必定要加罪于您。"听了这番话，樗里子若有所思地说："照此说来，那我该怎么做才好呢？"胡衍顺势说："你放弃蒲城不要攻打，我试着进蒲城替你说话，让卫国国君不忘你给予他的恩惠。"樗里子说："好吧！"

胡衍进入蒲城，告诉守将说："樗里子已经了解蒲城的弱点，声言一定要把蒲城攻下来。不过，我能够使他放弃蒲城而不予进攻。"蒲城守将非常害怕，听了胡衍的话，像是见到了救星，一再地拜谢说："希望能请您帮帮忙。"于是献出三百金，又表示说："秦国军队如果撤走，我一定把您的功劳报告给卫国国君，让您享受国君一样的优待。"就这样，樗里子放弃蒲城离去。

秦昭襄王七年（前300），樗里子去世，葬在渭南南岸章台的东边。临终之前，他曾说："百年以后，在这里一定会有天子的宫殿夹着我的坟墓。"到了汉朝，长乐宫在樗里子墓的东面，未央宫在墓地的西边，储藏军械的府库正对他的坟墓。所以秦国人有句谚语说:"力气大的数任鄙(秦国力士),智谋高的数樗里。"("秦人谚曰:'力则任鄙,智则樗里。'"《史记·樗里子甘茂列传》)

秦武王左丞相甘茂

甘茂(生卒年不详),战国时期秦武王左丞相。楚国下蔡(今安徽凤台)人。在秦惠文王、武王、昭襄王三朝任军职,与樗里子同属秦国第一代战将。他出将入相,对于秦国的兴盛、强大起到了重要作用。

一、息壤立约 攻拔宜阳

甘茂早年曾师事史举先生,学习诸子百家的学说。后来他通过张仪、樗里子,求见秦惠文王。秦惠文王非常中意甘茂,任他为将,协助魏章攻取汉中。

秦惠文王去世后,秦武王即位。蜀侯公子煇及其宰相陈壮谋反,秦武王派甘茂平定蜀乱,得胜而归,升任其为左丞相。

秦武王三年(前308),秦武王向甘茂表示:"若能通三川,窥周室,死而无憾。"甘茂当然能体会到秦武王的意愿,于是请缨带着向寿去魏国,约定攻伐韩国的宜阳(今河南宜阳西)。

甘茂到了魏国,对向寿说:"你回去对武王讲:'魏王已经听从我的计划,但希望武王暂时不要出兵攻打韩国。'事情若能成功,功劳都归你向寿。"向寿回到秦国,把甘茂的话一一转告秦武王。

甘茂回来时,秦武王到息壤迎接,并询问其中的缘故。甘茂说:"宜阳是韩国的一个大县,上党、南阳守备严整,久有积聚，名义上虽然是县，实际上却相当于郡。如今大王离开几处要塞，行军千里去攻打它，很难取胜。从前曾参住在费城，鲁国有个同名同姓的人杀了人，先后有两个人告诉曾参的母亲：'曾参杀了人！'曾参的母亲仍旧神色自若，织布如常。等第三个人告诉她：'曾参杀人了！'曾参的母亲立刻丢下织梭，越墙逃走。以曾参的贤能以及母亲对他的信任，有三个人怀疑他，都会令母亲心生恐惧。我的贤能不及曾参，大王对我的信任肯定也不如曾母对于曾参，而怀疑我的人却不只三个，我恐怕大王也要扔下织梭呢！当初张仪向西吞并巴蜀的土地，向北开辟西河之外的州郡，南边攻占上庸（今湖北竹山西南），天下的人却不推崇他，反而夸奖先王。魏文侯令乐羊率兵攻打中山，历经三年而攻下，乐羊班师论功，魏文侯拿出一箱子毁谤书信给他看，乐羊再拜叩首说：'这不是我的功劳，而是君王的声威力量！'如今的我，是个寄居秦国的客卿，樗里子和公孙奭都是秦国公子，二人扶持韩国来和我争议，大王必定听信他们。如此一来，是大王欺骗魏王，而我将受到韩相公仲侈的埋怨。"秦武王说："寡人不听信他俩，和你立约为誓。"于是君臣约誓，甘茂出兵宜阳。

甘茂率兵攻打宜阳，打了五个月还没攻下，樗里子与公孙奭果然提出了异议。秦武王召甘茂，想罢兵不攻。甘茂提醒武王"我们有息壤之约"，秦武王幡然醒悟，并发动国内全部军队支援，让甘茂全力攻打。甘茂斩杀韩军六万人，遂攻克宜阳，韩襄王遣公仲侈前来谢罪，与秦讲和。

甘茂攻拔宜阳的胜利，为秦国打通了向东发展的门户，也打通了通往周朝的道路。秦武王终于到了周朝，但因举鼎绝膑，死在周朝的王城，秦昭襄王即位。

楚怀王因记恨先前秦国在丹阳打败楚国的时候，韩国不援救自己，发兵围攻韩国的雍城。韩国便派公仲侈向秦国告急。由于秦昭襄王刚刚即位，母亲宣太后又是楚国人，所以秦国不肯出兵。公仲侈遂求助甘茂，请他向秦昭襄王游说。甘茂向秦昭襄王分析了当时的形势，说："韩国公仲侈正因仰赖秦国的援助，才敢抗拒楚国。如今雍城被围，而齐、韩、楚、魏联合攻秦的格局就形成了，与其坐而待伐，不如先下手为强。"秦昭襄王接受了甘茂的建议，发兵救韩，楚军最终撤离了雍城。

二、功高被谗　辗转客死

这时的秦国虽已强大起来，但决策层人人各怀心事，在联韩攻楚还是联楚攻韩、借魏攻齐还是借韩攻齐上僵持不下。在纷争中，甘茂渐占上风。这引起了向寿和公孙奭的嫉恨，他们对秦昭襄王说了甘茂的许多坏话。甘茂惧怕，停止攻打魏国，逃离了秦国。

甘茂逃离秦国、奔往齐国时，遇到了以口才游说各国的谋士苏代。此时，苏代正为齐国出使秦国。甘茂对苏代说："我在秦国犯了罪，怕遭殃祸，便逃了出来，眼下还没有容身之地。我听说有个穷家女与富家女在一起纺织，穷家女说：'我没有钱买蜡烛，而你的烛光幸好有剩余，请你分给我一点余光，这样对你的照明既没有损害，又能给我共用烛光的方便。'如今我处境窘困，而你正要出使秦国，身居要位。我的妻子儿女在秦国，希望借你一点'余光'救助她们。"苏代答应了。

苏代到秦国完成使命之后，趁机劝秦昭襄王说："甘茂是个不平凡的人，在秦国先后被三代君主重用。从崤塞到鬼谷，其间地形的险峻平易，他都了如指掌。如果他凭借齐国与韩国、魏国约盟联合，反过来图谋秦国，将对秦国不利啊！"秦昭襄王说："那该怎么办呢？"苏代说："大王不如加重礼金、加大禄位来迎接他。假使他肯回来，就把他安顿在鬼谷，终身不让他离开。"秦昭襄王说："好的。"立刻赐甘茂以上卿之位，并派人带着相印到齐国去迎接。甘茂不愿回秦国，苏代又对齐湣王说："甘茂是位贤能之人，秦国赐给他上卿之位，用相印来迎接，他感激大王您的恩惠，愿意做您的臣子，因此拒绝回去。现在大王要如何来礼遇他呢？"齐王立刻安排甘茂担任上卿，从而把他留了下来。秦国也因此而厚待甘茂的妻儿家族，免除他们的徭役，来和齐国争取甘茂。

齐国派甘茂出使楚国，楚怀王刚与秦国联姻，两国感情很好。秦听说甘茂在楚国，就派人表示希望送甘茂回秦国。楚王问大臣范蜎说："寡人想在秦国安置倾向于我的丞相，谁可胜任？"范蜎回答："臣才疏学浅，不知道。"楚王又问："寡人要安置甘茂，可以吗？"范蜎回答："不可。史举是下蔡看守城门的门监，大事不能侍奉君王，小事不能管好家庭，以苟且卑贱、操守不够廉洁闻名于世，而甘茂却肯顺从地去服侍他。以秦惠文王那样的贤明，秦武王那样的明察，张仪那样的雄辩，甘茂侍奉他们，能取得十种官职，却没犯一点罪过。由此可见，甘茂实在是个贤能的人，万万不能让他做秦国的丞相。秦国拥有贤能的丞相，对楚国没有一点好处。根据过去的经验，对方乱才有利于楚国的治，以此为标准，大王想在秦国安置丞相，没有比向寿更妥当的了。向寿和秦昭襄王是亲属，年幼时和秦昭襄王共穿一件衣服，长大后与秦昭襄王同乘一辆车子，大王一定要安置向寿在秦国任相，这才对楚国有利呀！"于是，楚王派使者请求秦昭襄王任用向寿做丞相，秦国最终采纳了。

就这样，甘茂既回不了秦国，齐国、楚国也不好待下去，最后死于魏国。

秦昭襄王丞相魏冉

魏冉（生卒年不详），战国时期秦昭襄王丞相，秦昭襄王之舅，宣太后异父弟。姓魏、名冉，楚国人。从秦惠文王时，就任职用事；秦昭襄王时任将军，因食邑在穰（今河南邓县），号称"穰侯"。一生四任秦相，党羽众多，深受宣太后宠信。但由于专权跋扈，人心不附，后被昭襄王罢免，死于陶邑。

一、拥立后主　升任丞相

魏冉是秦昭襄王母后宣太后的异父弟弟，他聪明智慧，豪爽猛断，膂力过人。宣太后不是秦武王的生母，秦武王的生母是惠文后，因此，尽管魏冉是秦武王的舅舅，但两人实际年龄相差无几，且魏冉矫健力大，与好力的秦武王终日一起习武练艺。

秦武王即位后，在自己熟悉的亲戚中选拔大臣，尤其重视军事人才。魏冉不仅有一身好功夫，而且精通兵法，善于统兵打仗。秦武王四年（前307），秦国开始设置武官的最高官职——将军，魏冉由于战功卓著，成为秦国历史上的第一位将军。

同年，秦武王在周举鼎，绝膑而亡，因其无子，秦国顿时陷入混乱。惠文后与武王王后要立公子壮，宣太后则要立公子市，两位太后都想立自己的儿子为王。魏冉坚决地站在宣太后一边，对抗惠文后。他们姐弟分头行事，一面由宣太后说服时任宰相樗里子保持中立，一面由魏冉调集军队，与惠文后和公子壮的支持者开战。由于魏冉的出色指挥，惠文后的支持者很快就败下阵来。不过，后来因赵武灵王的介入，最终宣太后的另一个儿子嬴稷得以继位，是为秦昭襄王。

秦昭襄王即位后，魏冉继续担任将军，镇守咸阳，稳定局面。

秦昭襄王七年（前300），樗里子去世。随后，昭襄王派公子市到齐国做人质，由赵国人楼缓来秦国任丞相。这对赵国显然不利，于是赵国派仇液到秦国游说，请求让魏冉担任秦相。

仇液即将上路，门客宋公对他说："假如秦王不听您的劝告，仍旧任用楼缓为国相，楼缓必定怨恨您。您不如事先告诉楼缓：'为了你，我去请求秦王，不要急于任命魏冉。'您这么说，如果事情未能成功，秦王仍用楼缓为相，楼缓也不会怨恨您；如果事情成功，秦王任用魏冉为相，那魏冉当然会感激您了。"

仇液听从宋公的意见，见到秦昭襄王后，请求他不要急于任命魏冉为相。秦昭襄王见赵国使者并不急于请求任命魏冉，感到非常奇怪，决定不听仇液之言，果然免掉了楼缓，立即任命魏冉为丞相。此后，魏冉五次出任秦国的丞相。

二、军功显赫　封为穰侯

魏冉少年成名，军功显赫，是秦国的名将。秦昭襄王十四年（前293），魏冉举用白起为将军，派他代替向寿领兵攻打韩国和魏国，在伊阙（今属河南洛阳）战败他们，斩敌二十四万，俘虏了魏将公孙喜。第二年，他又率军夺取了楚国的宛、叶两座城邑。凭此功绩，秦昭襄王十六年（前291），魏冉被封为穰侯。

秦昭襄王十八年（前289），魏冉率军攻魏，魏国割让河东四百里地（今山西西南部）；攻下魏国的河内，取得城邑大小六十多座（今河南济源、沁阳一带）。秦昭襄王二十六年（前281），魏冉又加受陶（今山东定陶）为封地。陶本属宋国，是战国时期最繁华的商业大都市，历来为各强国所垂涎。齐湣王灭宋后，被齐国占领。乐毅率燕、秦、韩、赵、魏五国联军攻破齐国后，秦将斯离占领了陶。就这样，宣太后把陶封给了魏冉。

秦昭襄王三十二年（前275），魏冉率军进攻魏国，打败魏国名将芒卯，进入北宅，随即围攻大梁。魏安釐王无奈之下，派大夫须贾向秦国求和。

须贾见到魏冉，劝道："魏国的一位长者曾对魏王说：'从前梁惠王攻打赵国，取得了三梁，拿下了邯郸，赵王不肯割地求和，后来终于收复邯郸；齐国人攻打卫国，拿下了国都，杀死了子良，而卫人宁可受辱也决不割地，后来终于光复国都。卫、赵两国之所以国家完整，军队强劲，土地不被诸侯兼并，就是因为它们能够忍辱负重，保全国土。宋国、中山国屡遭进犯，又屡次割地，结果国家随即灭亡。我觉得卫国、赵国的做法值得效法，而宋国、中山国则当引以为戒。秦国是个贪得无厌、凶恶暴戾的国家。它蚕食魏国，吞尽原属晋国之地，战胜暴鸢，割取八个县之多，土地还未全部并入，军队又耀武扬威地出发了。秦国哪有满足的时候呢？现在芒卯败逃，秦军开进了北宅，他们看似要进攻大梁，其实不然，他们这是在威胁大王，要求大王多多割让土地。大王切勿接受它的要求。现在大王若背弃楚、赵两国而与秦国讲和，楚、赵必定怨恨而背离大王，而与大王争着买好秦国，秦国也必定接受它们的做法。这样一来，秦国挟制楚、赵两国的军队再攻大梁，那么魏国想不亡国都不可能了。所以大王一定不要讲和。即使大王打算讲和，也要少割地，并且要有人质作保，不然，必定上当受骗。'这是我在魏国所听到的，希望您据此来考虑围攻大梁的事情。

"《周书》上说：'上天的意旨不是固定不变的。'（"惟命不于常"）这就是说，天赐予的幸运是不可多得的。秦国战胜暴鸢、割取八县，并非因兵力的精良，也非因计谋的高超，主要靠的是运气。现在秦国又打败了芒卯，兵入北宅，进而围攻大梁，以此看来，是自己把上天之幸当作了常规。聪明的人不是这样的。据我所知，魏国已经调集上百个县的精兵良将来保卫大梁，不少于三十万人。以三十万的大军来守卫七丈高的城垣，我认为即使商汤、周武王死而复生，也是难以攻下的。攻而不克，秦军必然疲惫不堪。大梁攻不下，那就意味着前功尽弃。希望您抓住楚、赵援军尚未到达大梁的时机，赶快以割少量的土地来收服魏国。魏国正当犹疑之际，会把以少量土地换取大梁解围的做法，看作是有利的上策，那么您的目的也就会达到了。对于魏国抢先与秦国媾和的做法，楚、赵两国定会大为恼火，必定争着讨好秦国，合纵便因此瓦解，而后您便可以再将它们各个攻破。况且您要取得土地，也不一定非用军事手段呀！割取了原来晋国的土地，秦军不必攻坚，魏国就会乖乖地献出绛、安邑两城。这样又为您打开了河西、河东两条通道，原来的宋国土地也将全部为秦国所有，随即卫国必定会献出单父。秦军不动一兵一卒，就能控制全局！希望您仔细考虑。"

魏冉仔细一想，觉得须贾说得不无道理，遂下令停止攻梁，与魏国签订割地合约后，撤兵而去。

第二年，魏国背弃合约，与齐国结盟。这让秦昭襄王大为恼火，派魏冉再次进攻魏国，斩敌四万多，并击败从韩国投奔魏国的名将暴鸢，又攻下魏国的三个县。凭此战功，魏冉又增加了封邑。

三、争权失败　遣回封地

秦昭襄王三十四年（前273），魏冉与白起、客卿胡阳，再次攻打赵、韩、魏三国。在华阳城（今陕西勉县西北）下，秦军大败芒卯，斩敌十万，夺取了魏国的卷（今河南原阳）、蔡阳

（今湖北枣阳西南）、长社（今河南长葛东），赵国的观津（今河北武邑东南）。随后，魏冉又把观津还给了赵国，并且给赵国增加了兵力，让其去攻打齐国。

齐襄王害怕被伐，让谋士苏代替齐国暗地里送信给魏冉。信中写道：

> 我听来往的人们说，"秦国要给赵国提供四万士兵来攻打齐国"，我觉得不可能，便安慰我们国君说："秦王精明而谙熟谋略，魏冉机智而精通军事，一定不会这么做的。"
>
> 为什么这么说呢？韩、赵、魏三国结盟，它们才是秦国的深仇大敌。这三国之间的关系非同一般，尽管彼此有上百次的背弃、上百次的相骗，但对它们来说都不算是背信弃义，一旦对外，它们是互信不疑的。现在如果打败齐国，那赵国就会强盛起来，而赵国是秦国的大敌，显然对秦不利。这是第一点。秦国的谋臣策士们一定会说："打败齐国，同时也能削弱晋、楚的力量，然后再对付晋、楚就易如反掌了。"其实，齐国势单力薄，调集天下诸侯的兵力攻打它，就如同用千钧强弓去冲开溃烂的痈疽，齐国必亡无疑，又怎么能削弱晋、楚呢？这是第二点。秦国若出兵少，那么晋、楚就不相信秦国；若出兵多，晋、楚则会担忧被秦国控制。齐国惧怕被伐，不会投靠秦国，则必定投靠晋、楚两国。这是第三点。秦国以瓜分齐国来引诱晋、楚，而晋、楚派兵进驻加以扼守，秦国反而会腹背受敌。这是第四点。秦国以赵攻齐的这种做法，就是让晋、楚借秦国之力谋取齐国，反过来，它们再拿齐国之地对付秦国。这是第五点。
>
> 因此，取得安邑，把它治理好，也就没什么祸患可言

了。秦国占据了安邑，韩国就必定无法控制上党了。夺取天下的中心区域，与出兵而担忧其不能返回，比较起来，哪个更有利呢？这些道理都是显而易见的，所以我才说秦王精明而谙熟谋略，魏冉机智而精通军事，肯定不会给赵国四万士兵让他攻打齐国了。

看过此信，魏冉又仔细分析了当时的战争形势，于是决定不再进军，领兵回国。

魏冉长期掌握秦国的军权、相权，又有宣太后为其撑腰，因此在朝中，连秦昭襄王也要让他三分。

秦军中许多能征善战的大将，多出自魏冉的提拔，白起就是最出色的一个。而羽翼日渐丰满的秦昭襄王，为了夺回自己的实权，也开始不断地向军队安插亲信，以争夺军权。魏冉对此十分抵制，站在魏冉一边的白起，也在暗中排挤秦昭襄王的亲信将领，这让秦昭襄王十分恼火。

秦昭襄王三十六年（前271），魏冉与客卿灶商议，准备攻打齐国，夺取刚、寿两城，借以扩大自己在陶邑的封地。这时，魏国人范雎来到秦国，自称"张禄先生"，讥笑魏冉竟然越过韩、魏等国去攻打齐国。他趁着这个机会，请求劝说秦昭襄王，秦昭襄王任用了他。范雎向秦昭襄王阐明宣太后在朝廷内专制，魏冉在军事上专权，泾阳君、高陵君等人则过于奢侈，以致比国君都富有。这正说到了秦昭襄王的心坎上，于是下令免掉魏冉相国、将军的职务，并责令泾阳君等人都一律迁出国都，到自己的封地去。

于是，魏冉带着妻儿老小及一千车的豪产，来到自己的封地陶邑，在那里终其余生。

秦昭襄王丞相范雎

范雎（？—前255），战国时期纵横家，秦昭襄王时丞相。名或作"雎"，字叔，魏国人。早年家境贫寒，后出使齐国，为魏国中大夫须贾所诬，历经磨难后辗转入秦。秦昭襄王四十一年（前266）出任秦相，辅佐秦昭襄王。他上承秦孝公、商鞅变法图强之志，下开秦始皇、李斯统一帝业，是秦国历史上继往开来的一代名相。

一、受尽凌辱　巧计入秦

范雎早年家境贫寒，虽有满腹经纶，却因不名一文，无以自资，只好暂时投靠在魏国中大夫须贾的门下。

秦昭襄王二十四年（前283），燕将乐毅率燕、楚、魏、赵、韩五国兵马，攻破齐国都城临淄，并一举攻克齐国七十多座城邑，齐国仅剩下即墨和莒两座城邑尚未攻破。齐湣王逃亡，被楚淖齿所杀。在这种内外交困、岌岌可危的国势下，齐襄王仓促在莒即位。后齐将田单力挽狂澜，智摆火牛阵，大败联军，收复七十城，齐国这才免遭亡国，得以复兴。齐国蒸蒸日上的国势，使当初随燕破齐的魏王坐卧不安，深恐齐襄王寻机报复。于是，魏王遣中大夫须贾出使齐国，议和修好。

齐襄王对魏国使臣须贾很不礼貌，斥责魏国反复无常，并说先王之死与魏有关，令人切齿痛心。须贾嚅嚅而无言，不能应对。就在这个关键时刻，跟随须贾一同而来的范雎挺身而出，严正指出："齐湣王骄横暴虐，贪得无厌，五国同仇，岂独魏国？如今大王英武盖世，如果斤斤计较齐湣王时的恩恩怨怨，只知责怪别人而不知检讨己过，恐怕又要重蹈齐湣王的覆辙了。"一番话后，齐襄王不但没有发怒，反而心中暗自赞叹此人的胆识和辩才。随后，齐襄王特赐予范睢十斤黄金及牛肉、美酒。范睢推辞，不敢接受。

须贾知道此事后，十分生气，认为范睢肯定是把魏国的秘密出卖给了齐国，所以才会得到这些馈赠。回到魏国后，须贾仍然耿耿于怀，便将此事告诉了魏国的丞相魏齐。魏齐听后，怒不可遏，命人将范睢抓来，严刑拷打，打得范睢遍体鳞伤、血肉模糊，折肋掉齿，惨不忍睹。范睢唯恐性命难保，只好装死。魏齐的手下以为范睢已死，将他卷入苇席，抛进厕所；魏齐还派醉酒的宾客向他身上撒尿，以惩戒后人不得妄言。

奄奄一息的范睢受尽了侮辱，但他宏图未展，不想就此死去。他买通看守，谎称已经死去。酒酣中的魏齐命仆人将范睢的尸体扔到荒郊野外，范睢这才得以脱身。他乘夜爬回家中，让家人将苇席置于野外，以掩人耳目。第二天，魏齐心疑范睢未死，又派人去搜索。幸得魏国人郑安平相助，范睢再次逃脱，并由此改名换姓为"张禄"。

秦昭襄王三十六年（前271），秦国谒者王稽，奉秦昭襄王之命出使魏国。此时的秦国，由于孝文公、商鞅变法奠定了富国强兵的坚实基础，又经过惠文王、武王、昭襄王几代人的不懈努力，国势日益强盛。曾救过范睢一命的郑安平，听说秦使来魏，认为时机已到，便假扮士卒服侍王稽，等待时机，向他举荐范睢。

一天，王稽问郑安平："魏国有没有贤能之士，愿与我一同前往秦国的？"郑安平答道："属下的邻居张禄先生，想与您谈谈。但这个人有仇在身，不敢公开露面。"王稽说："那你就晚上带他来见我。"当天晚上，郑安平带范睢拜见了王稽。两人就座，促膝畅谈天下大势，范雎指点江山，见解精辟。没等范雎把话说尽，王稽已认定他是个不可多得的人才，便私约辞魏而去，将范雎带回了秦国。

返秦途中，当范雎一行行至秦国湖县时，迎面碰上了秦相穰侯魏冉的车骑。魏冉是秦昭襄王的舅舅，依仗姐姐宣太后的地位，把持朝政长达几十年。此人厌恶招纳诸侯宾客，唯恐威胁到自己的权势。范雎虽身为布衣，但对各国形势非常关心，对魏冉也有所了解，因而远远地看见魏冉的车骑，就立即藏于车厢中避祸。不一会儿，魏冉车马来到，一阵寒暄客套后，魏冉目视车中，又察看了一下随行人员，接着对王稽说："你此次出使魏国，没有带诸侯的宾客来吧？这些人依靠口舌扰乱视听，只是为了自己的富贵，全是些没用的废物！"王稽忙附和说："丞相所言极是。"魏冉没有发现什么可疑的，也便走了。

一场虚惊过后，王稽正要上路，范雎从车厢里出来说："魏冉生性多疑而见事迟缓。刚才分明已经起疑，虽未立即搜索，不久必悔，悔必复来，我还是再避一下。"说着下车，独自从小路前行。果然如范雎所料，不久，二十余骑飞驰而来，声称奉丞相之命搜查，遍索车中，见并无外国之人，这才转头扬长而去。经历这场变故，王稽对范雎佩服得五体投地，仰天长叹："张先生真智士，吾不及也！"

回到秦国后，王稽向秦昭襄王推荐范雎说："魏国的张禄，是天下难得的能言善辩者，他认为，此时秦国的处境危如累卵。他还说，如果能够任用他，秦国就可以确保平安。所以，臣就把他带了回来。"秦昭襄王不信任范雎，把他安排在客栈，待如下客，也无意召见。范雎不以为意，大难尚且不死，这点挫折更算不了什么，他在耐心地等待着崛起的时机。

二、巧言上疏　语激秦王

秦昭襄王三十七年（前270），秦国在丞相魏冉的坚持下，跨越韩、魏去攻打齐国的刚、寿两地。自秦昭襄王即位后，以宣太后为中心，形成了穰侯（魏冉）、华阳君、泾阳君和高陵君等宗亲贵室势力，他们专权专利，其私家富有甚至超过了王室，使秦昭襄王如芒刺在背，有苦难言。此次出战，也并非出自秦昭襄王的本意，范雎抓住这个时机，上书说：

> 我听说圣明的君主推行政事，有功劳者，给予奖赏；有才能者，委以重任，劳苦大的俸禄多，功绩多的爵位高，能管众多事务的官职大。所以没有才能的不能担当官职，有才能的也不会被埋没。俗话说："庸碌的君主奖赏他宠爱的人，惩罚他厌恶的人；圣明的君主就不这样，奖赏一定施给有功的人，刑罚一定判在有罪者的身上。"如今我的胸膛耐不住铡刀和砧板，我的腰也承受不了小斧和大斧，怎么敢用毫无根据、疑似不定的主张来试探大王呢？即使您认为我是微贱之人而加以轻蔑，难道就不重视推荐我的人对您的担保吗？
>
> 况且我听说周室有砥砨，宋国有结绿，魏国有县藜，楚国有和氏璞玉，这四件宝玉，产于土中，而著名的工匠却误认为石头，但它们终究成为天下的名贵器物。既然如此，那么圣明君主所抛弃的人，难道就不能够使国家强大吗？
>
> 我听说善于中饱私囊的大夫，是从诸侯国中牟利；善于使一国富足的诸侯，是从其他诸侯国中牟利。而天下有了圣明的君主，那么诸侯就不得独自富足，这是为什么？是因为它们会削弱国家而使自我显贵。高明的医生能预知病人的生死，圣明的君主能洞察国事的成败，认为对国家有利的就实

行，有害的就舍弃，有疑惑的就稍加试验。即使舜和禹死而复生，也不能改变这种做法。要说的至深话语，我不敢写在书信上，一些浅露的话又不值得您一听。……

范雎信中多讲道理，多引故事，却少言时事。这是因为魏冉专权，宫中多有魏冉等王室亲贵的耳目，恐怕于己不利。因而信中隐隐约约，批评秦国内政，劝秦昭襄王赏罚分明、识辨贤才。秦昭襄王看完书信，大为欣赏，召范雎进见。

秦昭襄王准备在离宫接见范雎。范雎到了宫门口，假装不知道哪条是内宫的通道，就往里走。这时，恰巧秦昭襄王出来，宦官非常着急，驱赶范雎，呵斥道："大王来了！"范雎故意乱嚷着说："秦国哪里有王？秦国只有太后和魏冉罢了。"他想用这些话激怒秦王。秦昭襄王走过来，听到范雎正在与宦官争吵，便上前迎接，并致歉说："寡人本该早就向您请教了，由于事务繁忙，一直拖到现在才有机会。请原谅我愚笨不敏，让我敬执宾主之礼。"

见秦昭襄王如此礼贤下士，范雎连忙辞让。当日目睹秦昭襄王接见范雎的群臣，没有一个不变色易容，对范雎肃然起敬的。范雎张口便说出了秦国群臣不敢说的话，批评的矛头直指当权的宣太后及其弟穰侯魏冉，给两人来了个下马威，群臣都不敢小觑范雎。

秦昭襄王屏退左右，与范雎单独倾谈。范雎颇善虚实之道，并能恰到好处地一张一弛。昭襄王越是急切地请教高见，范雎越是慢条斯理地故弄玄虚。秦昭襄王毕恭毕敬地问道："先生有什么指教寡人的？"范雎却一再避实而虚，"唯唯"连声，避而不答。如此三次，秦昭襄王深施大礼，苦苦祈求说："先生难道终究也不愿赐教于寡人吗？"

范雎见秦昭襄王求教心切，态度诚恳，这才婉言作答："我哪里敢呢！当年吕尚遇到周文王时，他只是个渭水边上钓鱼的渔夫罢了。像他们这种关系，就属于交情生疏。但文王听完他的一席话，便任命他为太师，并立即用车载着他一起回宫，正是因为他的这番话说到了文王的心坎里。此后，在吕尚的辅佐下，文王统一了天下。如果当初文王疏远吕尚而不与他深谈，周朝就不会有做天子的机会，而文王、武王也就无人辅佐，来成就他们统一天下的大业了。如今我只是个寄居异国他乡的臣子，与大王交情生疏，而我所要说的，都是匡扶补正国君的大事。我处在大王与亲人的骨肉关系之间来谈这些大事，本愿进献我的一片愚鲁而诚恳的忠心，可不知大王心里是怎么想的。这就是大王连续三次询问我，而我不敢回答的原因。我并不是害怕什么而不敢说出来。我明知今天向您陈述主张，明天就可能伏罪受死，可是我决不想逃避。

"当年伍子胥被装在口袋里而得以逃出昭关，一路上夜里行走、白天隐藏，走到陵水，连饭也吃不上了，只好爬着行走，在吴国街市上行乞讨饭，可后来终于振兴吴国，使阖闾成为霸主。假如我能像伍子胥一样，极尽智谋效忠秦国，就是再把我囚禁起来，终生不再见大王，只要我的主张实行了，我又担忧什么呢？我所担忧的，只是怕我死后，天下人看见我为君主尽忠反而遭受死罪，因此闭口停步，没有谁肯来秦国罢了。现在您既害怕太后的威严，又被奸佞臣子的惺惺作态所迷惑，自己身居深宫禁院，被左右近臣所把持，长此下去，从大处说国家覆亡，从小处说您孤立无援、岌岌可危，这正是我所担忧的。至于说困穷、屈辱一类的事情，处死、流亡之类的忧患，我是从不害怕的。如果我死了而秦国得以振兴，那么我的死比活着更有意义。"

秦昭襄王推心置腹地回答道："先生这是怎么说呢！秦国偏处一隅，寡人愚笨无能，先生竟肯屈尊光临，这是上天的恩惠啊。先生怎么说这样的话呢！从此以后，无论事情大小，上至太后，下到大臣，希望先生毫无保留地给寡人以指教，不要再怀疑寡人了。"

三、远交近攻　强干弱枝

范雎虽已取信于秦昭襄王，但因初入秦廷，尚不敢深涉内政，仅只纵论外事，借以观察秦昭襄王。

不久，范雎再次晋见秦昭襄王，他首先分析了秦国的优势，说道："大王的国家，四面都是坚固的要塞，北面有甘泉高曲、谷口险隘，南面环绕着泾、渭二水，右边是陇山、蜀道，左边是函谷关、崤山，雄师百万，战车千辆，有利则进攻，不利则撤退，这是建立王业的好地方啊。百姓不敢因私事而争斗，却勇敢地为国家去作战，这是据以建立王业的好百姓啊。现在大王同时兼有地利、人和这两种有利条件。凭着秦国士兵的勇猛，战车的众多，去制伏诸侯，就如同放出韩国壮犬韩卢去捕捉跛足的兔子那样容易，建立霸王的事业是完全能够办到的，可您的臣子们却都不称职。秦国到现今闭关固守已经十五年，之所以不敢伺机向崤山以东进兵，这都是因为魏冉为秦国出谋划策，但又不肯竭尽忠心，而大王的计策也有失误之处啊。"

此时，范雎发现有人偷听，未敢谈及宫廷内部太后专权的事，而就魏冉对各诸侯国的外交谋略进行了一番分析，借以观察秦昭襄王的态度。他凑到秦昭襄王的面前说："魏冉越过韩、魏两国去进攻齐国的刚、寿两地，不是好计划。当年齐湣王向南进攻楚国，破军杀将，开辟千里土地，但最后齐国连一寸领土也未能得到。难道是他不想要地吗？实在是因为地理形势无法占有。而各国看到齐国征战疲劳，便起兵攻打齐国，大破齐军，使齐国几乎灭亡。这个结局，就是因为齐国攻打楚国，而使好处落到了韩、魏两国手中。现在大王不如采取远交而近攻的方针，得一寸地就是大王的一寸，得一尺地就是大王的一尺。"

在这段议论里，范雎明确地提出了"远交近攻"的战略思想，这是范雎对秦国的杰出贡献。这个原则不仅为秦始皇逐个兼并六国、最后统一中国奠定了战略基础，而且对后世外交战略也有着深远的影响。范雎还为这一战略原则拟定了具体的实施步骤。第一，近重创韩、魏，以解除心腹之患，壮大秦国势力；第二，北谋赵、南谋楚，扶弱国、抑强敌，争夺中间地带，遏制各国的发展；第三，韩、魏、赵、楚依附于秦之后，挟五国之重，进而威逼最远且是当时最强对手的齐国，使其回避与秦国的竞争；第四，在压倒各国的优势下，最后逐一消灭韩、魏诸国，最后灭齐，统一天下。

秦昭襄王很赞赏范雎的战略原则和具体设想，遂拜他为客卿，参与国家大政，主持兵事。两年后，即秦昭襄王三十九年（前268），秦昭襄王依靠范雎的谋略，派将领率军伐魏，攻克怀（今河南武陟西南）。两年后，又举兵攻占邢丘（今河南温县东）。

在此形势下，范雎又及时为秦昭襄王谋划"收韩"之策。他首先向秦昭襄王分析了"收韩"的战略意义，说："秦、韩的地域交织相错，如果秦国境内有了韩国的土地，就如同树干生了蛀虫。天下的形势不变则已，一旦发生变化，韩国将成我们最大的危害。大王应首先收韩。"秦昭襄王问："寡人也是这么想的，可是韩国不听从命令，寡人又能怎么办呢？"范雎从容答道："如果大王派兵，首先攻打并占领韩国的咽喉要塞荥阳，便可使巩、成皋之地不通，北断太行之道，上党的韩军不得而下，一举可将韩国拦腰斩为三截。如此一来，韩国还能不听命于秦吗？"秦昭襄王依计而行。

秦昭襄王四十二年（前265），秦军发兵，先后占领韩国的少曲（今河南济源东北）、高平（今河南济源西南）、陉城（今山西曲沃东北）、南阳、野王（今河南沁阳）等地。至此，已将韩国拦腰斩断，使整个上党地区完全孤立出来。在秦军雷霆万钧般的打击下，韩国步步败退，摇摇欲坠。而秦国则在战争中获得了人力、物力等方面的巨大补偿，实力更加强盛，因而东进步伐大大加速，扩大了对赵、楚两国的战争规模。

随着秦国军事上的节节胜利，范雎日益受到秦昭襄王的赏识，地位也不断得到巩固。于是，在秦昭襄王四十一年（前266），范雎开始在内政方面实施变革，推行"强干弱枝"的方针，加强中央王权。他向秦昭襄王奏道："臣在山东时，只知道齐只有孟尝君，不知道有齐王；只听说秦国有太后、魏冉，不知道有秦王。独掌国家大权的称做王，能够兴利除害的称做王，掌握生杀予夺权势的称做王。如今太后独断专行、毫无顾忌，魏冉出使国外从不报告，华阳君、泾阳君等判罚处罪随心所欲，高陵君任免官吏也从不请示。这四种权贵凑在一起，国家就不可能平安无事。既然如此，那么大权怎么能不旁落，政令又怎么能由大王发出呢？我听说善于治国的，就是要在国内使自己的威势牢固，而对国外使自己的权力集中。如今魏冉依仗太后的权势，对诸侯国发号施令，又向天下遍派持符使臣订盟立约，征讨敌方，攻伐别国，没有谁敢不听命。而且他耳目众多，遍及大王左右。这样下去，几代之后，秦国的统治者可能就不是您的子孙了。"

秦昭襄王早就对宗亲贵戚的专权和势力的膨胀嫉恨在心，此番听了范雎义正辞严的宏论，终于下定了决心。当年，秦昭襄王便罢免了穰侯魏冉的相位，命其回到封邑。后又驱逐其他"三贵"，安置宣太后于深宫，不许与闻政事。又拜范雎为丞相，封之于应城（今河南鲁山之东），号为"应侯"。

四、相拜强秦　宴戏须贾

范雎担任秦国的丞相后,秦国人仍称他为"张禄",魏国人对他的身份毫无所知。魏王听到秦国即将向东攻伐韩、魏两国,便派须贾出使秦国,想打通关节,以示和好。

范雎得知须贾到了秦国,便乔装改扮,穿着破衣烂衫,偷偷地来到须贾所住客栈。须贾一见范雎,不禁惊愕道:"范叔原来平安无事啊!"范雎说:"是的。"须贾笑着说:"范叔是来游说秦国的吗?"范雎说:"不是。我以前得罪了魏国的丞相,所以流亡到这里,怎敢来游说呢!"须贾问道:"现在范叔做什么事?"范雎答道:"我给人家当差役。"须贾听了,很同情他,就留他一起喝酒,说道:"范叔竟贫寒到这种地步。"

看到范雎衣衫单薄,须贾送给他一件厚绸袍,并借机打听道:"秦国丞相张先生,你认识吗?我听说他在秦王那里很得宠,天下大事都由他决定。现在我的事情,就得求张先生帮忙。你可有朋友认识他吗?"范雎说:"我的主人与他很熟悉,我有时也能够谒见他,我愿意替您引见。"须贾说:"我的马病了,车轴也断了,如果没有四匹马拉的大车,我就决不出门。"范雎说:"我愿意替您向我的主人借四匹马拉的大车。"

范雎回去,弄来四匹马拉的大车,亲自替须贾驾车,来到丞相府。相府里的人望见范雎回来,都回避躲开了。须贾见到这种情景,觉得很奇怪。到了丞相住所门口,范雎对须贾说:"你等着我,我先进去向丞相通报一声。"须贾在门口等了很久,不见范雎出来,便问门卒:"范叔怎么还不出来呢?"门卒说:"这里没有范叔。"须贾说:"范叔就是刚才同我一道坐车进来的那个人啊。"门卒说:"那是我们的丞相张先生。"须贾一听,大惊失色,知道自己受了蒙骗,就赶紧脱掉上衣,光着膀子,双膝跪地而行，通过门卒向范睢请罪。

范睢听说须贾求见，赶忙派人将屋子装饰一番，并召来许多侍从，这才让须贾上堂来见。须贾见到范睢后，连叩响头，口称死罪，说："我没想到您能青云直上，我不敢再读天下的书，不敢再参与天下的事情了。我须贾犯了该烹煮的死罪，请求独自到蛮夷地区，是死是活，听您发落。"范睢说："你的罪过有多少？"须贾连忙答道："拔下我的头发连接起来，还没有我的罪长。"范睢说："你的罪状有三条。从前楚昭襄王的时候，申包胥替楚国击退了吴军，楚王把荆地五千户封赏给他，申包胥辞谢不受，因为他祖宗的坟墓在荆地。如今我范睢的祖宗坟墓也在魏国，你从前以为我与齐国相勾结，因而在魏齐面前说我的坏话，这是第一条罪状。魏齐在厕所里侮辱我时，你不制止，这是第二条罪状。当他们醉后往我身上撒尿时，你怎么能忍心呢？这是第三条罪状。然而我之所以免你死，是因为你送了我一件厚绸袍子。考虑到你还念旧情，暂且放过你。"于是辞出须贾，结束了会见。随后，范睢进宫把往事一一报告了昭襄王，决定不接受魏国来使，责令须贾回国。

须贾来向范睢辞行，范睢便大摆宴席，请来所有诸侯国的使臣，与自己同坐堂上，觥筹交错，很是热闹；唯独将须贾安排在堂下，在他面前放了一槽草豆掺拌的饲料，又命令两个受过墨刑的犯人在两旁夹着，像马一样喂他吃饲料。众宾客感到奇怪，范睢将往事诉说一遍，然后对须贾厉声喝道："秦王虽然同意议和，但魏齐之仇不可不报，留你一条小命，替我告诉魏王，赶快把魏齐的脑袋送来。不然的话，我就要屠平大梁！"

须贾回到魏国，把情况告诉了魏齐，魏齐大为惊恐，便逃到了赵国，躲藏在平原君的家里。

五、知恩图报　王为报仇

范雎担任秦相后，王稽曾经对他说："不可预知的事情有三件，毫无办法的事情也有三件。秦王说不定哪一天就会死去，这是不可预知的第一件事情；您突然死去，这是不可预知的第二件事情；假使我突然死去，这是不可预知的第三件事情。如果秦王有一天死了，您即使因我而未被秦王重用而感到遗憾，那是毫无办法的；如果您突然死了，您即使为还未报答我而感到遗憾，也是毫无办法的；假使我突然死了，您即使因不曾及时推荐我而感到遗憾，也是毫无办法的。"

范雎听后，明白了王稽的言外之意，就入宫向秦昭襄王进言说："如果不是王稽对秦国的忠诚，他就不能把我带进函谷关；如果没有大王的贤能圣明，就没有我今天的显贵。如今我的官位做到了相国，爵位已经封至列侯，可王稽还仅仅是个谒者，这该不是他带我进关的本意吧？"于是，秦昭襄王召见王稽，任命他做河东郡守，并允许他三年之内不向朝廷汇报郡内的政治、经济情况。范雎又向秦昭襄王举荐曾保护过自己的郑安平，秦昭襄王便任命他为将军。之后，范雎散发家里的财物，用来报答所有曾经帮助过自己而如今处境困苦的人。凡是给过他一顿饭吃的小恩小惠，他都必定报答，而瞪过他一眼的小怨小仇，他也是必定报复的。

秦昭襄王听说魏齐在平原君家里，一心要替范雎报仇，就假情假意地写了一封信送给平原君，信中说："寡人听说你讲义气，希望同你结成平民般的朋友。如果有幸得到你的访问，寡人愿意同你对饮十天。"平原君害怕秦国，又认为信中所说有些道理，便到秦国来拜见秦昭襄王。

秦昭襄王与平原君喝了几天酒后，对他说："从前周文王得到吕尚，称他为太公；齐桓公得到管夷吾，称他为仲父。现在范先生也是我的叔父。范先生的仇人在你的家里，希望你派人回去拿他的头来，否则的话，寡人是不会让你出关的。"平原君不是出卖朋友之人，一听秦昭襄王此话，说："显贵了还要交低贱的朋友，是为了不忘低贱时的情谊；豪富了还要交贫困的朋友，是为了不忘贫困时的友情。魏齐是我的朋友，即使他在我家，我也决不会把他交出来，何况现在他根本不在我家呢。"

秦昭襄王又给赵孝成王写了一封信，说："大王的弟弟在我秦国这里，而范先生的仇人魏齐就在平原君家里。大王派人赶快把他的脑袋送来，不然的话，我就要派兵攻打赵国，而且你的弟弟也休想离开函谷关。"赵孝成王看信后，顿感形势危急，为了赵国江山以及平原君的性命，他马上派兵包围了平原君的家宅。危急之中，魏齐连夜逃出了平原君家，向时任赵国丞相的虞卿求救。虞卿估计不可能说服赵王，就解下自己的相印，跟魏齐一起逃出了赵国。

魏齐和虞卿两人抄小路奔逃，想来想去，几个诸侯国都没有能急人之难而可以投靠的人，就又奔回大梁，打算通过信陵君投奔到楚国去。信陵君听到这个消息，由于害怕秦国找上门来，有些犹豫不决，不肯接见他们，向周围的人询问道："虞卿这个人怎么样？"在他旁边的侯嬴回答说："人固然很难被别人了解，可了解别人也不是件容易的事。那个虞卿脚踏草鞋，肩搭雨伞，远行而到赵国，第一次见赵王，赵王赐给他白璧一对、黄金百两；第二次见赵王，赵王任命他为上卿；第三次见赵王，终于得到相印，被封为万户侯。当前，天下人都争着了解虞卿的为人。魏齐走投无路时投奔了虞卿，虞卿根本不把自己的高官厚禄放在眼里，解下相印，抛弃万户侯的爵位而与魏齐逃走。能把别人的困难当作自己的困难而来投奔您的人，您还问'这个人怎么样'。人固然很难被别人了解,了解别人也实在不容易啊!"

信陵君听了这番分明有讥讽之意的话,深感惭愧,赶忙驱车到郊外去迎接他们。可是魏齐听到信陵君当初不大肯接见的消息,感到走投无路,已经刎颈自杀了。

赵王得知魏齐自杀身亡,终于取了他的脑袋送到秦国,秦昭襄王这才放平原君回赵。

六、功成身退　荐贤而终

秦昭襄王四十七年(前260),秦昭襄王采用范睢的计策,施反间计使赵国大上其当,让赵括代替廉颇统帅军队。结果,秦军在长平大败赵军,进而围攻赵都邯郸。

此后不久,范睢与武安君白起结了怨,向昭襄王进谗言把白起杀了。于是,昭襄王任用郑安平,派他领兵攻打赵国。在战场上,郑安平被赵军团团围住,情急之下,带着两万人投降了赵国。对此,范睢自知罪责难逃,就跪在草垫上请求治罪。按照秦国法令,举荐官员而被举荐者犯了罪,举荐人也要按同样的罪名治罪。但秦昭襄王念范睢功大,法外施恩,下令咸阳城内:"凡有敢于议论郑安平之事的,一律按郑安平的罪名治罪。"同时加赏范睢。

此后两年,王稽做河东郡守,因曾与诸侯国有勾结而被诛杀。

范睢所荐两人,一个降敌,一个外附,这让范睢一天比一天懊丧。后来有一天,秦昭襄王上朝时不断叹息,范睢走上前去说:"我听说'君主忧虑是臣下的耻辱,君主受辱是臣下的死罪。'("主忧臣辱,主辱臣死。")今天大王当朝处理政务而如此忧虑,我请求治我的罪。"秦昭襄王说:"寡人听说楚国的铁剑锋利，而歌舞演技拙劣。一个国家铁剑锋利，那么士兵就勇敢；歌舞演技拙劣，那么国君的谋略必定深远。心怀深远的谋略而指挥勇敢的士兵，寡人恐怕楚国要在秦国身上打算盘。凡事不早做准备，就不能够应付突然的变化。如今武安君已经去世，而郑安平等人也叛变了，国内没有能征善战的大将，而国外敌对国家很多，寡人因此忧虑。"

秦昭襄王说这番话，意在激励范雎，而范雎听了却感到恐惧，也想不出什么办法来。

这时，燕人蔡泽来到秦国。此人其貌不扬，身无分文，然而才华出众，尤擅辩才。如同当年范雎语激秦昭襄王一般，蔡泽用激将之法，得以见到范雎。他引用秦之商鞅、楚之吴起、越之文种三位著名丞相的遭遇为例，说："三人尽力竭忠，功高盖世，然而却惨遭杀戮，甚为可悲。如今秦昭襄王之德望，比不过秦孝公、楚悼王、越王勾践，而您的功绩又不如商鞅、吴起和文种，而您的禄位过盛，封邑远远超过他们。若不再急流勇退，最后的结果也许还不如他们。"蔡泽的话，字字扎在范雎的痛处。联想起近来渐渐失宠于秦昭襄王，范雎如坐针毡、如履薄冰。

几天之后，范雎上朝，对秦昭襄王进言说："臣向大王推荐一人，此人叫蔡泽，刚从山东过来。此人很有口才，对三王的典事、五霸的业绩以及世俗的变迁都了如指掌，秦国的大政完全可以托付给他。我见到的人很多，还没有谁能赶得上他。"

秦昭襄王召见蔡泽，跟他谈话后，很是喜欢，授给他客卿职位。范雎趁机推托有病，请求交回相印。秦昭襄王还是竭力让他执事，范雎则称说病重，一再推却。

秦昭襄王五十二年（前255），范雎辞去相位。不久，善终于封地应城。

秦昭襄王丞相蔡泽

蔡泽（生卒年不详），战国时期秦昭襄王丞相。燕国人。多智善辩，游说诸侯。后入秦，秦昭襄王赏识其才，拜为客卿。后继范雎为相国，献计攻灭西周，数月之后，辞掉相位，封刚成君。居留秦国十多年，秦始皇时曾出使燕国。

一、周游列国　谋求富贵

蔡泽是燕国人，他曾经周游列国，并通过游学向大大小小的诸侯国谋求过官职，但都没能得到重用。于是，他去找当时非常有名的看相先生唐举去看相。

见到唐举后，蔡泽说："听说先生给赵国大臣李兑看过相，说他百日之内会掌握国家大权，有这回事吗？"唐举说："有这回事。"蔡泽问："像我这样的人，你看怎么样？"唐举仔细地看了看蔡泽，然后笑着说："先生的鼻子向上翘，肩膀向上耸，而且脖子很短，面庞很大，鼻梁凹陷，双膝弯曲。我听说圣人不在相貌，说的大概就是先生吧。"

蔡泽知道唐举是在取笑自己，也不介意，接着说："富贵是我命中注定的，我所不知道的是还能活多少年，希望您能给算算。"唐举掐指一算，说："先生的年寿，从现在起往后还有四十三年。"蔡泽听后，谢过唐举。在回去的路上，蔡泽对他的驾车人说："我端着白米饭、吃着肥肉，跨上骏马奔驰，怀里揣着黄金大印，腰里系着紫色印绶，在君王面前行宾主之礼，如此吃肉富贵的日子，四十三年够了。"（"吾持粱刺齿肥，跃马疾驱，怀黄金之印，结紫绶于要，揖让人主之前，食肉富贵，四十三年足

矣。"《史记·范雎蔡泽列传》)

于是，蔡泽向赵国进发，去谋求富贵。谁想，他所谓的富贵日子只是自己的一厢情愿，到了赵国，不但没有得到富贵，反而遭受驱逐。但蔡泽并没死心，转而去投奔韩国和魏国，但不幸的是，在途中又被强盗抢走了行李。这时，他听说秦国丞相应侯范雎在秦国举荐郑安平、王稽都犯了大罪，范雎内心很是惭愧，认为是个好机会，于是改变行程，向西去投奔秦国。

二、激言求见　力辩范雎

到了秦国，蔡泽想去面见秦国国君秦昭襄王，但苦于无人引见，于是就派人扬言来激怒位高权重的范雎，说："燕国游客蔡泽，是天下英俊、善辩、明智之士。他到了秦国，定能得到重用，定会夺取相国的职位。"范雎听了这话，果然十分恼火，便说："三皇五帝的历史，诸子百家的学说，我都已经了然于胸；很多有名的辩士，我都曾驳得他们无言以对。这个蔡泽有什么本事，能夺得我的相位呢？"于是就派人去召见他。

蔡泽很快就来到了相府，见了范雎，不卑不亢。范雎本来就一肚子的火，等见到蔡泽，只见他满脸的傲慢，更是气不打一处来，毫不客气地说："听说你曾经扬言要代替我当秦国的丞相，有这回事吗？"蔡泽不慌不忙地说："的确有这回事。"范雎说："你凭什么才能来取代我呢？"蔡泽说："您的见识已经太落后了！四季的交替，有了收获就过去了。人活着全身结实强壮，手脚利索，耳聪目明，心灵贤惠，难道不是所有人的愿望吗？"范雎说："是啊。"蔡泽接着说："以仁为本，秉持正义，遵循公道，广施恩德，实现自己的远大理想，天下所有的人都拥戴他，都希望他做君王，难道不是智者的期望吗？"范雎说："是啊。"

蔡泽又问："富贵荣耀，治理一切事物，使它们各得其所；

生命长寿，享尽自己的天年，而不夭折；天下人都继承他的传统，保守他的基业，使他名声永远流传；名声和实际一致，恩泽流传百里，世世代代称道他，与天地同辉。这也许就是既符合道德，又是圣人所说的吉祥善事吧？"范睢说："是这样。"

蔡泽说："至于像秦国的商君，楚国的吴起，越国的大夫文种，这些人的结局，也是你所希望的吗？"范睢知道蔡泽是想让自己窘迫，来进一步说服自己，便诡辩说："为什么不可以呢？公孙鞅侍奉秦孝公时，终生没有二心，尽忠于公益而不顾私利；设置刀锯来禁止奸邪，明确赏罚来达到安定；披肝沥胆，尽显情怀，蒙受怨恨；欺骗老友，活捉魏公子，终于为秦国擒获敌将，大败敌军，拓地千里。吴起侍奉楚悼王时，使私利不能妨害公益，谗言不能蒙蔽忠心，说话从不随顺附和，行为从不苟且取容，面对危险勇往直前，履行正义而不回避困难，为了使君主称霸诸侯、国家强大，从不躲避祸害。而大夫文种侍奉越王的时候，虽然遭受困厄凌辱，但他竭尽忠诚而不懈怠；虽然面临亡国的境地，但他竭尽所能而不离开，成功而不矜功，富贵而不傲慢。像这三个人，真是正义至极，更是忠诚的楷模。因此，君子为了正义而殉难，视死如归；活着蒙受耻辱，不如死后光荣。士人本应该杀身成仁，只要是正义所在，即使死了，也没有遗憾的地方。为什么不可以呢？"

蔡泽明知范睢在诡辩，于是说："君主圣明，臣子贤良，是天下最大的幸福；君主英明，臣子正直，是国家的幸福；父亲慈祥，儿子孝顺，丈夫诚信，妻子贞节，这是家庭的幸福。比干忠诚，却不能保存殷朝；子胥明智，却不能保全吴国；申生孝顺，可是晋国大乱。这些都是忠臣孝子，但却国亡家乱，是什么原因呢？因为没有英明的君主和贤良的长者听从他们的意见。商君、吴起、大夫文种作为人臣，是对的；他们的君主，是错的。所以世人说，这三个人成就功业却不得好报。难道你羡慕他们生不逢时吗？如果只有等到死了以后才能够立忠成名，那么微子不配称仁人，孔子不配称圣人，管仲也不够伟大了。人们建功立业，难道不希望尽善尽美吗？性命和功名都能成全的，是上等；有了功名却丢了性命的，是其次；声名蒙受耻辱但性命保全的，是下等。"

听到这里，范雎连忙称是。蔡泽见得到机会，就趁势说："商君、吴起、大夫文种，他们作为人臣，竭尽忠诚，成就功业，当然值得羡慕了。闳夭侍奉周文王，周公辅助周成王，难道不也忠诚圣明吗？就君臣关系而论，商君、吴起、大夫文种与闳夭、周公，哪一个更值得羡慕呢？"范雎说："商君、吴起、大夫文种，当然比不上闳夭、周公。"

蔡泽又问："那么你的君主慈善仁爱，任用忠良，淳朴厚道地对待老朋友，他贤能明智，同有道德的人亲如胶漆，坚持正义，不背弃功臣……这些方面，与秦孝公、楚悼王、越王相比，哪个更胜一筹呢？"范雎说："这些很难说清楚。"

蔡泽见范雎已经能诚恳地听自己说话，就又问："现在你的君主亲近忠臣，比不过秦孝公、楚悼王、越王。你施展才智，能替君主转危为安，修明国政；治理混乱，加强军队；排除忧患，解决困难；扩大耕地，种植稻谷；使国家富强，家庭充足；加强君权，尊崇社稷，显扬宗庙，天下没有谁敢欺骗、冒犯你的君主。君主的声威震撼四海之内，功业彰显万里之外，声名可以流传千秋万代。在这些方面，你与商君、吴起、大夫文种相比，感觉自己比得过他们吗？"范雎说："这些方面我都不如他们。"

蔡泽说："如今从君主方面看，你的君主在亲近忠臣、不忘老友方面，比不过秦孝公、楚悼王、越王勾践；你的功绩和受到的宠爱、信任，又比不过商君、吴起、大夫文种。而你的俸禄很多，职位高贵，私人的财富超过他们三人的总和，如果不及早隐退，恐怕后患无穷啊。俗话说：'日中则仄，月满则亏。'事物极盛以后就要衰落，这是天地间的自然规律。进退伸缩，随着时势的变化，这是圣人的常道。所以，'国家政治清明就做官，国家政治黑暗就隐退'。现在你的冤仇已报，恩德也已经报答，心愿已经实现，却没有应变的计谋，我认为，这是你不可取的做法。"

接着，蔡泽尖锐地指出，商君、白起、文种都为自己的国君建立了不朽的功勋，但最后却都没有好下场：商鞅被车裂，白起自尽，文种也被国君杀了。蔡泽说："这些人建功之后仍不离去，最终招致如此下场。现在你作为秦国的丞相，出谋划策不用离开坐席、朝堂，坐着就能控制各诸侯国，秦王的欲望实现了，你的功劳也到达了极点。如果这个时候还不隐退，那么商君、白起、大夫文种就是你的榜样了。《易经》说：'亢龙有悔。'这正是说那些能上却不能下，能伸却不能屈，能进却不能退的人。希望你能仔细考虑。"

蔡泽论人事、谈安危，语语动人，字字惊心。范雎到底是位智者，心有灵犀，一点即通。几天之后，范雎上朝，向秦昭襄王大力举荐蔡泽。

三、封侯拜相　历事四王

经过范雎的推荐，秦昭襄王答应召见蔡泽。秦昭襄王和蔡泽交谈后，非常欣赏，就任命他为客卿。

秦昭襄王五十二年（前255），范雎称病辞去相位，秦昭襄王任命蔡泽接任丞相。不久，在蔡泽的部署下，秦国灭掉了东周。

蔡泽在秦国做了几个月的丞相，由于权力之争，他害怕被谋害，也推托有病，归还了相印。秦昭襄王十分看重蔡泽，以其家乡纲成而赐予封号曰"纲成君"。

蔡泽在秦国留居十多年，先后侍奉过秦昭襄王、秦孝文王、秦庄襄王，最后侍奉秦王嬴政。秦王嬴政在位时，蔡泽曾替秦国出使过燕国。在他的游说下，三年后，燕太子丹到秦国做了人质。

此后，史书便没有了有关蔡泽的记载。

秦庄襄王丞相吕不韦

吕不韦（？—前235），战国末期秦庄襄王、秦王政时相国。卫国濮阳（今河南濮阳）人。秦庄襄王元年（前249）任丞相，封文信侯；秦王嬴政即位后，亦任相国。吕不韦虽是商人，却颇负心计，野心勃勃，投机政治，最终由商人变成执掌国家大权的丞相。在开创秦朝的帝业中，吕不韦起过重要作用。但他玩弄秦国君主于股掌之中，最后终于被迫自鸩而死。

一、谋立嫡嗣 任相秦国

吕不韦的父亲是个商人，他从小就跟着父亲学习经商。吕不韦很有商人的头脑，很会做买卖。他往来各地，收买价格便宜的货物，然后以较贵的价格卖出，后来成了当地的巨商。他的家产累积有千金之多，但他不想像父亲那样铢积寸累地捞取财富，而是要做一本万利的大买卖。

有一次，吕不韦问父亲干农活耕田能获利几倍，父亲说大约十倍；他又问贩卖珠玉珍宝能获利几倍，父亲说大约百倍；他又问先用金钱收买和操纵一个国君，再从中牟利，能获利几倍，父亲惊得目瞪口呆，回答不出来。

一个偶然的机缘，正在赵国都城做生意的吕不韦，见到了在赵国做人质的秦国公子异人。当时，异人落魄失意，穷愁潦倒，车辆破败，财物匮乏。面对异人，吕不韦用商人的眼光审视着，

随即不禁惊叹道:"这真是一件可以囤积的奇货!"("此奇货可居。"《史记·吕不韦列传》)

主意打定之后,吕不韦亲自上门拜访异人。见到异人,他开门见山便说:"我能光大你的门庭!"异人有所怀疑地笑着说:"你还是先光大自己的门庭,然后再来光大我的吧。"吕不韦说:"你有所不知,我的门庭,要等你的门庭光大之后才可能光大。"("乃往见子楚,说曰:'吾能大子之门。'子楚笑曰:'且自大君之门,而乃大吾门!'吕不韦曰:'子不知也,吾门待子门而大。'"同上)

接着,吕不韦说出一番道理来:"如今秦王年事已高,你的父亲安国君是太子,早晚要继承王位。安国君非常宠爱华阳夫人,而华阳夫人却没有儿子。你们兄弟共二十多人,你排在中间,不受宠爱,而且长期滞留赵国做人质,将来秦王去世,安国君继位,你仍然没有机会做太子。因为你没法跟嫡长兄以及其他天天在安国君身边的兄弟们相比。"

异人同意吕不韦的分析,并请教方略。吕不韦毫不保留,倾囊相授:"能够在立继嗣问题上影响安国君、起大作用的人,只有华阳夫人。如今你穷困不堪,做客在外,没有财力周旋亲友、结交宾客。我虽然并不富裕,但愿意拿出千金给你当资本,并且替你到秦国去游说,使你得以亲近华阳夫人,争取立你为继嗣,将来也好入承大统。"异人当然称善:"如果你的计策成功,我愿意和你共有秦国。"("必如君策,请得分秦国与君共之。"同上)

吕不韦说了就做。他果然拿出千金,一半赠给异人,让他结交宾客,广延声誉;一半用以购买珍奇玩好之物,由自己携带,西行入秦,为异人去活动,去做那投机事业。

吕不韦进入秦都,先设法拜见华阳夫人的姐姐,买通关节,然后便把所携珍宝全都让华阳夫人的姐姐转交给华阳夫人。接着,他先把异人大大夸赞一番,说异人把华阳夫人看得很重,因想念安国君和华阳夫人而日夜哭泣。随后,他又说了一番色衰爱弛、要早些想好后路的话,建议华阳夫人认异人为子,立为嫡嗣,将来继承王位,自然会多所依恃。华阳夫人的姐姐将礼物转交给华阳夫人,并把吕不韦的那番话和盘托出。华阳夫人认为有理,决定认异人为子,极力请求安国君立异人为太子。结果,枕边煦风吹得太子安国君答应了其所请。

吕不韦的秦国之行,奠定了他政治投机的基础。华阳夫人与安国君夫妇托他照顾、辅助异人,他自然是竭心尽力。后来,异人看上了他的已怀有身孕的爱妾赵姬,他虽不忍,但最后还是割爱了。之后秦、赵交战,他又买通守城将吏,把异人送回了秦国。此时赵姬已经生下一子,母子未能与异人一同回国,吕不韦与赵姬正好又鸳梦重温。

秦昭襄王五十六年(前251),秦昭襄王去世,安国君即位,立华阳夫人为王后,立异人为太子。此时,赵国也不想与秦国为敌,便把异人的夫人赵姬及其所生之子嬴政送回了秦国。安国君在位一年就去世了,太子子楚(此时异人已更名"子楚")便继承了王位,是为庄襄王。庄襄王尊嫡母华阳夫人为华阳太后,尊生母夏姬为夏太后。

秦庄襄王元年(前249),庄襄王为了报答吕不韦的恩惠,实现自己的诺言,任命吕不韦为丞相,封文信侯,食邑河南洛阳十万户。吕不韦终于凭着子楚这宗"奇货",实现了自己的政治野心。

秦庄襄王三年(前247),庄襄王逝世。太子嬴政继位,尊奉吕不韦为相国,称为"仲父";尊自己的生母赵姬为太后。当时,秦王嬴政只有十三岁,政事全都委诸吕氏。吕不韦当政后,充分施展其政治抱负和才能。对内,他起用老臣宿将,广泛搜罗人才，予以高位，使他们为国出力；对外，他派人征战杀伐，开拓疆土。

二、祸乱宫闱　饮鸩而死

吕不韦势焰逼人，权倾一时，门客三千，家僮有一万多，且不忘旧情，时时与太后私通。秦王嬴政年岁越来越大，太后的淫行仍然不止。吕不韦担心奸情败露，灾祸临头，便想出替代之计。他让自己的门客嫪毐虚受腐刑，去除须眉，假充宦官，混入宫中，并把他推荐给太后。太后与嫪毐私通，喜爱异常，吕不韦得以从中抽身出来。

然而，少年时的秦王嬴政早有风闻，对吕不韦和太后的行径早有觉察，只是自己当时还无可奈何。与此同时，吕不韦和太后把持朝政，秦王嬴政也颇感不快，这进一步增加了他对吕不韦的不满。

秦王政九年（前238），有人告发嫪毐根本不是宦官，常与太后淫乱，败坏宫闱。秦王嬴政决定严厉处置。嫪毐害怕，发动了叛乱。秦王嬴政当即发兵镇压，叛乱很快平定，嫪毐被车裂，灭了三族。这场政变，当然也牵连到了吕不韦。秦王嬴政本想以荐人不当诛杀他，但因他奉先王立有大功，加上很多人为他说情，这才免他一死。

秦王政十年（前237）十月，吕不韦被罢免相国之职，受诏命其出居洛阳。无奈之下，吕不韦只好离开都城咸阳，来到封邑洛阳。

吕不韦在洛阳依然权势赫赫，诸侯、宾客、使者络绎不绝，纷纷前来表示问候。秦王嬴政怕他滋生叛乱，便写信给他，信上说："你对秦国有何功劳，居然封于河南，食邑十万户？你与秦有什么亲缘关系，居然号称'仲父'？马上带领全家迁徙到蜀地

去居住！"（"君何功于秦？秦封君河南，食十万户。君何亲于秦？号称'仲父'。其与家属徙处蜀！"《史记·吕不韦列传》）

吕不韦收到信后，觉得自己已经穷途末路，心中的恐惧与忧愁无以排解，不久，便饮下毒酒自杀了。吕不韦这个商人与政客的混合体，就这样，一杯毒酒结束了其一生。这一年是秦王政十二年（前235）。

吕不韦死后，秦王嬴政下令，吕不韦的舍人凡参加了哭吊的，一律驱逐、迁徙出境，并说："从今以后，操持国家政事的人凡像嫪毐、吕不韦一样淫乱无道的，将其家族的所有财产没收入官，照此办理！"

三、著作传世　列入杂家

早在吕不韦任秦相时，魏国的信陵君、楚国的春申君、赵国的平原君、齐国的孟尝君——这战国四公子礼贤下士，结交宾客，你争我夺，互相攀比。吕不韦感到很惭愧，因为秦国如此强大，自己却不如这四个人。于是，他便大力招徕文人学士，给他们优厚的待遇，一时间门下食客达三千多人。

那时，各国有好多有才辩的人物，像荀卿等。他们著书立说，广为传播，轰动天下。当时，秦国虽然在国力上很强盛，但在文化方面却不如其他六国。吕不韦以此为耻，便发动门下宾客，各人写出自己的见闻，集成二十多万字的巨著，内分八览、六论、十二纪，共二十六卷、一百六十篇。此书宗主道家，兼采儒、墨、法、兵诸家之长，囊括政治、经济、哲学、军事、道德等内容。吕不韦认为此书已经把天地万物古今之事搜罗完备，所以把它命名为《吕氏春秋》（亦称《吕览》）。

《吕氏春秋》全书结构完整，组织较严密，语言也较生动，并常运用寓言故事说理，富有逻辑力量。有的整篇整节都由比喻组成，文字简短，取义贴切。如《荡兵篇》，说兵"譬之若水火然，善用之则为福，不善用之则为祸；若用药者然，得良药则活人，得恶药则杀人"，从而说明义兵便是天下的良药，不能弃而不用。又如《疑似篇》，举幽王击鼓和黎丘丈人遇鬼等故事来阐明"疑似之迹，不可不察"；《察今篇》举楚人不察水涨仍遵循旧标志和楚人刻舟求剑等故事，来强调因时变法的重要。这些寓言故事，内容丰富，含有深刻的哲理。形象鲜明，文学色彩浓厚。

吕不韦对《吕氏春秋》颇为自负。书成之后，公布于咸阳的城门，在上面悬挂了一千两黄金，请各诸侯国的游士宾客指瑕摘弊，声称若有能增减一字者，赏赐千金。其实吕不韦这样做，只不过是故作姿态，以此来显示秦国对文化的重视罢了。

吕不韦死后，《吕氏春秋》传扬后世，被列入杂家，是最早的杂家典籍之一，有一定的价值和地位。

秦始皇丞相甘罗

甘罗（生卒年不详），秦始皇丞相，秦武王丞相甘茂之孙。楚国下蔡（今安徽凤台）人。十二岁时在吕不韦府上做门客，出使赵国，不费一兵一卒得到赵国五座城邑（后又从赵国攻取的三十座城邑中得到十一座），还秦之后，秦王拜其为上卿。司马迁称其"出一奇计，声称后世"。

一、少年请命　说动张唐

甘罗是甘茂的孙子。甘茂去世的时候，甘罗才十二岁，侍奉秦国丞相文信侯吕不韦，算个小小的门客。

秦王嬴政派刚成君蔡泽到燕国，三年后，燕国国君喜派太子丹米秦国做人质。秦国准备派张唐去辅助燕国，打算与燕国一起进攻赵国，扩张河间一带的领地。张唐对吕不韦说："我曾经为昭王进攻过赵国，赵国因此怨恨我，曾声称：'谁能逮住张唐，就赏给他方圆百里的土地。'如今去燕国，必然要经过赵国，我不能去啊。"

吕不韦回到府中，怏怏不乐。甘罗问："君侯您为什么如此闷闷不乐？"吕不韦正烦躁得很，见是年纪小小的甘罗，就挥挥手说："走开走开，小孩子知道什么！"甘罗高声说道："丞相收养门客，不就是为了替你排忧解难吗？现在你有了心事却不告诉我，即便想帮忙，我也没有机会啊！"

吕不韦见甘罗说得振振有词，就改变态度，说出了自己的不快。甘罗说："原来是这样一件小事，丞相何不让我去劝劝他？"吕不韦不以为然，责备说："小孩子不要口出狂言，我自己请他他还不去，何况你小小年纪。"甘罗听了不服气，说："我听说项橐七岁的时候，就被孔子尊为老师，我现在比他还大五岁，为何不让我去试试？如果不成，再责备我也不迟。"吕不韦见他语气坚定、胸有成竹，不由暗自赞赏，放缓口气说："好，那你就去试试吧！事成之后，必有重赏。"

甘罗来到张唐家，张唐听说是吕不韦的门客来访，连忙出来相见。一看不过是个十多岁的小孩子，不由得心生轻视，问道："你来干什么？"甘罗见他态度傲慢，就说："我给你吊丧来了。"张唐听了大怒："小孩子怎么能这样说话！我家又没有死人，你来吊什么丧？"甘罗笑道："我可不敢胡说，听我讲一下原因，你就明白了。"

接着，甘罗问张唐："你和武安君白起比，谁的功劳更大啊？"张唐连忙答道："武安君英勇善战，南面攻打强大的楚国，北面扬威于燕、赵，占领的地方不计其数，功绩显赫。我怎么敢和他相比啊！""应侯和文信侯相比，谁更专权独断啊？"应侯是秦昭襄王的丞相范睢，文信侯就是吕不韦，张唐答道："应侯当然不如文信侯专权独断啦！""你真的知道应侯不如文信侯专权吗？"张唐说："当然了。"

甘罗听到这里，笑道："既然如此，那你为何还推辞不去呢？我听说，应侯想攻打赵国的时候，武安君反对，他离开咸阳七里，就被应侯派人赐死在杜邮。像武安君这样的人，尚且不能为应侯所容忍，如今文信侯亲自请你去燕国任相，而你执意不肯，我不知你要死在什么地方了。"

张唐听了这话，不由得直冒冷汗。甘罗见状，又说："如果你愿意去燕国的话，我愿意替你先到赵国去一趟。"张唐连忙答应、道谢，请甘罗回去禀报吕不韦，并让人整治行装，准备上路。

二、入赵游说　得赵五城

甘罗把情况报告了吕不韦，吕不韦听了很高兴。甘罗说："张唐虽然不得已答应了，但经过赵国时，可能还会遇到麻烦。请借给我五辆马车，允许我先到赵国打个招呼。"此时，吕不韦已经不再小觑这位小门客，略一思忖就答应了。

吕不韦入宫觐见秦王，报告了甘罗的请求，说："从前的甘茂有个孙子甘罗，年纪很轻，却是名门子孙，所以诸侯们都有所闻。最近，张唐托病不愿去燕国，甘罗说服了他，使他毅然前往。现在甘罗愿意先到赵国，把张唐的事通报一声，请答应派他前去。"

秦王叫甘罗进见，过了一会儿，见殿下走进一个英气十足的少年，便笑着问道："就是你想要出使赵国吗？"甘罗答道："是的。""见了赵王后，你要说什么呢？""我看他的神色，相机行事。不知道赵王反应如何，我现在不能确定该说什么。"秦王见甘罗非常机敏，就答应了，给他十辆车、百余名仆从，出使赵国。

赵王早已听说秦国准备派人到燕国担任相国，心里一直很焦急，担心秦国和燕国联合起来攻打他。这时听说秦国使者求见，连忙让请进来。甘罗缓步上前，朗声道："甘罗奉秦王之命，拜见赵王。"赵王让甘罗在旁边坐下，一边端详，一边问道："秦国从前一位姓甘的丞相，是你的什么人？"甘罗答道："是我的祖父。""你今年多大年纪？""今年一十二岁。"赵王听了，不由大笑道："秦国难道没人可派了吗，让你这个小孩子出来！"甘罗不慌不忙地答道："我们秦王用人，都是按才能大小安排承担不同的责任，才能高的担当重任，才能低的担当小的责任。秦王认为这是件小事，所以就派我来了。"

赵王听出小使者话锋犀利，不敢怠慢，问道："你这次到赵国来，究竟有什么事呢？"甘罗反问道："大王听说燕太子丹到秦国作人质吗？"赵王回答说："听说了。"甘罗又问："听说张唐要到燕国任相吗？"赵王回答说："听说了。"甘罗接着说："燕太子丹到秦国来，说明燕国不欺骗秦国；张唐到燕国任相，表明秦国不欺骗燕国。燕、秦两国互不相欺，显然是要共同攻打赵国，赵国可就危险了。燕、秦两国互不相欺，没有别的缘故，就是要攻打赵国，扩大自己在河间一带的领地。"

赵王当然明白，于是问道："那你这次来，有何见教？"甘罗建议道："大王不如给秦国五座城邑，扩大秦国的地盘，秦王自然高兴。大王再请求秦王送回燕太子，断绝秦、燕之好，这样你就可以放心地去攻打燕国了。以强大的赵国攻打小小的燕国，还愁得不到五座城邑吗？"赵王听了很高兴，赏给甘罗黄金百两、白玉一双，并让他把五座城邑的地图带给秦王。

三、受封上卿　名垂后世

甘罗回到秦国，秦王大加赞赏，说道："你的智慧真是超出了你的年纪啊！"于是封甘罗为上卿（战国时诸侯国的最高官职，略相当于丞相），并且把原先甘茂的田宅赐给他。

赵国得知秦国与燕国绝交后，派军攻打燕国，得到上谷三十座城邑，又把其中的十一座送给了秦国。这样，秦国不动一兵一卒，又得到了十一座城邑。

甘罗的事迹，《战国策·秦策》和《史记·樗里甘茂列传》均有记载。太史公马迁说："甘罗年纪很轻，然而献出一条妙计，名垂后世。虽然他算不上品行忠厚的君子，但也是战国时代名副其实的谋士。须知，当着秦国强盛起来的时候，天下特别时兴权变谋诈之术呢！"（"甘罗年少，然出一奇计，声称后世。虽非笃行之君子，然亦战国之策士也。方秦之强时，天下尤趋谋诈哉！"）

秦始皇丞相王绾

王绾（生卒年不详），秦始皇丞相。曾与冯劫、李斯等人议定帝号，还主张实行分封制。可能也曾参与了一些制度法令的厘定工作。王绾居相位，默默无闻，可以说一无建树。

嬴政继承王位后，吕不韦担任丞相一职时间最久。后来，嫪毐谋叛之事爆发，吕不韦也因保举人员不当而被秦王罢相。王绾受命继任丞相，而此时的秦王嬴政已经亲政了。

秦王嬴政荡平六国，一统中原，踌躇满志。此时，他认为秦国刚刚统一天下，首要的任务是更改称号，便召集当时的丞相王绾、御史大夫冯劫、廷尉李斯等商议此事。

秦王嬴政说:"寡人凭借自己渺小的身躯,兴兵讨伐平定六国的暴乱,依赖的是祖宗的神灵。如今六国归一,天下安定,应该及时更改称号,否则,无法弘扬我们的功业,以传给后代子孙。因此,现在请大家商议尊号。"

王绾等人听了秦王的话,说:"古时五帝在位,土地不过千里,而且京城以外的侯服、夷服等诸侯,有的朝见,有的不朝见,天子往往不能对他们加以制约。今天陛下兴兵除贼,平定天下,法令统一,这是上古以来从未出现过的局面。五帝何能及此?臣等私下也曾与博士合议过,都说古有天皇、有地皇、有泰皇,以泰皇最为尊贵。现在应当恭上尊号,奉陛下为泰皇;命令称为'制',文告称为'诏',天子自称为'朕'。"

秦王听了王绾等人的话,半晌没有言语。他认为,"泰皇"的称号太古旧,因而不愿因袭。思忖了一会儿,对王绾等人说:"去掉'泰'字,保留'皇'字,采用古代'帝'号,称为'皇帝'。至于其他的称谓,就按大家商定的办吧。"

听罢此言,王绾等人便伏地道贺,口称"陛下德过三皇、功过五帝,普天之下的臣民应该尊称陛下为皇帝"。

就这样,王绾等人算是为秦王定了尊号,秦王嬴政也从此称为"始皇帝"了。

秦朝刚刚统一,如何统治天下是重要问题。丞相王绾认为,原六国中的燕、齐、楚之地,距都城咸阳过于遥远,应该封立各位皇子为王,让他们驻在那里,治理地方,否则难以统治,日后恐有暴乱。于是,王绾联系一些观点相同的人,伏阙上言,建议秦始皇分封诸王。

分封制是周王朝的制度,实行了数百年。到春秋时期,这种制度弊病凸显,"礼乐征伐自诸侯出",周天子形同虚设。对此,秦始皇当然了解，遂下令群臣商议。

群臣大多赞同王绾的言论，唯独廷尉李斯对王绾的言论大加驳斥。李斯认为，周朝分封诸侯，直接导致其后代逐渐疏远，视若仇敌，相互征战，而周天子对此却无法禁止。现在天下一统，将其划分成郡县，对于皇子、功臣，以公家的赋税加以赏赐，这样就容易统治了。设置诸侯，是没有什么益处的。

秦始皇很赞同李斯的观点，王绾便不能再说什么，只得附和皇帝的意见了。

此后，王绾也便逐渐退出了秦国的政治舞台。

秦始皇左丞相李斯

李斯（？—前208），秦始皇左丞相。楚国上蔡（今河南上蔡）人。李斯开始在吕不韦手下任郎官，后秦王任他为长史、客卿，又升为廷尉。在秦灭六国、统一天下的过程中，李斯起到了不可低估的作用；对秦王朝法律制度的拟定，文字、货币、度量衡的统一，他都有重大贡献。但他建议焚书，是对文化的摧残；又与赵高合谋篡改诏书，拥立胡亥，最终既葬送了秦王朝，也断送了自己的性命。

一、效仓中鼠　行帝王术

李斯本是布衣出身，起初只做了个郡中的小吏。不过，他胸有大志，根本不愿在这种芝麻大的职位上老死终生。有一次，他看见官舍厕所里的老鼠偷食污秽之物，每逢有人或狗过来，立刻惊恐万状，仓皇逃窜；又见粮仓中的大老鼠，肆无忌惮地啮食积粟，居住在大房子里，坦然自若。于是触景生情，感慨万端：

"一个人才能的有无、本事的大小，就像老鼠一样，全看自己处在什么样的环境了。"（"人之贤不肖譬如鼠矣，在所处耳！"《史记·李斯列传》）他决心改变环境，像粮仓里的大老鼠一样，谋求更高、更好的地位。

于是，李斯辞去小吏职务，来到了齐国兰陵（今山东临沂兰陵镇），拜荀况为师，同韩非一齐学习"帝王之术"。荀况是当时的儒学大家，其学术发展了孔孟思想，倾向于法家的某些理论。而他的学生李斯和韩非，后来成了法家的理论大家和实践者。

学成之后，李斯分析形势，准备寻觅施展才华、攫取荣华富贵的广阔天地。他纵观七国，认为楚王胸无大志、不足为谋，六国日渐衰弱，无从建立号令天下的奇功；只有秦国，已经奠定了雄踞七国之首的政治、军事、经济基础，可望替代已经名存实亡的周室而一统天下。于是，他决定西入强秦。

临行之际，李斯向老师荀况告辞说："俗话说，时机不等人，我应当及时把握时机。当今各诸侯倾力相争，游说者参与政事，而秦王想吞并诸侯、一统天下，成就帝王大业，这正是贫贱之人、智谋之士前往效力、建功成名的大好时机。处于卑贱地位而不思有所作为，改变自己的境遇，这与只知道咀嚼送到嘴边食物的禽兽有何不同？人的耻辱没有比卑贱更大的，人的悲哀没有比穷困更大的，永久地处于卑贱的地位、困苦的境地，却还表示愤世嫉俗，自诩为与世无争、不计利禄，不过是掩饰自己的无能而已，绝不是士人的真实思想。所以，我将西行入秦，去为秦王出谋划策，建功立业。"

秦庄襄王三年（前247）五月，李斯来到秦国都城咸阳。当时正巧秦庄襄王去世，十三岁的嬴政继位。嬴政年幼，政事皆由丞相吕不韦统揽。吕不韦被秦王嬴政称为"仲父"，权势煊赫，群臣谄附。初入秦国的李斯权衡轻重，也投到了吕不韦的门下。

很快，李斯以他的才华和心计，受到了吕不韦的青睐，被任为郎官，开始参与政事。

李斯对只受吕不韦的赏识并不满足，他志在天下，一心要辅佐秦王嬴政兼并六国，一统天下。为此，李斯向吕不韦表达了请他荐举自己的意思。吕不韦见李斯抱负远大，不是久居己下之人，就做了个顺水人情，把他推荐给了秦王。

李斯见到秦王嬴政，鼓动三寸不烂之舌，口若悬河地谈起了天下大事。他认为，秦国已对六国形成压倒之势，对秦王说："庸碌无为的人，经常坐失良机；而一个成就大事业的人，必须在有机可乘的时候当机立断。过去，为什么以秦穆公那样的霸主地位，却始终不能兼并天下呢？因为那时诸侯国还很多，周王朝还未衰败，因此，只能是五霸迭兴，始终以周室为尊。自从孝公以来，周室卑微，诸侯相互兼并，函谷关以东形成六国，秦以自己的强大称霸诸侯已经六代。现在，诸侯好像郡县服从朝廷那样臣服于秦。以秦国之强大、大王之贤明，翦灭诸侯，成就帝业，一统天下，犹好比扫除灶下的灰尘那样容易。这真是万载逢一的好时机啊！如果现在稍有怠慢而不迅速果断地行动，待到诸侯元气恢复且相互联合之时，纵使大王再贤能，也无法吞并他们了。"

秦王嬴政早有并吞六国、一统天下的大志，李斯的话深得其心。于是，他立即升任李斯为长史（类似于后世的秘书长、幕僚长之类），对其言听计从。

在李斯的策划下，秦王派遣口舌如簧、巧于谋略的官员，携金银珠宝游说各国诸侯。对各诸侯国贪财的权贵行贿收买，加意结交；对不为金钱名位所动者，则派遣刺客暗杀。在离间别国君臣的同时，又派精兵良将大兵压境，软硬兼施，文武交用。在秦国迅速发展的过程中，秦王又拜李斯为客卿（爵左庶长，位列第十级），使其地位进一步提升。

二、书谏逐客　力驳分封

就在李斯仕途通顺、青云直上之时，却发生了一件始料不及的事情，差点儿让他的美梦破灭。

早在秦王政元年（前246），韩国为减轻秦国的军事压力，派著名水工郑国入秦充当奸细，帮助秦国建设水利工程，以消耗其国力。当时的秦国当权者为吕不韦，他听说郑国来帮助兴修水利，十分高兴，派人随郑国到全国考察。经过一番考察，郑国设计了一条引水渠，渠长三百多里，修成之后，可以灌溉四百万亩土地。但这项工程极为浩大，耗时长，所费财力、物力、人力巨大。工程进行到一半时，吕不韦查明郑国是韩国派来的奸细，一时舆论哗然。

秦王政九年（前238），嬴政二十二岁的时候，按规定在雍城举行了加冠礼。接着，他消灭了吕不韦和嫪毐两个势力集团。秦国那些一向守旧、排他的宗室大臣，乘机向秦王嬴政进言说："所有外国客卿，恐怕大都是为其主人充当说客、奸细的，应一律逐出。"秦王嬴政想到吕不韦和郑国的教训，对此也有同感，一怒之下，颁布了"逐客令"，规定凡在秦国的客卿一律驱逐出境，李斯也在被逐之列。

李斯本欲在秦国大展宏图，岂料遭此变故。他不甘心半途而废，决心求见秦王，陈明利害，但秦王却不肯接见。李斯步行离开咸阳，但仍不死心，在途中写了一篇《谏逐客书》，转呈秦王，文中说：

> 听说群臣议定驱逐客卿，臣认为这是错误的。过去秦穆公渴求天下贤士，从来不问国籍，从西方犬戎之地得到由余，从东方楚国买来百里奚，从宋国迎来蹇叔，从晋国得到

丕豹、公孙支，这五人都不是秦国人，而秦穆公重用他们，得以吞并了二十多个国家，从此称霸于西戎。秦孝公重用商鞅实行变法，移风易俗，人民得以殷实富足，国家得以繁荣昌盛，老百姓愿意为国家效力，诸侯甘心亲善服从，秦国因此战胜了楚、魏之军，扩地千里，因而日益强大。秦惠文王采用张仪的计谋，攻取三川之地，西并巴、蜀，北收上郡，南取汉中，吞并了九夷，控制了鄢、郢，东据成皋之险，割据了肥沃的土地，进一步破坏了六国的合纵联盟，使它们都西向事秦，功效一直延续至今。秦昭襄王得到范雎，罢黜穰侯魏冉，驱逐华阳君芈戎，使公室强大，杜绝了私门权贵的势力，秦国得以像蚕食桑叶一般，逐渐吞并了诸侯的土地，终于奠定了统一天下的基础。这四位君王，都是任用别国客卿而使国家得到很大功益的。由此观之，客卿有什么对不起秦国之处呢？假使这四位君王拒不接受客卿，疏远贤才而不加重用，如今的秦国就既无富足雄厚的国力，也没有强大的威名了。

现在大王得到了昆山的玉石，拥有了随侯的明珠和卞和的宝玉，挂着明月珠，佩着太阿剑，驾着纤离马，竖着翠凤旗，摆着灵鼍鼓。以上这些宝物，没有一样是秦国出产的，但大王却非常喜欢它们，为什么呢？若一定要秦国所产的才可以使用，那么夜光之璧就不能用来装饰，犀角象牙制品就不能为您所赏玩，郑、卫等外国的美女就不会列于您的后宫之中，駃騠良马也不该养在您的马厩里。同时，江南出产的金锡不该用来铸造器皿，西蜀出产的丹砂、青雘也无法当作颜料来绘画着色。所有装饰后宫、充作姬妾、赏心乐意、怡目悦耳的物品，一定要产自秦国才行，那么用宛地珍珠装饰的簪子，玑珠镶嵌的耳坠，细缯白绢缝制的衣服，以及织锦刺绣的装饰品，就不会进献于大王前面，而那些时髦幽雅、娇艳娴淑的赵国美女，也不能侍立于大王左右了。再说到敲水瓶、打瓦缶、弹竹筝，拍着大腿，这样呜呜地歌唱，用来快活听觉的，是地道的秦国音乐，而《郑》《卫》《桑间》《昭》《虞》《武》《象》等乐曲，却是外国的音乐。现在您舍弃了敲打水瓶瓦缶而欣赏《郑》《卫》的歌曲，不听弹竹筝而欣赏《昭》《虞》的古乐，这样做是为什么呢？还不是称心快意当前，适合观赏罢了！而现在您用人却不是这样，不问是非，不论好坏，只要不是秦国人，就一律不用；只要是客卿，就一律驱逐。这样看来，陛下所看重的是女色、音乐、宝珠、美玉，所轻视的是人才了。这不是统一天下，控制诸侯的策略啊！

我觉得，土地广阔而粮食丰富，国家广大而人口众多，军队强盛而士卒勇敢。所以泰山不排斥土壤，才能成就它的高大；河海不拣择细流，才能成就它的深广。而统一天下者，只有不抛弃人民，才能显扬盛德。所以土地不分东西南北，人民不分本国外国，一年四季丰实美好，鬼神就会降给他福祉，这就是没有人能够凌驾五帝三王的原因啊！如今大王却要抛弃人民来帮助敌国，排斥宾客而让他们侍奉别的诸侯，使天下人才退缩而不敢西来，驻足不再踏入秦国的土地，这就叫做借兵器给敌人、送粮食给盗贼啊！

物品不产于秦，可珍贵的却很多；贤士不生于秦，而愿意尽忠者也大有人在。现在逐客以资助敌国，损民以增加仇怨，致使国内空虚，国外结怨于诸侯，如此一来，想要求得国家没有危险，是不可能的啊！

读过李斯的《谏逐客书》，秦王嬴政幡然大悟，立即下诏收

回逐客令，并派人追至骊山，召回李斯，官复原职。不久，秦王嬴政又调李斯任廷尉。在当时的秦国，廷尉是朝廷的最高执法官员。

秦王政二十六年（前221），秦国扫灭六国，统一了天下，将"王"改称"皇帝"。随后，秦始皇根据李斯的主张，把全国分为三十六郡（后又增设南海、桂林、象郡、九原，共四十郡），郡中设守、尉、监等官员。郡下设县，县设令、长（万户以上为令，万户以下为长），主管一县政务。郡县官吏由皇帝直接任免，领取俸禄，不得世袭。

李斯书谏逐客、力驳分封，在秦朝乃至中国历史发展进程中都起到了重要的作用，产生了巨大的影响。

三、颁法定制　焚书坑儒

秦始皇和李斯有一个共识：历代祸乱不息，均由当权者不明法度或执法不严而起，于是，李斯辅佐秦始皇议定了一系列诏命和法令。一是严令天下百姓，不得私藏武器，并收缴天下武器，聚集于咸阳，全部熔毁，铸造为乐器、铜人，以防止百姓反叛；二是把六国的豪门大户共十二万多户，迁移到咸阳，以防止他们滋事谋反；三是拆毁全国各险要地方的城堡、关塞、堤防等设施，使各地无险可据、无塞可依，以防止六国旧部死灰复燃，危及社稷。

此外，李斯还协助秦始皇统一文字，统一货币，统一度量衡，修驰道，定车轨。这些措施，在当时，功效显著；对后世，影响深远。

这期间，李斯升任丞相，封为通侯，秦始皇对他宠信有加，李斯自己也感到春风得意。

始皇三十四年（前213），秦始皇在咸阳宫大宴群臣，以庆祝伐匈奴、征南越的胜利。宴会上，博士仆射周青臣阿谀始皇，歌颂郡县制，颇为肉麻。不过，好大喜功的秦始皇听得很舒服。然而，博士淳于越却不识进退，唱起了反调，他提出应该分封爵位给秦国的宗族子弟。

对于淳于越的观点，秦始皇让李斯作决断。李斯表示坚决反对，他认为：古时候天下分散则乱，彼此不能统一，各地诸侯纷纷兴起。一般人都喜欢以古贬今，往往引用一些不切实际、虚浮的文辞来批驳当今的现实。人们又都以为自己所属学派的学术思想是正确的，因此便以之来否定皇帝所施行的政策、法令。如今秦王朝已经统一天下，建立了一套是非善恶的标准，就应该使人们都来尊崇皇帝一人。可是当今诸子各家各流派，却任意非议朝廷所颁布的法律和制度，朝廷的法令一颁布，这些人就根据自己的一套学说来加以批评、议论。有些人看到朝廷的命令，回家便独自在心里发泄不满，出门就在街头巷尾纷纷议论。人们每每以批评国君来炫耀自己的学识，认为以自己的观点同朝廷的政令对立才算高明，并率领很多下层民众来制造对朝廷的诽谤。这样的情况若不加禁止，任凭诸子百家各个学派各执己见，那么皇帝至高无上的权力、威望就要受到影响。

鉴于当时的情况，李斯建议，将除《秦记》以外的列国史书全部焚毁；除博士官署所掌管的之外，私藏诗、书、百家语的人，限期送郡守、郡尉处烧毁；谁敢私下议论诗、书，便在闹市中处以死刑；以古非今者满门抄斩；官吏知情不报，治以同罪；禁令下达三十日还不烧书，便处以脸上刺字、涂墨的刑罚，罚四年筑城劳役。但医药、卜筮、种树之书不烧。想学法令的人，可以官吏为师，不得私自授受。

秦始皇批准了李斯的意见，下令遵照执行。诸子百家的著述就这样被付之一炬。

焚书的第二年，又有了坑儒的惨剧。

事情的经过是这样的：方士侯生、卢生，怂恿秦始皇寻求长生不老的仙药。但后来，他们求药不得，便诡称有恶鬼作怪，劝秦始皇微行以避恶鬼。接着又私下讥议秦始皇，说他刚愎自用，贪于权势，专任狱吏，而博士不被任用。因此，他们决定不再为秦始皇寻找仙药，然后便逃之夭夭。

秦始皇大怒，认为诸生妖言耸听，扰乱民心，便派御史严加追查。儒生们在审讯之下，为开脱自己，互相告发，总共牵连到四百六十多人，秦始皇下令，将他们在咸阳城全都活埋。

"坑儒"之事，表面上与李斯无关，但实际上则未可辞其咎，因为这是焚书事件的继续。

四、保位谋身　附逆沙丘

李斯的为官目的，重要的一条便是功利富贵，因此，一旦位高权重，保位谋身以便长久富贵荣显，便成了他为人处世的原则。然而，官场中处处充满坎坷艰险，李斯于此深有体会，充满戒惧。

始皇三十五年（前212），秦始皇由甬道游幸咸阳郊外的梁山宫，远远望见一支车队从附近经过，非常气派。经打听，知道是李斯的车驾，秦始皇脸上顿时露出不快的神情。事后，有人暗中报告，李斯马上裁减了自己的车队仪仗。后来，秦始皇再次看到李斯的车队，发现了这一变化，说："这一定是内侍中有人把我的话泄露给了李斯。"随后，秦始皇把那次随侍的人抓起来进行审问，但追问再三，无人招承，便把那些人全都杀了。这说明，李斯作为秦始皇的重臣，所受的信任是有限度的。李斯在朝廷，也需处处在意，着意揣摩，尽量迎合上意，方能立足。

李斯官位煊赫后，他的几个儿子都与秦国的公主结了婚，几个女儿也都嫁给了皇族子弟。他的长子李由，任三川郡郡守。一次，李由请假回家，李斯设宴为他接风。文武百官纷纷赶来，众多车马来往于李斯家门，称得上车水马龙，络绎不绝。李斯大发感慨："我听荀卿说，凡事不能过了头。我李斯本来只是上蔡的一介平民、街巷的普通百姓。皇帝不认为我才能平平，擢拔我为丞相，文武百官的地位没有超过我的，可以说，作为人臣，我已经富贵至极了。物极必反，我真不知将来在何处归宿呀！"

为了显扬皇帝的威严功业，加强对全国的控制，秦始皇多次出巡。始皇三十七年（前210），秦始皇第五次出巡。右丞相冯去疾留守，左丞相李斯与掌符玺及颁发诏令的宦官首领赵高随从。小儿子胡亥请求随侍左右，秦始皇也同意了。

这年七月，秦始皇来到沙丘（今河北广宗西北），生了病，病得很重。于是，他命赵高写遗诏给公子扶苏，让他回咸阳主持丧事、继承皇位，但遗诏还未送出，秦始皇就去世了。遗诏和玺印都在赵高那里，只有胡亥、李斯等少数人知道皇帝已经驾崩。李斯认为，始皇之死会引起举国慌乱，何况又是死在巡游途中，生前又未确立太子。他唯恐诸子争位，天下生变，便决计秘不发丧。他命令将秦始皇的尸身放入辒辌车（一种通风而又隐蔽的供人卧息的车，亦可做丧车）中，仍用旧日的驭手驾车，照常进奉饮食，百官也照常奏事，而令躲在车里的亲信宦官代为应答。

赵高扣留了赐给扶苏的玺印与遗诏，去说服胡亥，共谋伪造诏书，假托始皇之命，诛杀扶苏，改立胡亥为太子。胡亥有所顾虑，赵高劝他打消了顾虑，并说这事要和丞相李斯商议才成。胡亥同意赵高的主张，赵高便去找李斯。赵高先从保全李斯官位入手，他说："我不过是个内官，供人驱使的隶役罢了。侥幸的是，我略知刀笔，得以入事秦宫二十多年。我从未见到秦朝封赏的功臣有传至两代的。将相的后代，更是往往被诛杀夷灭。始皇有二十多个儿子,这是您所知道的。长子扶苏刚毅武勇,信任贤能,又善于鼓动别人让他们为自己出力。如果他继承了皇位,一定会起用蒙恬为丞相,这样一来,您想保全官位、保全性命,荣归故里,可能吗?我曾奉诏书教过胡亥,我让他学习法令已经好几年了,没见他有什么过失。胡亥称得上仁慈笃厚,轻财爱士,口才虽平平,心地却澄明。秦国的诸位公子,没有谁能赶得上他,应该扶立他为国君,这样才好。"

李斯对赵高说:"我李斯,原本不过是上蔡民间的普通百姓,承蒙皇上提拔我为丞相、封为通侯,我的子孙也都得到尊位、承受厚禄。皇上把国家存亡安危的重担托付给我,我怎么能辜负呢?肝胆相照的忠臣,不因怕死而存侥幸于万一的心理;谨身侍亲的孝子,也不宜过于勤劳而使自己的生命遭受危险;做人臣的,只要恪守本分的职责就够了。你不要再说了,否则就要陷我李斯于罪过了!"("斯,上蔡闾巷布衣也,上幸擢为丞相,封为通侯,子孙皆至尊位重禄者,故将以存亡安危属臣也。岂可负哉!夫忠臣不避死而庶几,孝子不勤劳而见危,人臣各守其职而已矣。君其勿复言,将令斯得罪。"《史记·李斯列传》)

赵高又规劝李斯,聪明人应该在安危之际把握自己的命运才是。李斯念及秦始皇对自己的恩惠,不肯辜负皇恩,因此一再推辞。

接着,赵高改用恐吓、威胁的手段,对李斯说:"在上位的(胡亥)和在下位的(李斯),如果同心协力,就可以保有长久的富贵;宫里的人(赵高)和宫外的大臣(李斯),如果能携起手来,事情也就好办了。您如果肯听我的建议,就可长为通侯,代代相传,寿如乔松(王子乔、赤松子),智比孔墨(孔子、墨子)。如果您不听我的话,恐怕不但不能保身,而且会祸及子孙。请您自己好好想想吧!"

听了赵高的一番话，李斯说："我生逢乱世，既然不能一死（以殉主上），又该怎么安排我自己啊！"（"嗟乎！独遭乱世，既不能以死，安托命哉！"《史记·李斯列传》）说罢，仰天长叹，流下了几行眼泪。

李斯被逼无奈，最终同意与胡亥、赵高合谋，改立胡亥为太子，假传秦始皇的诏命，赐死扶苏、蒙恬。然后马不停蹄，秘密运送秦始皇的尸体入都。

这时，派去赐死扶苏、蒙恬的使者也已赶回，报告了经过。原来诏书到的那天，扶苏就自尽了，蒙恬不肯自尽，则被囚禁于阳周县。胡亥、李斯、赵高三人一闻此讯，大喜过望，这才公布了秦始皇的死讯，即日发丧，并立胡亥为二世皇帝。胡亥也投桃报李，升任赵高为郎中令，格外宠信。

五、屈意奉承 上书二世

胡亥靠着偶发事件，当上了秦国的二世皇帝，但却无法靠偶然来统治宇内、驾驭臣下。于是，他采用赵高的建议，软硬两手兼施，一方面用严苛的刑法来收拾那些心怀怨望、难以驾驭统治的皇族亲戚与功臣宿将，一方面则用高官厚禄收买那些原本地位低下、容易操纵的人。

据史书记载，秦二世先后杀戮大臣蒙毅、蒙恬等，诛杀十二个公子，肢解十个公主。他还不顾民怨沸腾，横征暴敛，大兴土木，从而搞得朝政混乱，内外大臣都心怀不满。

对于秦二世的所作所为，李斯有时随声附和，有时退让默许，有时竟公然赞助，完全丧失了一位政治家应有的谋略与胆识，成了一个保位苟全的庸人。

秦二世元年（209）七月，陈胜、吴广揭竿而起，关东豪杰纷起响应。李斯这才意识到问题的严重性，他想挽大厦于既倒，可惜心有余而力不足。这是因为：第一，秦王朝的统治已经濒于土崩瓦解的关头；第二，赵高、胡亥羽翼已丰，秦王朝积弊未除，又添新弊，实在是无可救药了。

李斯的儿子李由，当时担任三川郡郡守，他主管的范围内，起义军势力很大。为此，秦二世意欲追究李斯的责任。李斯害怕了，一时不知道该怎么办才好。为了博得秦二世的欢心，就曲意迎合其心意，以求宽恕，上书回答说：

> 贤明的君主，必定既能全盘掌握治理天下的为君之道，又能利用严刑峻法来督责臣属和全国百姓。对下严加督责，则臣子必然竭尽全力为君主效命尽忠。如此一来，君主和臣子的职责确定，上下尊卑名分彰明，天下人不论贤能还是不肖，就都不敢不竭尽全力为君主效命尽忠了。这样君主才能辖制天下，而不受任何约束，享尽人间最大的乐趣了。这样才真是贤明的君主啊！
>
> 所以申不害曾说："拥有天下的人，要是还不懂得肆情纵恣，那就是所谓拿天下当作自身的桎梏了。"这种君主，因为不懂利用严刑峻法来督责臣下，自己反而为天下百姓辛苦操劳，就像尧和禹那样。作为一个君主，要是不能学习申不害、韩非的高明的法术，推行严刑峻法来督责别人，并且让天下人来顺从自己的心意，却偏要苦形劳神，拼命为百姓做事，做百姓的奴仆，这并不是统治天下的帝王的职责，又有什么值得尊贵的呢？让别人为自己效命，自己自然会显得尊贵，别人也就显得低贱了；让自己为别人效命，别人就会显得尊贵，自己却变成低贱的了。效命于别人的人，必定地位低贱，而大家共同为其尽忠的人，必定地位尊贵，从古至今，一贯如此。自古以来之所以尊重贤能的人，是因为他们

地位高贵；之所以厌恶不肖的人，是因为他们地位低贱啊！像尧和禹那样，为天下献身的人，因袭世俗的评价而予以尊重，那就失去了尊重贤人的用心，可以说是大错而特错了。

所以韩非说："慈祥的母亲养出败家的儿子，而严厉的主人家中没有强悍的奴婢。"这是什么缘故呢？这只是能否严厉惩罚的必然结果！所以在商鞅的新法中，连把灰烬倒在道路上也要处刑。倒灰烬只不过是微小的过错，却要承受刑罚，那就是推行严刑峻法了。只有贤明的君主，才懂得怎样严厉地处罚轻微的罪过。连轻微的罪过尚且受到严厉的处罚，何况有了重罪呢？这样一来，百姓就不再敢贸然触犯法令了。因此韩非又说："几尺长的布帛，平常人见了却都想偷盗，可是百镒黄金，连盗跖那样的巨盗也不敢攫取。"这并不是一般人好利心重，几尺长的布帛价值高，而盗跖欲望淡薄、品行高尚，根本没有把百镒黄金看在眼里。而是因为只要攫取人家的财物，就会受到刑罚，所以盗跖也不敢夺取百镒黄金。但刑罚一旦不被认真执行，常人即使见到几尺布帛，也想顺手牵羊。因此，五丈高的城墙，只因为峻峭难登，人们就不能轻易攀越；百仞高的泰山，只因为平坦易走，跛脚的牧羊人也能到山顶上去放牧。一般人对五丈高的城墙都感到为难，难道跛脚的牧羊人对百仞高峰会感到容易吗？这只是峻峭难登和平坦易走的分别啊！明主圣帝之所以能够长久处在尊贵的地位，把握重大的权势，独擅天下的利益，原因并不在于他们有什么特殊方法，而是在于他们能够独揽大权、精于刑罚，对犯法的人严加惩处，天下人就不敢犯法了呀！现在不制定防止犯罪的措施，却力行慈母养成败家子的做法，这就是没能考察圣人的言论了。这样的王者不能实施圣人治理天下的方法，只会给天下人当奴仆，这不是很可悲吗？

况且节俭仁义的人在朝廷上任职，那荒诞放肆的乐趣就得终止；谏说论理的臣子在身边非议，流荡放纵的念头就得收敛；节烈刚直的行为彰显世间，淫逸奢靡的娱乐就得废弃。所以贤明的君主能够排斥这三种人，而独自操纵驾驭部属的权力，所以自身才会地位尊贵、权威盛大。凡是贤明的君主，必然能够拂逆世俗的人情，磨砺民间的风俗，使它们顺从适应自己。他又能够废弃所厌恶的一切，从而扶植所喜爱的人。因此，他在世的时候，有很尊贵的威势，死后也有贤明的谥号。贤明的君主能够独裁专断，使权力不落在臣子手中，然后才能斩断仁义之路，堵住游说之口，任凭自己独断专行。如此一来，在外就不会被仁义烈士的行为所动摇，在内也不会被劝谏争论所迷惑。因此也就能够巍然独尊，畅行穷奢极欲的心志，而再也没有人敢反对了。像这样，然后才可以说是明晓了申不害、韩非的权术，精通了商鞅的法令。法令精通了，权术明晓了，而天下还会叛乱，这是从未听说过的呀！所以说，"帝王的统治之道，简约而容易把握"，只有贤明的君主，才有能力实践这番道理。所以可以说，只要督责认真，臣子就没有邪恶之心；臣子没有邪恶之心，天下自然安定；天下安定，君主就显得尊严；君主显得尊严，督责必然确实；督责确实，君主的要求就能满足；满足之后，国家一定富强；国家富强，君主才能享受到更多的快乐。因而，只要建立严刑峻法来督责，那就没有不事事如愿的了。这样一来，群臣百姓想挽救自己的过失都来不及，还会有心思图谋叛乱吗？具备了这样的帝王统治术，就可以说是明晓了君主驾驭臣属的手段，即使申不害、韩非再生，也不能超过了。

胡亥得到李斯的奏章，大喜，马上实行"督责"之术。政治措施、刑法律令，比以前更加苛刻。官吏越能横征暴敛、肆意杀人，胡亥便越是认为贤明。没过多长时间，举国上下刑者相伴于路，死者日积于市。二世皇帝见到如此"治绩"，沾沾自喜。

六、赵高陷害　腰斩咸阳

李斯劝秦二世行督责术，不过是为讨其欢心，起因则是贪恋禄位、保命谋身。然而，赵高却早已为他设下了陷阱。

秦二世每天不上朝，朝政全交予赵高处理，自己在后宫享乐。李斯对此很不满。赵高大权在握，便乘机暗自谋划陷害李斯。他找到李斯，说："函谷关以东盗贼蜂起，皇帝却征派百姓修建阿房宫，并且广为搜求名狗骏马等无用的东西。我想劝阻皇帝，但地位太低，人微言轻。这正是您该管的，您怎么不进谏呢？"

李斯本想劝谏皇帝，苦于没有机会，如今听了赵高的话，便说："我早就想提点意见了。但皇帝不坐朝，常居深宫，我想说话也没有机会啊！"

赵高对李斯应允："您如果想进谏，我替您注意着，待一有机会，就通知您。"于是，赵高乘秦二世与宫女闲居娱乐时，派人通知丞相："皇帝现在有空闲，正可趁机入奏。"

李斯听说，马上进宫，请求面见皇帝，惹得秦二世很不愉快。像这种情况，连续出现了两三次。秦二世非常恼火，以为李斯有意跟自己过不去，说："朕平常有闲空时，不见李斯前来奏事，但当朕想清闲娱乐一番，他便来求见，分明是有意找朕的麻烦。"

赵高见有机可乘，便向秦二世进谗言。他说李斯是心存怨气："沙丘废立之谋，李斯曾经参与，如今您成了皇帝，丞相的官职却未能有更大的提升。我想，他是要您封他为王，才会满足的。"赵高还说，李斯的儿子李由与义军将领陈胜有往来。胡亥信以为真，便派人追查此事。

李斯知道事情原委之后，想面见二世胡亥，但胡亥正在甘泉宫观赏角力与杂技表演。李斯不得入宫，便上书揭发赵高的短处：

> 我听说，大臣如果想和国君平等相处，处处要求势均力敌，则必将危乱国家；小妾如果想和丈夫平等相处，处处要求同等待遇，则必将危乱家庭。现在有的大臣擅自掌握赏罚大权，同您的权势没有两样，这是非常不妥当的。过去司城子罕担任宋国的丞相，包揽朝廷所有的刑罚事务，又用种种威逼手段，迫使大臣亲近他、百姓畏惧他，结果才一年的时间，他就篡夺了王位。田常是齐简公的臣子，爵位在齐国是最高的，自家的财富多到和公家的相等。他下得百姓的爱戴，上得群臣的拥护，于是暗中窃取了齐国的政权，并在庭院里杀死了宰予，接着又在朝堂上杀死了齐简公，完全控制了齐国。这些都是家喻户晓的例子。现在赵高有奸邪之心、叛逆之行，就像以前子罕辅佐宋国一般；赵高个人的财产，也像当年田常在齐国那样多。赵高兼有田常和子罕两人叛逆的方式，因而篡夺了陛下的威严诚信。赵高的志向，就像韩玘辅佐韩王安一样，想要亡灭国家，陛下要是不早作打算，臣恐怕他迟早会叛乱呀！

秦二世不以为然，诏见李斯说："这是什么话呢？赵高虽然是个宦官，但他不因处境安逸就为所欲为，也不因处境艰危就改变忠诚。他廉洁奉公，一心向善，靠自己的努力才得到今天的地位。朕确信他是个不可多得的人才，而你却怀疑他，这是为什么呢？而且朕年纪轻轻就失去了父亲，自己什么见识都没有，不懂得治国的道理，而你年纪又大了，要是没有他，恐怕朕永远不可能有机会掌握天下政权了。因此，朕不把国家大事交给赵高，又要交给谁呢？而且赵高精明廉洁，年富力壮，下能体察民情，上又能顺从朕的心愿，你可千万不能怀疑他呀！"

李斯又说："并非如此。赵高只不过是个卑贱的人，并不懂得什么治国平天下的道理。而且他贪得无厌，追逐利益。他的地位权势，简直和陛下不相上下，嗜好欲望永不满足，所以臣认为这太危险了！"

秦二世深信赵高，生怕李斯杀掉他，便将此事一五一十全都告诉了赵高。赵高对李斯恨之入骨，倒打一耙说："丞相图谋不轨，所顾忌的就剩我赵高一人了。等我一死，丞相就会肆无忌惮地篡夺天下大权了！"

秦二世受了赵高怂恿，下令逮捕李斯，交由赵高审理。李斯被关在监狱里，越想越可悲，仰面长叹道："唉！真是可悲啊！无道的昏君，怎么能为他出谋献策呢？从前夏桀杀死关龙逄，商纣杀死比干，吴王夫差杀死伍子胥。这三个臣子，难道不曾对国家忠心耿耿吗？可是最后却都逃不掉被诛杀的噩运，他们虽然尽忠而死，只可惜忠非其人！如今我的智慧不如他们三位，而二世的昏庸荒淫，却又远过桀、纣和夫差，我因尽忠于二世而被杀，也是理所当然的了。而且二世治理天下的办法，也不是胡来乱搞吗？不久前，他屠杀了自己的兄弟，自立为皇帝；又屠杀了忠臣，而重用那些身份低贱的人；并且大量征发奴役、百姓修建阿房宫，对天下百姓横征暴敛。我对他这些暴虐无道的行为，并不是没有进谏，只是他不肯听我的话呀！

"凡是古代的圣贤君王，他们的饮食都有节制，车马器物都有一定的数量，宫殿屋室也都有一定的限度，无论是颁布什么命令或兴办什么事业，只要是徒增浪费，对人民利益无补，都一律禁止，所以都能长治久安。现在二世对自己的兄弟施以违反常理的残暴手段，根本没有顾虑到后患；对忠臣滥加诛杀，根本没有预想到灾祸；大规模地建造宫室，对天下征收重税，根本不爱惜钱财。这三件事已经做出来了，天下人自然不会服从。现在起义叛秦的人，已经占据了秦国的一半，但二世仍然不知悔改，居然还要赵高辅佐他。不久的将来，我必定会亲眼看到盗寇攻打咸阳城，朝廷转眼间变成一片废墟荒野，只剩几只麋鹿在那儿来来往往啊！"

赵高对李斯严刑拷打，李斯受不过，只好屈招。但李斯不肯自杀，他认为自己有大功于国，又确实未曾有过谋反之心，总希望有一天能上书二世皇帝陈述自己的冤情，说不定皇帝会幡然省悟，赦免自己的罪过呢！于是李斯在监狱中上书说：

> 臣自担任丞相以来，治理百姓，已经三十多年了。当初臣来到秦国时，国家的领土还很狭窄，先王（秦始皇）初年，秦国疆域不过千里，士兵也只有几十万。臣竭尽自己微薄的才能，小心谨慎地执行国家的法令，暗中派遣谋臣，带着金银珠宝去游说诸侯；又暗中整备武装，加强政令，任命肯为国家效命的人做官吏；同时特别尊重功臣，把他们的爵禄格外提高。通过以上种种措施，终于逼迫韩国，弄垮魏国，打败燕国、赵国，消灭齐国、楚国，先后吞并了这六个国家，俘虏了它们的国君，而拥立秦王为天子，这是臣的第一件罪状啊！秦国的土地已经很广阔了，可是臣却还主张北伐匈奴、南定百越，用来显扬秦国势力的强大，这是臣的第二件罪状啊！尊重大臣，给予较高的爵禄，借以巩固君臣间的亲密联系，这是臣的第三件罪状啊！建立社稷，修宗庙，

以彰显君王的贤能，这是臣的第四件罪状啊！更改器物上所刻的徽饰花纹，统一度量衡和文字，颁布天下各种制度的明文规定，使秦国树立不朽的名声，这是臣的第五件罪状啊！修筑驰道，建造供游览的名胜地区，来显示君王的志得意满，这是臣的第六件罪状啊！减轻刑罚，减少租税，以满足君王获得民心的愿望，让万民拥戴他们的君王，至死不能忘怀，这是臣的第七件罪状啊！

像臣这样的人，所犯的罪状，早就该处以极刑了。幸而皇上准许臣为朝廷尽力效忠，这才直到今天。但愿陛下对这一切能仔细明察！

这封奏书呈递上去，自然先落在了赵高手里。赵高命官吏将它丢弃，不准上奏，说："当囚犯的还要上书吗？"

赵高逼李斯屈招罪过之后，怕他更改口供，便派自己的死党假扮御史、谒者、侍中等官员，对李斯轮番审讯。只要李斯一改口供，马上便严刑拷打。

后来，秦二世派人调查李斯的事情，核对李斯的口供。李斯认为又与前几次一样，只要一说真话就受刑，所以没敢再更改口供，用书面形式，承认自己的犯罪属实。这正中了赵高的奸计。赵高把判决书给秦二世看，秦二世说："这回要是没有赵高，丞相就把我给出卖了。"

秦二世二年（208）七月，李斯被判刑，腰斩于咸阳。父母、兄弟、妻子儿女被杀，三族也被夷灭。

行刑当天，李斯及其次子被绑着走出狱门，李斯回头对儿子说："我多想像你小时候那样，父子俩牵着黄狗一起到上蔡城东门外去打兔子，可是再也办不到了。"（"吾欲与若复牵黄犬俱出上蔡东门逐狡兔，岂可得乎！"《史记·李斯列传》）说完，父子二人相对哭泣。这句话,说出了李斯政治上飞黄腾达之后,却只能在夹缝中求生存,失去了好多人生乐趣的实情。

司马迁在《史记》中说:"李斯以一个里巷平民的身份,游历诸侯,入关奉事秦国,抓住机会,辅佐秦始皇,终于完成统一大业。李斯位居三公之职,称得上是很受重用了。李斯知道儒家《六经》的要旨,却不致力于政治清明,用以弥补皇帝的过失,而是凭仗显贵的地位,阿谀奉承,随意附和,推行酷刑峻法,听信赵高的邪说,废掉嫡子扶苏而立庶子胡亥。等到各地群起反叛,这才想直言劝谏,这不是太愚蠢了吗?人们都认为李斯忠心耿耿,反而受刑而死,但我仔细考察事情的真相,就和世俗的看法有所不同。否则的话,李斯的功绩真的要和周公。召公相提并论了。"

秦始皇、秦二世右丞相冯去疾

冯去疾(?—前208),秦始皇和秦二世时任右丞相。他能对秦二世的暴政有所谏诤,执忠臣之道,并以死表示清白,其德行可见。

秦始皇统一不久,李斯任左丞相,把持朝政权柄;冯去疾任右丞相,相当于副职,没有实权,只是充员备位而已。当时秦始皇经常巡游各地,陪伴在他身边的多为左丞相李斯,而右丞相冯去疾却往往留守都城咸阳。

秦始皇三十七年(前210),秦始皇又一次出游。这一次,仍然是由左丞相李斯陪同前往,而留守咸阳做后卫的担子依然落在右丞相冯去疾的肩上。当时,秦始皇最疼爱的小儿子胡亥也要随父前往,秦始皇答应了他的请求。

秦始皇一行到达云梦(今洪湖、洞庭湖一带),又乘船沿长江而下，直抵浙江边。后来秦始皇登上会稽山，祭祀了禹帝。归途行至平原渡口，秦始皇病倒了，便命中车府令赵高拟定诏书，让公子扶苏急赴咸阳主办丧事，并明确地安排由他继承帝位。行至沙丘平台（今河北广宗西北），秦始皇就去世了。于是，赵高对李斯采取规劝、威胁的手段，合谋发动"沙丘之变"，篡改诏书，赐长子扶苏自杀，立胡亥为帝，是为秦二世。

秦二世在位时，大肆修宫筑室，役使民夫，横征暴敛。其中最大的工程，就是继续修建秦始皇未完成的阿房宫，此外还继续修筑直道、驰道、骊山陵和各项土木工程。又征调五万精兵屯卫咸阳，演习射猎；命各地郡县向咸阳转运粮草，转运者自带食物，不得食用咸阳三百里内的谷物。这样肆无忌惮的狂征滥调，使赋敛日趋沉重，徭役越来越多，民力日益枯竭，渐渐地就使国家到了无人可征的地步。

在这种情形下，秦国的盗贼日益增多，朝廷为此接连不断地征发士兵打击盗贼。

右丞相冯去疾看到国力日益衰弱，非常担忧，便同左丞相李斯、将军冯劫上朝进谏说："关东群盗迭起，朝廷发兵围剿，诛杀的人数非常多，但群盗仍然不得阻止。盗贼之所以众多，是因为国家兵役、水陆运输和建筑等事务繁多，赋税也重，民众劳苦不堪。恳请陛下停修阿房宫，减少兵役、运输等繁重的徭役。"

冯去疾等人建议的举措，对秦二世无异于锥心割肉，他一听就气炸了，怒冲冲地说："拥有天下的人，就在于能恣意享乐。君主的主要任务是修明法制，这样臣下便不敢任意胡为，君主也便能统治天下了。虞、夏的君主，贵为天子，却身处穷困境地，为百姓做出牺牲，这有什么可以效法的！况且先帝平定天下，对外排除四方外族以安定边境，对内兴修宫室以彰显创立功业后的得意。如今我即位刚两年，便盗贼迭起，你们身为臣子不能加以禁止，如今还想废弃先帝的功业，这种行为是上不能报先帝之恩，下不能尽效忠之力，你们还能凭什么身居官位呢？"秦二世越说越气愤，便命令手下将三人立刻交于司法部门审讯。

冯去疾和冯劫认为，"将军和丞相是不能被人侮辱的"（"将相不辱"），因此双双自杀身死。他们在自己生命的历程中，最终保持了清白的名节。就这一点来讲，李斯苟且偷生，真是毫无气节可言。

秦二世中丞相赵高

赵高（？—前207），秦二世时丞相，因出身中官，故亦称"中丞相"。秦始皇时任中车府令，秦二世升之为郎中令。赵高以一介宦官，不文不武，全凭阴险狡诈、用心险恶，扶立昏庸无能的胡亥，窃据权柄。他欺上瞒下，胡作非为，陷害忠良，又杀死秦二世，意欲篡位，最终导致了秦王朝的覆灭。

一、沙丘政变　扶立二世

赵高的父母皆为罪人，赵高和他的几个兄弟，一出生便被阉割，送进了宫里。赵高生性刁滑，善伺人主颜色行事。由于在宫中时间较长，接触了一些秦代的律令，又能用心强记，所以比较精通狱法。

秦始皇得知赵高干练有才，渐加宠信，提拔他做了中车府令（车府令掌王室车马政令，由宦官担任的，故称"中车府令"），并让他教导少子胡亥学习刑法狱讼之事。胡亥虽然是个只知行乐的花花公子，但对赵高讲述的断案治狱的事例却很感兴趣，因而一直把赵高当成老师和亲信，特加宠幸。

赵高曾经触犯刑律，秦始皇派大臣蒙毅对他治罪。蒙毅依照秦律，判他死罪，剥夺官籍；秦始皇念他此前做事勤恳，赦免了他，恢复了官爵。

秦始皇三十七年（前210），赵高陪侍秦始皇巡游。同行者有始皇少子胡亥和左丞相李斯。走到平原津地方，秦始皇染上了病。归途中，行到沙丘（今河北广宗西北），秦始皇病重，自知不起，于是给正在上郡蒙恬军中监军的长子扶苏下诏书，让他速回咸阳主持丧事，继承帝位。诏书写完封好，放在赵高那里，还没来得及命使者送出，秦始皇便病逝了。

当时秦始皇病逝，知道其事的只有几个人：李斯、赵高、胡亥，以及秦始皇平素所宠幸的几个宦官。李斯担心皇帝驾崩的消息引起天下恐慌，也怕诸位皇子争夺皇位，遂决定严密封锁消息，不准走漏风声。他们把秦始皇的尸身安放在既隐蔽又通风的辒辌车里，百官们不知底里，照常到车前奏事，侍者也照常向车内进呈食物。亲信宦官假装成秦皇，在车里批断百官所奏之事。

赵高见此情景，觉得眼下正是千载难逢的大好时机，便扣押了秦始皇给扶苏的遗诏，决心用胡亥为本钱，去进行孤注一掷的政治赌博。于是，他先说服了胡亥，让他除掉扶苏，争夺帝位。随后又去说服李斯。李斯起初虽加责难，不肯听从，但最终还是受了赵高的胁迫，同意篡改遗诏，害死扶苏，拥立胡亥。

这样一来，赵高便伙同李斯，扶立胡亥做了秦王朝的二世皇帝。二世皇帝自然感恩戴德，把赵高由中车府令提拔为郎中令（掌宫廷戍卫，侍从皇帝，参与谋议），把所有政事都交给了他。从此，赵高大权在握。

二、实施峻法　谋害李斯

赵高专权之后，一方面想方设法让秦二世贪恋声色犬马，无心国事；一方面大行诛戮，清除异己。

有一次，秦二世胡亥闲居无事，召来赵高，对他说："朕现在已经君临天下，打算享尽人间的所有声色之乐，只想恣情任性，为所欲为。但朕又想让百姓安居，国家安定，使朕能永久享有天下，直到朕命终为止。您说，这能做到吗？"

赵高说："贤明的君主可以这样做，昏聩的君主不能这样做。为今之计，臣请求陛下实施严苛的刑法，自有效验。"

至于为何要用严苛的刑法，赵高对秦二世作了一番阐释："当年沙丘废立，知道内情的虽然只有几个人，但秦国的诸位公子（秦始皇之子）与大臣们，都对此事有所怀疑。而这些公子都是陛下的兄长，这些大臣又都是先帝任命的重臣。如今陛下即位，他们心中都不服气，都有怨怼情绪，臣担心他们谋反，危害国家。况且如今将领在外也不可靠，臣每天对此胆战心惊。因此陛下想安乐无事，可谓难以实现，除非实施严刑峻法。"

赵高进一步为秦二世谋划道："应该让触犯刑律的人，互相牵连而受诛罚，甚至可以收诛其全家；应该诛灭当朝大臣，疏远皇族之人；应该让贫困者富贵起来，地位低贱者尊贵起来；应该把先皇时的旧臣完全除掉，任用陛下所亲近的人，这些被提拔之人暗中感念陛下的恩情，自然会归附于陛下。这样一来，对陛下有害的人事被除掉，不利于陛下的奸谋被阻塞，群臣都蒙陛下的恩泽德惠，陛下就可以高枕无忧，放心大胆地去享受、去娱乐了。"

秦二世听了赵高的话，改变了原先的法令。此后，群臣或诸公子只要稍有罪过，都交由赵高处理。赵高穷究罪状，结果诛杀了不少大臣。十二个公子在咸阳被杀，陈尸示众；十个公主在杜县被杀，也被陈尸示众。此外，受牵连而被治罪的，数也数不清。由于法令日益苛刻、严酷，群臣人人自危，好多人心怀反意。后来，陈胜、吴广等起义，天下纷纷。秦二世又实施了李斯提出的督责之术，结果民不聊生、怨声载道。

赵高与李斯在拥有共同利益时，互相利用，尚能暂时联合；到拥有权柄时，双方便成了利益的竞争者。因此，赵高大权在握后，便开始设计谋害李斯。

赵高任郎中令，为报私怨，杀了不少人，可谓睚眦必报。他怕大臣们入朝面君时揭露、攻击他，便巧鼓舌簧，欺骗胡亥说："天子尊贵，一大部分原因是群臣见不到他的面，而只能听到他的声音。正因如此，天子才自称为'朕'。陛下还年轻，未必什么事都懂，倘若每天坐在朝廷上接见大臣，惩罚奖赏，难免有不妥当之处，大臣见了，会瞧不起陛下的。不如深居宫中，等大臣把公事呈奏上来，由陛下和臣以及几个精通法令的人进行权衡考虑，然后再批示办理。这样一来，那些大臣们就不敢再上奏那些惑乱视听、混淆黑白的事情了，天下人也就都会认为陛下是圣明的主子了！"听了赵高的话，秦二世果然照办。

李斯对皇帝不接见大臣这一举动十分不满，赵高便设下圈套，多次诱使他在皇上正与后宫妃嫔作乐的当口去求见，结果触怒了秦二世。赵高趁机进谗言："情形很危险。丞相李斯曾参与沙丘废立之谋。如今陛下已经当了皇帝，丞相的地位却没有提高，显然，丞相是想让陛下封他为王。如果不是陛下问起，臣也不敢说。楚地的盗寇陈胜等，都是丞相邻县的居民，是丞相纵容他们造反的。丞相的长子李由担任三川郡郡守，盗寇经过三川郡时，李由只是守城，不肯出击。臣还风闻李由与这些盗寇私下里有公文往还。不过，现在臣还没有调查清楚，所以不敢向陛下报告。这段日子，丞相的权势声威日益增大，怕要超过陛下呢！"秦二世认为赵高的话很有道理，便派人调查李由和盗寇暗中勾结的具体情形。

李斯觉察到了赵高的阴谋，想进见秦二世，陈诉原委。秦二世在甘泉宫里观赏角力与杂技表演，不肯出来接见。李斯迫不得已，与赵高决裂，"上书言赵高之短"。但为时已晚，事情已经无可挽回。秦二世竟然将李斯交付赵高，由其审问处理。赵高用计，再三拷问，把李斯定为谋反罪，按照刑律的规定，处以腰斩之刑，夷灭三族。

三、指鹿为马　玩火自焚

李斯死后，秦二世专宠赵高，任命他为中丞相，国家政事无论大小，都由他决定。赵高位尊权重，但贪欲尚不满足，他想篡位，自己做皇帝，又担心其他大臣反对，就心生一计，先测验他们一下，便亲自导演了"指鹿为马"的闹剧，来观察人心的归附情况。

一天，赵高向秦二世献上一只鹿，并故意说是一匹马。秦二世一看，明明是鹿，便说："丞相搞错了吧？这是鹿，怎么说是马呢？"赵高坚持说是马。秦二世不信，于是问左右官吏，官吏们有的默不做声，有的说是鹿，有的为了阿附赵高，竟然颠倒黑白说是马。赵高设下圈套，把说真话的人都牵连在狱讼之中，严加惩处。此后，群臣畏惮，没有人再敢反对他了。

由于秦王朝的暴政，天下大乱，燕、齐、楚、赵等诸侯国的后人纷纷自立为王；刘邦、项羽两路兵马并进，直逼秦都。面对这种局面，赵高总是设法瞒着秦二世，不让他知道真相。刘邦攻克武关，派人与赵高联络，赵高害怕秦二世问罪，便诈称有病，不肯上朝。

秦二世心神恍惚，夜间梦见有一只白虎咬死了他的左骖马，心情不好。召来占梦者询问缘故，占梦者说是泾水为祟。秦二世信以为真，便到泾水岸边的望夷宫亲祭水神，并派使者斥责赵高，命他赶紧调兵，除灭盗贼。

赵高靠阴险狡诈而踞高位、握大权，说到调兵平乱，他却是毫无办法。于是，他召来女婿咸阳令阎乐和弟弟郎中令赵成，对他们说："主上平日不听劝谏，不知平乱安邦，如今国事危迫，却逼我平乱灭贼，分明是要让我们当替罪羊。我们不能束手待毙。不如先行下手，改立公子婴为帝。公子婴一向仁爱俭约，人民都拥戴他。立他之后，事情也许可以转危为安。"赵成与阎乐唯唯听命。赵高担心阎乐变心，又劫来他的母亲作为人质，阎乐只好死心塌地按照赵高的计策行事。

阎乐率领吏卒一千多人，直抵望夷宫，不由分说，逼迫秦二世自杀而死。

赵高听说秦二世已死，便召集各位朝臣和宗室公子，向他们通报了诛杀秦二世的情况。接着，扶立秦二世兄长之子子婴为秦王。他让子婴先行斋戒，准备择日再往宗庙祭拜祖先，举行受玺仪式。

子婴早已识破赵高假意立他的诡计，决定设计将之除去。斋戒期满后，赵高先后派人去请子婴，子婴都静坐不动。赵高无奈，只得亲自来请。二人见面之后，赵高对子婴说："如此关乎国家的大事，王为什么不行动呢？"此时，早有准备的子婴乘机在斋宫中把赵高杀了，接着夷灭赵高的三族，在咸阳示众。

吞并六国众战将

秦始皇吞并六国、混一华夏以至镇压起义,自然少不了武将们纵横驰骋、沙场喋血。从昭襄王时期的将军司马错,到秦始皇麾下的骁将王翦、蒙恬,这些将领骁勇善战、忠心耿耿,在历代秦王的带领下,调兵遣将,出生入死,开疆拓土,为秦朝的一统大业鞠躬尽瘁。只是他们的命运也大多曲曲折折、坎坎坷坷,或战死沙场,或沉浮起落,或蒙冤而死……

将军孟明视

孟明视（生卒年不详），春秋中期秦国名将。一作孟明，秦相百里奚之子，故又称"百里孟明视"。秦穆公时，他多次率军与晋军作战，屡败屡战，最终战胜中原霸主晋国，是秦国扩地千里，威震西戎。

一、奉命攻郑　无功而返

秦穆公三十三年（前627），帮助郑国守城的秦国将领杞子出卖郑国，派人向秦穆公告密说："郑国的城门由我掌管，秦国可以乘机前来偷袭。"秦穆公召来相国蹇叔、百里奚，征求他们的意见。他们认为，秦国与郑国相隔千里之远，前去攻打郑国，难以取胜。但秦穆公主意已定，坚持要攻打郑国。

于是，秦穆公派孟明视与蹇叔的儿子西乞术和白乙丙率师，袭击郑国。临出发前，百里奚、蹇叔在军队前大哭，蹇叔对儿子说："我只能眼看着这支军队出发，却再也不能看到你们回来了！"秦穆公很生气，对蹇叔说："你知道什么？如果你活到中年就已去世，现在你坟墓上种的树都快有两手合握那么粗了！"（"尔何知？中寿，尔墓之木拱矣。"《左传·僖公三十二年》）

秦穆公又责问他们为何要阻拦军队，两人回答说："为臣不敢阻拦军队。现在，秦国的军队就要出征，我们的儿子也随军前往。为臣年纪已大，如果他们很长时间才能返回秦国，恐怕就不能相见了，因此而痛哭。"蹇叔又对儿子说："晋国人一定会在崤山的险要处狙击秦军。崤地有两座山，南面的山是夏后的地方。你们定会死在这两峰之间！我要到那里收你们的尸骨。"

秦国的军队经过周都洛邑的北门，孟明视命令兵车上的左右卫士都把头盔除去，下车步行。但兵士们下车步行了没多久，便有三百辆战车的将士又跳上了车，这是对周天子的无礼。周共王的玄孙王孙满，当时还很年轻，看到这种情形，便对周共王说："秦国的军队轻狂放肆，又没有礼貌，肯定会失败。轻狂放肆则缺少谋略，没有礼貌就粗心大意；进入险地而粗心大意，又缺少谋略，能不失败吗？"

孟明视等率领秦军一路前行，开进晋国边城滑邑，碰到郑国的一个叫弦高的商人，此人带着十二头牛，正准备去周朝做买卖。弦高得知秦军伐郑的消息，急中生智，对孟明视他们说："听说秦国出师要经过郑国，郑王派我带了十二头牛，用来犒劳秦国的将士。敝国虽不富厚，但因为你们军队在外行军很久，所以我们愿意在你们住下时为你们准备一天的给养，在你们动身时为你们安排一夜的守卫。"弦高边应付秦军，边派人驾驿车急速到郑国报信。

郑穆公接到信，就派人到客馆去察看杞子等人的动静，他们已经捆好了行李、磨快了武器、喂饱了战马。郑穆公派郑国大夫皇武子去下逐客令，说："你们在敝国住了很久，因此我们的肉、粮和牲畜都用光了。听说你们就要走了，郑国有个养兽的原圃，就像秦国有个养兽的具囿一样，请各位自己去打些麋鹿道上用，让我们安闲安闲，怎么样？"杞子逃往齐国，逢孙、扬孙逃往宋国。孟明视说："郑国已经有防备，偷袭不可指望了。攻它攻不下，围它后援又接应不上，我们还是回去吧。"秦军顺便灭了滑国，取道而回。

二、三度伐晋　终得雪耻

这时，晋文公刚刚去世，晋国正准备发丧。晋国主将先轸说:"秦穆公不听蹇叔的话,为了贪利而劳苦民众,这是上天给我们的好机会。天赐不可失掉,敌人不能放纵。放纵敌人就会生出祸患,违背天意就会不吉祥。我们必须攻打秦军。"晋将栾枝说:"我们还没有报答秦国的恩惠,却要拦击它的军队,难道是因为国君去世就忘记旧交了吗?"先轸说:"秦国不哀悼我国的丧事,反而进攻我们的同姓之国,是秦国无礼,还谈什么恩施?我听说:一天放纵敌人,是数代的祸患。为子孙后代打算,能说是违背先君吗?"

晋国发兵在殽山阻击秦军。为了方便行军作战,先轸命令军队把丧服染成黑色。孟明视等回师殽山时,遭到了晋军的伏击,秦军大败,孟明视、西乞术、白乙丙三位秦将被俘,随即被押回晋国。

当时,晋文公的夫人文嬴(秦穆公之女,晋襄公嫡母)为解救秦国的三位将领,巧言请求晋襄公说:"秦穆公对这三个人早已恨之入骨,希望你能把他们归还秦国,好让秦国国君把他们烹杀。"晋襄公听从其言,释放了三人。

先轸上朝,问起秦国的俘虏,晋襄公说:"我答应太夫人的请求,已经把他们三个人放走了。"先轸愤怒地说:"武士们拼力在战场上捉到他们,妇人家却轻易从国内把他们放走。损失战争果实,却助长了敌人的势力,晋国距离灭亡的日子没有多久了!"先轸不顾礼貌,当着襄公的面就吐了一口唾沫。

晋襄公听了先轸的话,又派阳处父前往追赶,追到黄河边,秦国三将已经上了船。阳处父解下车左边的骖马,以晋襄公的名义赠送,孟明视叩头说:"蒙君王的恩惠,没有把我们被俘之臣杀了衅鼓,让我们回去在秦国受诛。寡君如果杀了我们,我们虽然身死也不忘大恩;如果托君王的恩惠而赦免我们,三年之后,我们将前来拜谢君王的恩赐!"孟明视言下之意,是三年后将率军攻晋，以雪战败被俘之耻。

孟明视等回到秦国，秦穆公素服迎到郊外，面对他们而哭，说："我违背蹇叔的话，使你们几位受到侮辱，这是我的罪过。失败都是我的过错。你们有什么罪过？况且我不会因为一点小过失，就抹杀你们大的功绩。"此后，孟明视仍然颇受重用。

秦穆公三十四年（前626），秦穆公又派孟明视率师伐晋，作为对崤之战的报复。二月七日，秦军与晋师战于彭衙（秦地，今陕西澄西北），大败，晋国人讽刺地称这是秦国"拜谢恩赐的部队"。但秦穆公照旧任用并厚待孟明视。孟明视也努力修明德行，给百姓更多的利益。因而晋国的大臣赵衰对大夫们说："秦军如果再一次前来，一定要避开它。心怀畏惧而着意修明德行，那是不能抵挡的！孟明视已经知道这个道理了。"

秦穆公三十六年（前624），孟明视第三次受命率师伐晋，为了表示有进无退的必胜决心，他在渡过黄河之后烧掉渡船（破釜沉舟的先声），因而很快攻取了王官（今山西闻喜南）和郊地（今山西永济东虞乡境）。晋人不敢出战，秦军就从茅津（今山西平陵西南古茅城南）渡河，在崤地为死亡将士堆土树立标记，然后回国。这一次，孟明视终于洗雪了崤之战的耻辱。而经过这一战，秦穆公也就此成为西戎的领袖了。

此后，史书便没有了关于孟明视的记载。

将军司马错

司马错（生卒年不详），战国后期秦国将领。历任秦惠文王、秦武王、秦昭襄王三代军职。曾劝说秦惠文王出兵伐蜀，并屡立战功，为秦国的统一立下了汗马功劳。

秦惠文王九年（前316），巴、蜀两国相攻，双方都向秦国告急，请求派兵增援。秦惠文王想攻打蜀国，却又顾虑重重，因为一是蜀道历来险峻、狭窄，难于行军；二是担心韩国乘虚入侵。

秦惠文王举棋不定。这时，司马错建议伐蜀，而秦相张仪却说不如去攻打韩国。于是，秦惠文王召来二人，进行讨论。秦惠文王首先对张仪说："请说说你的意见。"

张仪向秦惠文王陈述道："秦国应该和魏国、楚国亲善联盟，然后再出兵到黄河、伊水、洛水三川之地，堵住什谷的隘口，挡住屯留（今山西东南部）。这样可以断绝魏国到南阳的通道，让楚国出兵逼近南郑（今陕西汉中）。这时我军攻取韩国的新城（今河南伊川西南）、宜阳（今河南洛河中游）之地，可谓易如反掌。占领新城和宜阳后，我们可以径直逼近西周和东周的城郊，讨伐周王的罪恶，再攻占楚、魏两国的土地。周王此时知道自己已无退路，一定会献出象征王权的传国九鼎。秦国据有了九鼎，控制了天下版图，就可以挟持天子以号令天下，各国不敢不从，这才是统一天下的大业啊！而西部的蜀国地处偏僻，极度落后。攻打蜀国，只会搞得我们士兵疲惫、百姓劳苦，既不能扬名天下，夺取他们的土地也得不到实际的好处。我听人说，博取名声应该去朝廷，赚取金钱应该去集市。现在的黄河、伊洛一带和周朝王室，好比天下的朝廷和集市，而大王您不去那里争雄，反而纠缠于远方的戎狄小族的争斗，这可不是帝国的大业啊！"

司马错不同意张仪的看法，反驳道："我不这样认为。我也听说过这样的话：要想使国家富强，必先开拓疆土；要想使军队强大，必先让百姓富足；要想成就帝国大业，必先广施恩惠、树立德望。这三个条件具备了，帝王大业也就水到渠成了。如今，大王的国家地小民贫，眼下并不具备成就大业的条件，所以我建议大王先做些容易办到的事情。蜀国是西南偏僻的国家，又是戎狄之族的首领。此时，蜀国内政混乱，已经发生了类似夏桀、商纣的祸乱。如果我们抓住这个机会，出动我国强大的军队去攻打它，就好像让豺狼驱赶羊群一样简单。占领了蜀国的土地，就可以扩大我国的疆域；夺取了它的财富，就可以使百姓富足。用不着损兵折将，他们就已经屈服了。吞并一个国家，天下人不认为我们残暴；获取广泛的利益，他们也不认为我们贪婪。我们这一行动，可以一举两得、名利双收，更能享有除暴安良的美誉。"

司马错接着说："若是攻打韩国、劫持周天子，定会臭名远扬，而且也不见得有什么实际利益。蒙受不义之名，攻打天下人所不愿攻占的地方，那可是很危险的！请让我细说其中的原因：周天子是天下共主，又与齐、韩两国交往密切。如果周天子知道自己要失去传国九鼎，韩国也预感到要失去伊、洛一带的土地，他们必然会通力合谋，求得齐国和赵国的援助。并与有旧怨的楚国、魏国和解，甚至不惜把鼎送给楚国，把土地割让给魏国。对此，大王您只能束手无策。这就是我所说的危险所在。所以，攻打蜀国才是十拿九稳的上策。"

秦惠文王听后，觉得司马错说得有理，便听从他的建议出兵伐蜀。司马错奉命与张仪等率军从石中道（古代由关中入蜀的主道）伐蜀，与蜀国军队战于葭萌（今四川广元昭化），蜀王败逃至武阴（今四川彭山东）。就这样，秦军平定了蜀国的暴乱，贬抑蜀王，改号蜀侯，又任命陈壮为蜀国国相。吞并蜀国后，秦国更加富足、强大，更加轻视周围各国了。

秦昭襄王六年（前301），蜀地郡守公子煇造反，昭襄王派司马错前去平定，公子煇自杀，并诛杀郎中令等二十七人。

秦昭襄王十八年（前289），司马错受命进攻魏国，夺取轵（今河南济源东南）。后又进攻韩国，夺取邓（今河南孟县西）。之后，又攻取韩、魏不少城邑。

秦昭襄王二十七年（前280），司马错率秦国的陇西兵及巴蜀兵十万，从蜀地沿江而下，攻楚黔中（今湖南西部及贵州东北部），迫使楚国献出汉水以北及上庸（今湖北竹山西南）。

此后，关于司马错，史书便没有了记载。

大良造白起

白起（？—前257），战国后期秦国杰出将领，郿邑（今陕西眉县）人。白起以深通韬略著称，一生征战，给秦国夺得大片土地，为秦统一奠定了基础。但他称病拒命、立场不明，再加功高望著、军民咸服，最后成了政治斗争的牺牲品。

一、名门之后　伊阙立功

白起的先祖是秦武公的嗣子公子白。秦武公去世后，同母弟德公将王位从公子白手中夺走，公子白未能继承王位。秦武公居住的故地，在秦国都城雍（今陕西凤翔）附近的平阳（今陕西岐山、眉县一带），德公把其中的平阳封给了公子白。公子白去世后，后人就以白为姓。白起的父亲希望儿子长大后能够像吴起一样，成为一名优秀的将领，就给他起名为"起"。

白起少年时沉默寡言，阴忍果断。他常常在岐山附近观察地形，模拟排兵布阵，对兵书战策十分痴迷。乡人都认为白起日后定会成为出色的将领。

白起十五岁从军，因作战勇敢、屡立战功，渐渐引起秦昭襄王的舅舅——穰侯魏冉的注意。在几次交谈后，魏冉发现白起很有指挥才能，便把他调到自己身边，对他着意培养。白起十分感激魏冉的知遇之恩。

秦昭襄王九年（前298），齐、韩、魏三国联合进攻秦国，兵至函谷关（今河南灵宝东北。因关在谷中，故名）。秦国向盟国赵国求救，赵惠文王表面答应，却迟迟不肯出兵。秦国派出一批又一批的使者前去求救，赵国每一次都答应，但就是不见赵军来援。在坚持两年后，秦昭襄王十一年（前296），秦国还是被韩、魏联军攻破了函谷关。在这次大战中，秦军的精锐部队被消灭不少。

由于北方有强大的赵国虎视眈眈，在函谷关被攻破后，为了避免赵国趁战败之际与齐、韩、魏联合进攻的灭顶之灾，秦国被迫向齐、韩、魏求和，以便尽快结束战争，不给赵国可乘之机。秦国在向韩、魏割让大片土地后，韩、魏联军才退兵。

秦昭襄王十一年（前296），魏国发生政变，魏襄王在政变中死去。魏国内乱后，秦国北部边境的压力暂时减轻了。

秦昭襄王十三年（前294），秦国开始向东面的韩、魏反攻。魏冉起用白起为将，攻取了韩国的新城（今河南伊川）。凭此战功，白起从左庶长升到了左更（秦爵第十二级，"更"谓"主领更卒，部其役使"）。

秦昭襄王十四年（前293），韩、魏联军在伊阙（今河南洛阳）集结，意图收复秦军占领的宜阳、新城等地，解除秦军对韩、魏西部和南部的威胁。秦军也将伊阙附近的部队集结，与之对峙。

秦昭襄王打算任命与自己关系较好的向寿为将。向寿是秦昭襄王生母宣太后的外甥，与秦昭襄王从小一起长大，是当时的秦国名将。穰侯魏冉认为向寿虽然名声不小，但却不是韩国名将暴鸢和魏国名将公孙喜的对手，因而举荐白起为将。当时，白起还只是一位青年将领，虽然在拔取新城一役中崭露头角，但要与当时名振华夏的暴鸢和公孙喜对阵，大多数人对他并不看好。秦昭襄王起初不愿改变初衷,但在宣太后的劝说下,最终还是同意白起代向寿为将。

这个时候,秦国的边境形势很紧张。西面的部族义渠在赵国的支持下,不断侵入秦国陇东地区。赵国内乱结束后,赵惠文王和相国奉阳君李兑认为,秦国始终是赵国的劲敌,便对秦采取压迫政策。宣太后、秦昭襄王和魏冉,不得不把秦军主力的大部分调到西部和北部边境,以防御强大的赵国。

对于韩、魏联军对秦国东部国土和秦国通往中原的咽喉函谷关的压迫,秦国无法调出大批精锐部队应战。秦昭襄王下令,宜阳和新城附近的秦军在伊阙集结,由白起统一指挥。但秦军人数不及韩、魏联军的一半,单是魏军就比秦军多好几万,而且韩军的武器装备十分精良,秦军处于明显劣势。

秦军中许多将领都主张从稳出发,紧扎营盘,采取守势,等待援军。韩、魏联军均为本国的主力部队,有攻破函谷关打败秦军、在垂沙大破楚军的辉煌战绩,十分强劲。白起担心,如果两军对峙日久,曾被韩、魏联军重创的秦军士气会日益低落,形势会越来越不利于秦军;而秦国根本无法在短时间内解除强赵的威胁,自然也就无法从北部和西部边境调集大军来支援东线。因此,要想解决韩、魏联军,只能靠东线秦军自己。

为了扭转两线作战的不利局面,避免因怯战而引来其他国家的攻击,白起决定先解决迫在眉睫的韩、魏攻势。

在伊阙对峙中,韩、魏联军与秦军发生过几次小规模战斗。在这几场小规模战斗中,白起亲自指挥,均取得了全胜,虽然没能消灭大量敌军,却在气势上占了上风,秦军的士气逐渐高涨,将领们对白起也更加信任了。

白起注意到,虽然韩军由韩国名将暴鸢率领,魏军由魏国名将公孙喜率领,但两军却没有设立统一的指挥官。暴鸢和公孙喜都是当时大名鼎鼎的统帅，谁都不甘屈居人下。两军都希望能够以最小的代价获取最大的利益，都希望对方能先向秦军进攻，自己坐收渔人之利。而且通过几次试探性的进攻，他们也发现白起率领的这支秦军人数虽然不多，但战斗力很强，谁也不愿率先与秦军发生恶战，造成实力的损伤。由于两军互相观望，就给了白起各个击破的机会。

白起卑辞假意，与进入韩境作战的魏军言好，希望魏军能够保持中立，表示秦军要与人数较少的韩军决战，而且在取得胜利后，与魏平分战利品。魏将公孙喜表面同意，暗中却打算在秦、韩两败俱伤时，一举消灭两军。白起又向韩将暴鸢下战书，表示魏军已同意保持中立，秦军愿与韩军择日决战，以挑拨韩、魏关系。暴鸢向公孙喜通报了这一情况，发现公孙喜有坐山观虎斗之意，十分恼怒。暴鸢本就与公孙喜明争暗斗，如此一来，对公孙喜更加怨恨，韩、魏联军貌合神离的面纱越来越薄了。而此时，白起把营寨全部扎在韩军一面，摆出要与韩军决一死战的架势。韩军也全力备战。

在一个暴雨之夜，白起率领秦军大部绕到魏军营寨的侧翼，向魏军发起了猛烈攻击。白起把进攻的秦军分成三支，分别从三个方向进攻魏军，迫使魏军向韩军营寨方向败退。魏军对突如其来的偷袭缺乏准备，仓促间形不成强有力的抵抗，在秦军的猛烈攻击下不战而溃，涌向韩军阵地，希望得到韩军的支援。在秦军向魏军进攻时，由于雨下得很大，韩军只能隐约听见魏军方向的厮杀声。鉴于情况不明，又正值暴雨天气，暴鸢未敢贸然出兵助战，以避免被秦军乘乱从正面攻入。

很快，魏军就向韩军阵地涌来，韩军无法阻止溃败友军的涌入，追击魏军的秦军随即与韩军发生激战。原本留在与韩军正面对峙的营寨中的秦军也全部出击，杀向韩军。韩军先有败退友军涌入的冲击，随后又遭到秦军的两面夹击，暴鸢还没有弄清楚这突如其来的变故时，韩、魏两军就已经被秦军打败了。

秦军对败退的韩、魏联军穷追不舍，不给其丝毫的喘息机会。但暴鸢和公孙喜终究不愧是名将，在溃败中还是组织了几次有力的反击。在韩、魏对秦军的几次反击中，白起都是身先士卒，率领秦军浴血奋战，最终击败韩、魏联军的反扑，将其赶向偃师方向。

伊阙在伊河与洛河之间，伊河和洛河是两条同为东北—西南流向的河流，由于天降暴雨，两河水面宽阔，水流湍急，韩军和魏军无法渡河撤退。伊、洛两河在偃师一带合流，秦军猛追到此处，韩、魏联军无路可逃，被秦军大量歼灭，跳入河中的士兵几乎全被河水冲走淹死，只有暴鸢在几个水性极好的士兵的掩护下得以渡河脱险。

伊阙之战，秦军斩杀韩、魏联军二十四万，俘虏了大量士兵，活捉了魏国名将公孙喜，并且趁势攻取了五座城邑。这一战，秦国有力地打击了韩、魏两国，使秦国东部的威胁得到了缓解。白起因此次大功进封国尉（掌全国军政，相当于汉朝的太尉）。

随后，白起渡过黄河，攻取了韩国安邑（今山西夏县西北）以东的大片土地。第二年，白起就被任命秦国军队的最高指挥官——大良造。

二、横扫六国　战无不胜

为了进一步解决韩、魏对秦国东部的威胁，秦昭襄王十五年（前292），白起大举攻魏，占据大小城邑六十一座。秦昭襄王十六年（前291），白起相继攻取了魏国的垣（今山西垣曲东南）和韩国的宛（今河南南阳），又派左更司马错进攻魏国的轵（今河南济源东南）和韩国的邓（今河南孟县西），也得胜而归。宛和邓是韩国的两个重要工商业城市，宣太后把宛封给了公子市，把邓封给了公子悝。

在白起的一系列凌厉攻势后，秦昭襄王十七年（前290），韩国被迫割让武遂（今山西垣曲东南、黄河以北地区）二百里地方给秦国，魏国也被迫割让河东（今山西东南部）四百里地方给秦国。

为了解决义渠和赵国对秦国西北部边境的威胁，白起被昭襄王调往秦国的西北部布防。由于赵国几代国君的励精图治，此时的赵国非常强大，重新崛起的秦国还没有把握战胜它。赵国支持的义渠，是个古老的游牧部族，经常以骑兵掳掠秦国边境，对秦国的西部边防造成了极大的威胁。秦昭王决定拿义渠开刀，先砍掉赵国的这条臂膀。

白起采取精骑政策，对原有边防骑兵严加简选，招募愿意为秦国效力的义渠人，组成一支胡汉混合的精锐骑兵。在与义渠骑兵的较量中，白起屡屡取胜，抑制了义渠在秦国西部的活动，使其不敢再进入秦境。这支骑兵与北部赵国的骑兵也多次发生摩擦，两国骑兵互有胜负。

随着秦国骑兵的强大，秦国与赵国的边境战争不断加剧。秦昭襄王二十七年（前280），白起攻取了赵国的军事重镇光狼城（在今山西高平西）。

秦昭襄王二十八年（前279），齐国即墨大夫田单，打死接替乐毅的燕军统帅骑劫，光复齐国城邑七十余座，形势也随之大变。秦昭襄王和赵惠文王在渑池相会言好，在连横兼并他国土地的问题上取得一致。秦国的攻击目标是楚国和魏国，赵国的攻击目标是魏国和齐国。

渑池相会后，秦、赵两强国间暂时停止了战争，秦昭襄王遂调白起转而攻楚。

攻楚之前，白起与秦昭襄王议兵。秦昭襄王认为，楚国地大，士卒百万，秦军至少也得要四五十万，才能完成破楚的任务。但白起认为，楚国虽大，却不必以大军征讨。楚怀王死后，楚国陷入了国大而无明主的困境。楚怀王的儿子楚顷襄王，其才能与乃父有天壤之别，治国乏术，驭臣无方，楚国政治腐败，臣民游离，对国王的怨言很大。楚国多山多水，形势松散，如果步步为营，即使有百万大军，也不足以分守楚境，反而会因为部队过于分散而被击败。楚国君臣上下离心，攻击楚王，群臣中能拼命来救的不会很多。由于韩、魏两国已被秦国打败，顺服于秦；齐国被乐毅攻破后，虽由田单复国，但已大伤元气；赵惠文王把全部精力放在了两败俱伤的齐、燕两国，正在伺机消灭它们——这些国家都不会对楚施以援手。既然攻楚无人来救，不如选取精锐，长驱直入，直接拿下楚国的都城郢（今湖北江陵西北）。选取精锐，可以使连年征战的秦军得到休息，同时也可以节省大量的人力和物力。秦昭襄王担心这几万之众深入楚地，一旦遭到围击，会有全军覆没的危险，但见白起信心十足，便勉强同意了他的建议。

白起选取了七万习惯在山水之间作战的精壮士兵，长驱直入，迅猛进军。白起大搞政治攻势，以秦国的土地政策吸引楚人。楚人不满楚王的苛政，对秦国的土地政策十分向往，乐意为秦军所用。白起很快就打下了邓（今湖北襄樊北）和附近的几座城邑。秦军虽然孤军深入，但一路上势如破竹，很快就攻到了鄢（今湖北宜城东南）。

鄢是楚国的别都，离楚都郢很近，是楚国十分重要的一座城邑，与郢并称为"鄢郢"。楚顷襄王调集楚军主力，集结在鄢，阻止秦军南下。鄢城十分坚固，以七万之众硬攻是很难攻下来的。同时，鄢也是不可绕过的，如果绕鄢攻郢，郢城一时难下，楚军主力部队出鄢城截断后路，秦军就会受到前后夹击，十分危险；而若攻下鄢，郢也就失去了屏障，秦军兵临城下，对楚军守郢的决心会产生很大的影响。在勘察鄢城附近的地形后，白起决定水攻。

秦军先清剿了鄢城外围的楚军，继而征调大量的楚人，在鄢城的城西修筑长渠，引蛮水灌鄢城。水从城西灌到城东，城的东北角被冲塌，蛮水横流，鄢城成了河道，城中的楚军和百姓成了鱼虾，淹在水中。白起命士卒乘船在水流中击杀未死的楚军，将防守鄢的楚军主力全部歼灭。攻鄢一役，溺死楚国军民数十万人，暴尸日久，鄢城臭不可闻。

由于失去了大量的主力部队和鄢城的屏障，守郢楚军的士气受到很大打击，次年，即秦昭襄王二十九年（前278），秦军便攻下了楚都郢。接着又火烧夷陵（今湖北宜昌），攻下竟陵（今湖北潜江），南攻到洞庭湖一带，建立了南郡。楚顷襄王被赶到离郢城千里之外的陈（今河南淮阳），建立了楚国的新都。从此，楚国西部的大片领土被秦国占领，楚国的实力受到极大削弱，不再具有称霸的实力了。白起因此次大功，被封为"武安君"。

事后，秦昭襄王问白起："秦军只有七万之众，深入地方千里的楚国，一旦攻城不利，又有楚军来救，情况将很危险。如此冒险行事，不是你武安君的统兵之道吧？"白起说："破楚一役，看似冒险，实则是胜券在握。楚国地方千里，但四周都是强邻；士兵虽有百万，但分散防御，尤为不足。尤其是楚国与秦国的巴蜀和商於之地相邻，虽然我军不从这里出兵增援，楚军也不敢大意，必然要分兵把守。楚国经过庄蹻西征失败的打击后，民心涣散，士气低落，大臣无心公事。楚军本来就不善野战，在本土作战，更是选择守城。楚地广大，名城无数，楚王不必死守一地，有足够的回旋余地可去，因而楚王死保鄢、郢的决心不足。而我军孤军深入，焚桥毁船，置之死地，下定了不破楚国决不生还的决心。我军上下一心，长驱直入，不耽搁一点的时间，我尽量避免不必要的攻战，除了必须拔掉的据点，我都会绕过，而直取鄢郢。我军进军迅猛，转眼间兵临城下，给楚军造成了很大的心理震慑。最重要的是，楚人对楚王的苛政早有不满，对我国的土地政策心已归属，为我所用。如此一来，我军必胜。破楚之事表面上看是火中取栗，但实则是探囊取物。尽管楚国被攻破，已经不足为患，但破楚容易灭楚难，如果大王让我灭楚，我是说什么也不会只带这些人去的。"听了这番话，秦昭襄王对白起更加佩服了。

秦昭襄王三十一年（前276），白起伐魏，攻下两城。魏国在赵国的支持下，向亲秦的韩国进攻，攻取了靠近韩国都城郑（今河南新郑）的重镇华阳（今河南郑州南）。

秦昭襄王三十四年（前273），白起进攻华阳，与魏将芒卯交战，大获全胜，斩首十五万，夺取了华阳。接着与来援的赵将贾偃交战，贾偃被俘。赵军来不及渡河撤退的两万多人不肯投降，被白起逼入河中，全部淹死。

秦昭襄王四十三年（前264），白起攻韩，拔取了陉城（今山西曲沃东北）等九座城邑，斩首五万。

秦昭襄王四十四年（前263），白起攻取太行山南的南阳地，断绝了韩国本土与上党郡之间的通道。

三、反间计成　长平大胜

秦昭襄王四十五年（前262），秦军又攻取韩国的野王（今河南沁阳），将韩国上党郡通往都城的道路绝断（韩都新郑，上党必须由野王渡河始能通达）。上党郡守冯亭与郡内百姓谋议道："上党通往外界的道路已被阻断，我们已不能再做韩国百姓了。

秦军日渐逼近，韩国不能救应，不如以上党归附赵国，赵国如果接受，秦国愤怒，必将攻赵。赵国受敌，一定亲近韩国。韩、赵联合，就可以抵御秦国了。"于是派人前往报告赵国。赵孝成王不听大臣们的劝谏，欣然接受了上党，封冯亭为华阳君。

秦昭襄王四十七年（前260），秦昭襄王派兵进攻韩国的缑氏与纶（今河南偃师东南），震慑韩惠王；又派王龁进攻上党，上党的百姓纷纷逃往赵国。赵国驻兵于长平（今山西高平），以便镇抚上党之民。四月，王龁攻赵。赵国派廉颇为将抵抗，双方僵持多日，赵军损失巨大。廉颇决定坚守营垒，以逸待劳。秦军多次挑战，廉颇却不出兵，赵孝成王为此屡加责备。

秦相应侯范睢，派人携千金向赵国权臣行贿，用离间计，散布流言说："秦国所痛恨、畏惧的，是大将赵奢之子赵括；廉颇容易对付，他快要投降了。"赵王既怨怒廉颇连吃败仗、士卒伤亡惨重，又嫌他坚壁固守、不肯出战，因而听信流言，改派赵括替代廉颇为将，命他率军击秦。秦国见赵国中了计，暗中命白起为将军，王龁为副将，并严令军中：泄漏白起为将者斩。

赵括到达前线后，立即改变了廉颇原有的军事部署和防守战略。他收缩兵力，准备主动进攻，企图一举歼灭秦军、收复上党。针对赵军的动态，白起以丹河东岸的长平城为依托，沿丹河东岸的天然高岗构筑起长达三十六里的主阵地，右翼一直延伸到小东仓河北岸，以抵御赵军主力的进攻。另外安排两万五千人，在决战开始后切断从石长城出击的赵军退路；五千骑兵，遮绝留守石长城的赵军与出击的赵军主力之间的联系。

赵括在对秦军所知甚少的情况下，指挥主力出击屯扎在故关前的秦军。秦军按照白起的将令，接战不久后便诈败，沿着直通长平城的大道逃跑，把追击的赵军主力引诱到预设的战场。赵括浑然不知秦军的计策，指挥全军猛攻秦军阵地。秦军顽强抵抗，赵军无法攻破。此时，进击秦军的赵军主力已经远离故关二十四里，预伏在小东仓河北岸的两万五千秦军突然出击，切断了赵军的退路；五千骑兵也兵临故关前，使留守故关的赵军不敢出击支援。这样，赵军被完全分为两段，出击的主力失去了后勤保障，留守的部队空守着粮草辎重，却无法增援决战。白起抓住有利态势，派出部队从两翼攻击赵军。赵军分兵作战，不能取胜，被秦军压缩在一条狭长的地带。面对险恶的战局，赵括命令部队原地筑垒防御，等待援军。秦军乘势合围赵军于主阵地前。

赵军被秦军围于野外的消息报到邯郸，赵孝成王意欲合纵抗秦，遣使求救于临近的楚、魏等国。然而，由于之前赵国使者入咸阳和谈时得到秦昭襄王厚遇，诸侯国均看在眼里，所以都不愿救赵。无奈之下，赵孝成王只得派本国部队赶往长平前线援救。秦王听说白起已合围赵军主力，亲临河内督战，征发十五岁以上男丁从军，赏赐民爵一级，以阻绝赵国的援军和粮草，倾全国之力与赵作战。

到了九月，赵军断粮已经四十六天，士兵互相残杀相食。赵军重又集结，分兵四队，轮番突围，终不能出。赵括亲率精兵搏战，被秦军射杀，赵军大败，四十万士兵投降了白起。白起与人计议说："先前秦国已经攻陷上党，上党的百姓不愿归附秦，却归顺了赵国。赵国士兵反复无常，不全部杀掉，恐怕日后会酿成灾乱。"于是使诈，把赵国降卒全部坑杀，只留下二百四十个小兵回国报信。

长平之战，秦军先后斩杀和俘获赵军共四十五万，赵国上下为之震惊。

四、称病拒命　蒙冤而亡

长平之战后，白起本拟乘胜灭赵。秦昭襄王四十八年（前

259）十月，秦军再次平定上党，随后兵分两路：一路由王龁率领，进攻皮牢（今河北武安）；一路由司马梗率领，攻占太原。而白起自己则围攻邯郸。

韩国和赵国闻讯惊恐万分，派苏代用重金贿赂秦相范雎说："白起擒杀赵括、围攻邯郸，赵国一亡，秦君就可以称王，白起也将受封三公。他为秦攻下七十多城，南定鄢、郢、汉中，北擒赵括之军，就是周公、召公、吕望之功也不能超过他。现在，如果赵国灭亡，秦君称王，白起必为三公。您甘心在白起之下吗？那时，即使您不愿处他之下，却也无能为力。秦国曾经进攻韩国，包围邢丘（今河南温县东），围困上党，上党百姓反而归顺赵国，天下人早已不愿做秦国的百姓了。如今灭掉赵国，秦的疆土北到燕国，东到齐国，南到韩、魏，但秦所得的百姓却没有多少。因此，不如趁此机会，让韩、赵割地求和，不要让白起再建立更大的功劳。"

范雎听从苏代的建议，以秦军疲惫、亟待休养为由，请求秦昭襄王允许韩、赵割地求和。秦昭襄王应允。韩割垣雍、赵割六城以求和。秦昭襄王四十九年（前258）正月，各国都停止了军事行动。白起听说此事后，便与范雎结了怨。

当年九月，秦国再度发兵，正赶上白起有病，不能走动，派五大夫王陵进攻赵国邯郸。第二年正月，王陵进攻邯郸，收获不大，秦王增发重兵支援，结果王陵损失了五个营。此时白起已经病愈，秦昭襄王想派他为将攻邯郸。白起说："邯郸实在不容易攻破，而且如果诸侯援救，发兵一日即到。那些诸侯很久以来就怨恨秦国，如今我国虽然打败了长平的赵军，但伤亡过半，国内空虚。我军远隔河山攻打别人的国都，如果赵国从内应战，诸侯在外策应，肯定能破秦军。因此不可发兵攻赵。"秦昭襄王亲命白起上任，白起不肯；又派范雎去请，白起始终拒绝，称病不起。

秦昭襄王改派王龁代王陵统兵，围攻邯郸，久攻不下。楚国春申君和魏国信陵君，率兵十万攻打秦军，秦军伤亡惨重。白起听到后说："当初秦王不听我的计谋，现在如何？"秦昭襄王听后大怒，强令白起出兵，白起却自称病情严重，经范雎请求，仍称病不起。于是，秦昭襄王免去白起官职，降为士兵，迁居阴密（今甘肃灵台西南）。由于白起生病，未能成行，在咸阳住了三个月。

这期间，诸侯不断向秦军发起进攻，秦军节节退却，告急者接踵而至。秦昭襄王派人遣送白起，令他不得留在咸阳。白起离开咸阳，到达杜邮。秦昭襄王与范雎等群臣谋议，白起被贬出咸阳，心中一定怏怏不服，多有怨言，不如处死。于是，秦昭襄王派使者送去宝剑，令白起自裁。白起伏剑自刎时说："我做错什么得罪了上天？竟然落得如此境地！"（"我何罪于天而至此哉？"）良久又说："我确实该死。长平之战，赵国降卒数十万人，我欺骗他们而后全部坑杀，这就足够死了。"（"我固当死。长平之战，赵卒降者数十万人，我就诈而尽坑之，是足以死。"《史记·王翦白起列传》）于是自刎而亡。

其实，秦昭襄王杀白起另有原因。秦昭襄王即位后，其母宣太后听政，并确立兄终弟及的王位继承方式，昭襄王遂立弟弟公子市为太子。但在秦昭襄王四十年（前267），太子市在魏国被杀。太子市死后，在君位的继承上，昭襄王违反当初的约定，立儿子公子柱为太子，并与公子悝和舅舅魏冉发生矛盾，宣太后对此十分苦闷，抑郁而终。

白起和魏冉交厚，先后掌握秦国的军权，都是宣太后的追随者。这对违反诺言想把君位传给自己儿子的秦昭襄王来说，是个巨大的威胁。秦昭襄王在位的绝大多数时间里，是宣太后主持大局，魏冉辅政。白起与魏冉和公子市最为交厚，对昭襄王并不是很在意。在魏冉、公子悝死后，白起既没有表现出对昭襄王的顺从，也没有明确的归服态度。白起始终站在对他有知遇之恩的魏冉的一边，对与魏冉为敌的昭襄王很有怨言。由于战功卓著，白起在秦国国民眼中俨然天神，而且秦军的高级将领基本上是魏冉和白起提拔重用的，因而白起在军队和民间的威望，实际上比秦昭襄王还要高。白起门客众多，军中上下乐为效命者比比皆是。更令秦昭襄王害怕的是，白起在门客和军队高级将领的造反声中不置可否，大有默认之意，这就让他更下定了速除白起的决心。

白起死于秦昭襄王五十年（前257）十一月。由于死非其罪，秦人很怜惜白起，乡邑地方都祭祀他。

将军蒙骜

蒙骜（？—前204），战国后期秦国名将。先后攻克魏、赵、韩等国的多座城邑。其子蒙武、孙蒙恬，均为秦国名将。

蒙骜本来是齐国人，秦昭襄王时自齐入秦。秦庄襄王元年（前249），蒙骜作为秦将，率军攻打魏国，夺取了中原要地成皋（今河南荥阳汜水镇）、荥阳，秦国在那里设置了三川郡。

秦庄襄王二年（前248），蒙骜又去攻打赵国，最终平定了太原。

秦庄襄王三年（前247），秦昭襄王又派蒙骜进攻魏国，占领了魏国的高都（今山西晋城）、汲县（今河南汲县）。魏军被蒙骜率领的秦军连连击败，魏王心急如焚，遂派人前往赵国，请信陵君魏无忌回国商量对策。信陵君回国后，被任命为上将军，并派人向各诸侯国求援。各国援军一到，信陵君便率领五国联军，在黄河以西大战蒙骜所率秦军。双方经过激烈战斗，蒙骜终因寡不敌众，被联军击败，率领残部败逃。信陵君在后急追，一直追到函谷关，把秦军压制于关内，方才撤还。接着，蒙骜又攻打赵国，夺取了赵国的榆次、新城、狼孟等三十七座城邑。

秦王政元年（前246），秦国属地晋阳（今山西晋源）发生叛乱。蒙骜前往讨伐，最后平定了这场叛乱。

秦王政三年（前244），蒙骜进攻韩国，经过奋战，最终夺取了韩国的十二座城邑。

秦王政四年（前243），蒙骜又一次攻打魏国，占领了魏国的畼、有诡。

秦王政五年（前242），秦王嬴政又命蒙骜继续伐魏。这一次，蒙骜又一连攻克了魏国酸枣、燕、虚、长平、雍丘、山阳等三十座城邑。至此，秦国设置东郡，从而使秦国国土与齐相接，对韩、魏形成三面包围之势。蒙骜因屡立战功，官至上卿。

秦王政七年（前240），蒙骜在战斗中身亡。

大将王翦

王翦（生卒年不详），战国后期秦国名将。频阳东乡（今陕西富平）人。与其子王贲在辅助秦王嬴政攻灭六国的战争中立有大功，战国六雄中，除韩国外，其余五国均为王翦父子所灭。

王翦少年时期就表现出对兵法的喜爱，有志于做一名将军。后来，他加入秦军，为秦国兼并六国南征北战。

秦王政十一年（前236），王翦率军攻破赵国阏与（今山西和顺），攻拔九城，夺取赵国漳水流域。十八年（前229）又攻打赵国，历时一年，攻陷赵都，俘虏赵王赵迁，赵迁投降，赵国成了秦国的一个郡。

次年，燕王派荆轲刺杀秦王未遂，秦王嬴政派王翦率军攻打燕国，在易水之西击破燕军主力，燕王逃往辽东。王翦平定燕蓟，得胜而归。后来，秦王嬴政又派遣王翦之子王贲击楚，返回时击魏，魏王投降，魏地遂定。

秦国横扫六国，势如破竹，灭三晋，数破楚军，燕王逃亡。秦王政二十三年（前224），秦王嬴政打算灭掉楚国，倾心于年轻威武的秦将李信，认为他贤能果敢。李信曾领兵数千，追击燕太子丹至衍水，大破燕军，迫使燕王姬喜杀了太子丹，他才退兵。秦王嬴政曾问李信破楚需要多少人马，李信表示二十万即可。秦王嬴政又问王翦，王翦说："非六十万不可。"秦王说："王将军老了，多么胆怯！李将军果然气势雄壮英勇，他说的才对呀！"（"王将军老矣，何怯也！李将军果势壮勇，其言是也。"《史记·白起王翦列传》）

于是，秦王嬴政派李信及蒙恬，率军二十万伐楚。王翦因自己所言不为秦王重视，便托病辞官，回到频阳养老。这时的秦军，在李信的率领下攻平舆（在今河南东南部），蒙恬攻寝丘（今河南沈丘东南），大破楚军。李信又乘胜攻鄢、郢，也都攻破了。于是，李信引兵向西，与蒙恬军会师城父（今河南襄城西）。楚军乘机积蓄力量，尾随秦军三天三夜，终于大破李信军，攻下两个营垒，杀死七名都尉，秦兵大败而逃。

秦军的失败激怒了秦王嬴政，也使他悟出了王翦的英明，于是乘快车亲自到频阳向王翦道歉，说："寡人没有听从将军的话，李信果然让秦军受辱蒙羞。如今听说楚军一天天向西逼近，将军虽然有病在身，难道忍心抛弃寡人吗？"（"始皇……谢王翦曰：'寡人以不用将军计，李信果辱秦军。今闻荆兵日进而西，将军虽病，独忍弃寡人乎！'"同上）王翦辞谢说："老臣疲弱多病，昏聩无能，年事已高，希望大王另择良将。"秦王嬴政坚持要王翦领兵，再次表示歉意说："好啦，寡人已知道错了，将军不要再推辞了。"王翦说："如果大王非要用老臣，必须给我六十万大军。"秦王嬴政满口答应，说："寡人一切听从将军的谋划。"

为了笼络王翦，秦王嬴政又把自己的女儿华阳公主嫁给了他。于是，王翦率六十万秦军伐楚，秦王嬴政亲自送至霸上。王翦临行前，请求赐予良田屋宅园地，秦王嬴政说："将军尽管出兵，何必担忧贫穷？"王翦说："做大王的部将，虽然立下战功却终不得封侯，所以趁大王亲近臣下之时，多求良田屋宅园地，为子孙置业。"秦王嬴政大笑。

王翦率领秦军行至函谷关后，又五次派使者回朝求赐良田。有人认为，王将军求赏太过分，王翦却说："秦王粗暴，又不信任人，如今倾全国兵力交付予我，我只有以多请田宅作为子孙基业的方法，来表示自己出征的坚定意志，打消他对我的怀疑。"

王翦替代李信率军攻楚，楚军听说王翦集六十万大军前来，也尽发国中兵力抵抗秦军。王翦大军一至，立即构筑起坚固的营垒，却不肯出战。楚军屡次挑战，秦军始终不出。王翦要求士兵每天休息洗沐，安排上等饭食安抚他们，同时与士卒同饮共食，意在养精蓄锐，消耗敌军，以待最后殊死一战。不久，王翦派人打听士兵在以什么来娱乐，那个人回答说："投掷石块，比赛跳远。"王翦说："这样的军队就可以出兵作战了。"于是下令出兵。

楚军数次挑战而秦军不出，楚将项燕便引兵向东而去。王翦趁此机会派兵追击，大破楚军。追至蕲南（今安徽宿州东南），斩杀将军项燕，楚兵败逃。秦军借得胜之势，一年就平定了楚国城邑，俘虏楚王熊负刍，楚地也成了秦国的一郡。

之后，王翦又率兵南征百越，取得了节节胜利。最终在秦王政二十六年（前221），尽灭六国，帮助秦王统一了天下。

此后，没过多少年，王翦老死家中。

次将桓齮

桓齮（生卒年不详），战国后期秦国名将。

秦王政十年（前237），桓齮为秦国将军。

秦王政十一年（前236），秦国决定攻伐赵国。王翦为大将，桓齮任次将，杨端和任末将。三人率领军队攻打邺邑（今河北临漳西南），未能攻下，先占领了九座城邑。王翦又率军去攻打赵国的阏与（今山西和顺）和橑阳（今山西左权），留下桓齮继续攻打邺邑。桓齮重整兵力，继续猛攻，最终夺取了邺邑。邺邑既已攻下，王翦又命桓齮攻打安阳（今河南安阳东南），不久，安阳亦被桓齮占领。

秦王政十三年（前234），桓齮率军征伐赵国的平阳（今山西临汾西南），最终打败了赵国的军队，斩杀十万人，并杀了赵将扈辄。赵王任命李牧为大将军。李牧率领赵军在宜安、肥（今河北晋县西）与桓齮率领的秦军再次展开激战，结果秦军大败，桓齮逃回了秦国。

秦王政十四年（前233），桓齮再次进攻赵国。此次桓齮大胜赵军，并平定了宜安、平阳、武城。

桓齮后来的事迹失载，不得而知。

将军王贲

王贲（生卒年不详），战国后期秦国名将。频阳东乡（今陕西富平）人。出身军人世家，其父是名将王翦。在秦灭六国的统一战争中，王贲先后参加了攻打楚国、魏国、燕国、齐国等的战争，是主要将领之一。

秦王政二十一年（前226），秦将王翦攻打燕国之后，王贲开始进攻楚国。他率领秦国将士奋勇冲杀，接连攻陷了楚国的十多座城邑。

次年（前225），王贲又率领大军去征伐魏国。这一次，王贲没有率军直接攻城，而是采取"引水灌城"的策略。他指挥士卒引来汴河之水，灌淹魏国的都城大梁。三个月后，大梁城垣因河水的漫灌，最终塌陷。这样，魏国不攻而破，魏王魏假被秦军所杀。

秦王政二十五年（前222），秦国大规模出兵，以王贲为将，攻打燕国的辽东郡。王贲率军直奔辽东，经过一番激战，最终打败了燕军，俘获燕国国君姬喜。接着，王贲又率领大军继续进攻赵国在代地的残余势力。在王贲的猛烈攻打下，代地终被攻破，代王赵嘉也被秦军俘获。

秦王政二十六年（前221），齐王田建及其相国后胜，派兵防守齐国的西部边境，与秦国断绝了交往。秦王嬴政大怒，派王贲从燕国向南进攻齐国。王贲率领将士急速行军，很快便兵临齐国都城临菑（今山东淄博东北）城下。秦军迅速攻入城中，城内民众毫无防范，面对突如其来的秦军，根本不敢加以抵抗。就这样，王贲占领了齐国的都城。

接着，秦国派使者诱降齐王田建，并以五百里土地作为交换条件，齐王田建遂投降了秦国。然而，后来秦国却把齐王田建迁移到共地（今河南辉县境），安置在松柏之间，齐王田建最终被活活饿死。这样，齐国在王贲的攻打下，也同楚国、魏国、燕国一样，破亡了。

王贲此后的事迹如何，由于史书失载，便不得而知了。

内史腾

内史腾（生卒年不详），战国后期秦国将领。秦王嬴政时任内史，名腾，姓氏不详。内史腾曾作为秦国代表接收韩国割让的土地，后又在南郡管理地方，为秦国伐楚奠定了后方基础。后任内史（京城的最高行政长官），管理京城，责任重大。此足见秦王嬴政对内史腾的信任。

早在秦昭襄王二十九年（前277）时，白起攻楚，取得鄢，设置为南郡（治今湖北荆州）。南郡与楚国相邻，足以拊楚之背。秦王嬴政在消灭韩国后，准备攻打楚国，便命内史腾驻守在南郡。

秦王政十八年（前229），内史腾来到南郡，为了严明法律，发布文告给县、乡说：

> 古代，百姓各有风俗，他们所追求的利益及好恶各有不同。有的风俗既不方便百姓，又有害于邦国。所以圣王才制定了法度，以便矫正民心，去掉那些邪僻的行为，根除那些恶风陋俗。法律不够详备，百姓又大多狡诈，往往从中取巧，钻法律的空子。如今法令已经十分详备，然而官吏、百姓却没有运用或遵守，依从乡俗而淫佚的百姓屡见不绝，这是废弃主上的明法啊。因此，我内史腾在此申明法律条令。有关田地的法令、暗中谋私利的法令，都命令官吏公布出来，让百姓都能明白知晓，不要触犯。
>
> 如今法律条令已经公布，听说官吏、百姓仍旧暗中谋求私利不止，喜好乡里旧俗之心不变。县令、县丞以下，知道这种现象却不举报，是公然轻视主上的圣明法度，而维护、

掩盖奸邪乖僻之民。如果这样下去，那么就是为人臣却不忠于职守。如果没有发现百姓的不法行为，就是官员不能胜任，不能明察秋毫；如果知道却不敢制止，则是为官不廉，这两种人都是犯了大罪。然而，县令、县丞不够明智，甚为不便。如今暂且让别人前往查验，举报、弹劾不遵守法令的人，依法治罪，追究上及县令、县丞。

内史腾又命人发布文书，申明为吏之道：

凡是为吏之道，必定精明、廉洁而正直，为人谨慎，立场坚定，审理案件不徇私情，能洞察细微，赏罚分明，从不苛刻。严明刚直却不残暴，为官廉洁却不吝啬，从不把一己之忿书写在史书上。宽厚忠信，对人和蔼，不轻结仇怨，即使后悔某事也不沉溺其中，慈爱下属从不欺凌，尊敬上司从不冒犯，听从劝谏不堵塞言路。为吏要审察知晓百姓的能力，善于调动民力，带领他们劳动，以正确的行为矫正他们。如果尊敬贤才、养护百姓，那么荒野之地就如同朝廷了。愤怒会变成欢喜，欢乐会变成悲哀，聪明会变成愚蠢，强壮会成衰老，勇敢能够变屈从，刚强能够变柔弱，这一切都无法强制改变。

官吏有五大好的品行：一是忠诚、守信、尊敬上司，二是清正廉洁不诽谤别人，三是举荐审慎得当，四是乐善好施，五是对人恭敬忍让。这五种品行都具备了，必定会有远大的前途。

官吏有五失：一是夸大其词，二是富贵安泰，三是擅权任事，四是犯上而不知有害，五是轻贱士人而看重财货。又，一是见到百姓十分倨傲，二是不按时朝见，三是为官贪财善取，四是接受命令不执行，五是耽于家庭之乐忘掉公务之事。还有，一是不明察亲信的所作所为，这样将导致埋怨或灾祸；二是不知道所用人的才能，这样将会以权谋私；三是兴建不当，这样将会招致百姓的不满；四是擅长言谈、懒于行动，这样将会使士人无所适从；五是诽谤上司，这样将会招来死罪。

戒之，戒之！财产不能带走；谨之，谨之！谋划不能有所遗漏；慎之，慎之！说出的话不能追回。警惕之心，不可没有。如果这样，为人君则胸怀宽广，为人臣则忠诚，为人父则慈爱，为人子则孝顺，为人上司则英明，为人下级则能干。为吏能够像这样审慎行事，就没有什么公务治理不好，没有什么志向不能实现。

内史腾的原文很长，内容涉及仓库禾粟、兵甲器用、火水盗贼、金钱羽旄、子孙多少、徒吏管理、老弱病残、衣食饥寒、苑囿园池等，在此只取其大概。他的这两篇文告，富有哲理，对为官者颇有指导意义，因此，他的属吏都谨记心头，竭诚遵奉，甚至有人以这两文陪葬。比如，近年来在云梦发掘的陵墓里，便在秦国陆安（今安徽六安）令名叫喜的墓主身边发现了这两篇文告。学者推测，喜应当是内史腾的属吏。可见，内史腾的属吏对内史腾教诲的尊崇是如此至死不渝。

内史腾把南郡治理得井井有条，法令严明，官吏恪尽职守，为秦王嬴政进攻楚国提供了坚实的驻军基地。秦王政二十三年（前224），秦将王翦率军灭掉了楚国。

秦王政十四年（前233），韩王韩安请求向秦称臣。十六年（前231），韩王韩安献韩国南阳一带给秦国。九月，秦王嬴政派内史腾去接收韩国所献的南阳国土，任命他为代理南阳守。内史腾在南阳发布文告，抚定百姓之心，严防不法行为，使百姓得以安居乐业。

秦王政十七年（前230），内史腾奉秦王嬴政之命前往攻打韩国，大败韩军，擒获了韩王韩安，收缴了韩国的全部土地，在那里设置颍川郡（辖今河南省中部及南部）。

秦王政二十六年（前221），秦国统一了天下。不久，内史腾被任命为内史。内史是负责京都咸阳事务的长官，地位要比各郡郡守高。在这一任上，内史腾一如以往，恪尽职守，直到老死在任上。

内史蒙恬

蒙恬（？—前210），秦朝名将。祖籍齐国。出身将帅世家，其父、祖为秦统一中原立过大功；他也曾多次立功，深受秦始皇宠信。为防止匈奴的侵扰，他北筑长城，戍守边疆，功在不朽。但最终被赵高矫诏害死。

一、将门虎子　修筑长城

蒙恬的祖父蒙骜为秦将，官至上卿。秦庄襄王元年（前249），蒙骜担任秦国将领，率军攻打韩国，夺得成皋和荥阳，改置三川郡。庄襄王二年（前248），蒙骜进攻赵国，夺得三十七城。秦王政三年（前244），蒙骜攻打韩国，夺得十三城。五年（前242），蒙骜攻打魏国，夺得二十城，改置东郡。总之，蒙骜为秦国立下了汗马功劳。蒙恬的父亲蒙武，曾任秦国裨将军，与王翦一起灭楚，亦屡立战功。

将门出虎子，蒙恬少年习刑狱法，担任过审理狱讼的文书。秦王政二十六年（前221），蒙恬被任为将军，后因破齐有功拜内史，其弟蒙毅也在朝中为官。

秦始皇三十二年（前215），蒙恬奉命率三十万大军北击匈奴，收复河南地（今内蒙古马加河以南及鄂尔多斯地区），并自榆中（今内蒙古伊金霍洛旗以北）至阴山，设三十四县。蒙恬征战北疆十多年，威震匈奴。他又率军渡过黄河，占据阳山，迁徙人民充实边县；其后修筑西起陇西临洮、东至辽东的万里长城，把原来的燕、赵、秦长城连为一体。长城利用地形，借天险设置要塞，有力地遏制了匈奴的南进。

秦始皇非常赏识蒙恬的才干，充分信用，并且亲近蒙恬的弟弟蒙毅。蒙毅官至上卿，外出则陪皇帝同乘一辆车子，居内则侍从皇帝左右，从不离开。蒙恬在外担任军事重任，蒙毅在朝内出谋划策。蒙氏兄弟被誉为忠信大臣，其他文官武将无人敢和他们争宠。

有一次，中车府令赵高犯了重罪，秦始皇叫蒙毅依法惩治。蒙毅不敢枉屈法律，判处赵高死罪，剥夺官职。秦始皇顾念赵高平日做事勤勉，予以赦免，恢复其官职，而赵高却从此对蒙氏兄弟怀恨在心。

秦始皇想要巡游天下，路经九原郡，直达甘泉宫，便派蒙恬为他开挖道路，从九原郡到甘泉宫，打通山脉，填塞深谷，全长一千八百里。然而，这条道路还没有完成，秦始皇就去世了。

二、赵高谗害　兄弟受诛

秦始皇三十七年（前210），秦始皇巡游会稽途中患病，派身边的蒙毅去祭祀山川祈福。蒙毅还没有返回，秦始皇就病逝了，消息亦被封锁。赵高与丞相李斯、公子胡亥，暗中谋划政变，立胡亥为太子。赵高因怨恨蒙氏兄弟，便让胡亥派遣使者，以捏造的罪名赐公子扶苏、蒙恬自尽。扶苏不违"父命"，当即自刎。蒙恬对诏书的真假充满疑虑，不肯自杀，请求复诉。使者让蒙恬把兵权交给裨将王离，然后把他交给地方官吏，囚禁于阳周城（今陕西子长西北）。

蒙恬被囚之后，秦二世胡亥一度曾想释放他，但赵高唯恐蒙氏兄弟再次贵宠用事，执意要消灭他们。蒙毅祭祀山川后赶了回来，赵高为表示尽忠于秦二世，趁机献策，意欲消灭蒙氏兄弟。他说："臣听说先帝（秦始皇）要举用贤能，想册立陛下为太子，而蒙毅却劝谏说'不可'。如果他明知陛下贤能，却故意拖延不让册立，那就是对陛下不忠而且迷惑先帝啊！依我来看，不如把他杀了。"秦二世听信了赵高的谗言，囚禁蒙毅于代郡。

公子子婴认为不能诛杀蒙氏兄弟，进谏说："我听说赵王赵迁杀死他的良臣李牧，而改用颜聚；燕王姬喜暗地采用荆轲刺秦王的计谋，而违背与秦国的盟约；齐王田建杀死先世忠臣，而用奸臣后胜的谋议。这三位君王，都因为改变旧规而招致国家灭亡，祸殃降及本身。现在蒙氏兄弟是秦国的大臣和谋士，陛下却要在一时之间除掉他们，我以为不妥。我听说处事轻率、不假思虑的人，不可以治理国家；独断专行、自以为是的人，不可以保全君王。诛杀忠臣而任用没有节操品行的人，这是对内让群臣失去信任，对外让战士斗志涣散啊！我私下以为不可以这样。"

秦二世不但没有采纳子婴的话，而且派遣御史曲宫乘坐驿车前往代郡，命令蒙毅说："先王要立陛下为太子，而你却加以阻拦。现在丞相认为你不忠，本应诛你九族。陛下不忍心，只赐你一个人死，也算是很仁慈了。希望你自己考虑一下！"

蒙毅回答说："假若我不能博得先王的欢心，那么我从年轻开始做官，蒙幸于先王，直到先王去世，可以算是了解先王的心意了；假若我不知道陛下的贤能，那么陛下能独受宠幸，陪侍先王巡游天下，比起其他诸公子来相差绝远，我还有什么怀疑的？先王如果要立陛下为太子，肯定已经有好几年的打算了，我还敢进谏什么谗言，还敢出什么计谋呢！我不敢找借口来逃避死罪，只是为了怕牵连羞辱了先王的声名，希望你替我向陛下说明，让我能够为实情而死。况且古有明训：顺意成全，是道义所推崇的；严刑杀戮，是道义所不容的。从前秦穆公用子车氏三位良臣殉葬，以不应有的罪名处罚百里奚，因此死后评定为'缪'。秦昭襄王杀武安君白起，楚平王杀伍奢，吴王夫差杀伍子胥，这四位君王都犯了大过失，而遭到天下人的非议，说他们够不上贤明的君王。所以说，用正道治国的人，不杀害无罪的臣民，刑罚也不应加在无辜者的身上。希望你仔细地想一想！"

使者深知秦二世的意图，不听蒙毅的申诉，就把他杀了。

秦二世又派遣使者前往阳周，命令蒙恬说："你罪过太多，况且你的弟弟蒙毅犯有重罪，依法要牵连到你。"

蒙恬申辩说："自我的祖先到后代子孙，为秦国出生入死已有三代。如今我统领着三十万大军，虽然身遭囚禁，但以我的势力足可以叛乱。但我知道，我应该守义而死，不应辱没先人的教诲，忘记先王的恩情。昔日周成王幼年即位，周公旦背负成王上朝，曾断指起誓，忠心为主，最终平定了天下。等到周成王长大，他却听信谣言，使周公旦被诬而逃往楚国。后来成王终于省悟，杀了进谗之人，请回了周公旦。所以《周书》上说：'君王办事要反复考虑。'我蒙氏一家对君王忠心无二，却反遭斩杀，这一定是邪臣作逆谋乱、内部倾轧的缘故。周成王犯了错误却能改过自新，终于使周朝昌盛；夏桀诛杀关龙逢、商纣诛杀王子比干而不后悔，最终身死国亡。所以我认为犯了过错能够改正，听从劝谏能够觉醒，反复考虑是圣君治国的法则。我的这些话，并不是求得免罪，而是准备为忠谏而牺牲，希望陛下为天下万民着想，考虑遵从正确的治道。"

使者说："我只是受诏来处死你，不敢把将军的话传报皇上。"蒙恬喟然长叹道:"我怎么得罪了上天?竟无罪而被处死?"沉默良久,又说:"我的罪过本该受死啦。起临洮到辽东,筑长城、挖沟渠一万余里,这期间不可能没挖断地脉,这便是我的罪过呀!"("恬罪固当死矣。起临洮属之辽东,城巉万馀里,此其中不能无绝地脉哉?此乃恬之罪也。"《史记·蒙恬列传》)于是,蒙恬服毒自杀。

少府章邯

章邯(？—前205),秦二世时将领。字少荣,籍贯不详。秦二世时任少府。他率领秦军镇压农民起义军,消灭反秦武装,使秦王朝得以苟延残喘。后在钜鹿之战中败于项羽,最终投降,随项羽入关,受封雍王。楚汉战争中,协助项羽牵制汉军。

一、镇压义军 攻打赵国

秦二世元年(前209)七月,陈胜、吴广在大泽乡(今安徽宿县西南)发动起义,号称"大楚"。不久,反秦武装斗争遍布关东各地。同时,六国名号复起,诸侯林立,各自称王,矛头共同指向秦廷。

不久,陈胜部将周文,率数十万大楚军直奔函谷关而来。昏庸的秦二世听到报告后,不禁大惊失色,连忙召集群臣商议。他对群臣说:"这可怎么办呢?"少府章邯回答说:"盗贼已至,人多势众,如果在附近各郡县征调兵力,为时已晚。不如赦免骊山的役夫,发给兵器,让他们去攻打叛军。"

秦二世无计可施,只好下令大赦天下,并让章邯废除过去骊山刑徒、奴婢所生之子不能充任兵士的法令,率领他们迎击周文的大楚军。在章邯的率领下，这些被释放的刑徒、奴役心怀感激，无不奋勇杀敌。结果，周文的军队大败，退出函谷关，到曹阳（今河南灵宝东）一带驻扎下来。章邯率军追击出关，再次击败大楚军，周文又仓皇逃至渑池（今河南渑池）。十多天后，章邯又指挥秦军在渑池对大楚军发起攻击，周文兵败自杀。接着，章邯又前往荥阳，陆续攻灭大楚军将领田臧、李归等部。此时，秦二世又派长史司马欣、董翳，辅助章邯攻打陈胜的起义军。于是，章邯又率军攻占了大楚政权的根据地陈县（今河南淮阳），致使陈胜败亡。

章邯打败陈胜之后，又率兵进军临济（今山东高苑西北，与淄博接壤），攻打魏王魏咎。魏王急忙向齐、楚两国求援。章邯决定在夜间进行突袭，命兵士口中衔枚行军，最终在临济城下大败齐、楚联军。魏王投降，自焚；齐王田儋被杀。齐王田儋的堂弟田荣，率领残兵撤退到东阿（在今山东西部），章邯领兵追击，并包围了田荣的部队。

此时，楚国武信君项梁听说田荣势单力孤，便领兵至东阿援助。两军交战，章邯兵败，向西奔逃，项梁领兵追击。章邯逃至濮阳（在今河南东北）东面，与项梁的军队重又交战，结果再次大败。面对失败，章邯并未丧失斗志，他首先让自己振作起来，然后重整军队，挖掘沟壕，引水环城，决定固守濮阳。面对这种情况，项梁无可奈何，只好转而去攻打定陶（在今山东西南部）。

此后，章邯的兵力逐渐增强。项梁为此有些担心，多次派遣使者通告齐、赵联军攻打章邯，但齐、赵两国始终不肯出兵。后来，项梁与刘邦在雍丘（今河南杞县）与秦军交战，又大获全胜。楚军的连连胜利，使项梁被胜利冲昏了头脑，骄傲起来，别人的劝谏再也听不进去。

秦二世二年（前208）九月，秦二世调集军队全力增援章邯，以攻打楚军。章邯得到秦朝的关中援军后，乘项梁不备，突然夜袭定陶。章邯军奋勇拼杀，大败楚军，项梁在战斗中身亡。

章邯在击杀项梁后，认为楚国对秦军已不再构成威胁，就渡过黄河进攻赵国，大败赵军。随后，章邯率军抵达赵都邯郸，将城中百姓全都迁徙到河内，铲平了邯郸城。赵国丞相张耳与赵王歇逃往钜鹿（今河北平乡）。秦将王离（王翦之孙）领兵包围钜鹿，章邯则率军驻扎在钜鹿南边的棘原。

赵王歇向楚怀王求救。接到赵国的求援信，楚怀王与众将商讨，决定分兵两路：一路以宋义为上将军，项羽为次将，范增为末将，北上救赵；一路以刘邦为将，西进关中。章邯修筑了甬道，与黄河相连，为王离输送粮食。

当时，赵国将领陈馀驻军钜鹿之北，钜鹿城中的张耳派人请求援助。陈馀估计，自己的兵力根本不敌章邯所率秦军，便没有前往营救。张耳等了几个月，不见陈馀到来，勃然大怒，便派部下前去责备。陈馀说："敌我力量悬殊，如果我去救赵，只会白白使全军覆灭，这如同把肉投给饿虎，能有什么好处呢？况且，我现在之所以不与张耳一同送死，是想日后为赵王和张耳报仇。"可张耳的部下根本不听这一套，只是坚持让陈馀前往援救钜鹿。无奈之下，陈馀派兵五千攻打秦军，结果全军覆没。当时，齐军、燕军等也都前来救赵，但迫于秦军的兵力，始终不敢进攻。

秦二世三年（前207）七月，项羽派兵两万渡过黄河，前往援救钜鹿。楚军截断章邯修筑的甬道，断绝了王离的粮路。项羽率军一到钜鹿，便把王离的军队团团包围起来。经过九次激战，楚军大败秦军。章邯不得已，只好领兵退却。

二、投奔项羽　身死废丘

钜鹿大战之后，章邯的军队驻扎在棘原，项羽的军队则驻扎在漳河的南面，两军对峙，却不出战。不久，秦军屡屡后退，章邯仍然坚守阵地而不出战。

秦二世派人前来责问，章邯很害怕，便派长史司马欣回朝请示。司马欣回到咸阳后，在宫外的司马门待了三天，丞相赵高也不予接见。当时李斯已死，秦国的大权掌握在赵高手中。赵高不接见司马欣，就表示对他不信任。司马欣对此非常惊恐不安，便决定立即奔回棘原。他害怕赵高派人途中尾追，没有走来时的原路。司马欣一走，赵高果然派人追赶，但没能追上。

司马欣回到棘原军中，报告章邯说："现在朝中大权由赵高一人独揽，别人都不能有什么作为。现在我们若能打败楚军，必然遭致赵高的嫉妒；如果不能打败楚军，便免不了一死。究竟该怎么办，希望您仔细考虑。"

这时，楚军的陈馀也写信规劝章邯。他首先分析了秦国的两员大将——白起、蒙恬的命运。这二人南征北战，为秦国立下了汗马功劳，但最终下场悲惨，都被迫自杀身亡。之所以如此，原因是二人功绩卓著，秦国不能全部加以封赏，便寻找借口将之杀害。接着，陈馀说到章邯，认为章邯率军在外作战已有三年，伤亡的兵力有十万之多，而各诸侯国仍然兵锋迭起。在如此紧急的势态下，赵高也怕秦二世怪罪，把自己杀掉，因此便会嫁祸于人，除掉章邯。而章邯长期在外领兵作战，朝廷里多有与之存在嫌隙者，对章邯来说有功也要被杀，无功也要被杀。

在信中，陈馀最后写道："上天要灭亡秦朝，不论智者还是愚者，对这一点都看得很清楚。而您如今在朝廷不能直言进谏，在外边又将成为亡国之将，孤单一人，还想久存于世，这难道不可悲吗？现在，您为什么不背叛秦国，与各诸侯联合，共同攻打秦国，瓜分其土地而称王呢？这与自己受刑而被诛杀，妻子儿女终被杀戮相比，哪一个更好呢？"

章邯听了司马欣的一番话，又读了陈馀的信，心中犹豫不决。思来想去，章邯最终决定派军侯始成暗中出使楚军，想与项羽签订和约，但遭到了拒绝。随后，项羽派楚国的蒲将军领兵日夜急行，渡过漳水的三户渡口，在漳水的南面与秦军展开激战，最终秦军大败。此后，项羽率领楚军在汙水又一次大败秦军。

经过几次败仗，秦军元气大伤，章邯不得已，又一次派人前往楚军面见项羽，与之订立和约。项羽认为，此时自己军中粮食短缺，不宜久战，便答应了章邯的请求。此后，项羽与章邯约定在洹水南岸的殷墟会晤。章邯与楚军订立盟约后，进见项羽，向他诉说了赵高的所作所为。他一边诉说，一边泪流满面。项羽见此情景，只好对他劝慰一番。从此，章邯便留在了楚军。

汉王刘邦元年（前206）二月，项羽以霸王的身份，分封诸侯，共分封了十九个。接着把关中分割为雍、塞、翟三个部分，分别由秦朝的三个降将章邯、司马欣、董翳为王，目的是共同抵挡刘邦。其中雍王章邯统辖咸阳以西地区，建都废丘（在今陕西兴平东南）。

这年四月，项羽遣诸侯各自就国，汉王刘邦虽然对分封心有不满，但也没有办法，只好前往南郑（今陕西汉中）。刘邦到达南郑后，没过多长时间，便决意东进。八月，刘邦采用属下将领韩信的计策，从原路返回关中，首先袭击雍王章邯。章邯在陈仓（今陕西宝鸡东）阻击汉军，但因阻击失利而兵败出逃。后来，章邯与汉军在好畤（今陕西乾县东）再战，结果再次被汉军打败。章邯无奈，只得逃往废丘。这样，刘邦平定了雍地。之后，刘邦率军向东进军咸阳，在废丘包围了章邯。

汉王二年（前205）六月，汉军引水灌淹废丘，坚守几个月的废丘守军被迫投降，章邯自杀。接着，刘邦命令把废丘改为"槐里"。

客卿、近幸和方士

战国时期,诸侯大夫热衷养士,四公子门客众多,影响时政不可谓不多;同时,士人也多游历、任职别国,成为客卿。秦国的由弱到强,客卿起到了极为重要的作用。由于皇帝祈求长生不死,方士在秦汉之际也十分活跃,秦皇汉武都曾相信他们能沟通神人,赏赉有加却一无所获。至于皇帝或皇室的近幸侍臣,近水楼台,官未必高,却也势倾朝野,不可不书。

客卿韩非

韩非（前280—前233），战国末期秦国客卿，韩国王室公子。与秦相李斯同为荀子的学生，爱好刑名法术。他在本国不被韩王信用，便发奋著书。秦始皇看到他的著作，非常赏识，设法罗致；但最终因李斯妒忌，被诬陷下狱，自杀身亡。著有《韩非子》传世。

一、主张法制　著书立说

韩非作为韩国的贵族子弟，自幼饱读诗书，学识渊博。他精于刑名法术之学，其学说的理论基础来源于黄帝和老子。韩非有口吃的毛病，不善言谈，却长于著书立说，他的文章十分出众。他和李斯都是儒学大师荀子的学生，李斯自认为学识比不上他。

战国后期，韩国积贫积弱。韩非看到韩国渐渐衰弱下去，便屡次上书规劝韩王韩安，希望改变当时治国不务法制，养非所用、用非所养的情况。韩非痛恨君王治理国家不致力于修明法制，不能凭借君王掌握的权势来驾驭臣子，不能富国强兵，也不能任用贤能之士，反而任用夸夸其谈、对国家有害的文学游说之士。他认为，儒者用经典文献扰乱法制，而游侠又凭借着武力违犯国家禁令。国家太平时，君主就宠信那些徒有虚名的人；形势危急时，就使用那些穿胄裹甲的武士。平日国家供养的人并不是所要用的，而所要用的人又不是平日所供养的。然而，韩王并未采纳韩非的意见。

韩非悲叹廉洁正直者不被邪曲奸枉之臣所容，他考察古往今来的得失变化，写下了《孤愤》《五蠹》《内外储》《说林》《说难》等十余万字的著作。

从游说韩王遭到拒绝中，韩非深深地体会到了游说的困难。对此，他在《说难》一文中阐述甚详，但他最终还是死在秦国，没有避免游说的祸难。

《说难》写道：

> 大凡游说的困难，不在于将我所知道的向对方来游说有困难，也不是我的口才不足以明确地表达出自己的思想，也不是我不敢毫无顾虑地把意见全盘托出。大凡游说的困难，在于如何了解游说对象的心理，然后用我的说词去打动他，与他的心意相合。
>
> 如果游说的对象志在博取高名，而游说的人却用厚利去规劝他，他就会认为你品行低下而给予卑贱的待遇，最终会轻视和疏远你。如果游说的对象志在贪图厚利，游说的人却用博取高名去规劝他，他就会认为你缺乏头脑而脱离实际，也不会采用。如果游说的对象内心贪图厚利而表面装作博取高名，游说的人用博取高名去规劝他，他就会表面上接受你的意见，但实际上疏远你；如果用厚利去规劝他，他就会暗中接受你的意见，而公开抛弃你本人。这一切，都是游说者不能不知道的。
>
> 天下的事情，如果能保密就会成功；一旦言谈之中泄露了机密，就会失败。然而，这种泄密不一定是游说者本人有意去泄露，而是无意地说到君主想要隐藏的秘密。像这样，游说的人就会遭到灾祸。君主有过失，而游说的人却引用一些美善议论推论君主过失的严重，像这样，游说的人也会有危险。如果君主对游说者的恩宠还不够深厚，游说的人却把知心话全都说出来，如果意见被采纳、实行而且见到了功

效，那么，君主就会忘掉你的功劳；如果意见行不通而且遭遇失败，那么游说者就会被君主怀疑，像这样，游说的人也会遭到灾祸。如果君主自认为有了良策，而且打算将功劳据为己有，游说的人参与这件事，那么也会有危险。君主表面上做着一件事，而实际上另有目的，如果游说者预知其计，那也会遭到灾祸。如果君主坚决不愿做的事，却勉强让他去做，君主去做丢不下的事，又阻止他去做，游说的人就会有危险。所以说：和君主议论在任大臣的缺点，君主就会认为你离间他们的关系；和君主议论地位低下的人，君主就会认为你搬弄权势。如果议论君主喜爱的事情，君主就会认为你对他有所求；如果议论君主憎恶的事情，君主就会认为你在试探他的城府。如果游说者文辞简略，君主就会认为你没有才智而轻视你；如果你铺陈辞藻、夸夸其谈，君主就会认为你语言放纵而不当。如果你顺应君主之意来陈述事情，君主就会认为你怯懦而做事不尽如人意。如果你谋虑深远，君主就会说你鄙陋粗俗，倨傲侮慢。这些游说的难处，游说之士是不能不知道的。

大凡游说之士最重要的，在于懂得美化君主所推崇的事情，而掩盖他所认为丑恶的事情。人主自知失误之事，游说之士就不要拿这件事来使他难堪；他自认为是勇敢的决断，游说之士就不要用自己的意愿使他激怒；他夸耀自己力量强大，就不必用他感到困难的事来压制他。如果君主与某人同计，或与某人同行，游说的人就要规劝他或赞誉他，就要文饰其辞，而不能中伤他。如果有与君主同样过失的人，游说者就要明确地粉饰他的过失。待到游说者的忠心使君主不再抵触，说辞君主不再排斥，此后，游说者就可以施展自己的口才和智慧了。这就是与君主亲近不被怀疑，能说尽心里话的难处啊！等到历经很长的时间之后，君主对游说者的恩泽已经深厚，游说者深远的计谋也不被怀疑，交相争议也不被加罪，便可以明白陈述利害关系，以帮助国君建功立业，可以直接指出君主的是非以正其身，以此君臣相互信任，这样一来，游说才算成功了。

……

宋国有个富人，因为天下雨冲坏了院墙。他的儿子说："若不修好，将会被盗"；他的邻居有位老人也这么说。结果晚上果然丢了很多财物。他们全家都十分了解他的儿子不会偷东西，因而怀疑邻居那位老人。从前郑武公想要攻打胡国，他先把自己的女儿嫁给胡国的君主，然后问大臣们："我想要用兵，该攻打哪一国呢？"关其思回答说："可以攻打胡国。"郑武公听后，就把关其思杀了，并且说："胡国是我们的兄弟之国，你怎么能攻打它呢？"胡国君主得知这件事，认为郑国君主是自己的亲人，不加防备。郑国却趁机偷袭胡国，并占领了它。这两个说客，他们的预见都是正确的，然而言重的被杀死，言轻的被怀疑，可见要了解某些事情并不难，但如何去处理已知的事就难了。

从前弥子瑕被卫国君主宠爱。按照卫国的法律，如果有人敢偷驾君主乘坐的车子，要判砍脚的刑罚。不久弥子瑕的母亲病了，有人知道了这件事，就连夜赶来告诉他，弥子瑕就擅自驾着君主的车子出去了。卫君听到这件事，反而赞美他说："多孝顺啊，为了母亲的病，竟甘愿犯下砍脚的罪！"又有一次，弥子瑕和卫君到果园去玩，弥子瑕吃到一个十分甘甜的桃子，吃了一口就敬奉给卫君。卫君说："真爱我啊，自己不吃却想着我！"等到弥子瑕年纪大了，卫君对他的宠爱也减退了，终于得罪了卫君。卫君说："这个人曾经擅自驾我的车,还曾经把他咬过的桃子给我吃。"实际上,弥子瑕的德行与从前相比一样没有改变,以前认为他很好而后来治他罪的原因,是因为卫君对他的爱憎有所改变。所以说,一个人被君主宠爱时,就认为他做的一切都是对的,愈加亲近;如果被君主憎恶了,就认为他所做的一切都不恰当,愈加疏远。因此,游说之士,不能不先调查君主的爱憎态度,然后再去游说。

龙属于虫类,你可以驯养、玩弄甚至骑它。但它喉咙下端有一尺长的逆鳞,如果触动了它的逆鳞,一定会被它咬伤。君主也有逆鳞,游说的人能不触犯君主的逆鳞,就几乎算得上善于游说了。

不仅《说难》如此精彩,韩非的其他文章也非常精彩,当时有许多人传诵。

二、被诬自杀 后世推崇

有人把韩非的著作传到了秦国。秦王嬴政见到《孤愤》《五蠹》这些文章,感慨说:"我如果能够见到这个人,并且能和他交往,就是死也没有遗憾了。"("嗟乎,寡人得见此人与之游,死不恨矣!"《史记·老子韩非列传》)韩非在秦国任丞相的同学李斯说:"这几本书是韩国人韩非撰写的。"为了得到韩非,秦王嬴政立即进攻韩国。起初,韩王对此不加重视,等到战争吃紧,才不得不派韩非出使秦国。

秦王政十三年(前234),韩非到了秦国,他上书秦王,建议先攻打赵国,后攻打韩国。书中说:"现今秦国的疆域方圆数千里,军队号称百万,号令森严,赏罚公平,天下没有一个国家能比得上。我渴求见您一面,是想说一说破坏各国合纵联盟的计略。您若真能听从我的主张，那么，您若不能一举拆散天下的合纵联盟，占领赵国，灭亡韩国，使楚国、魏国臣服，齐国、燕国归顺，若不能令秦国确立霸主的威名，使四周邻国的国君前来朝拜，就请您把我杀了在全国示众，以此告诫那些为君主出谋划策不忠诚的人。"

秦王嬴政很喜欢韩非，准备委以重任。但还没等重用韩非，李斯等人因为嫉妒，就在秦王面前诋毁说："韩非是韩国的贵族子弟。现在大王想吞并各诸侯国，将来大王在攻打韩国时，韩非还是要帮助韩国而不帮助秦国，这是人之常情啊。如今大王不任用他，留住他不让他回韩国，在秦国留的时间长了，再放他回去，这是给自己留下的后患。不如给他加个罪名，然后依法处死。"秦王嬴政已经十分信任李斯，对韩非却还缺乏信任，因而认为李斯等说得有道理，便下令司法官吏给韩非定罪。

为了彻底铲除后患，李斯派人给韩非送去毒药，叫他自杀。韩非想当面向秦王陈述是非，却始终不能见到，只好悲愤交加地喝下了毒药。秦王嬴政很快后悔了，派人去下令赦免，可惜韩非已经死了。

韩非撰写了《说难》，但没有实践文中所阐述的理论，最终未能逃脱游说君主的灾祸。西汉扬雄在《法言》中评价韩非说："有人问：'韩非著《说难》一文议论游说之难，而他自己最终竟又死于说难，那么我冒昧地请问，是什么原因使他行动与言论相违背呢？'回答是：'游说之难就是他致死的原因啊！'那人问：'这是为什么？'回答是：'君子依照礼制行动，按照道义停止，所鼓吹的学说合乎礼义就前进，不合乎礼义就后退。如果这样，根本不用去担心自己的主张合不合乎别人的意志。去劝说别人而又顾虑自己的说辞不合别人的心意，那也就会各种手段无所不用了。'有人问：'韩非正是担忧自己的主张与对方的意志不相吻合，不是吗?'回答是:'游说他人却不遵照礼义准则,这是值得忧虑的。而如果遵循了礼义准则,只是主张与他人的心意不合,便不必担忧了。'"扬雄显然否定了韩非的游说理论,他主张的是直道而行。

宋代司马光在《资治通鉴》论赞中对韩非也有一段评价,也是由说之难否引入的。他说:"我听说君子由亲近自己的亲人而至亲近别人的亲人,由热爱自己的国家而至热爱别人的国家,因此才能功勋卓著、名声美好,从而享有百福。如今韩非为秦国出谋献策,首先就是要以灭亡他的祖国来证实自己的主张,犯下此类罪过,本来就是死有余辜的,哪里还值得怜悯啊!"司马光在道德操守上否定了韩非,比扬雄更进一步。

但韩非所处是百家争鸣、策士驰纵的时代,像韩非那样离开祖国、效力别国的人不知凡几,时人亦不以为病,似乎无需以此苛求韩非。同时代的秦王嬴政、李斯,自然明白个中道理,所以韩非虽死,但他的思想却在这两个人手上得到了实施。

韩非的著作约有十余万言,经汉成帝时的刘向整理成书,初名《韩子》,后改《韩非子》。此书吸收了儒、墨、道诸家的部分观点,以法治思想为中心。韩非总结了前期法家的经验,形成了以法为中心的法、术、势相结合的政治思想体系,被称为法家学派的主要代表。

韩非着重总结了商鞅、申不害和慎到的思想,他把商鞅提倡的法、申不害强调的术和慎到主张的势融为一体,并加以发展。他提倡尊君,同时要求臣下必须遵法,目的在于安国。在法的方面,韩非特别强调了"以刑止刑"思想,强调"严刑"重罚。尤可称道的是,韩非第一次明确提出了"法不阿贵"的思想,主张"刑过不避大臣,赏善不遗匹夫"。这是对中国法制思想的重大贡献,对于清除贵族特权、维护法律尊严产生了积极的影响。在术的方面,韩非主张君主要掌握驾驭臣僚的"术"。韩非认为,只有"法"和"术"还不行，必须有"势"做保证。"势"，即权势、政权。此外，韩非反对复古，认为古代的东西不适用于当世；他根据战国末期战乱不休的情况和实现政治统一的需要，坚持耕战以富国强兵。

韩非的全部理论导源于荀子的"性恶论"思想和建立中央集权的封建专制国家的政治目的。他认为人与人之间的关系都是利害关系，人的心理无不"畏诛而利庆赏"（《二柄》），人君的职责就在于利用"刑""德"两手，使民众畏威而归利。这实际上是以性恶论为基础的暴力论。

韩非的法、术、势结合的君主专制理论、富国强兵的耕战政策及其暴力论，不仅在当时影响了秦始皇的政治路线，而且受到后世思想家、政治家的推崇。韩非的法治思想适应了一定历史发展阶段的需要，在中国封建中央集权制度的确立过程中起了一定的理论指导作用。而我国封建社会虽以儒家思想为尊，但帝王统治方略却无处不显露出法家尤其是韩非思想的影响，正所谓"儒表法里"。

客卿茅焦

茅焦（生卒年不详），战国末期齐国人。秦王政十年（前237），秦王嬴政因淫乱行为诛杀嫪毐、迁母居雍。大臣进谏，秦王不听，并先后斩杀二十七人。茅焦力谏秦王迎太后以尽孝道，秦王采纳，并封其为上卿。

一、不惧杀戮　挺身进谏

关于茅焦的生平事迹，太史公《史记·秦始皇本纪》记载极为简单，略云："十年，相国吕不韦坐嫪毐免。桓齮为将军。齐、赵来置酒。齐人茅焦说秦王曰：'秦方以天下为事，而大王有迁母太后之名，恐诸侯闻之，由此倍（古同"背"）秦也。'秦王乃迎太后于雍而入咸阳，复居甘泉宫。"

嬴政继承王位时，他的母亲赵姬还在盛年，不甘寂寞，常与吕不韦私会。精明的吕不韦看到秦王一天天长大，心存顾忌，便把嫪毐装扮成宦官推荐给太后。嫪毐与太后终日厮混，还生了两个孩子。

秦王政十年（前237），嬴政亲政，有人举报太后和嫪毐的不法情事。谁知嫪毐先发制人，盗用玉玺，反动叛乱。秦王果断平叛，当场杀死数百人，后将嫪毐车裂并诛灭其家族。对母亲赵姬，秦王也没有手下留情，贬入雍地的咸阳宫，软禁起来。

幽禁母亲，于情于理都不是好事。不少大臣为此进谏，但秦王气愤难平，一概不听，给予进谏者严厉处罚，并下令说："日后有敢再来说太后事情的，先用蒺藜杖责打，然后杀掉。"为此，有二十七位进谏者遭到杀戮。

看到秦王杀掉那么多的人，一时间没人再敢进谏。这时，在秦国做客卿的茅焦感慨地说："儿子囚禁母亲，天地翻覆。哪里有这种道理！"于是挺身而出，再度进谏。那些和茅焦住在一起的人，听说茅焦去谏止秦王，都认为他必死无疑，大家合伙把他的行李瓜分，各自逃亡了。

二、入情入理　谏成获尊

来到皇宫，茅焦自报家门说："我是齐国人茅焦，是因为太后的事情来劝说大王的。"

当时，秦王嬴政正准备统一山东六国，听说齐地人求见，没有立即下令杀掉，而是让使者传话："没看到宫门外的二十七具尸体吗？你也想来送死！"茅焦回答说："臣听说天上有二十八星宿，现在您已经杀死了二十七个，我是来凑够二十八个的。"（"臣闻之，天有二十八宿，今死者已有二十七人矣，臣所以来者，欲满其数耳。"《说苑·正谏》）

秦王听后火冒三丈，大怒道："这小子竟敢违背寡人的命令，赶快准备一口大锅，寡人要让他也横尸宫门之外！"随之让使者叫茅焦进来。

茅焦故意缓慢进殿，以消减秦王的怒气。使者催促他快一些，茅焦说："我到那里就要被处死了，您就不能让我慢点吗？"听了这话，使者也为他感到悲哀。

茅焦来到秦王面前，不慌不忙地说："臣听说长寿的人不忌讳死亡，享国之人不忌讳亡国；忌讳死亡的人活不久，忌讳亡国的人不能保全。人的生死，国家的存亡，都是开明的君主最希望研究的，不知道大王是否愿意听听呢？"

秦王稍微平息了一下怒气，说："你说吧！"茅焦大胆说道："忠臣不讲阿谀奉承的话，明君不做违背世俗的事。现在，大王有逆天悖德的荒唐作为，大王自己却不知道；我有逆耳的忠言，而大王却不想听，恐怕秦国就危险了。"秦王停顿了一会，说："你要讲什么？说来听听。"

茅焦说："天下之所以尊敬秦国，不仅因为秦国力量强大，还因为大王是英明的君主，深得人心。现在，大王车裂假父，是为不仁；杀死两个弟弟，是为不友；将母亲软禁在外，是为不孝；杀害进献忠言的大臣，是夏桀、商纣的作为。如此的品德，如何让天下人信服呢？天下人听说之后，就不会再心向秦国了。我实在是为秦国担忧、为大王担心啊。"

茅焦最后说："我说完了，大王请用刑吧！"接着解开衣服，走出大殿，伏在殿下，等待受刑。

秦王听了茅焦这番话，深为震动，知道自己的行为对收买人心、统一天下大业不利，于是亲自走下大殿，扶起茅焦，说："赦你无罪！请先生穿上衣服。寡人愿意听从先生的教诲。"

茅焦进一步劝谏说："以前来劝谏大王的，都是些忠臣，希望大王厚葬他们。秦国正图谋一统天下，大王更不能背上迁母的恶名。"秦王说："以前的人，都是来指责我的。没有一个讲明事理。先生使我茅塞顿开，哪里有不听的道理！"于是，秦王采纳茅焦的建议，厚葬被杀之人，又亲自率领车队，前往雍地把太后接回咸阳，母子亲情恢复如初。

返回咸阳后，赵太后十分高兴，设宴款待茅焦。席间，太后对茅焦赞赏有加，感谢说："先生是天下最正直的大臣。在危急时刻，先生转败为胜，安定秦国的江山社稷，使我们母子重新相会，这都是茅君的功劳啊！"

后来，茅焦受到秦王的尊敬，拜为太傅，尊为上卿。

上卿姚贾

姚贾（约前280—前233），战国末期秦国大臣。魏国人，与秦相李斯友善。其父是看管城门的监门卒，在当时社会地位极其低下。姚贾富有辩才，出使楚、齐、燕、赵四国，瓦解了他们的合纵关系，被秦王嬴政拜为上卿。在与韩国公子韩非的斗争中，他也以胜利告终。

姚贾一开始在魏国都城大梁谋生，穷困潦倒，被人诬陷为大盗。因此，他不得不逃出大梁，来到赵国，试图在这里谋求发展。然而，在赵国，姚贾同样不受欢迎。有一次他劝谏赵王，将其触怒，被驱逐出了赵国。无可奈何之际，姚贾想起了好友李斯，就来到秦国，投奔了李斯。在李斯的荐举下，姚贾做了一名小官。

秦王政十四年（前233），楚、齐、燕、赵四国合纵攻打秦国。秦王嬴政召集群臣商议对策，与会宾客达六十人之多。姚贾毛遂自荐，愿意出使四国，瓦解合纵关系，使四国停止进攻秦国。秦王嬴政大受感动，立即赐给姚贾一百辆战车、一千两黄金，并赐予他王者穿戴的衣冠和佩剑。姚贾出使三年，不负使命，成功拆散了合纵的四国，并说服他们交好秦国。秦王嬴政大喜，晋封姚贾为上卿，封邑千户。

后来，滞留咸阳的韩国公子韩非，为了维护韩国的利益，指责姚贾私交燕、齐、楚、赵，从中牟取了很多私利，说他是"梁之大盗，赵之逐臣"，请求秦王法办。秦王嬴政召见姚贾，问道："听说你以寡人财物交于诸侯，有没有这回事呢？"姚贾回答说："有！"秦王斥责说："既然是这样，你怎么还敢回来再见寡人呢？"

秦王嬴政没有料到，被韩非指为"梁之大盗、赵之逐臣"的姚贾，竟然没有一丝一毫的惊慌，而且旁征博引，言之凿凿地为自己的行为进行辩解。他从曾参孝母、天下人都以他作为儿子的楷模，说到伍子胥忠于君主、天下人都以他作为臣子的榜样，又说到贞女因为针线活精巧而天下人以她作为选择妻子的标准，说到激动处，竟站起来慷慨陈词，眼望咸阳宫墙而叹息："今日姚贾忠于大王，而大王却不知晓啊！倘若我不回来，不是可以得到尊崇么？如果我已经背叛，那么这四国君主不是依然可以重用我么？昔日夏桀听信谗言而杀了良将关龙逄，商纣听信谗言而剖了比干的心，结果导致身死国亡。现在大王如果继续听信谗言，那么你周围肯定不会再有忠义之臣了！"

秦王嬴政哪里受到过这样的指责？就是当初平息嫪毐叛

乱、软禁太后时茅焦前来劝谏，也没有把他同古代的桀、纣联系在一起；就是几年前李斯在《谏逐客书》里，也没有用过这样过激的言辞。秦王嬴政不禁勃然大怒，厉声责骂道："你这个监门卒的儿子，你这个曾经在魏国犯过罪的大盗，你这个被赵国驱逐的贱臣！"（"子监门子，梁之大盗，赵之逐臣。"《战国策·秦策五》）

然而，面对秦王的怒斥，姚贾毫无惧色，继续滔滔不绝道："大王可曾记得，昔日姜太公是被齐国驱逐的匹夫，在无奈中到商都朝歌的街头卖肉；后来好不容易投到子良的门下，又再次被驱逐；后来又到棘津垂钓，连鱼也不上钩；就是给人打短工，因为年老也没有人理睬。然而，周文王起用了他，并依靠他取得了天下。再说管仲，当初也不过是鄙这个小地方的商贾，南阳的一个穷光蛋，鲁国一个被免予刑罚的囚徒。然而，齐桓公重用后，他却帮助齐桓公成就了霸业。还有那个百里奚，原本不过是个奴隶，大王的祖先秦穆公却让他担任丞相，在他的辅佐下，终于成就了称霸西戎的大业。晋文公重用中山盗寇答犯，从而成为诸侯盟主。以上这四位名士，都有污点，曾经遭到天下人非议，贤明的君主之所以要用他们，是因为知道这些人可以帮助自己成就一番伟业。因而，贤明的君主不在乎他们的污点，不听信关于他们的非议，只明察他们可以为自己所用的长处。因此，只要能够使国家得以巩固的人，即使有来自外部的诽谤，也要对其抱以十分的信任；对于那些有虚名，却没有一点功劳可言的人，则要明察秋毫。"

经过这场辩论，秦王不仅没有治姚贾的罪，反而在不久后听信李斯的话，逮捕了韩非。姚贾得以化险为夷，受到秦王的重用。

对于此后姚贾的事迹，史书缺乏记载，不得而知。

国尉尉缭

尉缭（生卒年不详），战国末期秦国大臣。名缭，姓失传，以官为姓，魏国大梁（今河南开封）人。他本不愿在秦为官，却被秦王嬴政的诚意打动而在秦任职。他的一番灭亡六国的说辞，正是秦灭六国的方略。

一、颇有谋略　深受赏识

秦王政十年（前237），尉缭从大梁来到秦国。他入秦的目的，自然是游说秦王嬴政。入宫谒见秦王时，尉缭首先分析了天下大势。他认为：秦国目前势力最为强大，各诸侯国与之相比，犹如各郡县的首脑，任何一国都不难被秦国所灭。但如果六国合纵抗秦，那么秦国反倒容易被破灭。这也正是从前智伯、夫差、湣王灭亡的原因所在。

接着，尉缭又向秦王提出消灭六国的计策。他说："希望大王您不要吝惜钱财，用重金贿赂各诸侯国的权臣，以此来扰乱他们的谋略。您这样做，只不过损失三十万金，但各诸侯国就可以彻底翦灭了。"秦王嬴政听后非常高兴，对尉缭提出的策略大加赞同。

秦王嬴政接见尉缭时，是以平等的礼节相待的，衣服、饮食与尉缭相同。这在秦王嬴政来说，是对尉缭的上等礼遇。而尉缭对此却有不同看法，他说："秦王这个人，长着高鼻子、长眼睛，具有老鹰一样的胸脯，豺狼一样的声音，缺少恩德而具虎狼之心。穷困之时可以屈居人下，得志之时却会轻易吃人。我只是一介平民，但秦王对待我却是那样谦顺。如果秦王能得天下，那么天下的人都将成为奴隶。我不能与秦王这样的人长久交往。"于是，尉缭便准备逃走。

秦王嬴政察知尉缭的心思后，极力劝解、挽留，同时向他表明自己的心愿。尉缭见秦王如此诚恳，便答应留下来。秦王嬴政非常赏识尉缭，便任他为国尉（相当于西汉的太尉）。尉缭从此也成了秦国的大臣。

此后，秦王嬴政在进行统一霸业的过程中，便采用了尉缭的计策。秦国派出一批能言善辩之人，携带金珠宝玉，到诸侯国去游说各国国君。一旦发现各诸侯国中有名望、有权势的人，他们便以重金加以贿赂，以便收买人心；不肯接受贿赂的，则设法刺杀消灭。

在秦王嬴政统一六国后，尉缭的事迹也就没有了记载，可能是死在秦国了。

二、著作传世　但遭质疑

尉缭有著作存世，就是流传至今的《尉缭子》。

《尉缭子》是战国晚期论述军事、政治的著作。传世本共五卷二十四篇，以南宋刻《武经七书》本为最古。《汉书·艺文志》杂家著录《尉缭》二十九篇，兵形势家著录《尉缭》三十一篇。据《隋书》《旧唐书》的《经籍志》和《唐书·艺文志》，传世的是杂家的《尉缭》，其篇数与《汉书》不符，当因流传过程中有部分亡佚所致。

该书内容大部分论兵，因此宋以后多视为兵家著作，但其论兵，与《汉书》所谓兵形势家异趣，有人以为即《汉书》兵形势家的《尉缭》，恐怕不可信。《汉书》杂家《子晚子》下注有"齐人，好议兵，与司马法相似"，可见今所传《尉缭子》是有可能列入杂家的。

唐初的《群书治要》节录了《尉缭子》四篇。1972年，山东临沂银雀山一号西汉前期墓所出竹简，也有与《尉缭子》相合的竹书六篇。从这几篇的情况来看，今本文字有很多删节和讹误，篇名往往与竹书不合，但基本上没有后人添加的东西。

不过，也有人怀疑尉缭不是《尉缭子》的作者。今本首篇《天官》的第一句作"梁惠王问尉缭子曰"，梁惠王死于秦惠文王后元六年（前319），尉缭不能与之相及，此句"惠"字可能为后人臆增（但《隋书》所据本已有此字）。有人认为魏有二尉缭，一在惠王时，为兵家，今所传《尉缭子》即其所作；一为战国末入秦者，杂家《尉缭》为其所作。此说恐不可信。

《尉缭子》反对军事上相信"天官时日、阴阳向背"的迷信观念，强调政治、经济对军事的决定性作用，见识颇高。其思想有糅合儒、法、道各家的倾向，这大概是该书被列入杂家的原因。后半部《重刑令》以下十二篇，对研究战国时代的军事法律颇有帮助。

长信侯嫪毐

嫪毐（？—前238），秦朝假宦官。他原本是个地痞，又极其迷恋女色，被秦相吕不韦相中，送入宫中，侍奉赵太后。秦王政八年封长信侯，河西、太原郡为封邑。因受赵太后宠信，权势日重，野心膨胀。秦王政九年，嬴政举行加冠礼，准备亲理政务，他起兵叛乱失败，被处以车裂之刑。

一、私通太后　骤然暴发

嫪毐本是赵国的一个地痞，以卖艺为生。他贪婪无度，阴狠无比，又惯于寻花问柳。他的发迹，源于一桩宫廷丑闻。

秦、赵交恶时，吕不韦买通守城将吏送子楚（异人）回国，却把子楚夫人（赵姬）和儿子赵政（嬴政）留在了赵都。赵姬母子在此一待就是六年，寂寞难耐的赵姬就和嫪毐私通了。

秦庄襄王三年（前247），秦庄襄王去世，十三岁的少年嬴政继承了秦国的王位，国政由母亲赵太后和相国吕不韦执掌。

在秦庄襄王去世时，赵太后不过三十多岁，自然难耐寂寞，便与吕不韦暗中再续前缘，经常利用商讨政事之机私通。随着秦王嬴政一天天长大，吕不韦怕聪明的秦王知晓他与太后的关系，有意抽身而退。然而，此时的太后孤寂一人，不愿中断这种私情，经常找借口让吕不韦到宫中幽会。为了摆脱太后，吕不韦开始设法寻找替身。

就在此时，嫪毐进入了吕不韦的视野。吕不韦把他收为门客，不时纵其淫乐，以便让太后知道嫪毐的存在和厉害。太后知道后，果然要暗中得到嫪毐。于是，吕不韦与太后密谋，派人以当受宫刑的罪名告发嫪毐，再给他施以假宫刑，让他冒充宦官在宫中供职。于是，太后暗中送给主持宫刑的官吏许多金银，买通这些人，让他们拔去嫪毐的胡须，使他变成太监的模样。就这样，嫪毐便以太监的身份来到宫中，侍奉太后。

入宫之后，嫪毐与太后尽情床笫之欢，成为太后的"绝爱"。缘此，他很快身价百倍，趾高气扬，从一个无赖成了披着宦官外衣而权倾一时的幸臣。

嫪毐不仅色胆包天，还是个野心勃勃的阴谋家。他并不甘心只是做个面首，干些见不得人的勾当，还想有朝一日位极人臣。他知道赵太后是他最大的赌注，一进宫就极力施展各种谄媚之术，博取太后的欢心。他对赵太后百依百顺，只要太后喜欢，就千方百计地逢迎。每当笙歌燕舞之时，他总是追随太后之侧，殷勤无比。赵太后对他也宠爱有加，车马、衣服、打猎等，事事都听凭嫪毐决定。

嫪毐与太后私通，使太后有了身孕。太后怕人知道，尤其怕秦王知道，就听从嫪毐的建议，装起病来。秦王得知母亲病重，派御医轮番调治，也无济于事；然后又找卜人算卦，卜人早被太后和嫪毐收买，说太后的病是中了宫中的邪气，如果去西方躲避一些时日，就会不治自愈。秦王自然希望母亲的病能尽快医好，就把赵太后迁居到雍城，嫪毐仍为贴身侍从。

雍城在咸阳西二百余里，原本是秦国的都城，太后就住在雍城里的大郑宫。远离了秦王，嫪毐与赵太后更加肆无忌惮，接连生下两个孩子，都养在大郑宫的密室里。嫪毐还向太后说，等嬴政死后，就让自己的儿子继位，把嬴氏天下变成嫪氏天下。

为了积蓄力量，不断向上爬，嫪毐不择手段地扩大自己的权力。而此时，吕不韦的权势也越来越大，他的一举一动，早已引起了秦王嬴政的注意。嫪毐利用秦王只怀疑吕不韦，而没有发觉自己的有利时机，公然向秦王嬴政邀功请赏。他让赵太后出面，说他代替秦王嬴政伺候太后有功，应该封赐。赵太后早已与他沉瀣一气，自然乐意，而秦王嬴政此时正忙于政务，无暇过多考虑，于是嫪毐又如愿以偿。

秦王政八年（前239），秦王嬴政将嫪毐封为长信侯，并把山阳城（今河南修武西北）作为他的封地。不久，又将河西的太原郡封给他，并规定王室的宫室他可以任意占用，王室的车马他可以任意乘坐，甚至可以到国王的园林里去打猎。

就这样，嫪毐成为名噪一时的暴发户，差不多位极人臣。他的宫室、舆马与王侯一般华贵。他还经常带着一批人游猎、赌博，这些人专横跋扈，令人生畏。

二、阴谋叛乱　枭首示众

随着地位的骤变,嫪毐的政治野心也膨胀起来,自称"假父",宫中大小事务都由他做主处理,俨然成了秦王嬴政的太上王。此时的嫪毐,有爵位、有封国、有数千家奴。趋炎附势之徒纷纷来巴结、投靠他,借以往上爬。没过多久,他的门客就有了一千多人。对此,嫪毐还不满足,他的私欲一天重似一天,竟然伺机篡夺大权。他豢养大量家丁,广招舍人,发展个人武装,加紧培植私党,结交党羽,为篡权做准备。

为了加速篡权的步伐,嫪毐不惜重金贿赂朝中权贵,不少重要官员如卫尉竭、内史肆等,都成了他的党羽和耳目。他的眼线遍布秦王的左右内室,朝中的一事一物,秦王的一言一行,就连吕不韦的一举一动,都在他的掌握之中。他的爪牙往来穿梭于咸阳与雍城之间,随时为他提供情报。就连当时的宫廷队长、禁军首领和掌管狩猎的侍从官等,都成了他的死党。有一次,秦王嬴政由于听到了有关嫪毐的一些不法之事,想派人调查一下,但尚未作出决定,嫪毐就知道了。可见他的神通广大。

秦王政九年(前238),秦王嬴政已经二十一岁,按秦国的制度,要举行加冠亲政之礼。秦王嬴政告诉文武百官,要在祈年殿举行加冠和佩剑的仪式,并且放假五天,大宴群臣,以示庆贺。

对正在密谋窃国的嫪毐,这一宣告是个沉重的打击。他按捺不住,便蠢蠢欲动起来。他想与赵太后密谋,但这一天太后和秦王嬴政在大郑宫饮酒庆贺,无法接近,只得在外面与左右权贵饮酒、博弈等候。在醉眼蒙眬中,嫪毐因一言不合,与人厮打起来。此时,他凶相毕露,瞪大眼睛骂道:"我是大王的假父,你们这些穷小子胆敢与我对抗!"对方也是一名不小的官,一听此言,立刻吓破了胆,慌忙告饶逃跑,并把这件事报告了秦王嬴政。

此时，有人乘机告发：嫪毐并不是阉人，常与太后淫乱，还生有二子，都匿藏着，而且嫪毐正策划废掉秦王，另立他与太后所生之子为王。秦王嬴政听后勃然大怒，当即下令追查嫪毐及其同党。

情报很快传到了嫪毐那里，他马上与太后商议，决定先发制人，盗用秦王嬴政及太后的印信，假传秦王、太后旨令，调集雍城的士兵、禁卫军、宫中马队、戎族和狄族首领，以及自己的门客、家僮，扬言有人要谋杀秦王嬴政。他命手下将蕲年宫包围，准备攻进宫里，杀掉秦王嬴政，以实现自己篡国的目的。岂知秦王嬴政也早有准备，一面命令卫队拼力奋战，一面命令昌平君、昌文君发兵攻打嫪毐。双方军队杀得你死我活，难解难分。

在这紧急关头，机灵的秦王嬴政登上蕲年宫高台，向叛军揭穿了嫪毐的阴谋，宣布了嫪毐的重大罪行，并发出号召："有能生擒嫪毐者，赐钱百万；杀而献其首者，赐钱五十万；得逆党首者，赐爵一级。不问职务、身份，只要除贼有功，都可以受到同样的奖励。"这样一来，嫪毐的军队立即土崩瓦解：一部分散去，一部分反戈。嫪毐见大势已去，慌忙逃跑。后被抓获，处以五马分尸的车裂之刑。

嫪毐的发迹和叛乱，使秦王嬴政非常震惊。为了吸取教训、斩草除根，他派人到处搜捕，决心尽剿嫪毐余党。不久，与嫪毐同伙的大臣二十多名被斩首示众，罪轻的门客罚三年苦役，其余与嫪毐有牵连的人流放蜀地，共有四千余家。

咸阳令阎乐

阎乐（？—前207），秦朝大臣。秦二世时，赵高专权，阎乐被任为咸阳令。赵高谋杀秦二世，阎乐率兵入宫，逼秦二世自杀，与赵高立子婴为秦王。不久为子婴所杀。

阎乐是中书令赵高的女婿，因为这层关系，他做了咸阳令。咸阳县为秦朝京师属县，治所即在京城，因而咸阳令不同于一般的地方长官，地位显赫，权势极大。

秦朝末年，农民起义风起云涌，遍及各地，赵高从不报告秦二世。后来怕秦二世过问，就打算把他幽禁深宫，于是翁婿干脆导演了一幕活剧。一天，秦二世在上林苑中游玩弋猎，见一人误入苑中，搭箭开弓，当场射死了那人。赵高得知，就让阎乐上奏，说天子无故杀死无罪之人是上天禁止、鬼神不容的，必定会降下灾殃，建议他到行宫去躲避。秦二世毫不犹豫，住进望夷宫斋戒。

秦将章邯投降项羽后，关东各路反秦武装纷纷西来。秦二世得知，不由得埋怨起赵高来，派使者去责问。赵高本打算篡夺帝位，经秦二世这一责问，决定立即动手。就在秦二世移居望夷宫的第三天，赵高布置掌管宫廷警卫的弟弟郎中令赵成为内应，阎乐组织吏卒，诈称追捕盗贼，径闯望夷殿门逼宫。

一切安排妥当后，赵成便在宫内散布谣言，假装说有盗贼，命阎乐发兵追击，致使宫内防守空虚。同时，阎乐指使部分亲兵化装成农民军，劫持自己的母亲，暗中送到赵高家中，一边又率千余人，以追贼为名直逼望夷宫而来。冲到宫门前，一干人大声向守门官吼道："强盗进了宫门，你们为何不抵挡？"守门官莫名其妙，问："宫内外禁卫森严，怎么会有贼人进宫呢？"

阎乐不容分辩，手起刀落，杀死守门官。冲进望夷宫后，阎乐等逢人便砍，杀了数十人。接着，赵成与阎乐进到内殿，向秦二世座位周围的帷幕射箭。秦二世大怒，急忙招呼左右格斗，但侍从们不是溜之大吉，就是胆怯不前，只有一个宦者还站在旁边，不敢离去。秦二世问这位宦者："你怎么不早告诉我呢？以至弄成现在这个样子!"宦者说:"我正是因为平时不敢说话,才能活到今天。假如说了,早就被杀了,怎能活到今天?"

此时,阎乐拿刀逼近秦二世,连数落带催促说:"你横暴凶残,国人痛愤。何去何从,你自己拿个主意吧。"秦二世要求见一下丞相赵高,阎乐回答:"不行!"秦二世表示愿意让出帝位,得到一郡为王,阎乐也说"不行"。秦二世说:"那就当一个万户侯吧。"阎乐仍然不肯允许。

秦二世最后乞求说:"我愿意和妻子去当平民百姓,这总可以了吧?"阎乐冷笑说:"我奉丞相命令,为天下人来杀你,你说得再多也是白费唇舌。"说完,指挥吏卒逼向秦二世。秦二世求生无路,只好拔剑自尽。

阎乐回去报告了赵高,赵高向大臣们通报了杀死秦二世的情状,接着立秦二世兄子公子婴为秦王。

后来,子婴与两个儿子密谋,刺杀了赵高,诛杀赵家三族,阎乐也在被诛杀之列。

艺人优旃

优旃(生卒年不详),秦国滑稽艺人。他善于说笑话,是非分明,同情民众,曾经以插科打诨的玩笑话劝止秦始皇和秦二世劳民伤财的举措,帮助淋雨受寒的宫廷卫士。在后世,他也成了滑稽人物的代表。

优旃生活在战国晚期、秦朝初年。他是秦国的滑稽艺人,在宫廷里作滑稽表演。他是侏儒,个子非常小。他擅长说笑话,但他的话往往含有深刻的道理。由于经常侍奉在皇帝身边,因而能够不时地用笑话逗趣,或者以幽默滑稽的方式向君主提出意见。

秦始皇时期，有一次宫里设置酒宴，正遇上下雨天，殿阶下执楯站岗的卫士都淋着雨，受着风寒。优旃看了，十分怜悯，心生计谋，打算解脱他们，于是问道："你们想休息吗？"卫士们都说："那当然好啦。"优旃说："一会儿如果我叫你们，你们要立刻答应。"过了一会儿，宫殿上的人们向秦始皇祝酒，一片高呼"万岁"之声。这时，优旃靠近栏干，就势大声喊道："卫士！"卫士答道："有。"优旃说："你们虽然长得高大，有什么好处？只有不过有幸站在露天淋雨。我虽然长得矮小，却有幸在这里休息。"秦始皇得知卫士淋雨受寒，便准许他们减半值班，轮流接替。

秦始皇曾经打算扩大射猎的区域，东到函谷关，西到雍县和陈仓。这必然要侵占大量民田，还要征调劳役、加重赋税。对于这件劳民伤财的事情，优旃当然不赞成，于是他又插科打诨，玩笑说："好。多养些禽兽在里面，敌人从东面来侵犯，让麋鹿用角去顶他们就足以应付了。"秦始皇听了这话，就停止了扩大猎场的计划。

秦二世继位后，曾想用漆涂饰城墙。这无疑又是劳民伤财的事情，于是优旃又说："好。皇上即使不讲，我本来也要请您这样做的。油漆漆城墙虽然会给百姓带来愁苦和耗费，可是很美呀！城墙漆得漂漂亮亮的，敌人来了也爬不上来。要想成就这件事，涂漆倒是容易的，但难办的是要找一所大房子，把漆过的城墙搁进去，使它阴干才好。"秦二世听了这话，也笑了起来，进而取消了这个计划。

秦二世被杀、秦朝灭亡之后，优旃归顺了汉朝，几年后就去世了。

太史公司马迁在《史记》里，专设《滑稽列传》，优旃的故事就是其中记载的。这些史料，反映了一个独特社会阶层的生活和风貌。

燕地方士卢生

卢生（生卒年不详），秦始皇时方士。姓卢，名不详，因曾学习儒学，故称"卢生"。燕国人，家世不详。他受命为秦始皇访求方士、入海求仙，鼓动秦始皇经常秘密出行，以逐恶鬼、招神仙，使秦始皇脱离群臣。后畏惧获罪而逃跑，致使秦始皇大怒，制造了坑儒的惨剧。

一、自荐寻仙　假造符咒

秦始皇迷恋长生不死之术，笃信神仙、命数。统一全国后，他多次出巡全国，意在寻访仙山，面见神仙请教长生不死之术。在巡游途中，他往往命令将士四处张贴告示，广招天下方士，共同商议求仙之事。

始皇三十二年（前215），秦始皇来到碣石（今河北昌黎北），想在海滨找到神仙。卢生本是燕地的一个无业游民，正愁生活没有着落，恰巧看到秦始皇的告示，大喜过望。于是他毛遂自荐，来到秦始皇的行宫，请求拜见。秦始皇一听是方士前来求见，立即接见。卢生见到秦始皇，说："小人愿意带弟子渡海，为皇上求取不老之药。"秦始皇一听很高兴，但又有些疑惑，便问"有何把握"。卢生答说："从前此地有两个方士，一个叫羡门，一个叫高誓，他们已经得道成仙，住在仙山。如果知道是为皇上求药，他们定能应允。"

羡门和高誓两人，都是战国时期燕国有名的方士，上通天文，下知地理，被人称为"圣贤"。后来，他俩不知所终，"圣贤"之名却留了下来，而且传来传去，"圣贤"两字被传成了

"神仙",说他俩已经得到长生不老之药,可以永远活在世上。秦始皇听卢生说到他们,万分高兴,忙说:"你若能求到仙药,朕必有重赏。不知你何时动身?"卢生说:"请给我三天的时间做准备,一要斋戒沐浴,二要朝拜仙山,还要置办些珠宝法器,以作见面之礼。另外,恳请皇上为我们选一方风水宝地,从那里入海。"秦始皇立即传令兵马集中,分东西两路沿海滩选址。卢生也回去做准备,招来了同行及弟子侯生韩终、石生,置备珠宝法器,借机从中渔利。

两天后,东路人马回宫禀报:距碣石海岸不远处的海里,有一个小岛,方圆数十里。小岛四面环水,岛上小山突兀,清泉飞瀑;苍松翠柏,一片葱绿;遍地野花,绚丽夺目。尤其是那里的细沙金光闪亮,走在上面,像踩在柔软的绒毯上。秦始皇一听,遂亲自率兵马登岛查看。

秦始皇一登上小岛,不由赞叹道:"朕游遍天下名山大川,竟然没有见到过如此奇丽的山水,而且这里风轻浪静,沙软潮平,极易船只航行,入海之处,非他莫属!"于是,秦始皇在小岛上住一宿,等待明日入海求仙。

第二天一早,卢生等一身道装,在海边待命。秦始皇先把酒朝拜仙山,后令兵士将珠宝以及在小岛上采集的各种瓜果一并装船,以犒劳卢生等人。随后降旨入海,卢生一行扬帆起航。

卢生和弟子们在海上漂泊多日,逢山上山,遇岛入岛,但就是不见神仙踪迹。他们知道这样空手而回,秦始皇肯定会治罪。卢生与弟子商议,想出一计,用黄缎子做了个写着符命的图书,上写"亡秦者胡也"五字,因为他知道秦始皇的最大心病是"胡人",而胡人就是后世所说的匈奴人。当时,胡人经常骚扰秦王朝的北部边境,烧杀抢掠,是秦王朝的一大祸患。卢生又在一个小岛上举行祭神仪式,搞得神乎其神,对众人说他得到了仙书。

随后，他带弟子返回秦始皇的行宫。

卢生见到秦始皇后，谎称仙山上的仙人让他将此速交皇帝，不可耽搁。秦始皇见到"仙书"，心中忐忑不安，哪还顾得上寻找仙药之事？忙率兵马日夜兼程返回咸阳。而后征发大量士卒，派大将蒙恬率兵三十万，去攻打北方的胡人，夺取了河南地（今内蒙古马加河以南及鄂尔多斯地区）。

二、畏罪逃跑　导致坑儒

一连好多年，秦始皇多次派卢生和众方士分别前往各地寻找仙药，但钱财花了不少，仙药却一直没有找到。

秦始皇三十五年（前212），卢生害怕秦始皇治罪，就劝说道："我们寻找灵芝、奇药和仙人，一直找不到，好像是有什么东西伤害了它们。我们心想，皇帝要经常秘密出行，以便驱逐恶鬼，恶鬼避开了，神仙真人才会来到。如果皇上住的地方让臣子们知道，就会妨害神仙。真人是入水不会沾湿、入火不会烧伤的，能够乘驾云气遨游，寿命和天地共久长。现在皇上治理天下，还没能做到清静恬淡。希望皇上所住的宫室不要让别人知道，这样，不死之药或许能够得到。"

听了卢生的话，秦始皇说："我羡慕神仙真人，我自己就叫'真人'，不再称'朕'了。"（"吾慕真人，自谓'真人'，不称'朕'。"《史记·秦始皇本纪》）下令把咸阳周围二百里内的二百七十座宫观都用天桥、甬道相互连接起来；把帷帐、钟鼓和美人都安置在里边，全部按照所登记的位置不得移动。秦始皇所到的地方，如果有人说出去，就要判其死罪。

卢生等让秦始皇秘不见人，意在隔绝言路，杜绝有人向他指斥方士。这一点他们办到了，但还是感到不踏实。

有一次，卢生与侯生一起商量说："始皇为人，天性粗暴凶狠，自以为是。他出身诸侯，兼并天下，诸事称心，为所欲为，认为从古到今没人比得上自己。他专门任用治狱的官吏，狱吏们都受到亲近和宠幸。博士虽然也有七十人，但只不过是虚设充数的人员。丞相和各位大臣都只是接受已经决定的命令，遵奉皇上的旨意办事。皇上喜欢用重刑、杀戮显示威严，官员们都害怕获罪，都想保住禄位，所以没人敢真正竭诚尽忠。皇上听不到群臣劝谏，也不知道自己的行为有何不当之处，因而一天比一天骄横。臣子们害怕被皇上治罪，就专事欺骗，一味讨好。秦法规定，一个方士不能兼有两种方术，如果方术不能应验，就要处死。占候星象云气以测吉凶的人多达三百，都是方士，然而由于害怕获罪，不敢大胆地说出皇帝的过错，而是粉饰太平。天下的事无论大小都由皇上决定，皇上甚至用秤来称量各种书写文件的竹简和木简的重量，日夜都有定额。如果阅读达不到定额，就不能休息。他如此贪于权势，咱们再也不能为他去寻找仙药了。"于是，卢生、侯生及其弟子全都溜之大吉。

秦始皇听说二人逃跑，十分恼怒，说："我征召大批方士，希望炼造仙丹、寻找奇药，方士花费的钱数以万计，最终也没有找到奇药。但他们非法牟利、互相告发的消息，却经常传到我耳朵里。我十分尊重卢生等人，赏赐也很优厚，如今他们竟然诽谤我，企图以此加重我的无德。我派人去查问过在咸阳的方士，有的人竟妖言惑众，扰乱民心。"

于是，秦始皇派御史一一审查在咸阳的儒生、方士，这些人辗转告发，一个供出一个，秦始皇亲自把他们从名籍上除名，一共四百六十多人，全部在咸阳活埋，并让天下人知道，以儆效尤。

此后，卢生就下落不明了。相传他藏在碣石山深处的山洞里，隐姓埋名，生活了很多年。可能连他自己也没想到，他编造的那句谶语，倒应了这样一个史实，秦王朝最终不是亡在"胡人"手里，而是亡在了胡亥手里。

韩地方士侯生

侯生（生卒年不详），秦始皇时方士。亦称侯公，韩国人。

秦始皇为求长生，派卢生、侯生等方士四处寻找仙药。侯生心中不满，与同伴卢生暗中议论，说秦始皇刚愎自用，贪于权势，专任狱吏，乐于刑杀，不能为他寻求仙药。于是大骂一通，逃之夭夭。卢生与侯生的逃走触怒了秦始皇，致使他迁怒于居住在咸阳的诸位方士、儒生，将他们全部坑杀。

"坑儒"事件发生后，秦始皇命人追查卢生、侯生的下落。卢生没有抓到，侯生被抓了回来。秦始皇对侯生的行为大为恼火，决定施以车裂之刑。临刑前，秦始皇见到侯生，大声指责说："你这个逆臣，还敢来见我！"

手下人将侯生带到跟前，侯生仰天长叹："臣自知死罪难逃，陛下可否听臣最后一言？"秦始皇觉得他也说不出什么来，便说："你还有什么话说？快说！"

侯生自知必死无疑，更加无所顾忌，说道："夏禹为反省自己的过失，曾立诽谤之木。而陛下为了享受，大修宫室；珠宝玉器，堆积如山；后宫美女，数不胜数；钟鼓之乐，尽在耳边；美酒佳肴，盘错于前；锦衣绸缎，不足为鲜。殊不知百姓早已处于水深火热之中，连饭都吃不饱。圣明的君王不在乎个人的吃喝穿戴，注重的是品行、文采的修养。如今陛下的荒淫奢侈比夏桀、商纣，有过之而无不及。"秦始皇听后，默然许之，说："你怎么不早说呢？"

侯生缓缓说道："陛下统一天下，自认为功绩之大，无人能及。上侮五帝、下凌三王。亡国的征兆早已显而易见。臣当初因怕陛下降罪，不敢多说；如今臣必死无疑，说出来虽不能挽救国家，但希望陛下知道亡国的原因。"秦始皇一听此言，追问道："难道没有补救的方法吗？"侯生冷笑一声，说："这不是短时间就能形成的，陛下不必再劳神了！何况陛下身边没有一个贤臣才子，即便采取一些措施，也是杯水车薪啊！"秦始皇喟然长叹，觉得侯生所说十分有理，于是免了他死罪。

此后，侯生隐居邵陵云山（在今湖南邵阳），终其一生。

齐地方士徐市

徐市（前255—？），秦始皇时方士。又作徐福，字君房，齐地琅邪（今江苏赣榆）人。他饱读儒书，习学道术，聪明过人。他编织海上有三座仙山的谎言，取悦秦始皇；又率童男童女数千人去寻找仙人，结果却劳民伤财而一无所获。

一、编织谎言　求仙未果

徐市自少年时就习读儒书，研习阴阳五行，炼制丹药，习学道术，聪明过人。成年后，徐市开始行医传道，随其父徐猛宦游齐国，交往甚广。他与当时的齐国方士侯生、燕国方士卢生，均为至交。

始皇二十八年（前219），秦始皇到东方巡视郡县，第一次登上琅邪台（在今山东青岛琅邪山），十分高兴，留驻达三个月之久。为了寻找神仙、获得长生不老之药，在此期间，秦始皇曾浩浩荡荡前往渤海。抵达海边，秦始皇登上芝罘岛（在今山东烟台芝罘北部海上），极目远眺。只见云海之间，山川人物时隐时现，蔚为壮观，这令他心驰神往。这种景象，不过是海市蜃楼，但方士为迎合秦始皇企望长生的心理，将其说成传说中的海上仙境。

秦始皇的浩大声势震动齐地，徐市得知秦始皇爱好求仙，觉得自己发迹的机会来了，便上书秦始皇说：海中有蓬莱、方丈、瀛洲三座神山，山上住着仙人，到那里可以求得不死之药。秦始皇被徐市的上书打动，遂派他带领数千名童男童女斋戒后入海求仙。

送走徐市一行后，秦始皇一直在琅邪一带流连忘返，等候徐市寻找到长生不老药。然而，等来的只是徐市空手而归。徐市自称见到了海神，但海神以为礼物太薄，拒绝给予仙药。对此，秦始皇深信不疑，又增派童男童女三千人，以及工匠、技师、谷物种子，命徐市再次出海。等了很久，还是没见徐市返回，秦始皇只好怏怏返回京城。

此后几年，秦始皇没有放弃寻仙，先后派了很多方士入海寻求仙药，结果仍一无所获。

二、鲨鱼圆谎　再次入海

始皇三十七年（前210）十月，秦始皇再次外出巡游，又一次到达琅邪台，立即召见徐市。在过去的数年里，徐市借入海求仙之名花去了大量的钱财，却没有找到仙药，害怕受到惩罚，就第二次上书，欺骗秦始皇说："蓬莱仙药是可以得到的，但由于海上常有鲛鱼兴风作浪，因此始终不能到达仙山。请求皇上派遣善射者一同前往，见到鲛鱼（即鲨鱼）就用连弩将其射杀。"

与此同时，秦始皇梦见与一人形海神交战，请占梦博士为他圆梦。博士事前接受了徐市的贿赂，便趁机说："真正的海神是不可见的，这是大鱼蛟龙在作祟。现在皇上的祭祀都很周到恭谨，应当把这样的恶神除去，这样善神才能到来。"

秦始皇决定射杀鲛鱼。他和徐市一起，率数千名童男童女、百工，带着五谷和捕巨鱼的工具，从琅邪台出发北上。一路上，秦始皇带领善射者张开连弩，等候大鱼的出现。船队行至荣成山，未见到蛟龙和大鱼，又由此折向西。行至芝罘时，果然见到了一条大鱼，遂将其射死。秦始皇认为，此后再没有什么东西可以阻挡求仙，又派徐市入海求仙药，然后沿海岸向西进发。

也许是受了鲛鱼的惊吓和海上风浪的侵袭，年迈的秦始皇在途中病倒，没过多久便去世了。从某种意义说，是徐市害死了秦始皇，不然，秦始皇也许不会死得这么快。

徐市此次入海，载了童男童女各三千人，带了许多粮食、种子、物品，航海东去。这一次徐市东行，已早有逃出秦国的想法，他准备找到一个荒岛，作为安身之地。不知在海上航行了多少日，徐市的船队终于找到一个岛。岛上草木丛生，并无人迹。徐市领着三千童男童女，在岛上住了下来。

有一天，徐市对大家说："秦始皇要我们寻求不死药，试想不死药从何而来？如果我们这次再空手回报，肯定要被斩首。"大家一听，都大哭起来。徐市又安慰众人说："不要哭，我已想到了一条活路。你们看这座荒岛，虽然杂草丛生，却气候温暖。如果我们齐心协力开垦此岛，种植百谷，定有收获，便能活命。我早已在船上准备了足够半年吃的食物，还有谷种和农具，我们马上动手耕种，就能有收益。这样一来，我们便可安居乐业，既不用输粮纳税，也不会犯法受刑，岂不是生活富足快乐？"

众人听了大喜，都愿意听徐市指挥。徐市便分派男女开始垦荒、播种，半年以后，庄稼便丰收了。起初他们寄宿船上，此时开始建筑房屋,安稳居住下来。等童男童女长大成人,徐市便把他们配为夫妻,让他们双宿双栖,繁衍后代。这样一来,徐市等在岛上长期安居下来,把荒岛建设得越来越好。

三、日本祖先 是耶非耶

秦始皇死后,徐市也下落不明。对于徐市最终浮海到了哪里,几千年来众说纷纭。有人认为是台湾或琉球,也有人认为是美洲,但更多的人认为是日本。持这种说法的人,还推断说:徐市率船队经庙岛群岛,横渡渤海至辽东半岛,然后沿辽东半岛东南近海至朝鲜半岛,再由朝鲜半岛西部近海南折而行,横渡朝鲜海峡,到达日本,成为汉文化传播日本三岛的先驱,为开启日本文明历史发挥了巨大作用。

很多学者都持徐市是日本祖先的观点。最初提出徐市东渡日本的,是五代后周的和尚义楚,他称:"日本国亦名倭国,在东海中。秦时,徐市将五百童男、五百童女止此国,今人物一如长安。……又东北千余里,有山名'富士',亦名'蓬莱'……徐市至此,谓蓬莱,至今子孙皆曰秦氏。"(《义楚六帖》)义楚称这一说法来自日本和尚弘顺。宋人欧阳修也认为徐市东渡到了日本。

20世纪以来,中日学者对徐市浮海东渡之事进行了大量研究。学者马非百在《秦集史》中认为,徐市是有目的赴日本的,"其意初不在求仙,而实欲利用始皇求仙之私心,而借其力以自殖民于海外"。而学者徐松石在《日本民族的渊源》中说,先秦时期,中国东南沿海民众大量往日本移民,徐市率领的童男童女是其中一队,"徐市入海东行,必定真有其事"。香港学者卫挺生著《徐市入日本建国考》,认为徐市就是日本的开国者神武天皇仲田玄,并认为他是颛顼之后徐驹王二十九世孙。明朝时,日本就修建了徐市墓、徐市祠。至今日本保存着不少徐市活动的遗迹，如和歌山县徐市和他的传员七人墓、徐市宫，九州岛佐贺县"徐市上陆地"纪念碑、徐市的金立神社等。然而，这一切只是日本人依据传说修建的，并没有可靠的历史文献来证明。

有的学者认为，徐市当时到达的是美洲，证据是玛雅文明兴起的时间和徐市东渡同时。

被秦灭亡的六国君王

战国七雄——齐、楚、燕、韩、赵、魏、秦,原本各据一方;后来秦国崛起,渐有吞并天下之势。缘此,六国君主或合纵以拒秦,或连横以附秦;或外交斡旋,或干戈疆场……但秦国谋士的精明筹算、战车的无情碾踏,六国一个个军败、土丧、国灭。这里以六国末代君王为代表,并将该国发展、兴盛、衰亡的历程一一道来,由此可对秦灭六国有所全面了解。

韩王韩安

韩安（？—前226），战国时期韩国君王。韩国是当时最弱小的国家，常被侵伐。从三家分晋直到韩国灭亡，将近二百年的时间，韩国几乎未曾出现过一位较有作为的国君。韩昭侯任用申不害，使韩国富强一时，但申不害一死，昭侯耽于玩乐，韩国迅速败落；韩宣惠王寡谋少断，轻信楚国而绝秦交，招致大败；韩安继位后，不肯采纳韩非的建议，不思富国强兵，注定了被秦灭亡的命运。

一、三家分晋 七雄之一

韩国的祖先和周天子同姓，姓姬氏。后来其后代侍奉晋国，被封在韩原，称为"韩武子"。韩武子之后再传三代，有了韩厥，他便因封地而以韩为姓。

晋景公三年（前597）的时候，晋国司寇屠岸贾图谋作乱，说是诛杀灵公的贼臣赵盾，而此时赵盾早已经去世，屠岸贾便要杀他的儿子赵朔。韩厥阻止，屠岸贾不听，韩厥就去告诉赵朔，让他逃走。赵朔说："您一定设法不要让赵氏断绝后代，我死后也就没有遗恨了。"韩厥答应了他。等到屠岸贾诛灭赵氏的时候，韩厥称病不出。程婴、公孙杵臼把赵氏孤儿赵武藏了起来，韩厥是知道这件事的。

晋景公十一年（前589），韩厥和郤克率领八百辆战车的兵力征讨齐国，打败齐顷公，俘虏了逄丑父。从这时候起，晋国设置了六卿，韩厥位居一卿，号为"献子"。

晋景公十七年（前582），景公生病，占卜的结果说是赵衰的后代子孙有不顺心的人在作怪。韩厥趁机赞扬赵衰的功劳，并说他如今已无人接续香火，以此来感动景公。景公问道："他还有后代吗？"韩厥提到了赵武，说他已经长大成人，景公因而把赵氏原有的田邑重新赐还赵武，让他接续赵氏的香火。

晋悼公七年（前566），韩献子告老还乡。献子去世后，其子宣子继承爵位。

晋平公十四年（前544），吴国的季札出使晋国，他说："晋国的政权最终要属于韩、魏、赵三家。"十二年（前514），韩宣子和赵、魏两家一起瓜分了祁氏、羊舌氏的十个县。十五年（前497），韩宣子和赵简子攻打范氏、中行氏，消灭了他们，并把其土地瓜分殆尽。周贞定王十六年（前453），新继位的韩康子和赵襄子、魏桓子一起灭晋国智氏，三分晋国，号称"三晋"。三晋在战国初期最强大，常常联合起来进攻其他国家。

韩景侯六年（前403），韩景侯与赵烈侯、魏文侯一起，被周威烈王正式策命为诸侯。此时已是战国中期，七国争雄的格局逐渐形成。

二、屡遭攻伐　短暂中兴

韩国的疆域最初在今山西东南部，后来逐渐扩大到今河南中部。春秋晚期，韩宣子徙居州（今河南温县东北），韩贞子又徙居平阳（今山西临汾西南）。当时韩国的疆域，大体在今山西临汾地区及其以东的沁河流域和沁河下游的河南温县一带。战国早、中期，韩武子徙居宜阳（今河南宜阳）。韩景侯时，又迁都阳翟（今河南禹县）。韩哀侯二年（前375），韩哀侯灭郑，将国都迁到郑（今河南新郑），重心遂转移到今河南新郑一带和洛阳周围地区。

韩国所处地理位置，正当所谓"四战之地"的中原地区，东有魏，南有楚，西有秦，北有赵，因受各大国攻伐、威胁，势力一直未能发展起来。加上韩国经济条件差，人口较少，因此国力难于兴盛。

韩国经常受到各国的攻打。如韩懿侯二年（前369），魏军在马陵打败韩军；韩昭侯元年（前358），秦军在西山打败韩军；韩昭侯二年（前357），宋国夺取了韩国的黄池，魏国夺取了韩国的朱邑。韩国之所以屡被攻伐，弱小是其重要客观原因，但主观因素也很重要，那就是韩国有作为的君主鲜有其人。纵观韩国历史，只有韩昭侯任用申不害的时候，相对有些作为。

韩昭侯八年（前351），原本是郑国低级官吏的申不害前来求官。韩昭侯不嫌弃他官小卑微，召见了他，对他精通刑名法术的学问深为赏识，任命他做了丞相。申不害对内修明政教，对外应对诸侯，前后执政十五年。在此期间，韩国安定繁荣，政治清明，军队强大，再没有哪个国家敢于侵犯。

然而，在申不害死后，形势急转直下。韩昭侯耽于玩乐，不理政事，以致国家刚有所发展就又衰败了下去。韩昭侯二十四年（前335），秦军攻占了韩国的宜阳。

韩昭侯二十五年（前334），韩国发生旱灾，人们生活困苦，但韩昭侯却不管不问，依然花费钱财修建高大的城门。楚国大臣屈宜臼说："昭侯出不了这座门。为什么呢？因为不合时宜。我所说的时，不是指的时间。人本来就有顺利或不顺利的时候。昭侯曾经顺利过，可并没有修建高门。去年秦国攻下他们的宜阳，今年发生旱灾，昭侯不在这个时候救济民众的急难，反而更加奢侈，这就叫做衰败的时候却做奢侈的事情。"次年，高门修成了，韩昭侯也去世了，果然没能出这座门。

三、轻信楚国　欺骗秦国

韩昭侯死后，其子即位为宣惠王，来自秦的威胁非常严峻。

韩宣惠王五年（前328），张仪任秦国丞相。八年（前325），魏军打败了韩国将军韩举。十一年（前312），韩宣惠王把君号改称为王，并与赵王会盟。十四年（前315），秦军进攻并打败韩军。

韩宣惠王十六年（前317），秦军再次打败韩军，俘虏了韩国将领。韩国十分着急，公仲对韩王说："盟国是不可靠的。现在秦国想征伐楚国已经很久了，大王不如通过张仪向秦王求和，送给秦国一座名城，并准备好盔甲武器，和秦军一起向南征伐楚国，这是用一失换二得的计策。"韩王同意了。

楚王听说韩国要与秦国讲和，非常惊恐，召见大臣陈轸，把情况告诉了他。陈轸说："秦国想攻伐楚国已经很久了，现在又得到韩国的一座名城，并且还做了充分的准备。秦、韩合兵攻伐楚国，这是秦国梦寐以求的事情，如今已经实现，楚国肯定要受到侵伐。大王听我的意见，先在全国加强警戒，发兵声言援救韩国，让战车布满道路，然后派出使臣，多给他配备车辆，带上厚礼，让韩国相信大王是在救他们。即使韩王不肯听从我国，也会感激大王的恩德，一定不会与秦国一起前来攻楚，这样秦、韩就要不和了，即使秦军来攻，也不会成为楚国的大患。如果韩国听从我们的意见，停止向秦求和，秦国必定大怒，对韩国的怨恨就会加深。韩国到南方结交楚国，必定轻视秦国，应酬秦国时必定不会尊重。这就是利用秦、韩军队之间的矛盾来消除楚国的祸患。"

楚王听了大喜，立即在全国加强警戒，发兵声言去援救韩国，让战车布满道路，然后派出使臣，给他配备很多车辆，让他带着厚礼到韩国。楚使对韩王说："敝国虽小，已经出动了全部军队。希望贵国同秦国作战时能够称心如意，敝国国君将让楚军为韩国死战。"韩宣惠王听后非常高兴，就不再让公仲到秦国议和。

公仲见韩宣惠王突然变卦，劝谏说："不能这样。以实力侵犯我们的是秦国，用虚名来救我们的是楚国。企图依靠楚国的虚名，轻易与强敌秦国绝交，大王必定要被天下人大加嘲笑。况且楚、韩并非兄弟之国，也不是早有盟约共谋伐秦。我们已经有了联秦攻楚的迹象，楚国才声言发兵救韩，这一定是陈轸的计谋。况且，大王已经派人把我们的求和打算通报了秦国，现在又决定停止议和，这是欺骗秦国。轻易欺骗强秦，而听信楚国的谋臣，恐怕大王将来会后悔的。"

韩王不听劝告，终于与秦断交。秦国因此大怒，增加兵力进攻韩国，两国大战，而楚国却始终没有来援救。秦军大败韩军后，韩王只好派太子仓去做人质，才得以向秦国求和。

韩宣惠王二十一年（前312），韩国同秦国一起攻楚，打败了楚国统帅屈匄，在丹阳斩杀了八万楚军。这一年，韩宣惠王去世，太子仓即位，是为韩襄王。

韩襄王十四年（前298），韩国与齐、魏两国一起进攻秦国，到了函谷关，就驻军在那里。十六年，秦国把河外之地和武遂还给韩国。韩襄王去世，太子咎即位，是为韩釐王。

韩釐王三年（前293），派公孙喜率领周和魏的军队攻秦。秦国大败韩军二十四万，在伊阙俘虏了公孙喜。韩釐王五年（前291），秦军攻下韩国的宛城。六年，韩国割让武遂地区的二百里土地，与秦国讲和，结为联盟。

四、不用贤能　身俘国灭

韩釐王二十三年（前273），赵、魏两国联军进攻韩国。韩釐王派人告急，秦国不来援救。韩国的相国对老臣陈筮说："现在事态急迫，您虽然抱病，还是希望您连夜到秦国去一趟。"

陈筮到秦，先去拜见秦昭襄王的舅舅穰侯魏冉。魏冉说：

"事情紧急了吧？所以才派你来。"陈筮说："还不很急呀。"魏冉听了，勃然怒道："如果这样，你的君主还能派你做使臣吗？你们的使臣来来往往，都是来向我们告急的，你来了却说不急，为什么？"陈筮说："韩国如果真的危急，就会改变政策去交好其他国家；因为还没到危急时刻，所以我又来了。"

穰侯魏冉一听明白了，若不施以援手，韩国就会倒向别的国家合纵抗秦，于是说："你不必去见秦王了，现在我立即发兵援救韩国。"果然过了八天，秦军赶来，在华阳山下打败赵军和魏军。这一年，韩釐王去世，他的儿子桓惠王即位。

韩桓惠王即位后，秦国不断攻打韩国。韩桓惠王九年（前264），秦军攻占了韩国的陉城，并在汾水旁筑城。十年，秦军在太行山进击韩军，韩国上党郡守献出上党郡投降了赵国。十七年，秦军攻占韩国的阳城、负黍；二十四年，秦军攻占韩国的成皋、荥阳；二十六年，秦军全部攻占了韩国的上党地区；二十九年，秦军又攻下韩国的十三座城邑。

韩桓惠王三十四年（前239），桓惠王去世，儿子韩安即位。

韩安即位后，韩国日益削弱，形势极其危急。韩国王室公子韩非，为使国家富强，多次向韩王进言治国之策，但韩安不以为然，没有采纳，也不任用韩非。

韩王安五年（前234），秦军进攻，韩国势如危卵，韩安非常着急，集全国兵力抵抗。无奈总是节节败退，韩安无计可施，寝食难安。

后来，韩安效法其他国家，决定向秦国割让土地，并献出国君的大印，请求作为秦国的附庸，向秦王嬴政称臣，时常进献奇珍异宝和方物特产。此时，韩安想到了韩非，派他作为使节前往秦国。韩非到了秦国，不仅没有说服秦王嬴政停止攻打韩国，而且自己也被杀了。

韩王安九年（前230），秦王嬴政派内史腾率军攻打韩国。韩安派军抵挡，遭到惨败。内史腾率军长驱直入，荡平了韩国。韩安无处可逃，最终被秦军俘获。此后，韩国的领土全部归属秦国，秦国在那里设置了颍川郡。韩国就此灭亡。

秦王政二十一年（前226），韩国旧贵族在故都新郑发动叛乱，秦朝出兵平叛。叛乱平定后，为根除祸患，软禁中的韩安被处死。

魏王魏假

魏假（？—前225），战国时期魏国君王。战国初年，魏国曾强盛一时，是最强大的诸侯国；战国中期，魏国仍较强大，但齐、秦等国崛起，已对其构成威胁；战国晚期，魏国日益削弱，降居弱国之列。魏假继位时，魏国已经积重难返，灭亡不可避免。

一、文武时期　达于鼎盛

魏氏的祖先是毕公高的后代。毕公高和周天子同姓，都姓姬。武王伐纣之后，公高被封在毕，于是就以"毕"为姓。他的后代中断了封爵，变成了平民，有的住在中原，有的流落到部族居住之地。他的后代子孙中有个叫毕万的，得以侍奉晋献公。

晋献公十六年（前661），赵夙驾车，毕万为车右护卫，征讨并灭亡了霍、耿、魏。献公把耿封给赵夙，把魏（今山西芮城北）封给毕万，二人都成了大夫。主管占卜的卜偃说："毕万的后裔一定很兴旺。'万'是满数；'魏'是高大的意思。用这样的名称开始封赏，这是上天对他的赞助。天子所统治的叫做兆民，诸侯所统治的叫做万民。如今封他的名称是大，后边又跟着满数,他一定会拥有许多民众。"

毕万受封后十一年,晋献公去世,四个儿子争夺君位,晋国内乱。而毕万的子孙越来越多,势力也越来越大,随他们的国名而称为魏氏。毕万的儿子魏武子,以魏氏诸子的身份侍奉晋公子重耳。晋献公二十一年(前656)的时候,魏武子跟随重耳外出流亡,十九年之后回国,重耳即位为晋文公,让魏武子承袭魏氏后代的封爵,升到了大夫的地位,他的官府设在魏邑。此后,魏氏世世代代辅佐晋室有功。晋悼公任用魏绛执政,八年之中,九次会盟诸侯,晋悼公对魏绛礼遇有加;魏献子在晋顷公时是执政大臣。直到魏桓子和韩康子、赵襄子一起三家分晋,晋国便不复存在。

魏桓子的孙子是魏斯,即位为魏文侯,当时正是秦灵公元年(前424)。魏文侯亦与韩武子、赵桓子、周威烈王同时。

魏文侯深知选用良臣谋士的重要,开始他启用了翟璜、翟角、魏牟等人,听从谋士翟角的建议,谋伐中山,开拓国土。在大臣翟璜的积极支持下,他准备讨伐中山。打仗必须有良将,翟璜为他推荐了大将乐羊。于是,魏文侯派遣乐羊、魏牟等人为将,于文侯十七年(前429)越过赵国,攻讨中山,最后攻破中山都城顾(今河北定县)。破城之后,魏文侯命自己的儿子子击(后来的武侯)守之。

当时有这样一件趣事,子击在朝歌(故址在今河南淇县)遇见了田子方率领的魏文侯的部队,他马上驱车回避,并下车谒见田子方,而田子方竟不还礼。子击大为不解,心想我是文侯之子,讨伐中山也有战功,你怎敢大大咧咧地不理我呢?他压住怒气,问田子方:"请问先生,我有一事不明,是富贵者骄人呢,还是贫贱者骄人呢?"田子方听后哈哈一笑说:"当然是贫贱者骄人啊。你不见诸侯因骄人则失其国,大夫因骄人则失其家。贫贱者行不合、言不用，他便可以去楚国或越国，潇洒超脱，你又能把他怎么样呢？"子击听后，十分不高兴地驱车而去。田子方精通儒学，曾为魏文侯之师。他这番话，既有哲理，又坦言相告，可见他绝非阿谀奉承之徒。魏文侯任用这样的大臣，他的国家又怎会治理不好呢？

魏文侯师从孔子的学生子夏学习经书，他深知任用贤才的重要。当时，听说一位名士叫段干木，魏文侯多次派人去请，但都吃了闭门羹。魏文侯亲自前去，但段干木还是不肯见他，翻墙走了。随后，魏文侯每次经过他的乡里，没有一次不凭轼敬礼的。秦国曾想进攻魏国，有人说："魏君对贤人特别敬重，魏国人都称赞他的仁德，上下和谐同心，不可图谋。"魏文侯因此誉满诸侯。

魏文侯十八年（前428），魏文侯任命李悝为国相。李悝任相后，忠心辅佐，积极开展变法。魏文侯非常支持变法，所以变法得以顺利进行。李悝变法主要有以下三个方面：

其一，在经济上主张统一分配农民耕地，平价收售粮食，发展个体小农生产。李悝对文侯说："籴甚贵伤民，甚贱伤农；民伤则离散，农伤则国贫。故甚贵与甚贱，其伤一也。善为国者，使民无伤而农益劝。"（《汉书·食货志上》）魏文侯采纳了他的建议，其结果是虽遇饥荒水灾，籴不贵而民不散，取有余以补不足。这样，魏国的经济很快发展起来。

其二，在政治上采取"吃有劳""禄有功""赏有贤""罚必当"的措施，废止世袭贵族特权。李悝曾对魏文侯说："有一些人，既没有本领、也没有功劳，他们靠着祖辈的贵族特权，身着华丽服饰，乘坐高大车马，整日沉迷在舞乐之中，不以为耻，反以为荣。而那些真正有才能的人，就因为不是贵族出身而很难得到重用，发挥不了自己的才能。"所以，他建议魏文侯废除贵族特权,大胆启用人才,按照功劳的大小授予爵位。魏文侯权衡利弊,同意了他的这些建议。这对贵族特权虽有所触动,但却大大地调动了群臣的积极性,大批有用的人才脱颖而出。

其三,在军事上建立常备的"武卒制度",这样就拥有了一支平时能耕作、战时能打仗的常规部队,国力自然强大起来。变法冲决了旧的羁绊,使魏国日益强大、富足起来。

除此之外,李悝还汇集了各国刑典,著成《法经》六篇,第一次用成文的形式把封建法权固定下来。魏文侯启用李悝,印证了他常说的"家贫则思良妻,国乱则思良相"这句含有深刻哲理的格言。

邺都介于上党、邯郸之间,与韩、赵为邻,是魏国一个重要的县,必须任用强明之士守之。经翟璜推荐,魏文侯启用西门豹为邺都令。西门豹废止了当地为河伯娶妻的迷信陋习,率领邺都百姓导引漳河水,修成十二条渠,以灌溉田地,结果是庄稼丰收,百姓安居乐业。这不能不说是魏文侯知人善用的结果。

魏文侯去世后,子击继位为魏国君主,是为魏武侯。武侯在位期间(前396—前371),继续推行法治,举贤任能,整军经武,任吴起为西河郡守(其时西河郡辖境相当于今陕西东部黄河西岸地区),西陲巩固,国事渐强,是为魏国鼎盛时期。

二、惠哀执政　日益衰落

魏武侯去世后,其子继位为魏惠王。这时已是战国中期,魏国仍然十分强大,但齐、秦等国在实行变法后相继崛起,经常攻打魏国。

魏惠王三年(前368),齐军在观城打败魏军。魏王曾与韩懿侯在宅阳(今河南荥阳东南)相会,双方交好,修筑堵城。秦国见此,便前来攻打魏国,以破坏联盟,魏军被秦军打败。魏惠王九年（前361），魏军在少梁与秦军交战，秦军俘虏了魏将公孙痤，并夺取了魏国的庞城。十七年（前353），魏军与秦军在元里交战，秦军攻占了魏国的少梁；同时，魏军包围了赵都邯郸。十八年，魏军攻下邯郸。赵国向齐国请求救兵，齐国派田忌、孙膑围魏救赵，在桂陵打败了魏军。

魏惠王为了抵御秦军，沿洛水修筑了长城。魏惠王二十八年（前342），魏惠王首先称王，召集诸侯会盟，率领诸侯朝见周天子。此时，魏国仍保持着一定的声威。

魏惠王三十年（前340），魏军进攻赵国，赵国向齐国告急。齐宣王用孙膑的计策，进击魏国、援救赵国。魏国于是大量发兵，派庞涓率领，让太子申做上将军。魏军经过外黄（在今河南开封附近）的时候，外黄人徐子对太子申说："我有百战百胜的方法。"太子说："可以让我听听吗？"徐子说："本来就想要呈献给太子您的。太子您亲自率军攻齐，即使大胜齐军并占有齐国的领土，富也不过就是拥有魏国，贵也不过就是做魏王。如果不能战胜齐国，就会万世子孙也不能得到魏国了。这就是我的百战百胜的方法。"太子申说："好吧，我一定听从您的意见撤军回国。"徐子说："太子虽想回去，但已经不可能了。劝太子打仗，想从中邀功得利的人太多了。太子虽想回去，恐怕也不可能了。"

事情果然不出徐子所料，太子申想班师回去，他的车夫却说："将军领兵刚出来就回去，与打败仗是一样的。"太子申一听也有道理，就继续进军，同齐军作战，在马陵（今河南范县西南）战败。齐军俘虏了魏太子申，杀死了将军庞涓，魏军彻底溃败。

魏惠王三十一年（前339），秦、赵、齐一起进攻魏国，秦将商鞅靠欺骗的方式俘虏了魏国将军公子卬，然后又袭击夺取了他的军队，打败了魏军。秦国任用商鞅，东边的领土到了黄河，而齐国、赵国又屡次打败魏国，而由于国都安邑（今山西夏县西北)靠近秦国,于是魏国就把都城迁到了大梁(今河南开封)。

魏国的疆域,最初主要包括今山西南部("河东")、陕西境内黄河与洛河之间("河西"),以及山西芮城西南风陵渡一带("河曲")。魏悼子徙居霍(今山西霍县西南),魏昭子又徙居安邑。其中心地区原在今山西西南,后逐渐向东南发展,通过今山西东南部("上党"),扩大到今河南北部("河内")和中部。魏惠王迁都大梁后,重心遂转移到中原地区,而魏惠王亦被称作"梁惠王"。

魏惠王屡次遭受军事上的失败,便用谦恭的礼节和优厚的礼物来招纳贤才。邹衍、淳于髡、孟轲都相继来到魏国。魏惠王(梁惠王)对孟轲(孟子)说:"寡人没有才德,致使军队三次在国外损兵折将,太子被俘,上将战死,国内空虚,以致使祖先的宗庙社稷受到羞辱,寡人非常惭愧。老先生不嫌千里之远,屈尊亲临敝国朝廷,将用什么办法使我国得利呢?"孟轲说:"君主不可以像这样谈论利益。君主想得利,那么大夫也想得利;大夫想得利,那么百姓也想得利,上上下下都来追逐利益,国家就危险了。作为一国君主,讲仁义就行了,为什么要讲利呢?"自然,魏惠王根本听不进孟子的这些话。

两年后,魏惠王去世,其子继位为魏襄王。魏国的势力日益衰落,多次被秦所败,不得不割让河西之地给秦国。但秦国并不满足,又夺取了魏国河东的部分土地。

魏襄王去世后,魏哀王即位。魏哀王想改变国家衰落的局面,信用成陵君,曾攻击齐国,又联合秦国征伐燕国。魏哀王八年(前310),魏军征伐卫国,攻克相邻城邑两座。卫国国君颇为忧愁。魏国大夫如耳进见卫君,说道:"请让我使魏国退兵,罢免成陵君,好吗?"卫君说:"先生果真如此,我愿意世世代代拿卫国来侍奉您。"

如耳得到卫国国君的信任,随即到魏国去周旋。他先见了成陵君,说道:"以前魏军攻打赵国,断绝羊肠坂道,拔取阏与,图谋分割赵国,把赵分为两个。而赵所以不灭亡的原因,是有魏国做联盟领袖。现在卫国已经濒临灭亡,将不得不西向请求臣事秦国。与其由秦国来解救卫国,倒不如由魏国来善待卫国。如此则卫国感激魏国之情,就必定是永无穷尽的。"成陵君说:"好啊!"

接着,如耳又去求见魏哀王,说:"臣曾经进见于卫君。卫国本来是周朝王族的别支,虽然只算小国,却拥有很多宝器。现在国家濒临危险,宝器却不奉献出来,是因为他们心里认为攻打卫国、善待卫国都不由大王做主,所以宝器即便献出来,也肯定不会到大王的手里。臣私下揣度:凡是先说善待卫国的,一定是接受了卫国贿赂的人。"如耳刚出去,成陵君就入朝,拿如耳说过的话进见魏哀王。魏哀王听信如耳的建议,停止对卫国用兵,同时罢免了成陵君,终身不再见他。

魏哀王虽然极力想改变败局,但直到他去世,也没能改变魏国的衰落局面。

三、安釐在位　以地事秦

魏哀王死后,魏昭王继位。此时,魏国国土被秦国日削月割,国力逐渐减小,双方的攻战也愈演愈烈。魏昭王元年(前295),秦国攻取魏国襄城。二年,魏军与秦军交战,魏军失败。三年,魏国帮助韩国攻击秦国,秦将白起在伊阙打败魏军,斩首二十四万。六年,魏国割让河东地方四百里给秦国。七年,秦军攻取魏国大小六十一座城邑。秦国的频频进攻,使魏昭王忧惧不已,在位仅七年便去世了。

魏安釐王继位当年(前276),秦军攻下魏国两座城邑。魏安釐王二年（前275），秦国又攻下魏国两座城邑，并陈兵大梁城下，魏国只好出让温邑以求和。魏安釐王三年，秦军攻下魏国四座城邑，斩杀四万人。四年，秦军打败魏军和韩军、赵军，斩杀十五万，赶跑了魏将芒卯。

在秦国的进攻之下，魏将段干子请求割让南阳来求和。谋士苏代对魏王说："想升官的是段干子，想得到土地的是秦国。如今大王让想得土地的人控制官印，让想升官的人控制土地，魏国的土地不割让殆尽，战争就不会停息。况且用土地侍奉秦国，就好像抱着干柴去救火，柴不烧完，火是不会灭的。"魏安釐王说："这样作比很恰当，可是事情已经开始实行，不能更改了。"苏代回答说："大王肯定知道玩博戏的人所以特别看重枭子的缘故，是由于有利就可以吃掉对方的子，无利就不再走棋。如今大王说'事情已经开始实行，不能更改了'，大王运用智谋怎么还比不上用枭呢？"魏安釐王听从了苏代的劝谏。

然而，魏安釐王不肯割让土地，却也不能阻止秦军进攻的脚步。接下来的几年，秦军又攻下了魏国的两处城邑。

此时，秦、魏的形势，强弱十分明显。为此，秦昭襄王十分得意，他觉得魏、韩这些国家军队疲弱、大臣庸下，再也不可能抗衡秦国。而秦国的有识之士则认为不可高枕无忧，一旦韩、魏等国联合，其力量还是十分强大的。这也正是当时魏、韩等国对付强秦唯一可行的途径。然而，魏安釐王并没有积极联韩抗秦，而是被秦国拉拢了过去。其他五国也是如此，不仅未能联合抗秦，反倒互相攻伐起来。

齐、楚两国联合攻魏，魏国派人到秦国求救，使臣络绎不绝，但秦国的救兵却不来。魏国有个叫唐雎的人，九十多岁了，对魏安釐王说："老臣请求到西方去游说秦王，一定让秦国的军队在我离秦之前出发。"魏安釐王恭敬地向他拜谢了两次，然后唐雎到达秦国，拜见秦王。秦昭襄王说："老人家疲惫不堪地远道而来，太辛苦了！魏国来求救已有好几次，寡人早已知道魏国的危急了。"唐雎说："大王既然已经知道魏国的危急却不发救兵，我私下以为是出谋划策之臣无能。魏国是有万辆战车的大国，之所以向西侍奉秦国，称为东方藩属，接受秦国赐给的衣冠，春秋两季都向秦国送祭品，是由于秦国的强大足以成为盟国。如今齐、楚的军队已经在魏都的郊外会合，可秦国还不发救兵，也就是看着魏国还不太危急罢了。假如到了特别危急的时候，魏国就要割地来加入合纵集团，大王您还去救什么呢？一定要等到危急了才去援救，这将失去作为东方藩属的魏国，从而增强与秦为敌的齐和楚，这对大王您有什么好处呢？"

秦昭襄王听罢范雎所言，顿时如梦初醒，马上发兵援救，打败了齐、楚两国的联军，魏国才恢复了安定。

四、不用信陵　王死国灭

魏安釐王因为秦国曾经援救的缘故，想要亲近秦国，攻伐韩国，以便收回原来的土地。信陵君魏无忌上书说：

> 秦人和戎狄的习俗相同，有虎狼一样的心肠，贪婪凶狠，好利而不讲信用，不懂得礼义德行。如果有利，连亲戚兄弟也不顾，好像禽兽一样，这是天下人都知道的。他们不曾施厚恩、积大德。所以宣太后本是秦王的母亲，却由于忧愁而死去；穰侯魏冉是秦王的舅父，功劳没有比他大的，可是竟然被驱逐了；秦王的两个弟弟没有罪过，却一再被削夺封地。对亲戚尚且如此，何况对仇敌之国呢？如今大王与秦国共同攻伐韩国，就会更加接近秦国的祸害，臣感到迷惑不

解。大王不懂此理就是不明，群臣没有来向您奏闻此理就是不忠。如今韩国靠女人辅佐幼弱的君主，国内有大乱，外边要与秦、魏的强兵交战，大王以为它还会不灭亡吗？韩国灭亡后，秦国将要占有原来郑国的土地，与大梁相邻，大王以为能够安宁吗？大王想得到原来的土地，就希望依靠和强秦的亲近，大王以为这会有利吗？……

过去，合纵不能成功，是由于楚、魏互相猜疑，而韩国又不可能参加盟约。如今韩国遭受战祸已有三年，秦国使它屈从，同它媾和，韩国知道要亡国了，却不肯听任事情的发展，反而送人质到赵国，表示愿做天下诸侯的先锋，与秦国死战。楚国、赵国必定集结军队，它们都知道秦国的贪得无厌，除非把天下各诸侯国完全灭亡，使海内之民全都臣服，它是绝不罢休的。因此臣愿意用合纵的主张报效大王，大王应尽快接受楚国和赵国的盟约，挟持韩国的人质来保全韩国，然后再索取旧地，韩国一定会送还。如果这样做了，军民不受劳苦就可得回旧地，其功效要超过与秦国一起去进攻韩国，而且也没有与强秦为邻的祸害。

保存韩国、安定魏国而有利于天下，这也是上天赐给大王的良机。开通共城、宁邑到韩国上党的道路，让这条路经过安成，对进出的商贾都要征税，这就等于魏国又把韩国的上党作了抵押。有了这些税收，就足以使国家富足。韩国必定要感激魏国、爱戴魏国、尊崇魏国、惧怕魏国，韩国一定不敢违背魏国，这样，韩国就成了魏国的郡县。魏国得到韩国作为郡县，卫、大梁、河外必能安定。现在不保存韩国，东西二周、安陵必然危险，楚国、赵国大败之后，卫国、齐国都很害怕，天下诸侯向西奔赴秦国去朝拜称臣就为时不远了。

信陵君的一番话，卓有见识，当时的六国，要想不亡，只有合纵抗秦，事秦则必定为其逐个击破。可以说，这又是魏国出现转机的关键。然而，魏安釐王却不肯听从信陵君的话，也不愿意重用他。

魏安釐王二十年（前257），秦军围困赵都邯郸，赵王派人求救，魏安釐王惧怕秦国，命令大将晋鄙按兵不动。信陵君魏无忌假传王命，夺得将军晋鄙的军队前去援救，赵国得以保全，信陵君也因此留在了赵国。

魏安釐王三十年（前247），信陵君魏无忌回到魏国，率领五国军队进攻秦国，在河外打败秦军，赶跑了秦将蒙骜。当时，魏国太子增在秦国做人质，秦庄襄王发怒，要囚禁魏太子增。有人替太子增游说秦王："公孙喜本来对魏相说过：'请派魏军快速攻秦，秦王一怒，必定要囚禁太子增。这又会使魏王发怒，更加猛烈地攻打秦国，秦国必定要伤害太子增。'现在大王要囚禁太子增，这就让公孙喜的计谋得逞了。所以不如厚待太子增而与魏国和好，让齐国、韩国去猜疑魏国。"秦庄襄王便不再囚禁魏太子增。

秦庄襄王派人携带万金前往魏国，挑拨信陵君和安釐王的关系。秦使对安釐王说："现在信陵君统帅五国军队，天下人只知有信陵君，而不知有大王您。"于是，魏安釐王废黜信陵君，命别人代替其统领军队。

魏安釐王三十一年（前246），秦王嬴政即位。

三年后，魏安釐王去世，太子增即位，是为魏景湣王。

不久，信陵君魏无忌去世。此时，秦国再无忌惮，派军攻下魏国二十座城邑，设置东郡。在魏景湣王在位的十五年中，秦国不断攻打魏国，相继攻取了魏国的许多城邑。

魏景湣王去世后，其子魏假即位。魏王魏假从父亲手里接过来的魏国，已经千疮百孔，土地也被秦国蚕食分割得七零八落了。他即使有心中兴魏国，也已经回天无力。

魏假继位第三年（前225），秦国便派大将王贲前来征伐。王贲命人引汴河之水淹灌魏国都城大梁。三个月后，大梁城浸水毁坏。魏假无力反击，只得请求投降。魏假投降后，被秦军杀死。魏国灭亡。

后世许多人都认为，魏国因为不重用信陵君，所以国家才会日渐削弱，以致灭亡。但当时秦国一心一意要平定天下，功业方兴未艾，魏国即使重用信陵君，也难以阻挡秦国统一的步伐；不过，或许会推迟灭亡的时间。

楚王熊负刍

熊负刍（生卒年不详），战国时期楚国君王。楚国的发展道路历经曲折。春秋时，与吴、越关系紧张；战国时，虽然强盛一时，但最终为秦所灭。楚国的历史，对人们不无启发、借鉴意义：楚庄王听取谏言，改革政策，称霸诸侯；楚平王轻信谣言，残害忠良，政治黑暗；楚怀王轻信张仪，优柔寡断，客死秦国；楚王负刍杀王自立，终于亡国。

一、庄王图强　称霸诸侯

楚国的祖先重黎，出自颛顼帝高阳，为帝喾的火正，因有功，被赐以"祝融"的称号。后来其弟吴回继任火正。吴回的第六个孙子季连，便是楚人直接的始祖，姓芈——芈姓是所谓"祝融八姓"之一。季连的后世子孙鬻熊侍奉周文王，如同儿子一样。古书记载，鬻熊以下的楚君皆以"熊"为姓氏。鬻熊曾孙熊绎僻处荆山（在今湖北南漳、保康一带），跋涉山林，以事周成王。成王举用功臣的后代，熊绎被封以子男爵位之田，居丹阳（今湖北秭归），从此立为国家。

楚的疆域，最初主要在今湖北西部山区和江汉平原一带，后逐渐向西溯江而上，扩展到今四川东端；向北溯汉水而上，扩展到今河南西南的南阳盆地和丹江流域；向南扩展到今湖南北部的洞庭湖平原；向东沿淮水和江水，扩展到今河南东南、安徽北部、江西北部和山东南部以及江苏、浙江一带。

西周时期，楚国对西周保持相对独立，往往叛服无定。周昭王曾两次率师伐楚。一次周师有较多俘获；一次周师全军覆没，昭王本人也死于汉水。这是西周历史上的著名事件。周夷王时，周王室衰微，熊绎的后代熊渠乘机出兵攻打庸和扬粤（即扬越），一直打到鄂地，分其土，封长子熊康为句亶王，次子熊红为鄂王，少子熊执疵为越章王，都在长江沿岸楚地。周厉王时，由于厉王暴躁狂虐，熊渠畏周伐楚，遂去其王号。周宣王时，楚国一度内乱。熊严有子四人，长子熊霜先立为王，即位六年去世，三弟争立：仲雪死，叔堪逃亡，而小弟季徇即位，是为熊徇。熊徇之孙熊仪为若敖（楚君无谥称敖，冠以葬地名），其庶支称为若敖氏，是后来楚国的显族。若敖二十年（前771），西周结束。

春秋早期，若敖之孙熊眴开启濮地。熊眴去世，其弟熊通杀其子代立，迁都郢（今湖北江陵西北）。周武王三十七年（前704），熊通自立为王，是为楚武王。武王多次进攻汉水以东的强国随（在今湖北随州）。周文王时，楚国更为强大，欺凌江汉间的小国，并北上伐灭申（在今河南南阳）、息（在今河南息县）、邓（在今湖北襄樊）等国。

春秋中期，楚成王屡次北上伐郑，引起北方各国的联合干预。楚成王十六年（前656），齐桓公合诸侯之师伐楚，与楚盟于召陵（今河南郾城东）。齐桓公死后，宋襄公乘机图霸。楚成王三十四年（前638），楚败宋于泓（今河南柘城一带）。宋襄公受箭伤，不久死去，楚国势焰益张。

楚成王四十年（前632），楚国攻打宋国，宋国向晋告急，晋文公在城濮（今山东鄄城西南）大败楚将子玉。楚成王杀子玉，楚国北上之势暂时受挫。此后，楚成王又灭弦（在今河南息县）、黄（在今河南潢川）等小国，以及楚的同姓国夔（在今湖北秭归）。楚穆王时，楚国又先后灭江（在今河南息县）、六（在今安徽六安）两国。

楚穆王去世（前614）后，其子继位为楚庄王。庄王年少即位，只知玩乐，不理政事。一晃三年过去，楚国大臣再也不能忍耐，伍举、苏从纷纷劝谏。楚庄王醒悟，开始励精图治。他首先整顿内政，惩恶劝善，举贤任能。据说曾惩办贪赃枉法、胡作非为的臣民数百人。当时，楚国的令尹斗越椒野心勃勃，图谋篡权，楚庄王便任命了三个大臣协助他处理事务，借以削弱其权力，防止叛乱。与此同时，又起用了几百位贤能之士，任用伍举、苏从主管政务。又先后任用虞丘和孙叔敖为相。

在国内事务处理就绪后，楚庄王便着手对付外敌。他首先采纳大臣的意见，在庄王四年（前611）秋起兵伐庸，把庸国的叛乱平息下来。其他弱小敌国，一见庸国失败，也都撤兵回国，向楚国称臣。

楚灭庸后，解除了西部的威胁，其势力范围随即扩大到今湖北西北一带，与秦国接界，从而大大方便了秦、楚两国的交往。西北方安定后，经过几年治理，国力渐趋强盛，楚庄王又把注意力转向了南方。

楚庄王先把打击目标放在从前与楚交好，后又背叛楚国而与晋国结盟的宋国和陈国。楚庄王六年（前608），楚国打败宋国，获战车五百乘。过了两年，楚庄王又举兵攻打陆浑（今河南嵩县东北）之戎，到达洛水，陈兵于周天子京城的近郊，以示楚国兵力的强大。周定王（前606—前585在位）派王孙满前来慰劳，楚庄王趁机问起了鼎的大小轻重。夏、商、周三代本以九鼎为传国之宝，鼎成为国家政权的象征。楚庄王问鼎，反映了周天子权威的进一步下降，以及楚庄王企图称霸天下的雄心。因此，后人把"问鼎"作为企图篡夺皇位、夺取天下的代名词。在王孙满的劝说下，楚庄王才撤了军。

楚庄王十六年（前598），楚庄王趁陈国发生内乱（大夫夏征舒弑陈灵公，自立为陈国国君）的机会，着手攻打陈国。他派遣使者打听虚实，使者回来说不可征伐。楚庄王问其原因，使者回答说："陈国城墙高，护城河深，粮草储备多，国内还比较安宁。"楚庄王说："陈国可以攻打。陈是小国，而储备却多，储备多说明赋税重，赋税重百姓就会怨恨君主；城墙高，护城河深，民力必然疲敝。"于是发兵攻陈，果然获得大胜。

楚庄王索性吞并了陈国，使其成为楚国的一个县。对此，楚国大臣大都祝贺楚庄王扩大了楚国的领土，楚大夫申叔却认为这是"蹊（践踏）田夺牛"（牛踩坏了田禾，就把人家的牛强夺过来），是轻罪重罚，会引起诸侯不满；不如重新封立陈国，作为楚国的屏障。楚庄王采纳了申叔的建议，史称庄王"纳谏复陈"。此举得到了其他诸侯国、特别是小国的赞誉，给楚国带来不少政治资本。

第二年（前597），楚庄王又打败了背盟事晋的郑国。

陈、郑都是晋国的保护国，楚国出兵陈、郑，显然是向晋国挑战，不承认晋国的霸主地位。于是在这年夏天，晋景公派荀林父为大将，与楚交战。楚军先发制人，乘夜突袭晋军，两军在邲（郑地，今河南郑州东）之郊外大战，晋军仓促应战，士气不振，指挥不灵，抵抗无力，结果拥有六百辆兵车的晋军，一夜之间几乎全军覆灭。楚庄王以楚国的强大，最终称霸诸侯。

二、灵王自骄　众叛亲离

楚庄王之后，经历楚共王、楚康王，楚灵王即位（前540）。

楚灵王三年（前538）六月，楚国派使者通知晋国，想与诸侯相会。诸侯都到楚国的申邑，与其会盟。

当时，郑国的执政大臣子产前来会盟，而晋、宋、鲁、卫都没有参与会盟。楚灵王与诸侯订立盟约后，面露骄色。老臣伍举说："夏桀因举行有仍（地名）相会，有缗（国名）背叛他。纣王因举行黎山相会，东夷背叛他。幽王因签订太室盟约，戎、翟背叛他。这都是骄傲所致，您要慎重思虑结局呀！"

当时，齐国崔杼弑君，他的党羽庆封在吴国。七月，楚国率诸侯军讨伐吴国，囚禁了庆封，尽杀其家族。楚国拿庆封示众说："大家不要仿效齐国庆封杀自己的国君，欺凌自己的幼君，挟制各位大夫与自己盟誓。"

楚灵王八年（前533），楚王派遣公子弃疾率军灭了陈国。十年（前531），楚灵王召来蔡侯，灌醉后杀了他。接着让弃疾平定蔡国，任命他做陈、蔡的地方官。

楚灵王频频出战胜利，又产生了篡夺周天子之位的想法。他对大臣析父说："齐、晋、鲁、卫四国，受封时都接受了周天子的宝器，只有我国没有。现在我派使者到周把鼎要来，作为分封的宝器，周天子会给我吗？"析父回答说："他会给君王的！从前我们的先王熊绎远在偏僻的荆山，乘坐简陋的车子，身穿破衣烂衫，居住在草莽荒野中，跋山涉水来侍奉天子，曾把桃木弓、棘枝箭进贡给周王室。齐国国君是周王的舅舅，晋和鲁、卫国君是周王同母的弟弟，因此他们都有宝器，唯独楚国因与周天子没有亲近的关系而未能分到宝器。如今，周王室和那四个国家都服从您，将对您唯命是从，怎么敢吝惜鼎呢？"

楚灵王说："从前，我的远祖伯父昆吾住在原来的许国，现在郑国人贪婪地占据着那块田地，不肯给我。现在我去要回，郑国会给我吗？"析父回答说："周天子不敢吝惜鼎，郑国怎么敢吝惜田土呢？"

楚灵王又说："过去诸侯都认为我国地处偏远而畏惧晋国的威势，今天我扩大、加固陈、蔡、不羹的城池，那里都备有一千辆战车的兵力，诸侯害怕我吗？"析父回答说："害怕！"

此后，楚灵王开始骄傲自满，耽于玩乐。官员们趁机横征暴敛，百姓则苦于徭役。楚灵王十二年（前529），楚灵王离开国都，到外地游乐，长期不回。

当初，楚灵王在申地与诸侯会兵时，曾侮辱越国大夫常寿过，杀死蔡国大夫观起。观起的儿子观从逃到吴国，劝吴王攻伐楚国，挑拨常寿过与越王的关系，要他挑起内乱，并做吴国的间谍。观从派人假借公子弃疾的命令，从晋国召回逃亡的公子比，到了蔡国，想与吴国、越国军队袭击楚国。这些人入宫杀死楚灵王的太子禄，拥立公子子比为楚王，任命公子子晳做令尹、弃疾做司马。清除王宫之后，观从又率领军队向楚国官兵宣布说："楚国已经拥立新王了。先返回国都的人，可以恢复爵位、封邑、田地、房屋；后返回的，一律流放。"楚国官兵一听，都纷纷离开楚灵王返回了国都。

楚灵王听到太子禄被杀的消息，竟失神跌于车下，说："人们疼爱自己的儿子也是如此吗？"侍者说："还要超过大王。"楚灵王说："我杀别人的儿子也太多了，能不落到这个田地吗？"（"余杀人之子多矣，能无及此乎？"《史记·楚世家》）右尹说："请大王到国都郊外，听从国人的处置吧。"楚灵王说："众人的怒气不可冒犯。"右尹说："大王暂且到大县避一避，再向诸侯们请兵吧。"楚灵王说："诸侯们都要背叛我的。"右尹又说："暂且逃到诸侯国，听听大国国君的意见。"楚灵王说："大福不能再次降临，只不过是自取侮辱罢了。"（"大福不再，只取辱耳。"同上）

楚灵王想乘船进楚国的别都鄢（今湖北宜城东南）。右尹估计楚灵王决不会采纳自己的建议，担心与之一齐被杀，离开楚灵王逃跑了。

楚灵王独自在山中徘徊，乡野百姓没有敢收容他的。途中，楚灵王遇见过去在宫里的涓人（宦官），对他说："你替我找口饭吃吧，我已经饿了三天了。"涓人说："新王刚刚下达诏令，有敢给您送饭并与您一起逃亡的，诛灭三族。何况这里也无法找到食物。"楚灵王头枕涓人大腿睡下，涓人等他沉睡后，用土块来代替，抽出腿逃走了。楚灵王醒后找不见涓人，饿得竟不能坐起来。

芋地地方官申无守的儿子申亥说："我的父亲曾经两次触犯王命，灵王都没有杀他，恩德没有比这更大的了！"他到处寻找楚灵王，最后终于找到饿昏的楚王，把他带回自己的家中，从此精心侍奉。后来，楚灵王在申亥家中逝世，申亥妥为安葬，并让两个女子殉葬。

三、平王杀君　暴虐无道

楚国虽然已经拥立公子子比为楚王，却怕灵王再次返回，又没有听到其死去的消息，所以很为不安。而且在外的公子弃疾，虽然已任命其为司马，但毕竟本是平起平坐的公子，也不能不防。因此，观从对新王子比说："如果不杀死弃疾，即使拥有整个国家，也还要招来灾祸。"新王说："我不忍心杀他。"观从说："可是别人会忍心杀掉你啊。"新王不听，观从也就离去了。

弃疾回到国都后，都城的人每天夜里都很惊恐，常说："灵王入城了。"一天夜里,弃疾让撑船的人在长江岸边奔走呼号说:"灵王来了!"都城的人们更加惊惧。弃疾又派人告诉新王子比和令尹子皙说:"灵王到了,都城的人将要杀死你们!司马(即弃疾)将要来到了!您尽早想个办法吧,不要自取侮辱。众人的怒气就像洪水与大火,那是没有办法解救的。"新王子比和子皙知道事情已无可挽回,就自杀了。随之,弃疾即位做了楚王,改名为熊居,史称楚平王。

楚平王熊居靠欺诈手段杀死两个君王、自己即位,恐怕国人和诸侯背叛自己,就对诸国和百姓布施恩惠。他归还陈、蔡两国的土地,并让两国原来国君的子孙即位,又归还了侵占郑国的土地。对国内百姓则抚恤安慰,修明政务。

楚平王二年(前527),楚平王委派费无忌到秦国为太子建娶妻。太子之妻美貌过人,她还没到楚都时,费无忌先一步赶回,怂恿平王说:"秦国女子有倾国倾城之貌,您可以自己娶她,再为太子另娶别的女子。"楚平王便自己娶了秦女,给太子建另外娶了妻子。

当时,伍奢是太子建的太傅,费无忌是少傅。费无忌不受太子建宠信,经常在楚平王面前中伤太子。太子建当时已经十五岁,他的母亲是蔡国女子,也不受宠幸,楚平王渐渐地更加疏远太子了。

楚平王六年(前523),楚平王让太子建住在城父(在今安徽亳县),戍守边界。费无忌又日夜向楚王中伤太子建,说:"就因我把秦国女子献给了您,太子非常怨恨我,也不可能对大王没有怨气,大王也要多加防备啊。况且太子住在城父,专揽兵权,对外结交诸侯,随时有可能打进国都。"楚平王召见太傅伍奢,把他责备了一番。伍奢知道这是费无忌造谣的结果,就说:"大王为什么因为一个小人而疏远亲生骨肉呢?"费无忌得知后,仇恨伍奢，对楚平王说："今天不制服伍奢，后悔就晚了。"于是，楚平王囚禁了伍奢，命人召太子建回来，想杀了他。太子建听到消息，逃到了宋国。

费无忌为进一步打击政敌，又对楚平王说："伍奢有两个儿子，如果不杀他们，将会贻害楚国。为什么不以免除他们父亲的死罪为条件，把他们召来呢？这样他们必定会回到楚国。"于是，楚平王派使者对伍奢说："如果能把两个儿子召回，你就可以活命，否则就处死你。"伍奢说："伍尚会回来，伍胥（即伍子胥）不会回来。"楚平王问："为什么？"伍奢说："伍尚为人忠诚憨厚，恪守孝悌忠信之道，能为节义而死，如果听说回楚可以免除父亲的死罪，肯定回来，不会顾惜自己的性命。伍胥为人聪慧而善于谋略，勇猛而喜功，知道回来必死无疑，便不会回来。将来成为楚国忧患的，必定是他。"

事情果真如此。楚平王派人去传召伍氏兄弟，说："你们回楚国，大王就赦免你们父亲的死罪。"伍尚对伍子胥说："知道父亲可以免死却不回去，那是不孝；父亲被杀，做儿子的如果不想方设法报仇，那是没有智谋；根据能力去成就大事，那才是智慧。你逃走吧，我将回楚国送死。"结果，伍尚回到了楚国，伍子胥则逃到了吴国。伍奢听到这个消息后，说："子胥跑了，楚国危险了。"不久，楚国就杀了伍奢和伍尚。

楚平王十年（前519），住在居巢（今安徽巢县）的太子建的母亲，暗中与吴国有来往。吴国派公子光讨伐楚国，打败陈国、蔡国军队，接走了太子建的母亲。楚平王很害怕，加固了郢都。吴国的边城卑梁，与楚国的边城钟离相邻，以前曾有两个小孩争夺桑树，两家因此发生争吵互相攻打，钟离人杀死了卑梁人。卑梁大夫大为愤怒，派城里的守军攻打钟离。楚平王听到后也很愤怒，派大军占据了卑梁。吴王因此大怒，也派出军队，让公子光借太子建母亲家在居巢为由而攻打楚国，一举攻下了钟离、居巢。楚平王十分畏惧，又修建、加固了郢都。

楚平王去世（前516）后，楚国拥立太子珍（楚平王与秦女所生之子），是为楚昭王。

楚昭王元年（前515），在伍子胥的煽动下，吴军多次侵伐楚国。楚国人怨恨费无忌，楚国令尹子常便杀了他。

楚昭王十年（前506）的冬季，吴王阖闾、伍子胥和唐国、蔡国共同讨伐楚国，楚国大败。伍子胥的仇恨并未就此消解，他又派人掘开楚平王之墓，鞭打其尸。吴军打来，楚国派子常率军迎击，两军隔着汉水摆开阵势。吴国打败子常军，子常逃到了郑国。楚军溃散，吴军乘胜追击，五次交锋后，吴军兵临郢都。楚昭王仓皇逃跑，吴军开进了郢城。

楚昭王逃出郢都时，曾派申包胥向秦国请求援救。申包胥在秦廷大哭，一连七天不吃不喝，感动了秦哀公。秦国派了五百辆战车救助楚国，楚国也聚集残余士兵，与秦军共同反击吴国。楚昭王十一年（前505）六月，秦楚联军打败了吴军。九月，楚昭王回到郢都。第二年，吴国又攻打楚国，攻下了番。楚昭王很害怕，又离开了郢城，并把都城迁到了北边的�城。

楚国就这样衰败了。

四、怀王受骗　客死秦国

楚昭王去世后，楚国经历了惠王、简王、声王三代，已经到战国早期，楚悼王即位（前401）。悼王晚年，任用吴起为令尹（相当于国相）进行变法，南收扬越之地，占领了洞庭、苍梧，楚国重又强大起来。但由于旧贵族势力强大，吴起变法不久即夭折。

战国中期，秦、魏、齐三国相继崛起，秦国开始攻打楚国。

楚怀王元年（前328），张仪开始担任秦惠文公的令尹。

楚怀王六年（前323），楚国派令尹、柱国将军昭阳率军攻伐魏国，大败魏国，攻克了魏国的八个城邑。接着，楚国又调兵攻打齐国，齐王十分担心。

此时，陈轸恰好替秦国出使齐国，齐王说："您认为应如何对付楚国？"陈轸说："君王不要担忧，请您派我出使楚营，让他撤军。"

陈轸受命后，来到楚军军营，会见昭阳，说："我想得知楚国的军功法令，打败敌军、杀死敌将的有功之臣，有何赏赐？"昭阳说："授予上柱国将军的官职，封给上等爵位，让他手执珪玉。"陈轸说："楚国还有比这更尊贵的赏赐吗？"昭阳说："令尹。"陈轸说："现在您已经做了令尹，这是楚国最高的官位。您如今攻打魏国，已经打败魏军、杀死魏将，没有比这再大的功劳了，可官职爵禄却不可能再增加了。而您又调兵准备攻打齐国，即使战胜，您的官爵也不会因此而增加；如果战败，您将殉职丢爵，让楚国受辱，这真是画蛇添足。您不如停止攻齐，率军返楚，这样才是永处高位的策略啊！"昭阳一听颇有道理，就率军离开了齐国。

同年，燕、韩两国国君开始称王。秦国派张仪与楚、齐、魏相会，订立了盟约。

楚怀王十一年（前318），苏秦与山东六国约定合纵，共同攻打秦国，楚怀王被推举为合纵长。六国大军打到函谷关，秦国出兵迎击。由于六国兵士都心存观望，不能齐心协力，以致先后撤军，其中齐军在最后。

楚怀王十六年（前313），秦国想讨伐齐国，但楚国正与齐国合纵亲善，秦惠文王要设计破坏齐、楚的关系，就扬言免掉张仪国相之职，让他去会见楚怀王。

张仪来到楚国，离间齐、楚两国的关系，说如果楚与齐断交，秦国许诺给予商（今陕西商州）、於（今河南西峡一带）之间六百里的土地。楚怀王不听陈轸的劝谏，与齐国绝交，派遣一位将军到秦国去接受商、於之地。谁知秦国背约，不给楚国土地。楚怀王大怒，派兵攻秦，但遭到惨败。秦国这时又要攻打齐国，为了不分散兵力，就与楚怀王和解了。

楚怀王二十年（前309），齐湣王想做合纵国的首领，共同伐秦，不愿让楚国与秦国联合，就写信给楚怀王说："大王您被张仪欺骗，丧失汉中的土地，大军屡败于秦军，天下人都替您感到愤怒。今天您竟然服侍秦国！希望您仔细考虑吧。"

楚怀王正想与秦国联合，见到齐湣王的书信，犹豫不决。在大臣的劝说下，怀王终于未与秦国联合，而是联合齐国，并与韩国友好。

楚怀王二十四年（前305），秦昭襄王刚即位，就用厚礼贿赂楚国，又把秦国的女子嫁给楚怀王。在此情形下，楚国又背叛齐国、联合秦国，并与秦昭襄王订立盟约。秦昭襄王把楚国的上庸归还给了楚国。

楚怀王二十六年（前303），齐、韩、魏三国因楚国违背合纵亲善而交好秦国，联合讨伐楚国。楚怀王让太子到秦国当人质，请求秦国出兵援救。秦国派客卿通率军援救，三国这才退兵。

楚怀王二十七年（前302），秦国一位大夫私下与楚太子殴斗，楚太子杀了他，逃回了楚国。秦昭襄王大怒，就和齐、韩、魏三国共同攻打楚国，杀死了楚国大将唐昧。

楚怀王二十九年（前300），秦军攻打楚国，把楚军打得大败，杀死两万楚兵，还杀了楚国将军景缺。楚怀王十分害怕，遂再次派太子到齐国做人质以求得和解，并要求加入合纵国联盟。

楚怀王三十年（前299），秦国又攻打楚国，攻占了八座城邑。秦昭襄王给楚怀王写国书说:"当初我和您结拜为弟兄,签订盟约,您派太子来我国做人质,两国关系十分融洽。太子杀死我的重臣,竟不道歉就逃走了,我确实愤怒至极,便派兵攻占您的边境。现在听说您让太子到齐国做人质,以求得和解。我国和楚国接壤,本来就结成了婚姻,互相亲善友好很长时间了。如果秦楚关系恶化,就无法号令诸侯。我希望和您友好相会并签订盟约,订立盟约后再分离,这是我的愿望。"

楚怀王看到秦昭襄王的信,很想前去赴会,可又担心受骗;不去赴会,又害怕秦昭襄王发怒。大臣昭雎说:"君王不要前去赴会,而应派军队加强边境的防守。秦国是虎狼之国,不可相信,况且他有吞并诸侯的野心,向来不讲信誉。"楚怀王的儿子子兰却劝怀王前往,说:"为什么断绝与秦王的友好关系?"

楚怀王缺乏明见,结果前往会见秦王。秦昭襄王让一位将军冒充自己,带大军埋伏在武关(在今陕西商南西北)。楚怀王一到,秦将就关闭了武关,将楚怀王劫持到了咸阳。秦昭襄王对待楚怀王如同对待附属国的臣子一般,不用平等的礼节。楚怀王大怒,但后悔已晚。秦昭襄王要挟楚国割让巫、黔中的郡县给秦国。楚怀王希望只订盟约,秦昭襄王却想先得到土地。楚怀王很生气,坚决不肯答应,秦王就扣留了他。

楚国大臣商议说:"我们的君王被扣留,秦王要挟我们割地,太子又在齐国做人质,如果齐、秦联合算计楚国,那么楚国就要灭亡了。"大家打算拥立在国内的楚怀王庶子。昭雎说:"君王与太子被困在诸侯国,今天又违背君王的命令另立庶子,那是不合适的。"昭雎想出一个蒙骗齐国的计谋,派使者到齐国报丧。齐湣王对国相说:"不如扣留楚国太子,让楚国割让淮北给我国。"国相说:"不行,如果楚国另立君王,我们留下人质也毫无作用,而且会在天下人面前留下不义的骂名。"于是,齐湣王送回了楚国太子。太子回国后，被立为君王，是为顷襄王。

楚顷襄王三年（前296），楚怀王在秦国去世，秦国把他的灵柩送回了楚国。楚国人都哀怜楚怀王，如同悲悼自己的父母兄弟一样。秦、楚从此便断交了。

五、顷襄衰国　负刍败亡

楚顷襄王六年（前293），秦国派大将白起攻打韩国，斩杀韩国士卒二十四万，威震诸侯。秦昭襄王派人给楚顷襄王送去国书，书中说："楚国背叛了秦国，秦国将率领诸侯军攻打楚国，决一雌雄。希望您重整军队，以便大战一场。"楚国没有胜算，楚顷襄王便打算再与秦国讲和。秦国趁机以女子许嫁楚顷襄王，秦楚又讲和了。

楚顷襄王十四年（前285），楚顷襄王与秦昭襄王友好相会，议和结亲。次年，楚王便与秦、韩、赵、魏四国共同攻打齐国，夺取了淮北。

楚顷襄王十八年（前281），楚国有人对楚顷襄王说："先王（指怀王）被秦国欺骗，客死在秦国，没有比这再大的仇恨了。现在，即使普通人有杀父之仇，还有把一个国家作为报复对象的，比如伍子胥。如今，楚国方圆五千里，拥有百万大军，本来足以驰骋于千里原野，却坐而待毙，我以为大王不会这样做。希望大王能与五国合纵，共同攻打秦国。"于是，楚顷襄王派使者出使诸国，重新约定合纵，以便讨伐秦国。秦国听到这个消息，就派军来攻伐楚国。

楚顷襄王野心勃勃，不知楚国危机四伏，竟然想和齐、韩联合讨伐秦国，借机图谋周朝。周赧王派周惠公之子武公，对楚国国相昭子说："三国使用武力来分割周都郊野以便于运输，并向南运送宝器尊崇楚王，我认为不对。杀死诸侯共同尊奉的君王，让世代相袭的君王作臣民，大国一定不会亲近它；凭借人多威胁势单力薄的周室，小国一定不顺服它。大国不亲近，小国不顺服，既不能获得威名，又不能获得实利。威名、实利都得不到，就不应该动用武力而杀戮百姓。如果您有图谋周朝的名声，就无法向诸侯发布号令。《周书》说'要想在政治上有所作为，就不要首先倡乱'（"欲起无先"），所以祭器如果南移到楚国，讨伐的大军就会接踵而至。"楚顷襄王认为昭子说得有理，就放弃了原有的计划。

楚顷襄王十九年（前280），秦国讨伐楚国，楚军大败，割让上庸、汉北地给秦国。此后的几年，秦国大将白起攻占了楚国的西陵和郢，烧毁了楚国先王墓夷陵。楚军溃散，不能再战，退到东北部保守在陈城（今河南淮阳）。秦国又攻克了楚国的巫郡、黔中郡。

楚顷襄王不甘心失败，聚集东部的士兵，共有十多万，又向西攻取秦国攻下的长江边的十五座城邑，划为郡县，抵拒秦国。楚顷襄王二十七年（前272），楚顷襄王派三万人帮助三晋攻打燕国。秦国又要来攻打楚国，楚王派左徒黄歇出使秦国。黄歇劝秦昭襄王与楚国亲善，共击韩国，消灭韩国之后，将使其他四国诸侯胆战心惊，到时就会顺利臣服秦国。秦昭襄王被说服，秦、楚再度讲和，让太子熊元到秦国做人质，并让黄歇到秦国侍奉太子。

楚顷襄王三十六年（前263），楚顷襄王生病，太子熊元逃回楚国。秋天，楚顷襄王逝世，太子熊元即位，是为楚考烈王。楚考烈王任用黄歇为令尹，把吴地封给他，号称"春申君"。

楚考烈王元年（前262），楚国给了秦国一个州，以求与之讲和。这时，楚国更加衰弱了。

楚考烈王六年（前257），秦国包围赵都邯郸，赵国告急，楚国派将军景阳前往救助。第二年（前256），楚国打到新中，秦军撤离。

楚考烈王二十二年（前241），楚国与诸侯国共同讨伐秦国，形势不利而撤军。楚国向东迁都到寿春，亦命名曰"郢"（今安徽寿县西南）。

楚考烈王逝世后，儿子楚幽王即位。楚幽王在位十年去世，同母弟犹即位，史称楚哀王。

当时，秦国已经灭掉了韩国，正在攻打赵国，楚国面临着亡国的危险。但楚国君臣却不知一致对外，仍在争权夺势。楚哀王的哥哥熊负刍养了很多党徒，打算杀死楚王自立。楚哀王即位两个多月，熊负刍的党徒将其袭杀，拥立熊负刍做了楚王。

楚王熊负刍即位的次年（前226），秦王嬴政派将军讨伐楚国，大败楚军，夺取了十多座城邑。楚王负刍四年（前224），秦国大将王翦再次攻楚。楚王熊负刍出动全国兵力抵抗秦军，王翦闭寨不战。楚军放松警惕后，王翦一举打败楚军，杀死将军项燕，又乘胜夺取了楚国的一些城邑。

楚王负刍五年（前223），秦国大将王翦、蒙武攻进楚都，俘虏楚王熊负刍，灭亡了楚国，在楚地设置了三个郡（九江郡、长沙郡、会稽郡）。

燕王姬喜

姬喜（生卒年不详），战国时期燕国君王。燕王姬哙违背历史规律，盲目追求帝尧禅让的美名，把国家让给权臣子之，国破身死；燕昭王谦恭下士，富国强兵，使燕国重新强大起来；燕惠王挟持私怨，迫走名将乐毅，自毁长城；燕王姬喜不听劝谏，攻打盟国，又误用骄将剧辛，造成燕国衰亡。

一、燕国弱小　六国联盟

燕召公奭与周王族同为姬姓。周武王灭掉商纣王后,把姬奭封在北燕(今北京地区),后建立燕国(都蓟,今北京西南),便以国为姓氏。

在周成王的时候,燕召公身为三公之一:自陕地以西,由燕召公主管;自陕地以东,由周公主管。当时成王年幼,周公代他主持朝政,执掌国家大权。燕召公怀疑周公有篡位之心,周公写了《君奭》一文表白自己。可是,燕召公仍然对周公不满。于是周公称扬殷商时的有关史实说:"商汤时有伊尹,功德感动了上天;在太戊时,就有像伊陟、臣扈那样的贤臣,功德感动了上帝,并有巫咸治理朝政;在祖乙时,就有像巫贤那样的贤臣;在武丁时,就有像甘般那样的贤臣。这些大臣都有辅佐君王治政的功业,治理和安定了殷朝。"燕召公听了这番话,这才消除了对周公的怀疑。

燕召公治理陕地西部一带,很受广大民众的敬爱。他到乡镇去巡察,见附近有一棵棠梨,就在树下判决案件、处理政事。从侯爵、伯爵到平民,都得到了妥善安置,没有失去职务和职业的。燕召公去世后,民众思念他的政绩,怀念那棵棠梨树,不舍得砍伐,并且歌咏它,创作了题为《甘棠》的诗篇。

从燕召公以后,有关燕国的历史,史书记载很少。据《史记》记载,共有十一代燕侯,第一至第八代名号不详,第九至第十一代依次为惠侯、釐侯、顷侯。

燕顷侯之后,经历哀侯、郑侯、缪侯、宣侯、桓侯五代,到了燕庄公。

燕庄公时,燕国经常受到北方山戎的侵扰。燕庄公十二年(前679),齐桓公开始称霸。十六年(前675),燕庄公与宋、卫两国一起攻打周惠王，周惠王逃走，三国拥立其弟颓做周王。燕庄公十七年（前674），郑国拘捕了燕仲父，并把周惠王接回到京城。

燕庄公二十七年（前664），山戎侵犯燕国，齐桓公前往援救，率军北上讨伐山戎，然后回国。燕庄公欢送齐桓公出了国境，齐桓公就把燕庄公所到的地方割让给了燕国，让燕庄公与诸侯一道向天子进贡，又让燕庄公重新修明燕召公时候实行的法度。这样一来，燕国就恢复了与中原周王室的联系，也确定了燕国的疆界，从而阻止了山戎南下。

燕庄公之后，燕国经历了襄公、桓公、宣公、昭公、武公、文公等共十三代，孝公即位。燕孝公十二年（前453），韩、魏、赵三家灭掉了智伯，瓜分了他的封地，这三家逐渐强大起来，而燕国在各大国中实力最弱。

燕湣公三十一年（前403），韩、赵、魏三国被列为诸侯。

燕桓公十一年（前362），秦国更加强大，时刻威胁着六国。

燕文公二十八年（前334），苏秦初次来到燕国，游说燕文公。燕文公赠给他车辆、马匹、黄金和绢帛，让他到赵国去，得到赵肃侯的重用。于是，苏秦与六国结成抗秦联盟，自己成了联盟的领导者。这时，秦惠文王为破坏六国联盟，把自己的女儿嫁给燕国太子做了妻子。

燕文公二十九年（前333），燕文公去世，太子即位，是为燕易王。

燕易王刚刚即位，齐宣王就趁着燕国给燕文公办丧事的机会前来攻打，夺取了燕国的十座城邑；苏秦到齐国游说，说服齐王把十座城邑归还了燕国。

燕易王十年（前323），燕易王作为燕国国君正式称王。苏秦和燕文公的夫人通奸，害怕被杀，便游说燕易王派自己出使齐国去搞反间，企图扰乱齐国。

二、姬哙让位　国破身死

燕易王去世后,其子姬哙即位(前321)。不久,齐国人杀掉了苏秦。苏秦在燕国的时候,与国相子之结成了儿女亲家,苏秦的弟弟苏代也和子之交往密切。苏秦死后,齐宣王又任用了苏代。

燕王哙三年(前318),燕国联合楚国及韩、赵、魏三国攻打秦国,进攻函谷关。秦国出兵迎敌,五国联军败退而回。当时,子之任燕国的国相,主持国家大事,位尊权重。苏代作为齐国的使臣出使燕国,燕王姬哙问他:"齐王这个人能称霸吗?"苏代回答说:"肯定不能称霸。"燕王姬哙又问:"为什么呢?"苏代说:"不信任他的大臣。"苏代是想用这些话刺激燕王姬哙,使他重用子之。燕王姬哙也一点就通,此后十分信任子之。子之因此赠给苏代百镒黄金,任凭他使用。

这时,鹿毛寿也对燕王姬哙说:"您不如把国家让给国相子之。人们之所以称道尧是明君贤主,是因为他要把天下让给许由,许由没有接受。结果,尧有了让天下的美名,而实际上并没有失去天下。如果现在大王把国家让给子之,子之必定不敢接受。如此一来,就表明您有和尧同样的高尚品德,就能名扬天下。"燕王姬哙随即把国家大权交给了子之,但子之没有拒绝,而是欣然接受了。此后,子之的地位就更加尊贵起来。

又有人对燕王姬哙说:"上古时,大禹举荐了伯益,却任用儿子启的臣子做官吏。等到年老时,又说启不能胜任治理天下的重任,把君位传给了伯益。不久,启就勾结同党攻打伯益,很快夺走了君位。因此,天下人都说大禹名义上是把天下传给了伯益,而实际上又安排启夺了回去。现在大王虽然把国家托付给了子之,但官吏却没有一个不是太子的人,这同样是名义上把国家交给子之,实权还在太子手里。"听了这话,燕王姬会便下令收缴俸禄三百石以上官吏的印信，交给子之，让他重新任命。子之南面而坐，行使国王的权力；燕王姬哙年老，不再处理政务，反而成了臣子，国家一切政务都由子之决断。

子之执政三年，燕国大乱，百官人人恐惧。将军市被和太子姬平谋划，准备攻打子之。齐国众将对齐湣王说："趁这个机会出兵攻打燕国，一定能够攻破。"于是，齐湣王派人对燕太子姬平说："我听说太子要整饬君臣大义，申明父子名位，将要废私立公。我的国家虽小，愿意支持您的号召，听从太子的差遣，做您的坚强后盾。"太子姬平邀集同党、聚合徒众，派将军市被包围王宫，攻打子之，却没有攻克。将军市被临阵反戈，投奔了子之，与百官回过头来攻打太子姬平。结果市被战死，被陈尸示众。

这样一来，燕国经历了几个月的动乱，死亡达数万人，百姓非常恐惧，百官离心离德。而就在此时，孟子对齐湣王说："现在去讨伐燕国，这正是周文王、武王伐纣那样的大好时机，千万不能错过啊。"于是，齐湣王命章子率领五都的军队，偕同北方边境的士卒，一起去攻打燕国。燕国的士兵根本不迎战，城门也不关闭，燕王姬哙战死，齐军大胜。子之逃出燕国，齐军将之擒获，剁成了肉酱。

齐国想趁机吞并燕国，而各国都策划援救燕国。齐湣王又问孟子："各国都谋划来讨伐我，怎么办？"孟子回答说："我听说过只占有七十里而能统一号令天下的例子，就是商王汤。没听说过拥有千里之广的国家，却总是畏惧别人的。《尚书》说：'盼望我们的君主，他来了我们就可以获得解救。'（"徯我后，后来其苏。"）现在燕国虐待它的百姓，大王前往征服，燕国百姓认为是从水深火热中拯救了他们，都箪食壶浆前来迎接仁义之师。您如果杀掉他们的父兄，囚捕他们的子弟，毁坏他们的祖庙，掠夺他们的国宝，那可就不行了。天下本来就畏惧齐国的强大，现在齐国土地又增加了一倍，如果不施行仁政，就会招致天下的讨伐。大王您应该立即下令，释放被捕的老幼百姓，停止掠夺燕国的财宝，与燕国民众商议，推举新的国君，然后离开燕国，这样做还来得及。"

齐湣王没有采纳孟子的劝告。不久，燕国人果然纷纷反叛齐国，齐湣王叹息道："我真惭愧没听孟子的话。"

三、昭王富国　惠王败国

燕王姬哙与子之死后两年（前312），燕国人共同拥立太子姬平，是为燕昭王。

燕昭王是在燕国被齐国攻破之后即位的，立志复国，便以自身的谦恭和丰厚的礼物来招揽贤才。他对国相郭隗说："齐国趁我国内乱没有防备，攻破了我国。我深知燕国国家小、力量弱，无法报仇。但如果招徕贤士一起来治理国家，就可以洗雪先王的耻辱，这是我的愿望。先生见到可与共同治国的贤才，我会亲自去侍奉他的。"

郭隗说："古时候有个君主，派负责洒扫的涓人（宦官）用千金去购求千里马。涓人找到一匹已死的千里马，用五百金买下马头带回。君主大怒，涓人解释说：'死马您还买，何况活的呢？天下人知道了，好马就会送上门来。'不到一年，果然得到了三匹千里马。假若大王真心招纳贤士，那就先从我郭隗开始。至于那些比我更贤能的人，难道还会以千里为远而不来吗？"

燕昭王听从郭隗的建议，给郭隗改建了华美的住宅，并像对待老师那样，以弟子般的恭敬礼节服侍他，北面听教，还亲自侍奉其饮食。之后，燕昭王筑起高台，在台上陈列黄金，名为"黄金台"，以招徕贤士。不久，乐毅从魏国到来，邹衍从齐国到来，剧辛从赵国到来，贤士们争着奔赴燕国。燕王吊祭死者，慰问孤儿，养兵恤民，与臣下同甘共苦，共谋国事。

燕昭王二十八年（前284），燕国国家富强，人民众多，士兵都乐于出击，不惧怕战事。于是，燕昭王任命乐毅为上将军，与秦、楚以及赵、魏、韩等国共同谋划，说服了各国君王，共同发兵征讨齐国。乐毅攻破齐都临菑，尽收齐国的财物、祭器，并清查旧日燕国被齐掠来的器皿，用大车装载着运回燕国。燕昭王大喜，亲至临菑，大犒三军，封乐毅于昌国，号"昌国君"。

燕昭王返国，独留乐毅于齐，以收齐之余城。乐毅出兵六个月，攻下齐地七十余城，都编为燕国的郡县。只有莒城、即墨坚守，久攻不下。

当初，燕国军队攻打齐国安平（在今山东益都西北）时，临菑的一个小官田单正在城中，他预先让家族的人用铁皮包裹车轴头。待到城破，人们争相涌出城门，因为车轴互相碰断，车辆损坏难行，被燕军俘虏，只有田单一族因铁皮包裹车轴头儿得以幸免，逃到了即墨。

乐毅集中右军、前军包围莒城，集中左军、后军包围即墨。即墨大夫出战身亡。即墨的人们议论说："安平之战，田单一族人因铁皮包轴得以保全，可见田单足智多谋，熟悉兵事。"于是共同拥立他为守将，抵御燕军。乐毅围攻两城，一年未能攻克，便下令解除围攻，退至城外九里处修筑营垒，下令说："城中的百姓出来，不要抓捕，有困饿的还要赈济，让他们各操旧业，以安抚新占地区的人们。"

过了三年，城仍未攻下。有人在燕昭王面前挑拨说："乐毅智谋过人，进攻齐国，一口气攻克七十余城。现在只剩两座城，不是兵力不足以攻克。之所以三年不克，是他想倚仗兵威来收服齐国人心，自己好南面称王罢了。如今齐国人心已服，他之所以还不行动，就是因为妻、子在燕国。况且齐国多有美女，他迟早要忘掉妻子。希望大王早些防备!"

燕昭王听罢,下令设置盛大酒宴,拉出挑拨的那个人,斥责道:"先王倡导全国礼待贤明人才,并不是为了多得土地,留给子孙。他不幸遇到继承人缺少德行,不能完成大业,使国内民众怨愤不从,无道的齐国趁着我们国家动乱,得以残害先王。我即位之后,对此痛心疾首,才广泛延请群臣,对外招揽宾客,以求报仇。谁能使我成功,我愿意和他分享燕国大权。现在乐毅为我大破齐国,摧毁齐国宗庙,报了旧仇,齐国本来就该归乐先生所有,不是燕国所应得到的。乐先生如果能拥有齐国,与燕国成为平等国家,结成友好邻邦,抵御各国来犯,这正是燕国的福气、我的心愿啊!你怎么敢说这种话呢?"

接着,燕昭王将挑拨者处死,又赏赐乐毅妻子以王后服饰,赏赐他的儿子以王子服饰,配备君王车驾乘马及上百辆属车,派国相到乐毅那里,立乐毅为齐王。乐毅十分惶恐,不敢接受,一再拜谢,写下辞书,并宣誓以死效忠燕王。齐国人敬服乐毅的德义,各国也畏惧他的信誉,从此没有再敢来算计他的。

燕昭王三十三年(前279),燕昭王去世,燕惠王即位。燕惠王在当太子时,就与乐毅有矛盾。田单听说后,便派人到燕国使用反间计,散布说:"齐王已经死了,齐国仅有两座城未被攻克。乐毅与燕国新王有矛盾,害怕加祸,不敢回国。他现在以攻打齐国为名,实际是想率领军队在齐国称王。齐国人没有归附,所以他暂缓进攻即墨,等待时机举行大事。齐国人所怕的,是燕王派别的大将来,那样即墨就城破受害了。"

燕惠王本就疑心乐毅,中了齐国的反间计,便派骑劫为大将代替乐毅,并召他回国。乐毅知道燕王换将居心不良,就投奔了赵国。从此,燕军将士都愤愤不平,内部不和。

骑劫本来就不是田单的对手,再加上燕军将士因燕王恶待乐毅而心生怨愤，不听调遣，田单凭借即墨一城的兵力，就打败了燕国军队，骑劫战死。燕军后退到本国，齐国全部收复了原有的城邑。

燕惠王把父亲燕昭王打下的江山败得七零八落，从此郁郁成病，即位仅七年就去世了，他的儿子继位为燕武成王。韩、魏、楚三国趁燕国国丧及新君初立，联合攻打燕国。燕武成王即位伊始，日子就十分不好过。

燕武成王七年（前265），齐国田单征伐燕国，攻占了中阳。此后，燕国日益败落。

四、狂君骄将　终致灭亡

燕武成王去世后，其子继位为燕孝王。燕孝王继位仅仅三年，也去世了，其子姬喜继位。

姬喜年纪轻轻便即位为王，为人轻狂好战。燕王喜四年（前251），燕王姬喜派国相栗腹和赵国订立友好盟约，送上五百镒黄金给赵王置酒祝福。栗腹回国后对燕王说："赵国壮年男人都战死在了长平，他们的孤儿还没有长大。这是大好时机，我国可以进攻赵国。"

燕王姬喜叫来昌国君乐间，询问他的意见。乐间回答说："赵国是个四面受敌、经常抗战的国家，赵国的百姓都熟悉军事，我们不可进攻。"燕王姬喜说："我可以用五个人攻打赵国的一个人。"乐间仍旧回答说："那也不行。"燕王姬喜大怒，群臣不敢再有异议，都说可以进攻。

于是，燕王姬喜派出两路军队，调动兵车两千辆，由栗腹率领一路攻打鄗（今河北柏乡），卿秦率领一路攻打代（今河北蔚县）。只有大夫将渠对燕王说："刚与赵国交换了文件，制定了盟约，并拿出五百镒黄金给赵王祝福，使者刚回来就反过来进攻人家,这不吉祥,燕军肯定不会成功。"燕王姬喜听不进去,要亲自率领侧翼部队随军出发,以配合主力作战。将渠一把拉住燕王腰间系印的带子,阻止说:"大王一定不要亲自前去,去了是不会成功的!"燕王姬喜气得用脚猛地踢开了他。将渠哭泣着说:"我不是为了自己,为的是大王啊!"燕王姬喜头也不回地走了。

燕军到达宋子(今河北赵县),赵国派廉颇为将,率军在鄗打败了栗腹;赵将乐乘也在代打败了卿秦。乐间逃奔到了赵国。廉颇追赶燕军,直追五百多里,包围了燕国的都城蓟城。燕王姬喜只得请求议和,但赵国不答应,说:"一定要让将渠出面主持议和才行。"燕王姬喜无奈,便任命将渠为国相,前去主持议和。赵国听了将渠的调停,方才退兵而去。

在燕国日益衰落的同时,秦国却逐渐强大起来。燕王喜六年(前249),秦国灭掉东周,设置了三川郡。第二年,秦国攻占了赵国榆林等三十七座城邑,设置了太原郡。

燕王喜九年(前246),秦王嬴政即位,开始了大规模的兼并六国的战争。

燕王喜十二年(前243),赵国派李牧进攻燕国,夺取了武遂(今河北徐水西北)和方城(今河北固安南)。剧辛从前住在赵国时,与赵国的庞煖交情很好,后来剧辛逃到了燕国。燕王看到赵国屡次被秦军围困,而且廉颇又因兵权被夺离开了赵国,这时正让庞煖率军作战,准备趁赵国疲惫的机会去进攻。燕王征求剧辛的意见,剧辛十分自负,不屑地说:"庞煖很容易对付。"燕王不加思考,就派剧辛率军攻打赵国。赵国派庞煖迎战,击败燕军,俘获燕军两万人,并杀掉了剧辛。

这时,秦国攻取了魏国的二十座城邑,设置了东郡。燕王喜二十七年(前228),秦国俘虏了赵王赵迁。燕国君臣看到秦国即将灭掉六国,秦军已经到达易水,祸患即将降临。面对强秦,燕人知道军事上不是对手，于是另辟途径。燕太子丹派荆轲刺杀秦王嬴政，未能得逞。随后，秦王嬴政派将军王翦进攻燕国。

燕王喜二十九年（前226），秦军攻陷燕国都城蓟，燕王姬喜逃走，后来迁居辽东。为讨好秦王嬴政以自保，燕王姬喜杀掉了太子丹，把他的头献给了秦国，但秦军并没有因此停止进攻。

燕王喜三十三年（前222），秦将王贲率秦军攻取辽东，俘虏燕王姬喜，燕国灭亡。

赵代王赵嘉

赵嘉（生卒年不详），战国时期赵国君王。赵武灵王胡服骑射的大胆改革，使赵国迅速强大；赵惠文王时，赵国兵强将广，很有实力，不断进攻齐、魏，取得了一些土地；赵悼襄王时，赵国虽两次打败秦军，但兵力耗损殆尽；赵王迁时，已无力抵御秦军，兵败投降；赵嘉在代地称王，垂死挣扎，但终被秦国灭亡。

一、武灵胡服　兵势日强

赵国的先人，与秦人是同一个祖先，都是蜚廉之后，本姓嬴。赵国的祖先造父，得宠于周穆王，穆王让他为自己驾车。徐偃王发动叛乱时，周穆王乘坐马车，日行千里，攻打徐偃王并将其打败。因造父有功，周穆王就把赵城（在今山西洪洞北）赐给造父，造父从此便以"赵"为姓。

造父的后代赵夙事奉晋献公有功，晋献公封赵夙于耿（今山西河津南）。赵夙的儿子赵衰（赵成子）事奉晋文公，跟随晋文公重耳在外逃亡十九年，回国后主持政事，辅佐晋文公成为霸主。赵衰的后代赵盾（赵宣子）、赵朔（赵庄子）、赵武（赵文子)、赵鞅（赵简子）皆为晋卿，都曾主持晋国的政事。

赵简子之子赵襄子即位四年（前453），智伯和赵、韩、魏三家，把范氏、中行氏原有的领地全都瓜分。晋出公大怒，通告齐国、鲁国，想依靠它们讨伐四卿。四卿害怕，遂一起攻打晋出公。晋出公逃奔齐国，半路上死了。智伯就让昭公的曾孙骄即位，是为晋懿公。智伯越来越骄横，他要求韩、魏两家割让领地，韩、魏给了他；要求赵襄子割地，赵襄子不给，因为在包围郑国时智伯曾侮辱过他。智伯恼怒，率领韩、魏两家进攻赵襄子。赵襄子害怕，退守晋阳（今山西太原西南晋源区）。

三国攻打晋阳，一年多以后，引来汾水灌城，城墙没有淹没的只剩下三版高了。城里的人都把锅挂起来做饭，互换子女吃掉。群臣都有了外心，礼节越来越怠慢，唯有高共不敢失礼。赵襄子害怕，半夜派国相张孟同暗中结交韩、魏。韩、魏与赵合谋，三国反过来灭了智氏，瓜分了他的土地。赵襄子进行封赏，高共得上等。张孟同说：“晋阳有难期间，只有高共没有功劳。”赵襄子说：“晋阳危急之时，群臣都很怠慢，只有高共不敢有失臣下的礼节，因此他要受上赏。”这时，赵国在北方占有代地，南边并吞了智氏，比韩、魏都强大。

赵烈侯六年（前403），赵王与魏文侯、韩景侯被周天子正式策命为诸侯，赵国正式成为诸侯国。

赵的疆域，最初主要在今山西中部。赵简子居晋阳。晋出公元年（前475），赵襄子灭代，将领土扩大到今山西东北部及河北蔚县一带。赵襄子五十一年（前425），赵献子即位，徙居中牟（今河南鹤壁西）。赵敬侯元年（前386），迁都邯郸（今河北邯郸），活动中心逐渐移到今河北东南和河南北部。

战国初期，赵国经常与韩、魏联合进攻别国，并向北方各部族地区（林胡、楼烦、代、中山等）扩展。它首先灭代，后又助魏进攻中山，取得一些胜利。战国中期，赵与齐、魏争夺卫国，连年大战。赵国求救于楚国，转败为胜。此后不久，被魏国灭亡的中山国复国，赵又与中山国交战。赵成侯十二年（前354），魏国包围赵都邯郸。次年，齐国救赵，打败魏军。赵肃侯十七年（前333），赵国为防御北敌而修筑长城。其间，中山国强大起来，一度围攻赵的鄗地，对赵国形成严重威胁。

赵武灵王即位（前325）后，发愤图强，重新开启"胡、翟之乡"。赵武灵王十九年（前307），赵武灵王与老臣肥义不顾天下人非议，实行军事改革，教民"胡服骑射"。

当时，赵文、赵造、周袑、赵俊，都来劝阻赵武灵王不要穿胡服，认为依照原来的办法更适宜。赵武灵王说："先王习俗不同，哪种古法可以仿效？帝王们互不因袭，哪种礼制可以遵循？伏羲、神农注重教化，不行诛罚；黄帝、尧、舜使用刑罚，但不残暴。到了夏、商、周三王，随时代不同来制定法度，根据实际情况规定礼制，法规政令都顺应实际需要，衣服器械都便于使用。所以，礼不必只用一种方式，而便利国家也不必效法古代。圣人的兴起并不互相因袭，却能统一天下；夏、殷的衰败并未改变礼制，也终于灭亡。那么，违背古制无可厚非，遵循旧礼并不值得称道。

"如果说服装奇特的人心志浮荡，那么邹、鲁一带就不会有奇特行为的人了；习俗怪异的地方百姓都轻率，那么吴、越一带也就不会有出众的人才了。况且圣人认为，只要有利于身体，就可以叫做衣服；只要便于行事，就可以称为礼法。规定进退的礼节、衣服的制度，是为了使平民百姓有统一的遵循，不是用以评论贤人的。所以平民总是和流俗相伴，贤人却是与变革一道。所以谚语说：'按照书本赶车的人，不会摸透马的性情；用古法来约束今世的人，不能通晓事物的变化。'（"以书御者不尽马之情，以古制今者不达事之变。"《史记·赵世家》）遵循古法的功效，不可能高出世俗；效法古代的学说，不可能治理今世。你们不懂这个道理啊！"

最终，赵国推行胡服，并招募士兵练习骑射，国中从贵族至庶民皆着胡服，废车乘马，日逐射猎，兵势日强。

赵武灵王十六年（前304）时，赵武灵王曾做过一个梦，梦见一个美若天仙的佳丽，鼓琴技艺十分高超。赵武灵王心慕其貌其技，次日上朝对众臣说了这个梦。大夫胡广说，其女孟姚善于鼓琴。赵武灵王立即召见，容貌和梦中所见一般无二，令其鼓琴，琴音十分动听，大喜过望，纳于宫中，赐名"吴娃"。后来，吴娃生下了儿子赵何。爱屋及乌，赵何出生后，赵武灵王便另眼相看。稍长后，由于聪明伶俐、机敏过人，更得到父王的百般宠爱。所以，在赵武灵王二十七年（前293），赵武灵王决定让位时，并没有按照传统把王位传给长子赵章，而是让给了次子赵何。经过隆重的登基仪式，赵何成为赵惠文王，命肥义为国相。赵武灵王自号为"主父"。

赵武灵王让位后，并不甘于寂寞。他让儿子主持治国，而自己却身穿胡服，革带皮靴，窄袖左衽，以便骑射。他带领将士、大夫往西北掳掠胡地，打算从云中、九原南下袭击秦国。他诈称使者入秦，秦昭襄王不知，但惊异于其相貌伟岸，以为非人臣之度，派人追赶，而这时他已快马出关了。后来，秦昭襄王才知道这位怪异的人就是赵国的主父。秦人大惊：主父为什么要这样做呢？他是要亲自窥视秦之山川形势，也借此了解一下秦昭襄王的为人。

赵惠文王三年（前295），赵武灵王又率军攻灭中山，破林胡、楼烦，拓地北至燕、代，建立云中（治今内蒙古托克托东北）、雁门（治今山西右玉南）等郡，国势为之一振。凯旋后，赵惠文王大喜，论功行赏，大赦天下，并大摆酒宴，赐通国百姓畅饮五日。

在赵武灵王的操纵下，赵惠文王封兄长赵章于代，号"安阳君"，又让大臣田不礼辅佐。赵章素来心胸狭窄，心里根本不服其弟即位，这便埋下了内讧的祸根。当时，大臣李兑看出了事情的苗头，曾对相国肥义说：公子赵章心骄志傲，不服惠文王，而田不礼为人又骄横凶残，二人在一起，必将有阴谋。他劝肥义早日下手，以防不测。肥义却认为不能那么做，并告诫李兑，当年主父让王位属于义气，不可贸然行动。

一年之后，赵惠文王朝见群臣，其兄安阳君亦来朝。赵武灵王当然也参加了朝见仪式，他从旁观察群臣、宗室之礼，见赵何年幼，身着衮冕，南面为王，而长子赵章气度不凡，却在北面拜舞于下，兄屈于弟，心中老大不忍，甚至想分赵地为二，使赵章为代王。然而，他的这种想法在吴娃的坚决阻止下，最终未能实现。

后来，李兑的担心果然应验了。一次，赵武灵王与赵惠文王同游沙丘（今河北广宗西北）。安阳君赵章亦随从在旁，在田不礼的煽动下起兵作乱，打算擒拿赵惠文王。李兑和公子成一起发兵保护赵惠文王，杀了赵章，进围沙丘，赵武灵王竟被逼饿死。

二、惠文重贤 国势不衰

赵惠文王即位后，虽经历了一波三折之难，但那时赵国国土宽广，国力强盛。经历了十多年宫廷生活后，赵惠文王已经能够得心应手地处理朝政了。赵惠文王十六年（前282），廉颇作为赵将伐齐，大破齐军，攻取阳晋（今太原附近）。

这时，赵惠文王得到了楚和氏璧。秦昭襄王得知，便派人送信来，愿以十五座城邑换取宝璧。赵惠文王与大将军廉颇及诸大臣商量：如果给秦国，秦城恐怕得不到，结果是白白受其辱；如果不给，就怕强秦挥兵来犯。商量来、商量去，不知怎么办才好。想找一个大臣去回秦王的话，这个人又找不着，赵惠文王心急如焚。就在这时，很受宠用的宦者令缪贤，推荐其舍人蔺相如，说他智勇双全。赵惠文王大喜，便派蔺相如前往秦国。蔺相如果然不负众望，最终完璧归赵，使赵国不辱于诸侯。

赵惠文王并没有完全沉醉在完璧归赵的喜悦中，他深知秦昭襄王贪得无厌，不会善罢甘休。果然不出所料，秦昭襄王复遣使约赵惠文王于西河外渑池之地共为盟会。赵惠文王畏惧秦国，不敢前去。廉颇与蔺相如计议后，认为惠文王应该前往，由蔺相如陪同，大将李牧率精兵护驾，廉颇屯兵边境。在渑池相会时，秦昭襄王恃秦国强大，数辱赵王，都遭到蔺相如的反击，使之没占到任何便宜。

赵惠文王二十九年（前270），秦国让将军胡伤挂帅，率军二十万伐韩，围攻阏与（今山西和顺）。韩国遣使求救于赵。赵惠文王聚集群臣，商议是否出兵，最后决定出兵救韩。赵惠文王选兵五万，命赵奢挂帅，并亲自送他出征。赵奢率军出邯郸东门三十里，就传令立壁垒下寨；又下令说："有言及军事者斩！"闭营高卧，军中寂然。秦兵鼓噪勒兵，声如雷震，阏与城中屋瓦皆为震动。军吏有人来报告秦兵如此这般，赵奢以为犯令，立斩不赦。他故意不出兵，每天让人增垒挖沟，作为自固之计。

秦将胡伤听说有赵军来救，但又不见前来，命探子打听，方知赵国果有救兵，大将为赵奢，离开邯郸城三十里，即立垒下寨，不再前进。胡伤不敢相信，便派亲信直入赵军，对赵奢说："秦攻阏与，旦暮就要攻下，将军能战，请速来。"赵奢回答说："寡军以邻邦告急，遣某为备，某怎么敢与秦军交战呢？"他一面展示自己之弱势，一面拿出酒食款待秦军使者，并让他观看壁垒，使之确信赵军只防不攻之意。秦军使者回报胡伤，胡伤大喜道："赵军出国三十里而坚壁不进，只是增垒自固，已无战事发生，阏与必定要为我所有。"遂不以赵军为意，一意攻韩。

秦使返回约三日后，赵奢估计他已回到秦军报了信，遂选骑兵善射惯战者万人为前锋，大军在后，衔枚卷甲，昼夜兼行，只用两天一夜就到了韩境，离阏与城十五里安营扎寨。命军士许历引军万人，占据北山岭上，秦军行动一望而知。

胡伤兵到，便来争山，都被赵军飞石击伤。胡伤咆哮大怒，指挥军将四下寻路，忽听鼓声大振，赵奢引军杀到。胡伤命分兵拒敌。赵奢将射手万人分为两队，左右各五千人，向秦军乱射。许历带万人从山顶乘势杀下，喊声如雷。前后夹击，杀得秦军没处躲藏，大败而逃。赵奢追至五十里，秦军抵抗不住，只得往西逃奔，遂解阏与之围。韩王亲自劳军，致书称谢赵王。赵惠文王封赵奢为马服君，位与蔺相如、廉颇相并。

赵惠文王在位三十三年，由于他知人善任，启用一班贤臣武将，致使国势不衰，做了一个平安君主。

三、战争频仍　国力殆尽

赵惠文王去世后，其子继位，是为赵孝成王。

赵孝成王元年（前265），秦国进攻赵国，攻下了三座城邑。赵孝成王刚刚即位，太后掌权，秦国加紧进攻。赵国向齐国求救，齐王说："一定要让长安君来做人质，才能出兵。"长安君是太后最疼爱的小儿子，太后自然不肯。大臣极力进谏，太后明确地对左右说："有再来谈让长安君去做人质的，老妇一定唾他的脸。"（"复言长安君为质者，老妇必唾其面。"《史记·赵世家》）

左师触龙希望拜见太后，太后怒气冲冲地接见了他。但触龙凭借精湛的游说艺术，逐步化解了太后的怒气，然后说："如今您老让长安君地位尊贵，又封给他肥沃的土地，给他许多贵重的宝物。可是若不趁现在让他为国立功，一旦您辞别人世，长安君凭借什么在赵国立身？老臣以为您为长安君打算得短浅。"太后说："好吧，随便您派他到哪里去吧！"于是，太后为长安君准备了一百辆车，到齐国去做人质，齐国这才出兵。

赵孝成王四年（前262），韩国上党太守冯亭派使者到赵国说："韩国无力守住上党，就要并入秦国的版图。上党的官吏百姓都愿意归属赵国，不愿归属秦国。上党有十七座城邑，愿意将上党归入赵国，请大王裁决，满足吏民的要求。"赵孝成王大喜，召见平阳君赵豹，告诉他说："冯亭要进献十七座城邑，接受它好吗？"赵豹回答说："圣人把无缘无故的利益看作非常的灾祸。"

赵孝成王有些不解，问道："人们都被我的恩德感召，怎么说是无缘无故呢？"赵豹回答说："秦国蚕食韩国的土地，从中间断绝，不让韩国与上党相通，本来自以为会安安稳稳地得到上党的土地了。韩国之所以不愿献给秦国，是想嫁祸于赵国。秦国付出辛劳，而赵国却坐享其成。即使强国、大国也不能随意从小国、弱国那里得利，难道小国、弱国反倒能从强国、大国那里随便得利吗？这怎能说不是无故之利呢！况且秦国利用水路运粮来蚕食韩国，用最好的战车和精锐的士卒奋力作战，来分割韩国的土地。它的政令已经施行，赵国不能跟它为敌，千万不要接受上党这十七座城邑。"赵孝成王说："即使出动百万大军去进攻，一年半载也得不到一座城。现在人家把十七座城邑当礼物拱手送给我国，这可是天上掉下来的大利呀！"

赵豹出去后，赵孝成王召见平原君赵胜和赵禹，把这件事告诉了他们。他们回答说："派遣百万大军进攻，经年累月也得不到一座城，如今白白地得到十七座城邑，这么大的便宜，不拣白不拣。"赵孝成王说："这话合我的心意。"

赵孝成王派赵胜去接受土地。赵胜派人告诉冯亭说:"我是敝国使者赵胜,敝国君主派我传达命令,封赐万户的城邑三座给太守您,封赐千户的城邑三座给各县县令,全都世代为侯;官吏百姓全部晋爵三级,官吏百姓能平和相处,都赏赐黄金六斤。"冯亭流下眼泪,不肯见使者,他说:"我不能处于三不义的境地:为国家守卫国土,不能拼死固守,这是一不义;韩王要把上党归属秦国,我不听君主的命令,这是二不义;出卖君主的土地而得到封赏,这是三不义。"赵国于是接受了上党的十七座城邑。

与此同时,秦国也派兵攻打赵国,秦军和赵军在长平对峙。赵王派廉颇为主将率军抗秦。秦军多次打败赵军,赵军便加强防御,固守营垒,秦军多次挑战,廉颇坚持不应战。廉颇用兵持重,固垒坚守三年,意在挫败秦军速胜之谋。秦国见速胜已不可能,便使反间计,赵王中了反间计,改用赵括为将。秦国大败赵括军于长平,赵括率军投降,四十多万降卒被坑杀。此时,赵孝成王才后悔不听赵豹的意见,但已悔之无及。

赵孝成王十五年(前256),燕王姬喜攻打赵国,出动两支军队、两千辆战车,派燕将栗腹率军进攻鄗城,卿秦率军进攻代地。廉颇为赵国大将,打败并杀死栗腹,俘虏了卿秦。次年,廉颇又围困燕国都城。赵孝成王十八年(前248),秦军攻下了赵国榆次地区的三十七座城邑。

赵孝成王二十年(前246),秦王嬴政即位。当年,秦军便攻下了赵国的晋阳。赵国屡遭战争,虽然战胜了几次,但国力已消耗殆尽。

四、冤杀良将　降秦灭国

赵孝成王去世后,其子赵偃即位,是为赵悼襄王。

赵悼襄王元年(前244),赵国盛礼交好魏国,想修通到魏国平邑和中牟的道路，但没有成功。

次年，赵国太子春平君和平都侯出使秦国，秦国的文信侯吕不韦召见春平君，借故将其扣留。大臣泄钧对文信侯说："春平君这个人，赵王特别喜爱，而郎中们却忌妒他，所以他们互相商议说：'春平君到秦国，秦国一定扣留他。'因而他们一起商量，把春平送到了秦国。如今您扣留他，就断绝了与赵国的关系，中了那些郎中的奸计。您不如送回春平君，扣留平都侯。春平君的言行受赵王的信任，赵王一定会割让许多土地赎回平都侯。"吕不韦送走春平君，赵王果然割让土地赎回了平都侯。

此后的几年，赵国多次派兵出战，不是进攻秦国，就是进攻燕国、齐国，俘虏了燕将剧辛，夺取了齐国的饶安，但没有取得秦国的任何土地。赵悼襄王六年（前239），把饶阳封给了长安君。魏国把邺地送给赵国，赵国欣然接受，全然不顾强秦对邺地的虎视眈眈。

赵悼襄王九年（前236），赵国进攻燕国，夺取了貍阳城（今河北任丘北）。但战事尚未结束，还没有收兵，秦国就来进攻邺地，占领了九座城邑。赵悼襄王去世后，他的儿子幽缪王赵迁即位。

赵幽缪王元年（前235），在柏人筑城。二年，秦将桓齮率军进攻武城（今山东武城西北），赵将扈辄率领军队援救，赵军失败，扈辄战死。此后两年，秦军两次进攻赵国，都被赵将李牧领兵打退。赵王封李牧为武安君。

之后不久，赵国的代地发生大地震，从乐徐以西，北至平阴，楼台、房屋、墙垣大半毁坏，地面裂开东西宽一百三十步的裂沟。赵幽缪王六年（前230），赵国又发生大饥荒，百姓中流传民谣说："赵人大哭，秦人大笑。如果不相信，请看田里长不长苗。"（"赵为号，秦为笑。以为不信，视地之生毛。"《史记·

赵世家》）

赵幽缪王七年（前229），秦军进攻赵国，赵国大将李牧和将军司马尚，领兵反击秦军。由于李牧善于指挥作战，秦军长久不能取胜，秦王嬴政便出重金贿赂赵幽缪王赵迁的宠臣郭开，让他散布李牧打算拥兵谋反的流言。赵迁的母亲原本是歌女，受赵悼襄王宠爱，赵悼襄王便废黜嫡子赵嘉的太子之位，改立赵迁为太子，赵迁因此得以即位。赵迁一向品行不端，也不善于处理政事，此时听信郭开的谗言，杀了李牧，司马尚也被免职。随后，赵王派赵葱和齐国将军颜聚，接替了他们的职务。接着，秦将王翦大举进攻赵军，赵葱兵败被杀，颜聚逃跑。秦军攻陷邯郸，赵缪王赵迁只好投降。

秦国俘虏赵迁之后，赵国逃亡的大夫们共同扶立赵嘉为王，赵嘉在代地（今河北蔚县）称王六年。赵嘉即位后，不愿束手就擒，垂死挣扎。他积极结好燕国，劝燕王姬喜杀了太子丹，以退秦兵，但这没能奏效。代王嘉六年（前222），秦国进兵打败赵嘉，终于灭了赵国，把它改为郡。

齐王田建

田建（？—前221），战国时期齐国君王。齐国在春秋时就是强国，田氏代齐后也成了战国时的强国。齐威王赏罚严明，重用贤才，改革政治，使齐国强大起来；齐宣王任用田忌、孙膑，使齐国威震一时；齐湣王前期曾有过一番作为，齐、秦一度并称东、西帝，后来却骄傲轻敌，致使齐国几乎灭亡；齐王田建不与诸侯合纵攻秦，听信奸臣和宾客，终于亡国身死。

一、取代姜齐　跻身诸侯

西周时，姜太公吕望跟随武王伐商纣有功，被封于营丘（今山东淄博东北），齐国立国即在此。

齐国的疆域，最初在今山东偏北。齐桓公称霸后，领土有所扩大，北至黄河，与燕国接界；西至济水，与卫国接界；南至泰山，与鲁国接界；东至今山东寿光一带，与杞、莱两小国接界。齐灵公灭莱国后，领土扩大到今山东半岛。

姜齐后来被田氏取代，史称"田齐"。田齐出于陈厉公之子陈完。陈完以"陈"为姓，"陈"与"田"古音相近，故古书往往作"田"。

陈宣公二十年（前672），陈宣公听信谗言，杀了太子御寇。御寇和陈完素来友爱，陈完惧怕祸及己身，就逃到齐国，服侍齐桓公。陈完传五世至陈桓子，家中人口众多，陈氏开始强大。以后陈氏逐渐兼并齐国的栾、高（齐惠公之后）和国、高（齐文公之后）以及鲍、阚等族，专断齐政。

田齐立国时，已经进入战国中期。田齐的国都仍在临淄，疆域亦袭姜齐旧地。太公田和是第一代齐侯。起初，田太公辅佐齐宣公，相继攻伐鲁国、郑国、卫国，夺取了几处城邑。

齐宣公去世后，他的儿子康公贷即位。康公贷即位十四年，沉溺酒色，不理政事。太公田和就把他迁到海滨，只给一座城作食邑，以便祭祀祖先。

三年后，齐太公田和与魏文侯相会，请求成为诸侯。魏文侯派使臣报告周天子和各国诸侯，请求策命齐相田和为诸侯，周天子准允了这一请求。齐康公十九年（前386），田和被正式任命为齐侯，列名于周朝王室，开始纪元。

齐太公田和在位二年去世，他的儿子桓公田午即位。桓公午五年（前380），秦、魏进攻韩国，韩国向齐国求救。桓公田午召集大臣商议说："早去救韩国好，还是晚去救韩国好？"邹忌说："不如不救。"段干朋说："如果不救，韩国失败，就要并入魏国，不如去救。"田臣思说："诸位的计谋都错了！秦、魏进攻韩国，楚、赵一定去救，这是上天要把燕国送给齐国。"桓公说："好极了！"于是暗中欺骗韩国使者肯定去援救，并把他送走。韩国自以为可以得到齐国的救兵，因而与秦、魏交战。楚、赵两国知道以后，果然发兵援救。齐国趁机出兵袭击燕国，占领了桑丘（今河北徐水西南）。

齐桓公午六年（前379），桓公田午去世，他的儿子威王田因齐即位。这一年，原来的齐康公也去世了，封地都归田氏所有。

二、威王重贤　齐国强大

齐威王即位以来，不理国事，整日沉醉于酒色，听音乐、弹琴瑟，政事都交给卿大夫办理。九年之间，韩、魏、鲁、赵等国诸侯都来讨伐齐国，齐军屡战屡败。

在此情况下，齐威王召见即墨大夫，对他说："自从你治理即墨以来，每天都有毁谤你的言论。可是我派人到即墨视察，田野得到开发，百姓丰衣足食，公务没有积压，齐国的东方因而得以安宁。这是由于你不会巴结我的左右以求得赞扬啊！"并封给他一万户食邑。

接着，齐威王又召见阿城大夫，对他说："自从你治理阿城以来，赞扬你的话每天都能听到。可是我派人到阿城视察，田野荒芜，百姓贫苦。过去赵军进攻甄城，你未能援救；卫国夺取薛陵，你也不知道。这是你用财物贿赂我的左右近臣来求得赞扬吧？"齐威王当天就烹杀了阿城大夫，并把左右吹捧过他的人也都一起烹杀了。

之后，齐威王发兵向西进攻赵、卫，又打败魏军并围困了魏惠王。魏惠王请求献出观城来讲和，赵国人也归还了齐国的长城。这一下，齐国举国震惊，人人都不敢文过饰非，一心一意竭尽忠诚，齐国得到了很好的治理。其他诸侯听到以后，有二十多年不敢对齐国用兵。

邹忌凭借善于弹琴进见齐威王，齐威王与他谈论音乐。邹忌说："大弦缓慢并且温和，象征国君；小弦高亢明快并且清亮，象征宰相；手指勾弦用力，放开舒缓，象征政令；发出的琴声和谐，大小配合美妙，曲折不正之声不相干扰，象征四时。"齐威王说："你很善于谈论音乐。"

邹忌说："何止是谈论音乐，治理国家和安抚人民的道理都在其中啊！"齐威王不高兴地说："要说谈论五音的调理，我相信没有比得上夫子您的。要说治理国家和安抚人民，又怎么能在琴弦之中呢？"邹忌说："大弦浑厚温和，犹如国君；小弦高亢明快并且清亮，犹如宰相；弦勾得紧但放开舒缓，犹如政令；弹出的琴声和谐，大小配合美妙，曲折不正之声不相干扰，犹如四时。声音回环往复而不乱，是由于政治昌明；左右相连，融洽相通，是由于保存了将亡之国。所以说，能将琴音调谐就能保天下太平。治理国家和安抚人民，没有比五音的道理更相像的了。"齐威王说："有道理。"三个月后，齐威王拜邹忌为相；一年后，又封他为成侯，赐予封地。

齐威王封邹忌之后，贤才名士相继投奔齐国。在邹忌的建议下，齐威王又去朝见了当时业已衰微的周天子，周天子对他赏赐众多。此后，齐威王贤名远播，国威大振。

齐威王二十四年（前355），齐威王与魏惠王在郊外一起打猎。魏惠王问道："大王也有宝物吗？"齐威王说："没有。"魏惠王说："像寡人的国家这样小，也还有直径一寸的夜明珠十颗，能照亮前后各十二辆车。齐国这样的万乘之国，怎么可能没有宝物呢？"齐威王说："寡人所珍爱的宝物与大王不同。我有个叫檀子的大臣，派他镇守南城，楚国人就不敢到东方来侵犯掠夺，泗水之滨的十二个诸侯都来朝拜；我有个叫盼子的大臣，派他镇守高唐，赵国人就不敢到东边的黄河里来捕鱼；我有个叫黔夫的官吏，派他镇守徐州，燕国人深为恐惧，就到北门祭祀，赵国人也很害怕，就到西门来祭祀，以求神灵保佑不受攻伐，为了追随他而搬家的有七千多家；我有个叫种首的大臣，派他防备盗贼，结果做到了路不拾遗。这些大臣才华出众，都将光照千里，岂止是十二辆车呢！"魏惠王自觉惭愧，败兴离去。

齐威王二十六年（前353），魏惠王派兵包围了赵国的邯郸，赵国向齐国求救。齐威王召集大臣商议此事，邹忌说："不如不救。"段干朋回答说："魏国并吞邯郸，这对齐国有什么好处呢？如果救赵，军队驻在赵国郊外，赵国虽然可以免于攻伐，但魏国仍完好无损。所以，不如向南进攻魏国的襄陵而使其疲惫，邯郸即使被攻下，我们也可以利用魏国的疲惫使之受到损失。"齐威王听从了他的计谋。

当时，邹忌与田忌关系不好。在齐威王调兵遣将时，公孙阅对邹忌说："您为什么不策划伐魏？那样，田忌一定会当统帅领兵。如果田忌战胜有功，那是您的谋划正确；如果难以战胜，田忌不是向前死战就是向后败北，他的命就掌握在您的手中了。"邹忌认为此计很好，便向齐威王建议，派田忌南攻魏国襄陵。十月，邯郸被攻克，田忌趁机率兵进攻魏军，在桂陵大败魏军。一时间，齐国成为诸侯中最强盛的国家，自称为王，来号令天下。

齐威王三十五年，公孙阅又对邹忌说："您为什么不让人拿十斤之金到街上去占卜，说：'我是田忌的人。我们多次战胜，声威满天下。想要图谋大事（指谋反），不知是吉利还是不吉利?"邹忌照计而行,等问卜的人走了以后,立即派人逮捕为他占卜的先生,当着齐威王的面验证问卜之辞。田忌听说此事之后,一气之下便率领部下袭击齐都临菑,想清除邹忌,却不能取胜,只好逃跑了。

三、宣湣之末　由盛转衰

齐威王去世后,他的儿子田辟彊即位,是为齐宣王。

齐宣王元年(前342),秦国任用商鞅变法,迅速强大起来。因此,周天子把霸主的称号送给了秦孝公。

齐宣王二年(前341),魏国又进攻赵国。赵国与韩国友好,一起攻打魏国,赵国战败。韩国向齐国求救,齐宣王召回田忌,恢复了原来的职位。田忌的门客孙膑说:"如果韩、魏的军队尚未疲惫就去援救,那就是我们代替韩国受魏军的攻击,回过头来反倒听从韩国的指挥。况且魏国已有攻破韩国的打算,韩国即将亡国,必定要到东边来向齐国求救。我们趁机与韩国结下亲密关系,又可晚一些去利用魏军的疲惫,这样就能有更大的利益并得到受人尊敬的名声。"

齐宣王听从了这个计谋,暗中告诉韩国使者并把他送走。韩国依仗有齐国援救,与魏交战,结果五战皆败,只好向东把国家托付给齐国。齐国趁势出兵,派田忌、田婴为统帅,孙膑为军师,进击魏国,援救韩、赵。赵军在马陵大败魏军,杀死魏将庞涓,俘虏魏太子申。此后,三晋(赵、魏、韩)的君主都由田婴引见,前来朝拜齐宣王,盟誓之后离去。

齐宣王喜爱博学和能言善辩的士人,像邹衍、淳于髡、田骈、接予、慎到、环渊一流的七十六人,都赐给府第,封为上大夫,让他们不处理政事而专门议论学术。在桓公田午时,开始在稷下(在今山东淄博)设学宫,招纳学士。到了宣王时,齐国的稷下学士又多了起来,将近数百以至上千人。齐国都城临菑成了战国时期的文化中心,这是中国文化史上的盛事,促进了百家争鸣。

齐宣王去世后,他的儿子田地继位,是为齐湣王。

齐湣王即位后,很快开始大举出兵攻伐别的国家,两次攻打魏国,一次进攻秦国,又帮助赵国灭了中山国。一时声势极强,齐湣王也有些得意洋洋。

齐湣王三十六年(前288),齐湣王自称东帝,秦昭襄王自称西帝。苏秦的弟弟苏代从燕国来到齐国,在章华东门拜见齐湣王。齐湣王说:"嘿,好呀,您来了!秦国派穰侯魏冉送来了帝号,您认为如何?"苏代回答说:"大王对臣的提问太突然了,祸患的产生常常是不明显的。希望大王接受帝号,但不要忙于称帝。秦国称帝后,如果天下人都无异议,大王再称帝不迟。况且在争称帝号时表示谦让,也没什么关系。如果秦国称帝后,天下人都憎恶他,大王也就不要称帝,以此收服天下人心,这是很大的本钱。况且天下同时并立两帝,大王认为天下是尊崇齐国呢,还是尊崇秦国呢?"齐湣王说:"尊崇秦国。"苏代说:"如果您放弃帝号,天下是敬爱齐国呢,还是敬爱秦国呢?"齐湣王说:"敬爱齐国而憎恨秦国。"苏代说:"东西两帝订立盟约,进攻赵国有利,还是讨伐宋国的暴君有利?"齐湣王说:"讨伐宋国的暴君有利。"

接着,苏代提出了具体建议:"希望大王明确地放弃帝号,以收服天下人心。背弃盟约,抛开秦国,不与之争高低,再利用这个时机攻下宋国。占有宋国,魏国的阳地也就危险了;占有济水以西,赵国的阿地以东一带就危险了;占有淮水以北,楚国的东部就危险了;占有定陶、平陆,魏都大梁的城门就不敢打开了。放弃帝号而用讨伐宋国暴君的事代替,这样,国家地位提高了,大王将受人尊崇,燕国、楚国会因形势所迫而臣服,天下各国都不敢不听从齐国,这是像商汤和周武王那样的事业呀。名义上敬重秦国的称帝，然后让天下人都憎恨它，这就是所谓由卑下变为尊贵的办法。希望大王慎重考虑。"齐湣王一听很有道理，便放弃了帝号，重新称王，秦国也放弃了帝号。

齐湣王三十八年（前286），齐国讨伐宋国，宋王出逃，死在温城。齐湣王此时十分骄傲，又向南方占据了楚国的淮水以北土地，向西侵入了三晋，还打算吞并周室，自立为天子。有些大臣直言不讳地劝谏，但都被齐湣王杀了。泗水一带的诸侯如邹、鲁等国的国君，都向齐国称臣，各国诸侯都很恐惧。齐国的强大，也招来了秦国的忌惮。次年，秦国便来进攻齐国，攻下了齐国的九座城邑。

齐湣王四十年（前284），燕、秦、楚及三晋合谋，各自派出精兵进攻齐国，在济水以西打败齐军，齐军溃退。燕将乐毅率军攻入齐都临菑，将齐国收藏的珍宝礼器掠夺一空。齐湣王逃到卫国，卫国国君让他居住王宫，向他称臣，并供给一切用具。齐湣王虽已落魄，但依然傲慢，卫国人被激怒，便去侵扰他。齐湣王不得不离开卫国，来到邹国、鲁国，仍旧神气傲慢，邹、鲁的国君都不肯收留，于是他又跑到了莒城。

这时，楚国派淖齿领兵援救齐国，齐湣王任命他为宰相。淖齿借机杀了齐湣王，并与燕国一起瓜分齐国的土地和掠夺的宝器。强盛的齐国一下子衰落下来，几乎灭国。

四、听信宾客　降秦饿死

齐湣王遇害之后，他的儿子田法章更名改姓，躲到莒地太史敫的家中当佣人。太史敫的女儿见田法章相貌不凡，认为他不是平常之人，很怜爱他，时常偷着送他衣服和食物，二人日久生情，便私通了。

王孙贾是齐湣王的随臣，他和莒地人一齐攻击淖齿，杀了他。于是，莒城里的人和齐国逃亡的大臣聚在一起，寻找齐湣王的儿子，打算立他为王。田法章害怕他们杀害自己，过了很久，才敢表明自己的真实身份。于是莒人拥立田法章即位（前283），是为齐襄王。

齐襄王即位后，立太史敫的女儿为王后，称为"君王后"，生子田建。太史敫说："女儿不经媒人而私自嫁人，不能算我的后代，她玷污了我们的家风。"因此终身不肯原谅君王后。君王后十分贤惠，并不计较，仍很孝敬父亲。

齐襄王在莒地住了五年，齐国临菑的一个小官田单，依靠即墨军民打败燕军，到莒地迎接襄王回到国都临菑。齐国失去的七十多座城邑，也全部重新归属齐国。齐王封田单为安平君。

齐襄王去世后，儿子田建即位（前263）。其时田建年幼，国事都由原来的君王后、如今的王太后决断。

齐王田建即位六年，秦国攻打赵国，齐、楚援救。秦国的打算是："齐、楚援救赵国，如果它们关系密切，我们就退兵；如果不密切，我们就进攻它。"赵国粮食供应不上，请求齐国支援粟米，齐国不肯。

齐国谋士周子劝齐王田建说："不如答应赵国的请求，以使秦军撤退。否则秦军不会撤退，这样的话，秦国的计谋就会得逞，而齐、楚援赵的计谋就失败了。况且赵国对于齐、楚两国来说是屏障，唇亡则齿寒。今天赵国灭亡，明天祸患就要延及齐国、楚国了。而且救赵这件事，应该像捧着漏水的瓮去浇烧焦的锅一样急切。救赵，是高尚的义举；如果使秦军退却，定会显扬威名。仗义解救将亡的国家，扬威退却强秦的军队，不致力于此，却斤斤计较于吝惜粮食，如此为国家出谋划策显然有失误。"但齐王田建不听劝谏。结果，秦军在长平打败赵军，坑杀赵国的四十多万精锐军队，接着包围了赵都邯郸。

齐王建十六年（前249），秦国灭亡周室。秦王嬴政即位后，意在消灭六国。齐王田建想通过臣服秦国来避免灭亡的命运，因此不与其他五国联盟抗秦。齐王建二十八年（前237），齐王到秦国朝拜，秦王嬴政在咸阳设宴款待。

就在这一年，齐国的王太后去世了。当初，王太后贤惠有才干，使齐国能小心周到地侍奉秦国，对其他各诸侯国也奉守信义。齐国东靠大海，不与秦国相邻，而那时秦国日夜不停地进攻韩、赵、魏、燕、楚等国，这五国分别忙于调兵自救，无暇他顾，所以齐王田建即位四十多年从未遭逢过战乱。王太后临终时，告诫田建说："群臣中可以任用的是某某。"田建说："请让我把名字写下来。"王太后说："好吧。"但等齐王取来笔和木牍准备记下时，王太后却说："我已经忘记了。"

王太后去世后，后胜出任齐国的相国，他大量接受秦国为挑拨齐国君臣关系而贿赂的金银财宝。而齐国的宾客进入秦国时，秦国又给以重金，使这些宾客回国后都反过来为秦国说话，劝说齐王去朝拜秦王，不必整治、修建用来攻战的设施，不要去援助那五个国家进攻秦国。秦国也因此得以顺利灭掉了五国。

五国灭亡后，即墨大夫进见齐王说："齐国国土方圆数千里，军队数百万。现在韩、赵、魏三国的官员都不愿接受秦国的统治，逃亡在阿城、甄城之间的有数百人。大王您现把这些人收拢起来，交给他们百万之多的兵士，让他们去收韩、赵、魏三国旧日的疆土，如此，就是秦国的临晋关也可以进入了。楚国的官员不愿受秦国驱使，逃匿在南城之下的有数百人。大王您把这些人聚集起来，交给他们百万人的军队，让他们去收复楚国原来的土地，如此，即使是武关也可以进入了。这样一来，齐国的威望得以树立，秦国则会灭亡，这又岂止是保全自己的国家而已！"但齐王田建不肯接受这一建议。

齐王建四十四年（前221），秦将王贲率军进攻齐国。秦王嬴政派人诱降齐王田建，许诺封给他五百里的土地。于是齐王田建听从国相后胜的计谋，不作任何抵抗，就率军投降了秦国。

秦军俘虏了齐王田建，把他迁到共城。就这样，秦国终于灭亡了齐国，改为一郡。

齐王田建投降后，被秦国人安置在共城的松柏之间，最终被饿死。齐国人都抱怨齐王田建不早与诸侯合纵攻秦，却听信奸臣与宾客的意见，使国家灭亡；恨他任用宾客，却不知道审慎考察。为此，人们编了歌谣唱道："松树呢，还是柏树呢？让齐王田建住到共城饿死的是宾客啊！"（"松耶柏耶？住建共者客耶？"《史记·田敬仲完世家》）

奋身刺秦的侠士

侠士是战国以来的一个特殊群体,他们行走江湖,或仗义行侠,或卖力攫金。这些侠士,也多为国君或士夫利用,尤其是在秦国鲸吞的时期,实力不济,六国君臣遂寄望于侠士的利刃,刺杀秦王嬴政,从而阻止其吞并六国的步伐。整日生活在刀尖上的侠士,随时都可能喋血殒命,这就使他们的生平,往往更为坎坷;他们的事迹,往往更为生动……

燕国太子丹

燕太子丹（？—前226），战国末年燕王姬喜太子。姓姬、名丹，史称"燕太子丹"。秦灭韩前夕，燕国送其入秦为质，以结好于秦。因不受礼遇，他怒而逃归。秦国开始大举吞并六国后，国小力微的燕国危在旦夕，太子丹遂派荆轲前往秦国刺杀秦始皇，但却以失败告终。秦军大举伐燕，燕王姬喜为自保而杀太子丹，将其头颅献给秦国，但燕国最终还是未能逃脱灭亡的命运。

一、怨恨嬴政　一意报复

燕太子丹曾经在赵国做人质，而秦王嬴政是在赵国出生的，少年时两人很要好。等到嬴政即位做了秦王，燕国为结好秦国，派太子丹到秦国做人质。但此时，秦王嬴政对待燕太子丹却很不友好。燕王喜二十三年（前232），太子丹怀着怨恨逃回燕国。回国之后，太子丹想方设法要报复秦王，但燕国国家太小，力量不够。

后来，秦国开始统一战争，出兵崤山以东的地方，攻伐齐国、楚国和三晋（赵、魏、韩），渐渐蚕食诸侯的土地，战火很快就要烧到了燕国。燕国地处易水之北，在七国中最为弱小，君臣上下都害怕战祸的到来。

太子丹为此深感忧虑，请教老师太傅鞠武。鞠武说："秦国的土地已经遍及天下，威胁着韩、魏、赵三国。秦国北边有甘泉、谷口等险要地势；南边有泾河、渭水流域的肥沃原野，占据着巴、汉一带的富饶地区；右边是陇、蜀的崇山峻岭；左边有函谷关、崤山的天险；人民众多，而且士卒训练有素，兵器甲胄更是精良。如果秦王想向外扩张的话，那么我们燕国长城以南、易水以北这块地方，便不能保全了。您怎么可以因为被欺侮的怨恨，就想去触动秦王的逆鳞呢？"太子丹说："那我该怎么办？"鞠武回答说："让我们从长计议此事。"太子丹只好暂时隐忍，以待时机。

次年（前231），秦国消灭了韩国，俘获韩王韩安。接着，秦国又出兵分别攻打楚国和赵国。过了一段时间，秦国将军樊於期得罪秦王嬴政，其父母、族人都被害，他独自一人逃亡到燕国来。太子丹收留了他。

这时，太傅鞠武劝谏太子丹说："您不可容留樊将军。秦王为人暴虐，一直对燕国有积怨，这本来就已经叫我们心惊了，更何况听到樊将军收容在这里呢？这等于把肉放在饿虎经过的路上，祸患将不可避免。即使有管仲、晏婴那样的才能，也不能为您出谋划策。希望太子赶快遣送樊将军到匈奴去，以便消除秦国攻打燕国的借口。我请您先和西方的三晋结盟，和南方的齐、楚两国联合，和北方的匈奴单于联络，然后再想办法对付秦国。"

太子丹说："太傅的计划需要很长时间，而且耽搁太久了。我心里非常忧闷烦乱，恐怕片刻都不能等待。况且不只这个原因，樊将军在无路可走的时候，前来投奔我，我总不能因为强秦的威胁，就不管我所同情的朋友，驱逐他到匈奴去。现在正是我需要人才做大事的时候，希望太傅另谋良策。"

鞠武说："选择危险的行动却想求得平安，制造了祸患却祈求幸福，计谋浅薄却与强秦结怨深重，为结交一个新朋友便不顾国家的大祸患，这可以说是加深怨恨、扩大祸患了。拿大雁的羽毛在炉火上烧，一下子就烧光了。何况是凶猛如雕鸷一般的秦国，要对燕国发泄仇恨凶暴的怒气，那后果难道还用得着说吗？燕国有一位田光先生，他为人智谋深邃，而且勇敢沉着，您可以和他商议此事。"

太子丹说:"希望通过太傅的介绍,得以结交田先生,可以吗?"鞠武说:"好的。"

二、结识田光　厚待荆轲

太傅鞠武从太子丹那里告辞出来,就去拜见田光,说:"太子希望与先生共谋国家大事呢。"田光说:"愿意领教。"于是前去拜访太子丹。

太子丹得知田光来访,立即出来迎接,倒退着走在前面引路,又跪下来拂拭了坐席,给田光让座。等田光坐下以后,看看左右没有别人,太子丹离开坐席,向田光请教说:"燕、秦二国,势不两立,希望先生留意。"

田光说:"我听说良马在强壮的时候,一天能奔驰千里;等到它衰老了,就是劣马也能够跑到他的前边。如今太子听到的是我盛壮之年的事迹,却不知道我的精力已经消耗殆尽了。不过,我虽然不敢参与谋划国事,我的好友荆卿倒是可以承担这个使命。"太子丹说:"希望能通过先生的介绍,得以结交荆卿,可以吗?"田光道:"好的。"

田光站起来,快步辞出。太子丹把田光送到门口,郑重其事地嘱咐道:"我所讲的,先生所说的,都是国家的大事,希望先生不要泄漏机密!"田光低下头笑着说:"好!"

田光弯腰驼背地走着去见荆轲说:"我和您交情深厚,燕国无人不知道。如今太子听说我盛壮之年的事迹,却不知道我的身体已经衰老。承蒙他抬举我,告诉我说:'燕、秦两国,势不两立,希望先生留意!'我自以为和您关系密切,就把您推荐给太子了。希望您前往宫中去拜见太子。"荆轲说:"遵命。"

田光接着说:"我听说,忠厚的人所做的事,是不能使人家怀疑他的。如今太子告诫我说：'所说的是国家的大事，希望先生不要泄漏机密！'这是太子在怀疑我了。如果一个人做事却让别人怀疑他，就不是有节操、讲义气的人。"田光打算通过自杀来激发荆轲，就说："希望你立即去见太子，就说田光已死，表明我不会泄漏机密了。"说完，田光刎颈而死。

荆轲见此，抚尸痛哭。为了不辜负田光的期待，荆轲立即去拜见太子丹，说田光已经死了，并且转达了田光的话。太子丹拜了两拜，跪下以膝而行，痛哭流涕，过了一会才说："我之所以嘱咐田先生不要泄漏机密，是希望计划能顺利实施。如今田先生竟然以自尽来表明不会泄漏机密，这难道是我的初衷吗？"

荆轲坐定后，太子丹离开坐席叩头说："田先生不知道我无能，使我能来到您的面前，冒昧地与你商谈，这是上天垂怜燕国，不忍抛弃我啊。如今秦王有贪利之心，他的欲望是永不满足的；吞并天下所有的土地，不使各国的国王完全臣服于他，他的野心是不能满足的。现在秦国已经俘虏了韩王，占领了韩国的全部土地，又兴兵向南攻伐楚国，向北威逼赵国。秦将王翦率领数十万大军，已经抵达漳水、邺县一带，秦将李信的军队也从太原、云中两郡出兵攻赵。赵国如果抵挡不住秦军，定会投降秦国；赵国一降，祸患便要降临到燕国。燕国弱小，多次遭受战祸，国力薄弱，如今就是把全国所有兵力全拿出来，也不能抵挡秦军。诸侯各国都畏惧秦国，没有人敢提倡合纵政策、一致抗秦。"

在分析形势之后，太子丹接着提出了图存策略："我个人认为，如果真能物色到天下的勇士，派遣到秦国去，用重利去诱惑秦王，秦王为人贪婪，这样一来，一定可以达到我们的愿望。果真能够劫持秦王，让他完全归还侵占诸侯的土地，像曹沫（曾为鲁庄公胁迫齐桓公，让他答应归还侵占的土地）劫持齐桓公那样，那就太好了；万一不行，也可以趁机刺死他。这样一来，秦国的大将领兵在外，而国内又出了乱子，君臣之间便会互相猜疑。趁此机会，诸侯就能够联合起来，想要打败秦国则必定可以成功。这是我最大的愿望，不过却不知道委托谁去做才好，请荆卿考虑一下！"

听了太子丹这番话，荆轲沉思良久，才说："这是国家的大事，臣下庸劣无能，恐怕不能胜任。"太子丹急忙上前叩头，坚决请求不要推托。荆轲这才答应下来。

此后，太子丹便尊荆轲为上卿，让他住上等的馆舍。太子丹天天到馆舍探望，供给牛、羊、豕三牲具备的酒席，还时常送来珍奇宝物；有时也送上车马、美女，尽量让荆轲富足，来迎合他的心意。

三、为人不忍　身死国灭

在太子丹的盛情款待下，过了很久，荆轲还没有动身去秦国的意思。

燕王喜二十七年（前228），秦将王翦已经攻破了赵国的都城，俘虏了赵王赵迁，完全占领了赵国的领土。又进兵向北夺取土地，到了燕国的南部边境。太子丹心生恐惧，便请求荆轲说："秦军旦夕之间就要渡过易水，到那时我虽然想长久侍奉您，哪还能办得到呢！"

荆轲说："就是太子不说，我也正准备行动了。如果现在就去，没有使他相信我的东西，秦王还是无法接近。那位樊将军，秦王想捉拿他，悬赏千斤之金、万家食邑。果真能得到樊将军的头，以及燕国最肥美的督亢（今河北涿县、定兴、新城、固安一带）地方的地图，把它们献给秦王，秦王定会高兴地接见我，到那时，我才有办法来为您效命。"太子丹说："樊将军在穷途末路的情况下来投奔我，我不忍为自己的私利，伤害了这位长者的心，希望您再想想别的办法！"

荆轲知道太子不忍心，便自己去见樊於期说："秦国对待将军，可以说是太狠毒了！您的父母、族人，全部被杀死或收为奴婢。如今听说秦王悬赏千斤之金和万家食邑来购求将军的首级，您预备怎么办呢？"樊於期仰起头来，长叹一声，流着泪说："我每次想起这些事，就会痛入骨髓，只是无计可施啊！"荆轲说："现在我有一个办法，它可以解救燕国的祸患，替将军报仇，您认为怎么样？"

樊於期急切地走近前来说："什么办法？"荆轲说："希望得到将军的首级献给秦王，秦王必定高兴地接见我。那时候我左手抓住他的衣袖，右手用匕首击刺他的胸膛。这样一来，将军深仇得报，燕国被欺凌的耻辱也得以洗除。将军是否有意呢？"樊於期袒露出一边肩膀，用左手紧紧地握住右臂，走近荆轲说："这正是我日夜愤恨得咬牙切齿的事情，想不到直到今天才听到您的高见。"于是便自刎而死。

太子丹听到樊於期自刎的消息，急忙驾车驰来，伏在尸体上恸哭，极为哀痛。但事已至此，无法挽回，只得包裹了樊於期的头颅，用匣子封藏起来。

当时，太子丹已预先访求到天下最锋利的匕首——赵国徐夫人的匕首，花百金买了下来，叫工匠用毒药浸染匕首，拿人试验，只要划破流下一丝血，没有不立刻倒毙的。于是，太子丹便准备好行装，打发荆轲动身。

燕国有个勇士叫秦舞阳，十三岁时就杀了人，别人都不敢瞧他一眼。太子丹认为他很勇猛，叫他做荆轲的副使。然后，在易水送别了荆轲。

荆轲走后，燕太子丹日夜盼望荆轲的佳音，但荆轲刺秦王却失败了。秦王嬴政迁怒燕国，加派军队到赵国去，命令王翦的军队去进攻燕国。

燕王喜二十九年（前226）十月，秦军攻陷燕都蓟城。燕王姬喜、太子丹等，率领所有的精锐部队，向东逃到辽东固守。秦将李信紧追不舍，赵国的代王嘉便写信给燕王姬喜说："秦国之所以追击燕国特别迫急，是因为太子丹的缘故。现在如果您真能杀掉太子丹，把他的头颅献给秦王，秦王必定退兵，而燕国还可以侥幸不至于灭亡。"

后来，李信率军紧追太子丹，太子丹逃匿在衍水一带。燕王派人杀了太子丹，把他的头颅献给秦王。秦军为集中兵力攻打魏国，暂时退了兵。但五年后，秦国终于灭了燕国，俘获了燕王姬喜。

燕国刺客荆轲

荆轲（？—前227），战国末期侠客。卫国人，祖先世为齐人，后移居卫国。他为人侠义，喜好读书、击剑，卫人称之为"庆卿"。卫国灭亡后，他才出外游历。后游历到燕国，被当地称为"荆卿"（或"荆叔"）。后由燕国的田光推荐给燕太子丹，拜为上卿。秦国灭赵后，直逼燕国南界，太子丹震惧，派荆轲入秦行刺，但荆轲失败被杀。

一、太子知遇　易水悲歌

荆轲自少年时就喜爱读书、击剑。成年后，荆轲一心要报效卫国，想使卫国强大起来，为此曾经凭借剑术游说卫元君。但卫元君不肯任用他，甘心做魏国的附庸。秦王政六年（前241），秦国攻打魏国，占领了濮阳一带，设置了东郡，把卫元君的亲属迁到野王（今河南沁阳），卫国转而成为秦国的附庸。秦二世元年（前209），卫国灭亡。

荆轲游历曾经过晋中榆次，在那里遇到精于剑术的盖聂，二人一起谈论剑术。谈论过程中，因为见解不同，盖聂发了脾气，用眼睛瞪着他，荆轲便离开了。有人劝盖聂再把荆轲叫回来，盖聂说："刚才我与他谈论剑术，他有不同意见，我用眼睛瞪了他，去看看也好，不过在这种情形下他应该走了，不敢再作停留。"于是，盖聂派人到荆轲住的地方询问房东，荆轲果然已经乘车离开了。使者回来报告，盖聂说："他当然要走的，我刚才用眼睛瞪他，吓住了他。"

离开榆次后，荆轲游历到了邯郸。鲁勾践是个善于下棋的人，他和荆轲下棋赌博，因为荆轲抢先，鲁勾践恼怒了，大声呵斥。荆轲没有反驳，默默地离开了邯郸，以后二人再也没有见面。

荆轲到达燕国后，与燕国一个杀狗的屠夫及善于击筑的高渐离结交。荆轲酷爱喝酒，天天同那个杀狗的屠夫和高渐离在燕都的街市上喝酒。喝到半醉以后，高渐离便开始击筑，荆轲就在街市上和着节拍唱歌。唱到高兴处，两人互相看看，开始大笑。可是不一会儿，两人就又相对哭泣起来，旁若无人。荆轲虽然同酒徒厮混，但他为人沉着稳重，爱好读书，在游历诸侯国时，都是与当地的贤豪长者结交。到了燕国，燕国以智勇深沉闻名的隐士田光先生，也很友好热情地接待他，认为他并不是一个平庸的人。后来，田光把荆轲推荐给了燕国太子丹。

燕王喜二十七年（前228），秦国先后攻灭韩国和赵国，燕国也很危险。燕太子丹十分忧惧，恳求荆轲前往刺杀秦王嬴政，荆轲答应下来，太子丹厚待荆轲，礼遇有加。次年（前227），燕太子丹为荆轲准备了天下最锋利的匕首，派以勇敢著称的秦舞阳做荆轲的助手。在荆轲的劝说下，叛逃到燕国的秦将樊於期自尽，荆轲准备将他的头颅和燕国督亢一带的土地献给秦王嬴政，以便接近并刺杀他。

一切准备就绪后，荆轲却迟迟没有动身。原来他在等个朋友来，想同他一道前去。但那人住的地方很远，还没有赶来，荆轲便先替那人准备了行装。过了一些时候，荆轲还没有动身，太子丹认为他在拖延时间，怀疑他反悔了，就催促说："时间已经很紧迫了，荆卿还不想动身吗？我想打发秦舞阳先去。"荆轲大怒，呵斥太子丹说："为什么太子要这样地打发人？如果只顾前去刺杀秦王，却不能完成任务回来复命，那是无用的小子！况且只拿着一把匕首，进入祸福难料的强秦！我之所以迟迟不行动的原因，是要等待我的友人同去。如今太子既然嫌我迟缓，那么我就此辞别，动身启程算了。"

次日，荆轲便出发了。太子丹和知道这件事情的宾客，都穿戴着白衣白帽来为荆轲送行。送到易水边，饯行之后，荆轲就要上路入秦了。这时，高渐离击着筑，荆轲和着节拍唱歌，唱的是"变徵"凄婉的调子，送行的人都泪流满面。荆轲边走边唱道："风萧萧兮易水寒，壮士一去兮不复还！"接着，荆轲又唱出悲壮慷慨的声调。送行的人想到秦国的攻伐无度，都睁起怒眼，怒发冲冠。荆轲随即上车离去，头也不回。

二、刺秦不成　身后留名

到了秦国，荆轲拿着价值千金的礼物，贿赂了秦王嬴政的宠臣中庶子蒙嘉。俗话说"有钱能使鬼推磨"，蒙嘉接受了财物，便替荆轲向秦王嬴政报告说："燕王果真害怕大王的声威，不敢出兵抵抗秦国的军队，情愿全国都臣服于秦王，排在附庸秦国的诸侯行列里，像郡县一样地纳税，以便得以奉守先王的宗庙。燕王因为心里恐惧，不敢亲自前来陈说，特地斩了樊於期的头颅，并献上燕国督亢地方的地图，装在匣里封好。燕王亲自在宫廷前举行拜送仪式后，便派遣使者前来禀告大王。敬候大王的命令。"

秦王嬴政听了蒙嘉的报告，非常高兴，郑重地穿上朝服，设九宾大礼，在咸阳宫隆重召见燕国使者。

荆轲捧着盛樊於期头颅的匣子，秦舞阳捧着装地图的匣子，两人按正副使的次序一前一后进来。到了阶前，秦舞阳害怕得变了脸色，浑身战栗不止，群臣都感到奇怪，秦王嬴政顿时起了疑心。荆轲回过头来向秦舞阳笑笑，才上前向秦王嬴政谢罪说："他是北方藩属蛮夷之地的乡下人，从来没有见过天子，所以一见大王便心惊胆战。希望大王宽恕一些，使他能在大王面前完成使者的任务。"秦王嬴政于是消除了疑心，对荆轲说："把秦舞阳捧的地图拿来。"荆轲便取过地图，呈了上去。

秦王嬴政展开地图来看，地图展开到最后，匕首露了出来。荆轲便用左手抓住秦王嬴政的衣袖，右手拿起匕首刺向秦王，但没有刺到身上。秦王嬴政大惊失色，奋力跳了起来，衣袖都挣断了。秦王嬴政慌忙拔剑，由于剑很长，便用一只手先抓住剑鞘，剑又插得很牢固，所以没能立刻拔出来。荆轲紧紧追赶，秦王绕着柱子躲避。群臣都吓呆了，因为事起仓促、出人意外，大家一时间失去了常态。

按照秦国的法律规定：群臣在殿里侍驾的，不允许佩带任何兵器。那些担任侍卫的郎中们虽然带着兵器，但都排列在殿下，没有大王的命令，是不准进殿的。殿上突起变故，来不及传令给侍卫，因此荆轲才能追赶秦王嬴政。仓促之间，群臣都没有什么武器来对付荆轲，只得赤手空拳来打他。

这时，侍医官夏无且用他捧着的药囊来投击荆轲，算是挡了一下。秦王嬴政正在绕着柱子躲避，仓促惊急，不知如何才好。

左右侍从大声喊道:"大王,把剑推到背后!"秦王嬴政这才反应过来,把剑推到背后,拔出剑来击向荆轲,砍断了他的左腿。荆轲腿断不能行动,鲜血迸流,但他不顾疼痛,举起匕首掷向秦王,但没有击中人,却击中了铜柱。秦王嬴政用剑连续击刺,荆轲身上重伤八处。荆轲知道事情不能成功,便靠着铜柱大笑,张开两腿像簸箕一样(箕踞)大骂道:"事情之所以没有成功,是因为我想活捉你,以便得到你退还诸侯土地的诺言,来回报太子。"正在这时,侍卫们上前杀了荆轲。

秦王嬴政受了惊吓,卧病了很久。后来论功赏赐群臣,并处罚失职有罪者,各有不同。赏赐夏无且二百镒黄金,秦王嬴政说:"无且爱护我,才拿药囊投击荆轲的啊。"秦王嬴政大怒之余,派大军攻打并灭亡了燕国。

鲁勾践听到荆轲行刺秦王的事情后,暗暗对别人说:"唉呀!可惜他没有好好研究刺剑的技术。我也太不了解人了!从前我呵斥他,他当然以为我不是他志同道合的人了!"

荆轲虽死,但他的刚烈精神受到后人的称赞,东晋大诗人陶渊明的《咏荆轲》诗,就歌颂了荆轲"士为知己者死"的勇猛。

> 燕丹善养士,志在报强嬴。招集百夫良,岁暮得荆卿。
> 君子死知己,提剑出燕京。素骥鸣广陌,慷慨送我行。
> 雄发指危冠,猛气充长缨。饮饯易水上,四座列群英。
> 渐离击悲筑,宋意唱高声。萧萧哀风逝,淡淡寒波生。
> 商音更流涕,羽奏壮士惊。心知去不归,且有后世名。
> 登车何时顾,飞盖入秦庭。凌厉越万里,逶迤过千城。
> 图穷事自至,豪主正怔营。惜哉剑术疏,奇功遂不成。
> 其人虽已没,千载有余情!

燕国刺客高渐离

高渐离（生卒年不详），战国末年燕国刺客，也是有文献记载的最早的击筑能手。

筑我国古代的一种击弦乐器，高渐离擅长击筑。荆轲游历到燕国后，他与荆轲结交，成了好友，经常在一起喝酒。他击筑，荆轲唱歌，一击一唱，十分和谐要好。

燕王喜二十六年（前227），燕太子丹派荆轲到秦国去刺杀秦王嬴政。太子丹为荆轲送行，到达易水，作为好友的高渐离也前往送别。临别之时，高渐离击筑，荆轲慷慨悲歌"风萧萧兮易水寒，壮士一去兮不复还"，在场的人无不为之感动。

然而，荆轲刺秦王不仅没有成功，自己反而被杀，燕国不久也为秦国所灭。第二年（前226），秦国兼并天下，秦王嬴政创立"皇帝"的尊号，史称"秦始皇"。秦始皇下令追缉太子丹及荆轲的门客党徒，他们全都四散逃亡。高渐离只好逃走，隐姓埋名，靠给人家做佣工为生，躲藏在宋子县（今在河北赵州一带）的一个富人家里。

时间一久，高渐离觉得做工太辛苦；更重要的是，他无法忘记荆轲被杀和燕国灭亡的仇恨，决心改变这种状况。

有一天，高渐离听见主人厅堂上有客人在击筑，便徘徊着舍不得离开，还常常出口加以评价说："客人击筑，有些地方击得好，有些地方不好。"负责管事的人听到这些评价，告诉主人说："那个佣工竟然懂得音乐，私下里说是道非。"那家主人一听，知道事出有因，猜测高渐离肯定善于击筑，便叫他到堂上来表演击筑。

高渐离已经很久没有击筑，也觉得技痒难忍，就大大方方地走上堂来击筑。高渐离击完筑，在座的宾客都称赞他击得好，赐给他酒喝。高渐离考虑到长久以来隐姓埋名，穷困寒酸，担惊受怕躲藏下去，没有尽头，便辞退下去，拿出行装匣子里的筑，穿上自己的好衣服，恢复本来的面目，然后回到了堂前。在座的客人都大吃一惊，明白高渐离并非佣工，走下堂来和他以平等的礼节相见，并尊为上宾，请他击筑高歌。高渐离怀着满腔悲愤击起筑来，客人听后都深受感动，没有不流着眼泪离开的。此后，当地的人都轮流来请他去做客，以酒宴款待他。

消息传出，秦始皇知道后，便派人召见高渐离。高渐离心想："我终于等来复仇的机会了。"于是，他欣然来到秦都咸阳，面见秦始皇。秦朝大臣中有认识他的，就说："这个人是高渐离！"秦始皇开始很吃惊，想杀了他，但又爱惜他擅长击筑，就特别赦免死罪，只是弄瞎了他的眼睛，然后才放心地叫他击筑。

高渐离强忍悲愤和仇恨，用心为秦始皇击筑，秦始皇没有一次不夸他击得好的。从此，秦始皇渐渐和他接近。高渐离暗中把铅块塞进筑里。等到再次进宫靠近秦始皇的时候，高渐离以筑为兵器，举起来扑打秦始皇，却没有打中。秦始皇杀死高渐离，以后终身不敢再接近六大诸侯国的人了。

韩国刺客张良

张良（？—前186），战国末期韩国刺客，也是楚汉之争中刘邦的主要谋士。字子房，祖先为韩国人，祖、父均曾任韩国国相。韩国被秦始皇灭亡后，张良和刺客前去刺杀秦始皇，但没有成功。他后来作为刘邦的首席谋士，协助推翻了秦王朝，也等于是为韩国报了仇。

一、狙击秦帝　为韩报仇

张良的祖先是韩国人，祖父、父亲是韩国五代侯王的国相。韩国被秦灭亡后，张良扔下全部家产不要，弟弟死了也顾不得好好埋葬，而是用整个家财收买刺客，为韩报仇。

张良曾经在淮阳学习礼制，到东方会见了当时的贤者仓海君。他寻找到一位大力士，给他特制了一柄重一百二十斤的大铁槌。

秦始皇二十九年（前218），秦始皇巡游东方。张良得知消息后，非常高兴，认为期待已久的机会来了。于是，他秘密叫来那个大力士，并作了周密安排。张良和大力士暗中埋伏，在博浪沙（在今河南原阳东南）地方袭击秦始皇，可惜没打中，而误中了副车。秦始皇大为震怒，命令全国各地大举搜捕，捉拿刺客，全国闹得沸沸扬扬。因为出了这件事，张良不得不改名换姓，逃亡到下邳（今江苏睢宁）躲藏起来。

从这件事情看，张良本是一位富于豪侠气质的人物，是一位意气激昂如燕太子丹一流的贵公子。这与他后来作为刘邦的谋士，"运筹帷幄之中，决胜千里之外"的谋士形象和沉练淡泊性格，简直判若两人。

二、圯桥纳履　销挫刚锐

张良躲藏在下邳时，曾经到下邳的桥上随意散步，遇到一个穿粗布短衣的老者，走到他面前，故意让鞋子掉到桥下，对他说："小子，下去把鞋给我拾起来！"张良感到惊讶，想揍他一顿，因见他年老，勉强忍住怒气，把鞋子拾起来。老者得寸进尺，又说："替我穿上！"张良更是气愤，但想到既然拾了上来，无妨替他穿上，便跪下给老者穿鞋，而老者大大方方伸出脚等着，让张良给穿上鞋，便笑着扬长而去。

张良特别惊讶，随着老人的去向注视了很久。老人离开约摸一里路光景，又返回来，说道："你这小子可以教导。五天后拂晓，你到这里来与我相会。"张良很感惊异，跪下怔怔地答应了个"是"。

五天后天刚亮，张良就去了。老者先已在那里，生气地说："跟老人约会，反而后到，为什么呢？"说完便离开了，临走时说："过五天再早来。"过了五天，鸡刚刚叫，张良就去了，老者又先在那里，又生气地问他为什么后到，离开时嘱咐说："过五天再早来。"过了五天，张良不到半夜就去了。过了一会老者也来了，高兴地说："应当这样。"随即拿出一编书，说道："读了这编书，就能做帝王的老师了，你十年后会发迹的。十三年后，你可以在济北会见我，谷城山下的一堆黄石就是我了。"说完老人便走了，没有再说别的话。

从此之后，张良再也没见到这位老人。天亮后看那编书，是《太公兵法》，张良因为觉得它不寻常，经常温习、诵读。

黄石老人命张良取履，意在挫其刚锐之气，培养"大勇能忍"的性格。遇到黄石老人，是张良性格转变的一个契机。

三、利啖秦将　得先入关

陈胜、吴广举起反秦义旗时，张良也聚集百余青年起事。后来在下邳西面，与已被推为沛公的刘邦起义军相遇，便归附了他。张良多次用《太公兵法》的道理向沛公献策，沛公很赏识，常采用他的计策。而张良对别人讲《太公兵法》，那些人大都不能领悟，张良说："由此可见，沛公是天赐的聪明。"

沛公在薛邑（今山东滕县南）与项梁会见时，项梁拥立楚怀王，张良趁机劝说项梁立韩国公子横阳君韩成为韩王，张良作韩国司徒，随韩王率领一千多人游击于颍川地区。

刘邦、项羽奉楚怀王之命，分兵南北两路进军关中。刘邦想用两万兵力进击峣关秦军，张良献计说："秦军还很强大，不可轻视。我听说那里的守将是屠户的儿子，这种市侩之人，很容易用钱财打动，希望您暂且留下坚守营垒，派人先行一步，给五万人准备粮食，并在各个山头多多张挂旗帜，作为疑兵，同时派郦食其携带贵重财宝收买秦将。"秦将果然背叛秦朝，愿意跟沛公一道进击咸阳。沛公打算听从秦将的建议，张良说："现在只是秦将想要反叛罢了，恐怕士兵不一定服从。士卒不服从，必然会给我们带来危害，不如乘着敌人麻痹时袭击他们。"于是沛公率军进击，大败秦军。追击到蓝田，再次交战，秦军终于崩溃，沛公进入咸阳，秦王子婴投降。

随后的若干年，张良为刘邦出谋划策，使刘邦在与项羽的争斗中由弱变强，最终取得天下，建立了汉朝。张良被封为留侯，与萧何、韩信并称"汉初三杰"。

揭竿而起的反秦首领

千古一帝秦始皇，其历史作用毋庸置疑。但由于他骄横残暴、滥用民力、横征暴敛、严刑酷法，导致百姓离心、士卒离德；接着，昏庸的秦二世变本加厉，使百姓陷入水深火热之中。哪里有压迫，哪里就有反抗。以陈胜、吴广为首的农民起义，拉开了秦朝覆灭的大幕，接着六国后人纷纷而起，最后刘邦、项羽将始皇帝"世代相传、传之万世"的美梦彻底击破。

大楚王陈胜

陈胜（？—前208），秦末农民起义领袖。字涉，阳城（今河南商水）人。他是中国历史上首揭义旗的农民起义先驱，太史公马迁念其"首事"亡秦之功，使其与王侯同列，特作《陈涉世家》，陈胜的事迹得以生动而翔实地保存下来。

一、揭竿而起　建立政权

陈胜自幼家境贫寒，年轻的时候，曾经和别人一起被雇佣耕田。但他素有大志，不甘于为人卖命的低贱生活，逐渐产生了改变现实的愿望。一次，当他停止耕作在田埂上休息时，感慨恼恨了好一会儿，然后对伙伴们说："假如谁将来富贵了，大家相互不要忘记。"（"苟富贵，勿相忘。"《史记·陈涉世家》）和他一起受雇佣的伙伴们觉得好笑，便回答说："你是被雇佣来给人家耕田的，哪来的富贵呢？"陈胜叹息着说："唉！燕子、麻雀这类小鸟怎么能理解大雁、天鹅的远大志向呢！"（"燕雀安知鸿鹄之志哉！"同上）

秦二世元年（前209）七月，朝廷大规模征调贫民去防守渔阳（今北京密云），一共征调了九百个壮丁，驻扎在大泽乡（今安徽宿县东南），等待向渔阳进发。陈胜、吴广都被编入这次征发的行列之中，当了队长。

那时，恰遇天降大雨，道路不通，无法行走。这场雨一直下了二十多天，估计已经误了规定到达渔阳的期限。按照秦朝法律的规定，误了规定期限是都要杀头的。陈胜、吴广商量说："如今逃走也是死，起义干一番大事业也是死。同样都是死，为国事而死不是更好吗?"陈胜说:"天下受秦王朝统治之苦已经很久了。我听说二世皇帝是始皇帝的小儿子,不应该由他来继位,继位的应该是公子扶苏。扶苏因为屡次规劝的缘故,皇上派他领兵在外地驻守。如今有人听说他并没有什么罪,却被二世皇帝杀害了。百姓们都知道扶苏很贤德,却不知道他已经死了。项燕原本是楚国的将军,多次立功,爱护士兵,楚国人都很爱戴他。有的人认为他已经死了,有的人却说他逃亡在外躲藏了起来。现在,假使我们冒用公子扶苏和项燕的名义,向天下民众发出起义的号召,应该会有很多人响应。"吴广认为陈胜说得很有道理,便同意一起起事。

接着,两人去占卜吉凶。卜人知道他们的意图,说道:"你们的事都能成,能够建功立业。不过,你们向鬼神问过吉凶了吗?"陈胜、吴广很高兴,揣摩卜人所说"向鬼神问吉凶"的意思,说:"这是教我们先在众人中取得威望。"于是两人用朱砂在一块白绸子上写了"陈胜王"三个字,塞进别人用网捕来的鱼肚子里。戍卒买鱼回来烹食,发现了鱼肚子中的帛书,深感奇怪。陈胜又暗中派吴广到营地附近一座草木丛生的神祠里,在夜里点燃起篝火,模仿狐狸的声音叫道:"大楚兴,陈胜王。"戍卒们在深夜听到这种叫声,都十分惊恐。第二天早晨,戍卒中到处议论纷纷,都指指点点地观察、谈论陈胜。

吴广设计激怒县尉,让他鞭打辱骂自己,以激怒众人。吴广杀了那名县尉,陈胜帮助他杀死了另外一名县尉。二人随即召集戍卒,煽动大家起义,众人都表示同意。紧接着,陈胜、吴广假冒公子扶苏和楚将项燕的名义组织队伍,以顺应民众的愿望。大家都露出右臂作为标志,起义的队伍号称"大楚",陈胜自立为将军,吴广做都尉。他们建起高台来宣誓,用两个县尉的头作祭品,祭旗起事。

起义军首先进攻大泽乡，攻克大泽乡及周边县城后，又攻打蕲县。蕲县攻克后，陈胜就派符离人葛婴率兵，攻取蕲县以东的地方。一连攻克了铚（今安徽宿县南）、酂（今河南永城西）、苦（今河南鹿邑东）、柘（今河南柘城北）等几个地方。他们一面进军，一面不断招兵买马。等行进到了陈县（今河南淮阳）的时候，已拥有兵车六七百辆，骑兵一千多人，步卒数万人。

起义军进入陈县后，过了几天，陈胜下令召集当地的三老和地方豪杰来开会议事，以决定后来的去向和发展。与会的人一致说："将军您讨伐无道昏君，铲除暴虐的秦王朝，重建楚国的政权，论功劳应该称王。"陈胜本来就胸有大志，见大家都如此说，也就顺水推舟，自立为王，国号为"张楚"。

二、群起响应 各自为王

在陈胜起义军的影响下，全国各地纷纷起兵响应。各个郡县受不了秦朝暴政之苦的人，都抓住当地的官吏，宣布他们的罪状，把他们杀死来响应陈胜。

在这种大好形势下，陈胜对全局作了部署：以吴广为代理王，督率各将领向西进攻荥阳；命陈县人武臣、张耳、陈馀去攻占原来赵国的辖地；命汝阴人邓宗攻占九江郡；命魏人周市北上攻取原属魏国的地方。

吴广率军包围了荥阳。秦相李斯的儿子李由担任三川郡（治今河南洛阳，因有伊、洛、河三川得名）郡守，防守荥阳，吴广久攻不下。陈胜召集国内的豪杰商量对策，任命上蔡人房君蔡赐做上柱国，但局势并未好转。

周文是陈县有名的贤人，曾经是项燕军中的占卜望日官，也在楚相春申君黄歇手下做过事，自称熟习兵法。陈胜授给他将军之印，派他率军西去攻秦。周文一路上边走边召集兵马，等到达函谷关的时候，已经有战车千辆，士兵几十万人。周文率军到了戏亭（在今陕西西安东）时，就驻扎了下来。

秦王朝派少府章邯赦免了因犯罪而在骊山服役的人，以及家奴所生的儿子，全部调集来攻打张楚起义军。由于周文召募的兵士都未加训练，作战无方，在秦军的凶猛反击下，张楚军大败。失败之后，周文逃出函谷关，在曹阳（在今河南陕县附近）驻留了两三个月。章邯追来将他打败，他只好再逃到渑池，驻留了十几天；章邯继续追击，又把他打得惨败。最后周文自杀，他的军队群龙无首，也就不能作战了。

随着反秦斗争的开展，起义军内部的弱点和矛盾逐渐暴露。陈胜滋长了骄傲情绪，与各将领关系日益疏远。派往各地的将领也不听陈胜节制，甚至自立为王，争权夺利。如武臣到达邯郸，就自立为赵王，以陈馀为大将军，命张耳、召骚任左、右丞相。

陈胜听到武臣自立为王后，非常生气，就把武臣等人的家属逮捕囚禁起来，打算杀死。上柱国蔡赐劝止说："秦王朝还没有灭亡，就杀掉赵王将相的家属，这等于增加了一个与我们为敌的秦国。不如做个顺水人情，封了他好一些。"陈胜觉得此话有理，就派遣使者前往赵国去祝贺，同时把武臣等人的家属迁移到宫中软禁起来；又封张耳的儿子张敖做成都君，要他催促赵国的军队迅速进军函谷关。

赵王武臣的将相们商议说："大王您在赵国称王，并不是楚国的本意。现在虽然受封了，但等到楚国灭秦之后，一定会来攻打赵国。最好的办法，莫过于不派兵向西进军，而派人向北攻取原来燕国的辖地，以扩展我们自己的领土。赵国南面拥有黄河天险，北面又有燕、代的广大土地，楚国即使战胜了秦国，也不敢来压制赵国。如果楚国不能战胜秦国，就必定会倚重赵国。到时候，赵国趁着秦国疲敝，就可以得志于天下了。"赵王认为大家说得有理，因而不向西出兵，而是派从前燕国上谷郡的卒史韩广，领兵北上去攻取燕国的旧地。

燕国原来的贵族豪杰劝说韩广："楚国已经立了王，赵国也立了王。燕国地方虽然小，过去也是个拥有万辆兵车的国家，希望将军自立为燕王。"韩广说："我的母亲还留在赵国，使不得。"那些人说："赵国现在西面担忧秦国讨伐，南面担忧楚国进攻，没有力量来阻止、攻打我们。况且以楚国的强大，都不敢杀害赵王将相的家属，赵王又怎敢杀害将军您的家属呢？"韩广一听很有道理，就自立为燕王。果然，赵王没有杀害韩广之母。过了几个月，赵国派人护送韩广的母亲及其家属到了燕国。

陈胜派往各地攻城略地的将领，数不胜数。周市向北进军到达狄县，狄县人田儋杀掉狄县县令，自立为齐王，在齐地起兵，反击周市。周市的军队被击溃，退回了魏地。周市打算立魏王的后代宁陵君魏咎做魏王，但魏咎正在陈王那里，不能回到魏地。魏地平定后，许多人都要拥立周市做魏王，周市不肯接受。使者先后五次往返于陈胜与周市之间，陈胜才答应宁陵君魏咎做魏王，遣送他回到魏国去。周市最后做了魏国的丞相。

三、节节败退　为奴所杀

此时，随代理王吴广围攻荥阳的将领田臧，假冒陈胜的命令杀了吴广。陈胜不仅没有追究他们擅杀吴广之罪，反而派使者赐给田臧令尹的大印，任命他做上将军。随后，田臧派部将李归等人驻守荥阳城，自己带着精锐部队西进敖仓，迎战秦军。双方交战时，田臧战死，军队溃散。秦将章邯进兵荥阳，乘机打败了李归等人。就这样，起义军的这支队伍全军覆没了。

与此同时，陈胜手下的另一大将邓说领兵驻扎在郯城（今河南郯县），被章邯部将率军击败，邓说率残部溃逃到陈县。铚城人伍徐率兵驻扎在许县（今河南许昌），也被章邯的军队击溃，伍徐的军队也都溃散逃到了陈县。对于邓、伍二人的溃败，陈胜大怒，杀了他们。

陈胜刚刚自立为王时，陵县（今江苏泗水）人秦嘉、铚县（今安徽濉溪）人董緤、符离（今安徽宿县）人朱鸡石、取虑（今江苏睢宁）人郑布、徐县（今江苏泗洪）人丁疾等，都单独起兵反秦，他们领兵把东海（今江苏海州）郡守围困在郯城（今江苏郯县）。陈胜听说后，派武平君畔为将军，督率郯城下的各路军队。秦嘉拒不接受命令，自立为大司马，并告诉自己的军吏说："武平君年轻，不懂军事，不要听他的！"接着，他还假托陈胜的命令杀了武平君畔。

章邯打败伍徐以后，接着进攻陈县。在战斗中，陈胜的上柱国房君蔡赐战死。章邯又率军攻打驻守在陈县西面的张贺部队。陈胜亲自前来督战，结果张楚军战败，张贺也战死了。

起义军节节败退，已经无法在陈县守下去了。起事约一年半后（前208）的十二月，陈胜退到了汝阴。此时的他已是众叛亲离，在回到下城父（今安徽亳县附近）时，他的车夫庄贾竟杀掉他，投降了秦军。陈胜死后，被部下安葬在砀县（今安徽砀山），谥曰"隐王"。

陈胜从前的侍臣吕臣将军，组织了一支青巾裹头的"苍头军"，从新阳起兵攻打陈县。攻克后，杀死庄贾，为陈胜报了仇。吕臣占据陈县，仍以其为楚都。

秦嘉等人听说陈胜的军队已经兵败逃走，就立景驹做了楚王，准备在定陶附近袭击秦军。同时派公孙庆出使齐国，去会见齐王田儋，想联合他一同进兵。齐王说："听说陈王战败，至今生死不明，楚国怎么能不来请示我就自立为王呢？"公孙庆说："齐国不请示楚国而立王，楚国为什么要向齐国请示才能立王呢？

何况大楚是首先起义反秦的，理当号令天下。"田儋一听大怒，就杀了公孙庆。

秦军左右校尉率军再次进攻陈县，一举攻克。吕臣侥幸逃了出来，重新集结兵马。途中遇见曾在鄱阳为盗、后被封为当阳君的黥布，就与其所率军队联合起来，继续攻打秦左右校尉的军队，并将其打败，再度以陈县为楚都。这时，项梁与项羽叔侄，已经立楚怀王的孙子熊心做了楚王。

四、灭秦首功　不可埋没

陈胜称王只有六个月的时间。他的失败有历史原因，也有本人个性的原因。

当初，陈胜称王之后，过去曾与他一起受雇为人耕田的一个伙计听说了此事，来到陈县，敲着宫门说："我要见陈胜。"守宫门的长官要把他捆绑起来治罪，经再三解说才放开，但仍不肯为他通报。那人只好等陈胜出门时，拦路呼喊陈胜的名字。陈胜听到喊声，就召见了他，与他同乘一辆车子回宫。走进高大的宫殿，看见富丽堂皇的殿堂房屋、帷幕帐帘之后，那人说："夥颐！大王的宫殿高大深邃啊！"楚地人把"多"叫做"夥"，"颐"相当于"呀"，所以天下流传"夥涉为王"的俗语，就是由陈胜开始的。

那人自以为是陈王的旧伙伴，在宫中出出进进，越来越随便放肆，常常任意讲陈胜从前的一些旧事。有人对陈胜说："大王的客人愚昧无知，专门胡说八道，有损于大王的威严。"陈胜便把那人杀了。这样一来，陈胜的故旧知交都胆战心惊，纷纷自动离去，没有敢再亲近他的人了。

陈胜失败的另一个原因，是亲近、宠信邪佞。陈胜任命朱房为中正，胡武为司过，专门负责督察群臣的过失。将领们攻城略地，回到陈县复命时，稍不服从朱房、胡武的命令，就会被抓起来治罪。朱房、胡武就是这样，以办事苛刻来表现对陈胜的忠心。凡是他俩不喜欢的人，一旦有错，往往不交给负责司法的官吏去按验，就擅自予以惩治。陈胜却对他们言听计从。因为这些缘故，将领们都不敢再亲近、依附陈胜了。亲小人，必然远君子，陈胜的失败可谓事出有因。

陈胜虽然已经死了，他所封立、派遣的侯王将相最终却灭掉了秦王朝，这正是陈胜首先起义反秦的结果。刘邦建立汉朝后，在砀县安置三十户人家为陈胜看守坟墓，直到汉朝末年仍按时宰牲祭祀他。

数十年后，西汉辞赋家贾谊曾写过一篇《过秦论》，分析陈胜何以能以疲惫之卒、木棍之枪而推翻强秦，指出秦王朝的灭亡在于其严刑峻法、赋役无度种种，说明秦王朝亡于己，而非亡于陈胜。

代理王吴广

吴广（？—前208），秦末农民起义领袖。字叔，阳夏（今河南太康）人。他与陈胜首揭反秦义旗，在义军中担任代理王，位置仅次于陈胜。他的事迹，在《史记·陈涉世家》中有生动记述。

吴广少时家庭贫困，全家人靠着几亩薄田活命，家里常常吃了上顿没下顿。吴广小小年纪，便帮父母分担农活。他勤劳能干，也很体谅父母，尽量不向父母奢求什么。尽管他穿着破旧，粗茶淡饭，却渴望读书。他深知父母没钱供自己读书，只好偷偷地学习识字、看书。在这样的家庭条件下，吴广渐渐长大，成了一名强壮的青年。

秦二世元年（前209）七月，朝廷征调九百个壮丁去戍守渔阳，吴广也在征调之列。因为他颇识几个字，所以与陈胜一起被任命为队长。

因为一连下了二十多天的大雨，道路泥泞不通，陈胜、吴广的壮丁队伍只好驻扎在大泽乡，不能前进。眼看着大雨倾盆，吴广和陈胜心里很着急，因为这样下去，定会误了到达渔阳的规定期限。那样的话，按法律规定，他们这九百个壮丁都会被处死。吴广和陈胜一商量，决定索性揭竿起义，或许还能杀出一条生路。

吴广为人平易近人，十分关心别人，戍卒中很多人都愿意为他效劳出力。趁着押送队伍的县尉喝醉了酒，吴广故意多次扬言要逃跑，以激怒县尉，促使他当众侮辱自己，从而激怒众人。果然，那县尉一怒之下，举鞭就打吴广，鞭打一顿还不解恨，又拔出佩剑要杀吴广。此时，吴广奋起，夺过剑杀了县尉。陈胜也前来帮助，合力杀掉了另外一个县尉。

随即，两人召集戍卒们说："各位在这里遇上大雨，都误了期限。误期按规定要杀头，即使不被杀头，将来戍边，肯定也要死去十分之六七。再说大丈夫不死便罢，要死也要名扬后世，王侯将相难道是天生的吗！"（"王侯将相宁有种乎！"《史记·陈涉世家》）这些话很富有煽动性，戍卒们听了，都异口同声地说："说得对，我们听凭差遣。"

为顺应天意民心，吴广和陈胜声称公子扶苏和楚将项燕并没有死，他们联合起兵，要讨伐篡权夺位的秦二世，推翻他的残暴统治。扶苏和项燕在老百姓中素来享有良好的口碑，所以大家对起义军都十分拥护，相继归附。没过多长时间，起义军的队伍便壮大起来，拥有兵车六七百辆，骑兵一千多人，步卒数万人。起义的队伍号称"大楚"，陈胜自立为将军，吴广做都尉。

起义军首先攻克了大泽乡及周边县城，然后又四出邻县，攻占了很多地方。当起义军进入陈县时，大家一致推立陈胜为王，国号"张楚"。陈胜以吴广为代理王，督率各将领向西进攻荥阳。

吴广率军进攻荥阳，遭到三川郡守李由的抵抗，久攻不下。无可奈何之际，吴广只好指挥军士包围了荥阳。

周文率领起义军西进秦都咸阳，遭到秦将章邯的猛烈反击，起义军惨败，周文自杀。陈胜派往各地的将领相继自立为王，不听陈胜的命令。在这种的不利形势下，随代理王吴广围攻荥阳的起义军中也出现了变乱。将军田臧等人一起商议说："周文的军队已经溃败，秦国的军队不久就要到来，我们包围荥阳城久攻不下，如果秦国的军队到来，肯定会被打得大败。不如留下少量部队包围荥阳，把其余的精锐军队全部拿来抵挡秦军的进攻。现在代理王吴广十分骄横，又不懂用兵权谋，难以与他商量议事，不杀了他，我们的计划恐怕会失败。"达成一致意见后，田臧等假冒陈胜的命令杀掉了吴广，将其头颅献给了陈胜。

吴广的死，对起义军来说是一个重大损失，陈胜无异于失去了左膀右臂。此后，起义军的这支队伍在田臧带领下，贸然西进，遭到惨败，田臧战死，全军覆没。

西楚霸王项羽

项羽（前232—前202），秦末反秦义军领袖，楚军统帅，自封为西楚霸王。名籍，字羽，下相（今江苏宿迁）人，楚国贵族后裔。秦二世即位当年，与叔父项梁聚众起义，在钜鹿之战中摧毁秦军主力。他作战勇悍、长于突击，时人称其用兵"疾如雷电"，为推翻暴秦立下了汗马功劳。但在楚汉战争中，他最终兵败自杀。《汉书·艺文志》著录其兵书《项王》一篇，已佚。

一、少有壮志　起兵反秦

项家世世为楚将，封于项地（今河南沈丘），故以"项"为姓。

项羽的祖父是楚将项燕，后被秦将王翦所杀。项羽少年时，学习读书写字不成，就去学击剑，又不成。叔父项梁很生气，责备他。项羽说："学写字只够记个姓名罢了，学剑术也只能对付一个人，不值得学，我要学能对抗上万人的本事！"于是，项梁就教他学习兵法。项羽大喜，但略略知道一点大意后，又不肯学完。

项梁因为杀了人，和项羽一起到吴中（今江苏吴县）躲避仇家。吴中的贤士大夫才能都在项梁之下，每当吴中地方有大的徭役和丧事，项梁常替他们主办，暗地用兵法部署训练参加的宾客及青壮年，借此了解他们的才能，培养骨干。

在秦始皇巡游会稽、渡过浙江的时候，项梁和项羽一起去观看。项羽见到秦始皇的仪仗行伍威风凛凛，脱口就说："那个家伙可以取而代之！"（"彼可取而代也。"《史记·项羽本纪》）项梁连忙掩住他的嘴，说："别胡说，会灭族的！"项梁因此认为项羽志气不凡。

项羽身长八尺有余，力能举鼎，才气过人，就是吴中子弟也都畏惧他。

秦二世元年（前209）七月，陈胜、吴广等在大泽乡起义。这年九月，会稽郡守殷通对项梁说："长江以西的地方都反了，这也是天要灭亡秦朝的时候啊。先下手就能制服别人，后下手就被人家制服。我想起兵，派您和桓楚为将。"此时，桓楚正逃亡在沼泽之中，项梁借口别人不知道桓楚逃亡的地方，只有项羽知道，趁会稽郡守召项羽进来受命去找桓楚的机会，示意项羽挥剑斩了会稽郡守。

项梁提着会稽郡守的人头、佩了会稽郡守的大印出来示众，郡守的左右随从大惊失色，乱成一团。项羽发威砍杀了百十来个，于是满衙门的人都吓得趴在地上，没有谁敢站起来。项梁召集熟悉的地方豪杰官吏，向他们说明这样做是为了起义的大事，于是调集吴中士卒，派人征集下属各县丁壮，得到精兵八千人。这八千人就是后来跟随项羽南征北战、所向披靡的吴中八千子弟兵。

二、愤诛宋义　破秦主力

陈胜与秦将章邯激战于陈（今河南淮阳），失利败走，广陵人召平假冒陈王的命令，催促项梁"急引兵西击秦"。项梁派项羽攻打襄城，襄城官兵坚守，项羽攻城之后把他们全部活埋。又派项羽攻城阳、濮阳，大破秦军，斩杀了李由（秦相李斯之子）。

项梁在定陶战死后，项羽接受项梁等所拥立的楚怀王节制。楚怀王命宋义为卿子冠军，项羽为次将，北上救赵。宋义打算先坐观秦、赵相斗，然后乘两者都疲敝不堪时再下手，所以行至安阳即滞留四十六日不进。当时天寒大雨，士兵又冻又饿，而宋义为了送儿子到齐国，却饮酒高会。项羽激于义愤，在早上进见时，趁机杀了宋义。随后提着宋义的人头，号令军队说："宋义与齐阴谋反楚，楚王密令我杀掉他！"此时，诸将震惧，没有谁敢抗议，都极力表示拥护项羽为代理上将军。

项羽杀掉卿子冠军宋义，威震楚国，名闻诸侯。他当即派当阳君黥布和蒲将军统兵两万，渡河援救钜鹿。战事稍稍有些胜利，赵将陈馀又请求援兵，项羽便统帅全部军队渡河。渡过河后，项羽下令沉掉全部船只，砸毁锅甑，烧掉营垒，只携带三天的干粮，以此向士卒表示决一死战、决不后退的意志。一到钜鹿，楚军就包围了秦将王离所率秦军，与秦军接战多次，截断其甬道，大败秦军，斩杀秦将苏角，活捉了王离，秦将涉间坚决不投降，自焚而死。

此时，楚军雄冠诸侯，钜鹿城下，诸侯援军有十多座营寨，都不敢出兵。等到楚军攻打秦军时，诸侯军的将领都在营垒上观看，楚军战士无不一以当十，杀声震天，诸侯军无不人人惶恐。打垮秦军之后，项羽召见诸侯将领，他们进入辕门，个个跪着前进，没有敢抬头仰视的。项羽从此成为诸侯的上将军，各路诸侯都归属于他。钜鹿一战，消灭了秦军主力，也奠定了项羽称霸的基础。

三、坑杀降卒　分封称霸

钜鹿之战后，秦军元气大伤，作为主将的章邯又受秦二世和赵高的责备、疑忌，感到处境很危险。章邯几次派人找项羽谈判投降的事，项羽都没应允，而且连续进行了几次打击。后来，项羽考虑到自己粮少，便接受了章邯投降，立其为雍王，让章邯的长史司马欣任上将军，统帅秦军给楚军打先锋。

诸侯军中的官兵，过去服徭役或防守边疆路过秦中时，秦中官兵对待他们多有无礼之处，等到秦军投降了诸侯，诸侯军中的很多官兵便把秦军官兵当奴隶使唤，虐待侮辱。秦军官兵很多人暗地里议论："章将军等诈骗我们投降诸侯，如果能入关破秦，那是大好事；如果不能，诸侯军俘虏我们去东方，秦朝会杀尽我们的父母妻儿。"

将领们暗中听到秦军士兵的议论，报告了项羽。项羽召集黥布、蒲将军等人商议说："秦军官兵人数还很多，内心不服，到关中不听指挥，事情就危险了。不如杀掉他们，只和章邯、司马欣、董翳进入秦地。"于是，楚军夜间在新安（今河南渑池东）

城外，把二十万秦兵都给坑杀了。灭秦之后，项羽主持分封，把三秦封给章邯、司马欣、董翳三人。

项羽进军关中，因函谷关已有刘邦派兵把守，又听刘邦左司马曹无伤告密说："沛公企图称王关中，使子婴为相，珍宝尽归其有。"项羽大怒，立刻要和刘邦展开大拼杀。当时，项羽兵力有四十万，而且兵强马壮，刘邦只有十万。考虑到双方实力悬殊，刘邦采纳了张良以屈求伸的主张，在鸿门宴上婉言卑辞，乖乖地称臣伏低，解除了项羽的怀疑和警惕。鸿门宴后，项羽引兵西屠咸阳，杀掉秦朝降王子婴，烧毁阿房宫，尽收其中的珠宝、妇女，大火三月不灭。

公元前206年，项羽以霸王的身份分封诸侯，共封汉王刘邦、魏王豹、雍王章邯等十八个王，自立为西楚霸王，王九郡、都彭城。可是，刚分封不多久，田荣、陈馀等人认为项羽分封不公，把以前的诸侯王都封在坏地方，把他自己的群臣都封在好地方，分别在齐、赵两地反叛。项羽亲自率兵北上讨伐田荣，到齐地后烧杀掳掠，激起齐民反抗。而刘邦却乘机从汉中出来，还定三秦，牢牢地建立起了自己的根据地。

项羽一生叱咤风云，钜鹿一战，灭秦主力，为推翻暴秦立下赫赫功勋；但由于分封、称霸，开历史的倒车，终于未能逃脱败亡的命运。楚军最终在垓下（今安徽灵璧县东南）被刘邦的汉军包围，四面楚歌，楚军兵少食尽，项羽被迫自刎于乌江。

汉王刘邦

刘邦（前256—前195），秦末反秦义军首领，后为汉朝开国皇帝。字季（一说小名"刘季"），沛郡丰邑（今江苏丰县）人。

他在秦末农民大起义的风潮中，也聚众起义，经过十年浴血奋战，终于推翻秦王朝，建立了第二个中央集权制国家——汉。

一、传奇经历　豪杰本色

刘邦出生于沛郡丰邑中阳里的一个小康之家，小时候曾经读过一些书，但绝非本分的读书人。他性格豁达粗犷，待人宽厚。刘邦平时很少参加农业生产，父亲为此曾多次责备他。

到青年时代，秦始皇已经统一全国，刘邦通过考试当上了秦朝的泗水亭长，并与郡县小吏关系非常亲密。但他这时也成了一个酒色之徒，后来被他封为齐王的大儿子刘肥的母亲曹氏，当时就是他的外妇。

尽管刘邦在生活上有失检点，但他胸怀大志。有一次，他押送夫役到国都咸阳，正碰上秦始皇出行，看到皇帝威风凛凛地坐在仪仗护卫的车中，便由衷赞叹说："唉，大丈夫就应该像这个样子！"（"大丈夫当如是！"《史记·高祖本纪》）

从咸阳回来后不久，刘邦就结了婚。妻子是单父（今山东单县）人吕公的女儿。吕公原来不住在沛县，因为和沛县的县令关系好，为躲避仇家而搬到了这里。

吕公刚到沛县时，县里的豪杰吏曹听说他是县令的贵客，都来拜贺。当时萧何在沛县任主吏，他主办宴会，向来客宣布："凡贺礼不满一千钱者，都坐在堂下。"刘邦也是贺客之一，他根本没带钱，却对传达说："我贺钱一万。"传达去告诉吕公，吕公急忙亲自下堂迎接。见到刘邦后，觉得他相貌出众、气度非凡，对他十分敬重，拉他入席就座。酒后，吕公示意刘邦留下，提出愿意把自己的女儿吕雉嫁给他。刘邦求之不得，因而当下与之成婚。吕公的这个女儿，就是后来著名的吕后。她为刘邦生了一儿一女，女儿后来称鲁元公主，儿子就是汉惠帝刘盈。

刘邦成家后，为了照顾家庭，不得不常常告假回家帮着干一些农活。有一次，吕雉和孩子正在田里薅草，一个过路老人向讨水喝，并声称自己会相面，见吕雉母女气质不凡，说她们都生有"贵相"。老人走后，刘邦来到田里，吕雉提起相面之事，刘邦连忙追上那位老人，请他也给自己相面。老人说："刚才你夫人和女儿所以是贵相，都是因为你，你的相贵不可言。"刘邦听了非常高兴，对老人道谢说："如果真像你老人家所说的那样，日后我一定不忘你的恩德。"

秦王朝末年，秦始皇修骊山墓需要大批劳力，刘邦受命押送刑徒到骊山。在押送的路上，刑徒们纷纷逃亡。刘邦估计到了骊山，这些刑徒差不多要跑光了。一天，走到砀郡（治今安徽砀山）的大泽里，停下来休息时，刘邦喝多了酒，仗着酒劲就把刑徒身上的绳索解开，对他们说："你们各自逃命吧，我也从此逃亡了！"

当时有十几个刑徒，愿意跟着刘邦走，刘邦就连夜带着他们从大泽里逃亡。他命一个人在前面探路，那人回报说："前面有一条大蛇挡在路上，我们还是回去再找别的路吧。"刘邦这时已有醉意，大声呵斥说："我们勇士走路，怕什么！"于是冲到前面开路，拔出剑来把那条蛇一斩两段。又走了几里路后，刘邦酒性发作，躺倒在路旁。后面的人走到死蛇的地方，看见一位老太婆在痛哭。众人问她为什么哭，老太婆说："有人杀了我的儿子。"又问："你的儿子为什么被杀？"她说："我的儿子是白帝的儿子，他变化成蛇，横在路上，刚才被赤帝的儿子斩杀，所以我才如此悲伤。"人们当时都以为这个老太婆在说胡话，就想拿她开心，可老太婆却突然隐身不见了。后面的人继续向前，等刘邦酒醒之后，便把此事告诉了他。刘邦心里暗喜，并以此自恃。此后，那些跟从他的刑徒对他更加敬畏。这段传说被称为"高祖芒砀斩白蛇"。

早先的时候，秦始皇就经常说："东南有天子气。"因此他曾多次东巡，试图镇住这种云气。刘邦杀了大蛇，又听说了这种神异之事，就开始怀疑自己带着那团云气。因此，他带着那些愿意跟从自己的刑徒逃亡到芒、砀山区（今安徽砀山西南，河南永城东北），藏了起来。但吕雉和其他人去寻找他，却常常能够很快找到。刘邦很奇怪，问她原因，吕雉说："你藏身的地方，天空上经常有五彩祥云，所以我一找就能找到。"刘邦听后很高兴，便把此事悄悄向人们宣传，沛县及附近的青年人听说后，都愿意跟从他。慢慢地，刘邦利用迷信和自己的为人，组织了一批人在自己周围，成为当时人们公认的沛中豪杰。

二、聚众起义　灭亡秦朝

秦二世元年（前209）七月，陈胜、吴广在大泽乡发动起义，在攻下陈邑后，陈胜称"王"，建立了"张楚"政权。

沛县县令打算投降陈胜，以此保全自己。刘邦好友沛县主吏萧何、狱掾曹参，向县令建议说："你是秦朝的官吏，现在想背叛秦朝，领着沛中子弟起兵，他们恐怕不会听你的。最好还是把那些逃亡在外的人召回来，能聚集几百人，这样大家就不会不听话了。"县令表示同意，让吕雉的妹夫樊哙去找刘邦。

刘邦这时已经聚集了好几百人，见到樊哙后，便启程和他一起回到沛城。但刘邦还没到沛城，县令又开始反悔，害怕刘邦进城会杀掉自己，因此紧闭城门，并打算杀掉萧何、曹参。萧何、曹参闻讯，急忙越城逃到刘邦处。刘邦进不了城，就写了一封信射到城里，号召沛城父老杀掉县令，响应各路义军。城中百姓对县令出尔反尔非常愤恨，加上他平日鱼肉百姓，于是合力杀了县令，开门迎接刘邦。

沛县民众打算推举刘邦为县令，许多父老也说："我们早就听到许多关于你的神奇之事，你肯定要成为贵人，还是由你来统领最好。"萧何、曹参等也都一致推崇刘邦。刘邦一再推辞，最后被大家拥立为"沛公"。刘邦在县令的衙门中，设坛祭祀，并宣称自己是赤帝之子，树起红色大旗，正式宣布起兵反秦。接着，萧何、曹参和樊哙等分头招兵买马，沛中子弟踊跃参加，队伍很快就发展到了两三千人。这时是秦二世元年的九月，刘邦已经四十八岁。

刘邦在沛县起兵的同时，原楚国贵族后裔项梁、项羽叔侄，也在吴中起兵。他们杀了会稽郡守，很快组成一支八千人的江东子弟兵。其他六国贵族也都纷纷起兵，自立为王。

秦二世二年（前208）十二月，陈胜被车夫庄贾杀害。次年（前207）六月，项梁知道陈胜确实已死，就在薛县召集各部将领，立楚怀王的孙子熊心为楚王，称"楚怀王"，定都盱眙（今江苏盱眙）。

这时，秦朝大将章邯已经攻灭魏国和齐国。七月，楚军经过休整，开始向秦军反攻。楚怀王和众将商讨，决定兵分两路：一路以宋义为上将军，项羽为次将，范增为末将，北上救赵；一路以刘邦为将，西进关中。最初，楚怀王曾和诸将约定："先入定关中者王之。"但这时，由于秦军强大，许多将领都不愿意抢着入关。只有项羽要求和刘邦一起入关。

经过连番征战，汉王元年（前206）八月，刘邦攻入武关，向咸阳逼近。秦相赵高杀死秦二世，派人向刘邦求和，被刘邦拒绝。九月，秦王子婴即位，他诛灭赵高，派兵在峣关抵挡刘邦。刘邦率军绕过峣关向秦都进攻，在蓝田之南打败秦军，接着又在蓝田大破秦军。十月，刘邦即进抵咸阳东郊灞上。秦王子婴捧着玺印向刘邦投降。秦王朝灭亡。

三、为王关中　斗智鸿门

刘邦进入咸阳后，以"关中王"自居，准备住在宫中，好好享受一番。樊哙提醒他这将重蹈亡秦的覆辙，他却不以为然。张良又进谏说："秦王朝的统治残暴无道，所以大王才能进入关中。大王想为天下除去残暴，自己首先就必须以朴素为资。现在刚刚入秦，却安于享乐，这是所谓'助桀为虐'。'忠言逆耳利于行，良药苦口利于病'，樊哙说的虽然有些难听，但为了夺取天下，我希望大王还是听从他的劝告。"刘邦听从他们的劝告，封存秦朝收藏重宝财物的府库，驻军灞上。

公元前206年十一月，刘邦召集各县有名望的人士，向他们宣布："我们这次入关，目的是推翻秦朝的暴政。我们不会侵扰你们，不要害怕！'诽谤者族，偶语者弃市'，你们苦于秦朝的苛法已经很久。我曾与诸侯约定，先入关者做关中王，我应该做关中王。所以我现在和你们约法三章：杀人者死，伤人及盗抵罪。原来的秦法一律废除，所有官吏和行政也都保留。"

刘邦派人和秦朝原来的官吏一齐到各县、乡邑去宣传。老百姓听说后非常高兴，都纷纷带着牛酒来慰问义军。刘邦辞让说："仓库里的粮食很多，我不能让你们破费。"老百姓更加高兴，唯恐刘邦不做关中王。

这时，有谋士向刘邦献计说："秦朝的财富十倍于天下，地形也很险固。现在听说章邯已经投降项羽，在关中被封为雍王。他们如果来了，你恐怕就不能再做关中王了。你应该赶快派兵守住函谷关，不要让他们入关。"刘邦认为他的意见很对，遂派兵驻守函谷关。

项羽在消灭秦军主力后，也率军向关中进发。当年十二月，他来到函谷关，见关门紧闭，又听说刘邦已平定关中，大怒，当即命当阳君黥布攻破函谷关，接着率四十万大军开到戏下（今陕西临潼东北戏水西岸）。这时，刘邦的左司马曹无伤听说项羽发怒，为了日后求封，暗中派人向项羽告状说："沛公欲称王关中，让子婴做相国，把秦朝的珍宝都据为己有。"项羽一听，更是火上加油，加之谋士范增也劝项羽赶快除掉刘邦，因此他下令犒劳士兵，第二天一早就向刘邦发起进攻。

刘邦当时只有十万人，在兵力上完全处于劣势。在大难临头之际，却来了救星。这个救星就是项羽的本家叔叔项伯。项伯和刘邦的谋臣张良交往甚密，张良曾救过他的命。他听说项羽很快要进攻刘邦，便连夜驰入刘邦军中，想把张良带走。张良却对他说："沛公有大难，我作为谋臣不能一声不吭就走，要走也得把这个事情告诉他。"

张良把当时情形告诉了刘邦，刘邦听后大惊，要张良赶快考虑对策。张良说："大王现在应亲自去见项伯，说明你不敢背叛项王。"刘邦对项伯以好酒招待，并约为儿女亲家，然后说："我入关之后，秋毫不敢有所取，登记吏民，封存府库，以等待将军（指项羽）。之所以遣将守关，是为防备盗贼和其他意外。我日夜盼望将军到来，怎么敢反叛呢！希望您能替我向将军说明这个情况。"项伯答应了，并对刘邦说："你明天拂晓定要亲自去对项王赔礼。"

刘邦答应后，项伯立即连夜返回，把刘邦的话告诉了项羽，并劝项羽说："沛公不先破关中，你能顺利入关吗？人家有大功，不该这样对待，还是好好相待才是。"项羽表示同意，取消了进攻计划。

第二天一早，刘邦率张良、樊哙和一百多骑兵来到楚军的营帐鸿门，向项羽赔礼。项羽宴请刘邦，席上明争暗斗，剑拔弩张，演出了"鸿门宴"这场好戏。鸿门宴后，项羽即率兵西屠咸阳,杀秦王子婴,烧秦宫室,掳掠财物妇女,然后东归。第二年(前206)二月,他以最高统帅的身份,尊楚怀王为义帝,立诸将为王、侯。诸侯王共分封了十九个:项羽自立为西楚霸王,管辖梁、楚九郡,定都彭城;立高祖为汉王,管辖巴、蜀、汉中四十县。

四月,项羽遣诸侯各自就国。刘邦没办法,也只好前往南郑(今陕西汉中)。当时,项羽只给了刘邦三万士兵,加上自愿随从的几万人,总共也不到十万。为了防备其他诸侯的袭击,也为了向项羽表示不再争夺天下,刘邦接受张良的建议,把通往汉中的栈道烧了。这样,从陈胜开始反秦到秦灭亡,长达三年的战乱暂时平息。

公元前206年,楚汉战争开始。公元前202年,项羽兵败自刎,刘邦建立汉朝,史称"西汉"